Magda Motté

„Esthers Tränen, Judiths Tapferkeit"

Magda Motté

„Esthers Tränen, Judiths Tapferkeit"

Biblische Frauen
in der Literatur des 20. Jahrhunderts

Wissenschaftliche Buchgesellschaft

Einbandgestaltung: Neil McBeath, Stuttgart.
Umschlagmotiv: Gustav Klimt, Judith II.
Öl auf Leinwand, Galerie Vytvarneho, Ostrava, Tschechische Republik.
Photo: AKG, Berlin.

Die Deutsche Bibliothek verzeichnet diese Publikation
in der Deutschen Nationalbibliografie;
detaillierte bibliografische Daten sind im Internet über
http://dnb.ddb.de abrufbar.

© 2003 by Wissenschaftliche Buchgesellschaft, Darmstadt
Gedruckt auf säurefreiem und alterungsbeständigem Papier
Reproduktionsfähige Druckvorlagenerstellung: Magda Motté
Printed in Germany

Besuchen Sie uns im Internet: www.wbg-darmstadt.de

ISBN 3-534-16897-6

Inhalt

Vorwort

Als ich 1994 von Professor Dr. Heinrich Schmidinger, dem Herausgeber des Handbuchs „Die Bibel in der deutschsprachigen Literatur des 20. Jahrhunderts", ersucht wurde, als weitere Mitarbeiterin in einem Team mitzuwirken, und mir als Frau wie selbstverständlich die Bearbeitung der beiden Artikel über die Frauen des Alten Testaments und die des Neuen Testaments zugeteilt wurde, ahnte ich nicht, dass daraus ein umfangreiches Forschungsprojekt für mich erwachsen würde.

Allerdings zeigte sich schon bei den Entwürfen zu den beiden Beiträgen, dass die für die Frauen veranschlagten zweimal dreißig Seiten für die Ergebnisse einer solchen Untersuchung bei weitem nicht ausreichten. Es hatte sich bei der Planung genau das ereignet, was ich im Verlauf meiner Arbeit immer wieder monieren musste: Den herausragenden Männer der einzelnen Epochen, z.B. den Patriarchen, Richtern, Königen, Propheten, Aposteln, stand jeweils ein separates Kapitel zur Verfügung, während für alle Frauen zusammen nur zwei Kapitel veranschlagt waren, allerdings immerhin mehr, als die Frauen nur als Anhängsel der Männer in den jeweiligen Kapiteln zu behandeln.

Wenn es mir auch in Absprache mit dem Herausgeber gelang, den Umfang der beiden Artikel „´Daß ihre Zeichen bleiben`. Frauen des Alten Testaments" und „Maria von Magdala und die anderen Frauen des Neuen Testaments" zu verdoppeln, so konnten nicht alle von mir bereits damals ermittelten Daten und Texte bearbeitet werden. Die Ausführungen z.B. zu „Eva", „Hagar", „Rut", „Batseba" u.a. blieben nur fragmentarisch, die zu „Delila", „Susanna", „Frau des Ijob", „Ester", „Judit", „Salome" u.a. aus Platzmangel ganz ausgespart.

Doch die Basis für eine größere Untersuchung war gelegt, und die Notwendigkeit einer Publikation zu diesem Thema zeigte sich während der Arbeit immer mehr. Denn es gibt zwar, wie zu zeigen sein wird, ein „Lexikon der biblischen Personen" von Martin Bocian, das aber nur wenige literarische Werke aus der zweiten Hälfte des vergangenen Jahrhunderts erfasst und den Frauen nur eine untergeordnete Rolle zuweist.

Es folgten Jahre intensiven Suchens nach Titeln und deren Auswertung unter Mitwirkung einiger Hilfskräfte, die die Universität Dortmund mir dankenswerter Weise drei Jahre lang zur Verfügung stellte.

Die Ergebnisse lege ich hier vor, wohl wissend, dass sicherlich noch nicht alles erfasst ist, was zum Thema gehört, und dass noch mancher Titel versteckt irgendwo schlummert. Wenn ich mich dennoch entschließe, mit dieser Publikation einen vorläufigen Schlusspunkt zu setzen, so geschieht dies in der Hoffnung, dass andere Wissenschaftlerinnen und Wissenschaftler das eine oder andere Motiv aufgreifen und vertieft bearbeiten, wie es in meinem Umfeld bereits geschieht.

Mein Dank gilt vielen Kolleginnen und Kollegen, die meine Suche durch Hinweise auf weitere Titel bereichert, sowie meinen Hilfskräften, die unermüdlich mit recherchiert und Gesamtwerke einzelner Autoren durchforstet haben. Besonders zu erwähnen sind die Damen Petra Drönner, die bei der Sucharbeit und der Organisation der Tabelle entscheidend mitwirkte, Nina Theurich, die bei der Abfassung des Rohmanuskriptes beste Dienste leistete, und Martina Müller, die die Endfassung redigierte und in Absprache mit dem Verlag das Layout erstellte.

Aachen, Ostern 2002

Magda Motté

Einleitung: „Daß ihre Zeichen bleiben"

Noch einmal malt
auf Goldgrund mir
das Lächeln Mirjams,
den Dornenstrauch
vor ihrer Hütte
von wilden Rosen überflammt.
[...]

Malt mir die Augen
Sulamiths
die Tränen Esthers
Judiths Tapferkeit.

Mischt Gold und Treue,
Totschlag und Verrat,
mischt Siegeslieder
Ängste und Verzweiflung
und seht's euch an.[1]

Eine solche Aufforderung wie diese von *George Forestier* haben Jahrhunderte lang zahlreiche Autoren beherzigt und Gestalten der Bibel benutzt, um an ihnen paradigmatisch des Menschen Hoffnung und Enttäuschung, Glaubenskraft und Sündenfall sowie Gottes Verheißung und Führung darzustellen. Doch waren es in der Tradition vornehmlich die männlichen Helden, die als Träger der Verheißung und Propheten gefeiert wurden, es sei denn, Frauen hätten wie Ester und Judit eine spektakuläre Tat vollbracht oder wären wie Batseba und Delila durch besondere Reize aufgefallen. Alle anderen wurden fast ausschließlich als Anhängsel der entsprechenden Männer genannt, z.B. Abraham und Sara, Isaak und Rebekka, Mose, Aaron und Mirjam. Hier bei Forestier klingt etwas anderes an: Hier sind ebenso viele Frauen wie Männer genannt – die ihnen gewidmeten Verse sind nicht wiedergegeben – und Mirjam wird eine ähnliche Dornbusch-Offenbarung zugesprochen wie ihrem Bruder Mose.
Bekanntlich haben viele Frauen in der jüdisch-christlichen Tradition des Alten und des Neuen Testaments eine maßgebliche Rolle gespielt, auch wenn ihr Bild durch eine patriarchalische Redaktion, Rezeption und Exegese vielfach verkürzt, idealisiert oder dämonisiert wurde. Das wird heute – nicht zuletzt unter dem Einfluss der feministischen Theologie – langsam aufgearbeitet.
Im Rahmen dieser Diskussion – und das gilt auch für die folgenden Ausführungen – ist jedoch stets zu bedenken, dass es sich bei den Frauen wie

---

[1] George Forestier: Biblische Gedichte. München/Esslingen 1968, 7f.

bei den Männern nicht um reale Personen, sondern um literarische Gestalten handelt; denn auch die Bibel ist Literatur. Als solche wird sie seit etwa zweihundertfünfzig Jahren bewusst wahrgenommen, und sie dient – wie die antiken Mythen und Sagen – als unerschöpfliche Stoffquelle für profane Werke.

Deshalb ist die Frage bedeutsam, wie Autoren und Autorinnen des 20. Jahrhunderts mit dem tradierten Bild der biblischen Frauenfiguren umgegangen sind, wie sie es in Dramen, Romanen, Gedichten verarbeitet und interpretiert haben. Wenn die Anzahl der Werke, in denen Frauen im Mittelpunkt der Handlung stehen oder in denen das Geschehen aus ihrer Perspektive dargestellt wird, auch noch in der Minderzahl ist, so ist es doch an der Zeit, zu zeigen, was vorhanden ist – und das ist trotz aller Einschränkungen nicht wenig.

Die meisten Werke, besonders die der Wende vom 19. ins 20. Jahrhundert, behandeln jene biblischen Frauen wie Delila, Rut, Batseba, Abischag, Susanna, Ester, Judit, Salome und Magdalena, die sich durch spektakuläre Taten einen Namen gemacht und dadurch das Interesse vornehmlich der männlichen Autoren geweckt haben. Andere, an der Geschichte des Volkes Israel unmittelbar beteiligte wie Sara, Hagar, Rebekka, Lea, Rahel, Mirjam, werden – wenn überhaupt – vielfach nur im Zusammenhang mit den entsprechenden Männern genannt, und klugen, listenreichen Frauen, wie Tamar, Rahab, Debora, Hanna, Michal, Abigajil, wurde in der Belletristik bisher nur wenig Beachtung geschenkt.

Das gilt auch für die meisten Frauen aus dem Neuen Testament. Wie bei den Evangelisten fungiert auch in der profanen Literatur, abgesehen von Maria, der Mutter Jesu, und Maria von Magdala, die Mehrzahl der Frauen als Gruppe der Jüngerinnen in Jesu Nachfolge, ohne dass – anders als bei den Aposteln – einzelne Charaktere hervorgehoben oder ein biographischer Kontext erfunden würde. Selbst die wenigen in den Evangelien namentlich bezeichneten Frauen, z.B. Elisabet, Hanna, Maria, Marta, gewinnen ähnlich wie manche Frauen im Alten Testament kaum Eigenleben, sondern erfüllen nur eine Funktion im Leben Jesu oder des Täufers, was sich bereits in der Auflistung durch die Appositionen oder die Angabe des Verwandtschaftsgrads dokumentiert. Die meisten Frauen werden in Johannes, Lazarus-, Paulus- oder Jesusromanen bzw. -dramen nur erwähnt. Gelegentlich kommen einzelne in Gedichten zu Wort. Einzig Salome, die Tochter der Herodias, hat aufgrund ihres spektakulären Auftritts einige Autoren um 1900 zu dramatischen Werken veranlasst, und Maria von Magdala wurde, wie zu zeigen sein wird, aufgrund einer überreichen legendären Tradition eine höchst zweifelhafte Aufmerksamkeit zuteil.

Es ist der feministischen Theologie und dem gewandelten Frauenbild im letzten Drittel unseres Jahrhunderts zu verdanken, dass sich der Blick für die außerordentliche Stellung der Frau im Heilsgeschehen gewandelt hat. Aus Geschmähten wurden Geachtete (Eva), aus Randfiguren selbständig Handelnde (Tamar, Rahab), aus Namenlosen viel Beachtete (Frau des Lot, des Ijob, Tochter des Jiftach), aus beklagten Sünderinnen gepriesene Verkünderinnen (Maria von Magdala,). So hat die Bibel in ihren ältesten Schichten sie immer gesehen, wenn sie von Gotteserfahrungen erzählt, die Männern wie Frauen (Sara, Hagar, Mirjam, Debora, Hulda, Hanna, Maria, Marta, Maria von Magdala) gleichermaßen zuteil wurden. Dass sich dieser Sinneswandel in der Literatur nur zögerlich bemerkbar macht, liegt zum einen an der mangelnden Rezeption moderner Theologie durch zeitgenössische Autoren, zum anderen an der nicht planbaren Produktion literarischer Werke von Qualität.

So ist die Zeit überfällig, die z.T. äußerst schwer zu ermittelnden literarischen Adaptionen zu diesem brisanten Thema einmal zusammenzustellen und in einer Monographie vorzulegen, die sowohl als **Nachschlagewerk** und **Interpretationshilfe** als auch zu detaillierten Analysen und **vertieften Studien** genutzt werden kann. In weiterer Planung ist ein Band mit schwer zugänglichen Quellentexten. Dass ein solches Vorhaben noch viele Wünsche offen lässt, nicht alles erfasst und besprechen kann, dürfte jedem, der sich mit einem ähnlichen Projekt befasst, verständlich sein.

Der Aufbau des Buches entspricht dieser Intention. Der **Erste Teil** ist **Analysen ausgewählter Texte** zu einzelnen Frauenfiguren des Alten und des Neuen Testaments gewidmet, die jeweils in Gruppen zusammengefasst sind. Er wird umrahmt von zwei Kapiteln zu Einzelgestalten: **Eva**, der Frau am Anfang, und **Maria von Magdala**, der Frau am Ende von Jesu Lebensweg und am Übergang zur Endzeit. Letztere hat wie zu zeigen sein wird, im Laufe der Rezeptionsgeschichte eine enorme Wandlung durchlaufen und stellt sozusagen exemplarisch die Entwicklung der Wert- oder der Geringschätzung aller Frauen vom Ursprung der biblischen Überlieferung bis zur modernen Exegese dar. Der Titel „Wechsel geht durch mein Geschlecht"[2] hat hier seinen Ursprung.

Im **Zweiten Teil** wird der Chronologie der biblischen Bücher folgend ein tabellarischer Überblick über **Namen**, **Stellennachweis** in den biblischen Schriften und **Kurzcharakterisierung** der biblischen Frauengestalten gegeben, daneben werden Titel, Gattung und Erscheinungsjahr einzelner **Werke der deutschsprachigen Literatur** des 20. Jahrhunderts mit biblischen Frauen als Zentralfiguren, ergänzt durch wichtige Publikationen **ausländischer Autoren** sowie **Sekundärliteratur**, also stoff- oder motivgeschichtliche Untersuchungen zum jeweiligen Komplex, angeführt. Auf diese Weise wird deutlich erkennbar, welche Gestalt von wem wann in welcher Gattung bearbeitet wurde und ob sie zentral oder peripher behandelt wird.

Ein Literaturverzeichnis mit Sammelbänden und Sekundärliteratur sowie ein Personen- und Autorenregister runden das Buch ab.

Die Schreibung der biblischen Namen folgt im laufenden Text den neuen Richtlinien; bei Zitaten und bei der Bezugnahme auf Personen von Dramen oder Romanen gilt selbstverständlich die Schreibweise der jeweiligen Autoren, was gelegentlich verwirrend wirken kann, aber nicht zu vermeiden ist.

---

[2] Konrad Weiß: Lied Magdalenas. In: Das Herz des Wortes. Gedichte. Erster Teil. München 1948, 241. Der Sinn dieser Worte ist in dem Gedicht zwar anders, doch formuliert der Wortlaut treffend die Veränderungen des Frauenbilds im vergangenen Jahrhundert.

Aus Raum sparenden Gründen werden Berufs- bzw. Gruppenbezeichnungen nur in der kürzeren männlichen Form gewählt; die weibliche ist stets mitgedacht.

Erster Teil:
„Wechsel geht durch mein Geschlecht"
Beispiele literarischer Adaption biblischer
Frauen in Werken des 20. Jahrhunderts

Wie angekündigt werden im ersten Hauptteil ausgewählte Texte näher betrachtet. In den Kapiteln zwei bis sieben sind aus Gründen der besseren Übersicht die Frauen einer Großepoche jeweils zusammengefasst. Die Gliederung ergibt sich hier aus der Abfolge der biblischen Bücher des Alten und Neuen Testaments. Zwei Frauengestalten ist ein jeweils eigenes Kapitel gewidmet: Eva und Maria von Magdala, da beide beispielhaft die Entwicklung der Einschätzung der Frau deutlich machen: von der Allverführerin zur Urmutter und von der Sünderin zur Verkünderin.

Bei der Auswahl der analysierten Texte geht es nicht um Vollständigkeit, sondern um die Art der Bearbeitung des biblischen Textes, die Originalität und die Qualität des einzelnen Werkes, was nicht heißt, dass nicht auch weniger überzeugende Texte vorgestellt werden, wenn sie einen interessanten Aspekt zum Ganzen liefern. Das gilt vor allem für die Berücksichtigung einzelner Werke aus dem 19. Jahrhundert und ausländischer Autoren. Die unterschiedliche Länge der Kapitel hängt von der Anzahl der Adaptionen ab und spiegelt letztlich das Interesse der Autoren an der jeweiligen Gestalt. So sind z.B. die Unterkapitel zu Judit und Ester ungleich länger als die zu Mirjam oder Ijobs Frau.

Um die Darlegungen lebendig zu halten, wird auf einen schematischen Aufbau aller Kapitel nach einem Muster verzichtet. Dennoch liegen den Ausführungen je nach Anzahl der Adaptionen drei Gliederungsaspekte zugrunde: die einfache chronologische Reihung, die Schwerpunktbildung nach Gattungen oder die nach Adaptionsarten. Letztere sind für die Studie von besonderem Wert, da sie Auskunft über die Art der Verarbeitung des biblischen Stoffes sowie über die Intention und Glaubenshaltung des jeweiligen Autors geben. Hier werden drei Kategorien unterschieden:

1. **Die historisierende Paraphrase**: Sie ist die älteste Art, biblische Texte literarisch zu bearbeiten.[1] Seit den Anfängen des Christentums greifen bildende Künstler und Schriftsteller immer wieder Stoffe der Bibel auf, um sie mit den Stilmitteln der Kunst zu vergegenwärtigen, nachzuerzählen, zu umschreiben, zu vereinfachen, zu deuten oder poetisch zu überhöhen. Die Werke sind in der Regel aus dem am kirchlichen Leben orientierten Glaubensverständnis des jeweiligen Autors gestaltet, der die biblische Perikope im Lichte seiner

---

[1] Vgl. zu den folgenden Kategorisierungen die Ausführungen der Verfasserin in „Auf der Suche nach dem verlorenen Gott. Religion in der Literatur der Gegenwart". Mainz 1997, 50-54.

Biographie neu erzählt, einzelne Züge hervorhebt, andere übergeht, je nach dem, was ihm von Bedeutung ist. Die sich daraus ergebenden Verkürzungen oder gar Umdeutungen werden durch die Akzentuierung eines besonderen Aspekts wettgemacht. Bei dieser Art von Verarbeitungsweise bleiben Handlungsverlauf, Namen der Personen, Kostüme und Requisiten sowie Zeit und Raum der biblischen Vorlage meist erhalten. Unter diese Adaptionskategorie fallen vor allem viele Texte älterer Literaturepochen, z.B. *F. Saltens* Roman „Simson", *F. G. Slaughters* „Ruth". Im 20. Jahrhundert kommen sie eher vereinzelt vor, da aufgrund eines erstarkten Selbstbewusstseins und eines aufgeklärten Erkenntnisinteresses vieler Zeitgenossen, tieferer Einsichten in entwicklungs- und tiefenpsychologische Gegebenheiten, nicht zuletzt aber auch durch die Erfahrungen von Krieg, Völkermord und Holocaust sowie wachsender Distanz kirchlichen Traditionen gegenüber die Überlieferungen in einem anderen Licht betrachtet werden und eher zu problematisierenden Verarbeitungsweisen führen als zur schlichten gläubigen Nachbereitung.

2. **Aktualisierung und Problematisierung**: Entfernt sich die Paraphrasierung spürbar vom Urmuster und ist der Bezug zur jeweiligen Gegenwart des Autors vorherrschend, so ist der Begriff der Aktualisierung angezeigt. Im Grunde ist jede Übersetzung der Bibel in eine lebende Sprache eine solche. Die Aktualisierung im engeren Sinn geht insofern über die Paraphrasierung hinaus, als sie die biblische Vorlage völlig in die Gegenwart des jeweiligen Autors transformiert. Vielfach sind die Namen geändert, die Requisiten der Zeit angepaßt, biblische Motive mit Zeitgeschehen verknüpft. Mehr als die historisierende Darstellung spiegelt die aktualisierende die Auseinandersetzung eines auf sich selbst zurückgeworfenen zeitgebundenen Ichs mit der Bibel. Hier sind als Beispiele zu nennen: *F. Werfel* „Der Weg der Verheißung", *St. Heym* „Der König David Bericht", *F. Fühmann* „Erzvater und Satan".

3. **Transfiguration und Neuschöpfung**: Werden Einzelheiten der biblischen Vorlage radikal entmythologisiert und die Gestalten aller historischen Kostüme, Requisiten und Sprache entkleidet und auf wenige wesentliche Züge festgelegt, so kommt es zu einer völligen Neuschöpfung, zur Transfiguration.[2] Der Begriff besagt, dass nicht eine Gesamtbiographie aus den biblischen Quellen erschlossen wird, sondern dass einzelne Wesensmerkmale der biblischen Figur in eine zeitgenössische transponiert werden, z.B. *J. Roth* „Hiob", *R. Hochhuth* „Judith", *L. Feuchtwanger* „Die Jüdin von Toledo".

Da es sich bei der vorliegenden Dokumentation nicht um einen Interpretationsband handelt, werden die Werke nur im Hinblick auf die mögliche Intention des Autors, seine Gestaltungskraft und den Bezug zur biblischen Vorlage untersucht und nicht nach den Regeln der Interpretationskunst detailliert

---

[2] Der Begriff der ´fiktionalen Transfiguration` wurde von dem amerikanischen Forscher *Theodore Ziolkowski* unter Berücksichtigung der Theorie von E. Auerbach (1946) und Amos Niven Wilder (1958) im Zusammenhang mit solcher Art Jesus-Romanen eingeführt. Vgl. Theodore Ziolkowski: Fictional Transfigurations of Jesus. Princton 1972; außerdem Karl-Josef Kuschel: Jesus in der deutschsprachigen Gegenwartsliteratur. Zürich/Köln/Gütersloh 1978, bes. 12-21.

analysiert. Zudem werden die behandelten Texte in den meisten Fällen nur auszugsweise zitiert, was sicherlich bei Gedichten manchmal eine Leseerschwernis darstellt, aber aus Platzgründen nicht anders möglich ist.

I. Eva, die Mutter aller Lebendigen

Zu den Frauen, die im Laufe der Jahrtausende am meisten missdeutet wurden, gehört Eva. Dabei ist nicht von Bedeutung, ob sie als historische oder symbolische Figur verstanden wird; wichtig ist allein der biblische Befund.[1] Dieser besagt, dass Mann und Frau von Gott als gleichwertige Partner geschaffen sind; beide werden nach der Quelle der Priesterschrift als Abbild Gottes bezeichnet, beide sollen sich wechselseitig zur Freude und Hilfe dienen (Gen 1). Nach der jahwistischen Tradition (Gen 2) ist die Frau aus einer Rippe des Mannes geformt, wodurch die enge Bezogenheit der beiden aufeinander, nicht aber Abhängigkeit betont wird.[2]

Ihre hohe Würde kommt zudem noch dadurch zum Ausdruck, dass Eva als „Urmutter des Lebens" (Gen 3,20) bezeichnet wird.[3] Außerdem tritt Eva in Gen 4,1.25 als Namengeberin ihrer Söhne auf, ein Recht, das später nur dem Manne zukam.

Evas Zurücksetzung und damit die aller Frauen im biblischen Kontext liegt jedoch vor allem in der jahwistischen Erzählung vom Sündenfall begründet (Gen 3). Der biblische Erzähler lässt die Frau den Kontakt zur Schlange aufnehmen, sie als erste der Verlockung erliegen und dann den Mann verführen. Adam weist zudem beim Verhör durch Gott alle Verantwortung von sich.

Dass eine Schlange als Versucherin auftritt und ihr erstes Ziel die Frau ist, hat religionsgeschichtliche Gründe. Geht es doch in der Geschichte Israels stets um den Streit zwischen dem Glauben an Jahwe, den einen, unsichtbaren Gott, und den Rückfall in die Verehrung der alten Natur- und Stammesgötter der orientalischen Völker.[4] Als eine solche Göttin galt die Schlange, sie will Eva vom Glauben an Jahwe abwerben und erinnert in dem Wort „ihr werdet sein wie Gott" (Gen 3,5) an den Zusammenhang Frau – Urmutter – Göttin. Hier ist also

---

[1] Der Legendentradition nach wird Lilit als erste Frau des Adam genannt, in der Bibel aber nur Jes 34,14 im Zusammenhang mit der Gerichtsankündigung über Edom als „Nachtgespenst" erwähnt. Die dem babylonisch-assyrischen oder numerischen Sagenkreis entstammende Gestalt ist von Gott als erste Frau Adams gedacht. Da sie sich ihm aber nicht unterwerfen will, sondern sich für die stärkere hält, verschwindet sie in den Lüften, um als Männer verführende Dämonin weiter zu leben. Gott straft sie durch den Tod ihrer Kinder. Ihr Attribut ist langes prächtiges Haar.

[2] Was mit „Rippe" gemeint ist, lässt sich schwer festlegen, da das Wort auch „Seite" bedeutet. Ob hier der Mythos vom androgynen Doppelwesen (vgl. griech. Mythologie), das von Gott getrennt wurde, anklingt, kann weder bestätigt noch abgewiesen werden. Vgl. Pnina Navè Levinson: Was wurde aus Saras Töchtern? Frauen im Judentum. Gütersloh ³1993, 36.

[3] Dieser Titel war in archaischen Kultgemeinschaften ausschließlich Göttinnen vorbehalten. Vgl. Hedwig Meyer-Wilmes: Eva – Eine Collage aus Männerphantasien und Frauenträumen. In: Zwischen Ohnmacht und Befreiung. Biblische Frauengestalten. Hg. von Karin Walter. Freiburg 1988, 12-22, 16.

[4] Darin liegt die große Sünde und nicht etwa in sexueller Ausschweifung.

ein möglicher Rückfall in den Glauben an Muttergottheiten angedeutet.[5] Dass Gen 3 für die christliche Sündenlehre zur zentralen Quelle wurde, was ungeheure Folgen für Eva, die Frau, nach sich zog, liegt sicherlich an der hervorragenden Stelle zu Beginn der Bibel, vor allem aber am patriarchalischen Weltbild zur Zeit der Abfassung der biblischen Urgeschichten im 10.–6. Jahrhundert v.Chr. Hier fand man das Muster, die Vormachtstellung des Mannes zu untermauern. Die Unterordnung der Frau unter den Willen des Mannes wird als Folge der Sünde gedeutet, liegt also nicht im Schöpfungsplan. Blieb für die älteren neutestamentlichen Schriftsteller noch Adam (der Mensch) verantwortlich für das Unheil in der Welt (vgl. Röm 5,12-14), so verlagerte sich in den jüngeren Pastoralbriefen (z.B. 1 Tim 2,11-14) und später bei einzelnen Kirchenvätern unter dem Einfluss jüdischer Literatur (vgl. Jesus Sirach) die Schuldzuweisung ganz auf die Frau:

> Weißt du nicht, daß du eine Eva bist? Du bist es, die dem Teufel Eingang verschafft hat, du hast das Siegel jenes Baumes gebrochen, du hast zuerst das göttliche Gesetz im Stich gelassen, du bist es auch, die ihn überredete, dem der Teufel nicht zu nahen vermochte, so leicht hast du den Mann, das Ebenbild Gottes, zu Boden geworfen. Wegen deiner Schuld [...] mußte auch der Sohn Gottes sterben."[6]

Aus solcher Art Interpretation resultiert das Bild von Eva, als einem naturverbundenen, triebhaft-sinnlichen, dämonischen Wesen, untergeordnet dem geistbegabten, vernünftig handelnden Manne. Es wurde zudem im Laufe der Geschichte noch weiter auf die sinnlich-sexuelle Verführungskunst reduziert. „Eva" steht als Name für kokette, verführerische Weiblichkeit, wie dies in zahlreichen Werken der Literatur belegt ist, z.B. in *Heinrich von Kleist* „Der zerbrochene Krug", *Imre Madách* „Die Tragödie des Menschen", *Bertolt Brecht* „Herr Puntila und sein Knecht Matti". Aufklärung und Psychoanalyse geben dem Eva-Bild noch andere Züge: Jene macht Eva zur mutigen, nach Erkenntnis strebenden Überwinderin der „paradiesischen" Einengung, diese zum Archetyp der großen Urmutter, von der der Mann sich lösen muss.
Von alledem ist in den literarischen Werken etwas aufzuspüren. Je nach Alter, Geschlecht und Zeitgeist stellen die Autoren in Eva mal mehr den Prototyp der geschickten Verführerin oder der sinnlichen Liebe dar, mal mehr das Urbild der Mütterlichkeit oder des Naturwesens. Das Besondere der Adaptionen liegt weniger in phantasievoller Neuerfindung als vielmehr in Akzentuierung und Ausgestaltung von Leerstellen. Wie sich auch bei anderen Gestalten zeigen wird, lassen sich letztere vor allem durch lyrische Reflexionen oder Dialoge bzw. Monologe darstellen. Aus der Fülle der literarischen Beispiele zu Eva können hier nur einige wenige angesprochen werden; diese werden allerdings

---

[5] Im übrigen ist die in Gen 3 erzählte Geschichte vom Sündenfall nur eine von vieren, hinzu kommen die Geschichten vom Brudermord (Gen 4), von der Vergewaltigung der Menschentöchter durch Göttersöhne (Gen 6, 1-8), vom Turmbau zu Babel (Gen 11, 1-9).
[6] Tertullian: De cultu feminarum I, 1, 1ff., zit. nach Meyer-Wilmes (Anm.3), 18.

so ausgewählt, dass die verschiedenen Interpretationen der Gestalt exemplarisch vertreten sind.[7]

Zu den Autoren, die die biblische Vorlage nur **paraphrasieren**, gehört *Uriel Birnbaum*, 1894 als Sohn jüdisch-religiöser Eltern in Wien geboren. Er hat eine Fülle biblischer Sonette verfasst, darunter einen Zyklus unter dem Titel „Die ersten Menschen"[8], untergliedert in drei Teile: „Die Schöpfung", „In Eden", „Der Sündenfall". Die Eva-Gedichte finden sich in den beiden letzten. Birnbaum folgt ganz der biblischen Vorlage und sucht in gläubiger Intention die knappen Angaben lyrisch auszugestalten. Er schildert Evas Entzücken, als sie Adam und die Umwelt zum ersten Mal erblickt, das Glück der beiden, Evas Zwiesprache mit den Tieren, aber auch die Verführung durch die Schlange und Evas Sünde:

> Die Schlange stützte zierlich ihren Fuss
> Auf Eva's Knie und züngelte geschmeidig
> An Eva's Ohr: Um deinetwillen – tu's!
> Ich gebe euch den Rat, weil ich mitleidig.
> [...]
> Und Eva brach, von ihrer Wünsche Wucht
> Verführt, vom roten Baum die goldne Frucht. (566)

Diese Zeilen genügen als Beleg, um zu zeigen, dass hier ein frommer, die Form gekonnt handhabender Autor am Werk ist, dessen Gedichte weder dem biblischen Stoff etwas Originelles hinzufügen noch die Fragen moderner Menschen aufgreifen.

Während die Gedichte z.B. von *Christian Morgenstern* „Adam und Eva" und *Richard Dehmel* „Evas Klage" sowie das Drama von *Otto Borngräber* „Die ersten Menschen" die Bibel auch nur paraphrasieren, wählt der junge *Josef Weinheber* in seinem Gedichtzyklus „Eva"[9] die Frau als **Symbolfigur für sinnliche Liebe und irdische Schöpferkraft**. In dithyrambisch-rhapsodischem Sprachgestus und in verschiedenen lyrischen Formen besingt er in Eva die

---

[7] Die in Anm. 1 erwähnte Lilit ist in der Literatur von untergeordneter Bedeutung; das gilt auch für diese Untersuchung. Nach *Joe H. Kirchberger* erfährt sie zwar in der Literatur des 19. und 20. Jahrhunderts eine Aufwertung zum Positiven, jene fügt aber dem Eva-Mythos nichts Wesentliches hinzu. Kirchberger führt die Werke namhafter Autoren an: Bei *Anatole France* sehnt Lilit sich danach, wie die Menschen zu werden; bei *George Macdonald* wird sie von der Abhängigkeit zum Bösen erlöst; bei *Isolde Kurz* ist sie die elfenhafte erste Frau Adams, die der sinnlichen Eva weichen muss, deren Kind aber Adams Kinder „zu geistiger Vollkommenheit führen wird"; bei *Bernhard Shaw* ist sie die Mutter von Adam und Eva und damit der gesamten Menschheit, die sich trotz aller Rückschläge zum Menschlichen hin entwickelt. Vgl. Joe H. Kirchberger: Eva und Lilit. In: Große Frauen der Bibel in Bild und Text. Hg. von Herbert Haag/Joe H. Kirchberger/Dorothee Sölle. Freiburg/Basel/Wien 1993, 19-31, 30f. – Zur psychologischen Auswertung dieser Frauengestalten vgl. u.a. Friedrich Weinreb: Eva und Lilith. Die Qualität des Weiblichen. 4 Cass. Agaron (CH) o.J.

[8] Uriel Birnbaum: Die ersten Menschen. Biblische Sonette. In: Ders.: Eine Auswahl. Gedichte. Amsterdam 1957.

[9] Josef Weinheber: Eva. In: Ders.: Sämtliche Werke in 7 Bänden, Bd. 1. Hg. von Josef Nadler/Hedwig Weinheber, neuhg. von Friedrich Jenaczek. Salzburg 1990, 487-498.

Einmaligkeit und Macht einer ersten Liebesleidenschaft, die er in einer konkret gegenwärtigen Käte erlebt.[10]

> War nicht mehr die kleine, süße Käte,
> die ein Zufall blind mir zugebracht.
> War das eine Weib, zu dem ich bete –
> [...]
> Aber du warst Eva diese Nacht. (491)

Vergangenheit, Gegenwart und Zukunft gelten dem lyrischen Ich als Nichts, einzig durch Eva, dem Symbol der Schöpfung, gewinnt alle Wirklichkeit Leben; von ihr, der Urmutter, erbittet der junge Dichter dichterische Schöpfungskraft:

> Nimm mein Lied, meine Leidenschaft
> in deine Hand
> ewige Mutterkraft!
>
> Ströme hin in mein Wort,
> Glühende, dein Blut,
> ewiger Liebeshort!
>
> Ewiger Schönheitshauch,
> darin schon Adams Auge träumend geruht,
> schenke Fülle mir auch –! (488)

Selbst die Wirklichkeit Gottes glaubt er durch sie zu erfahren:

> Ich weiß, Gott lebt: doch lebt er erst durch Dich:
> Nur weil Du lächelst, schuf und liebt er mich. (488)

Für das lyrische Ich liegt die unverwechselbare Ekstase in der Liebe jedoch in ihrer Einmaligkeit. Die vom Mann erstrebte zweckhafte Wiederholung ist für ihn der Sündenfall,[11] darin liegt der Fluch Gottes, an dem „Eva", stirbt.

> Doch der Mann im Frevel seines Geistes
> will Dich immer noch ein andermal.
> Und das Wunder, er zerreißt es
> und die Nacht wird schal – (491)
> [...]
> Denn was nicht aus Gottes Wesenheit

---

[10] Eva ist also hier ganz auf die Liebe an sich reduziert. Damit stellt sich Weinheber in die Reihe all der Schriftsteller, die ihren Protagonisten den Namen Eva gegeben haben, um die sinnliche Ebene herauszustellen. Vgl. „Der zerbrochenen Krug" von H. v. Kleist, „Die Tragödie des Menschen" von Imre Mádach, „Die Kindsmörderin" von H. L. Wagner.

[11] In einer Arbeitsnotiz schreibt der Autor: „Weib – Primär. Mann Sekundär. [...] Schürzen aus Blättern Scham. Weil Lust, Rausch, Leben durch Denken beschmutzt wird. Es kommt der Zweck in die Welt. Jehova zu Adam: Wer bist Du? Erst durch den Fluch Gottes herrscht der Mann über das Weib." (487f.)

einmalig aus seiner Sehnsucht schreit,
alles, was zum zweitenmal geschieht,
alles, was zu deuten sich versieht,
alles, was Erschautes wissend bucht,
alles, was Erlebtes lüstern sucht,
zu bespähn und zweifelnd zu vergleichen –
– das hat Gott verflucht! (491f.)

Diese zweckgebundene, zerstörerische Kraft sieht der Autor im Begehren des Mannes, so dass er seinen Zyklus auf die Frage nach der großen Liebe zulaufen lässt: „Wo ist die Liebe, groß und wunderbar?!" (493). Sie wird zwar von allen großen Dichtern besungen, doch mehr als Ziel der Sehnsucht, denn als Realität. Im Schmerz über diese Diskrepanz bittet er Eva nachdrücklich: „Eva, töte Deinen späten Sohn!" (495). Aber auch sie ist durch ihre Bindung an den Mann von Gottes Fluch getroffen, so dass der Sprecher resignierend feststellt:

Verstoßen der Mensch, der Traum bedreckt
und der Altar in Scherben.
Dornen und Disteln der Acker trägt,
der zerwühlt ist von nutzlosen Kerben. (495f.)

Nach einem Abgesang auf Eva und die unverkrampfte Liebe folgt im Zyklus ein Gedicht an Maria, das die Herausgeber „Wegen des Ausklanges hereingenommen" (643) haben.[12] In diesem wendet sich das lyrische Ich dem alten Topos gemäß an Maria, dem Gegenbild zu Eva:

Ich bin von Liebe wund. Mit kühlen Händen
leg über meine Stirn dein Wunder hin,
daß ich Dich schauend`, aller Lust entsage. (498)

Damit wird das positive Eva-Bild in typisch christlicher Interpretation überwunden. Eva der „Allverführerin" (498), und damit der leidenschaftlichen, starken, heißen Liebe und Lust, wird Maria, die Fürsprecherin „der Müden und Kranken" (497), gegenübergestellt, die mit ihren kühlen „durchsichtigen Händen" (497) den Jüngling heilt, auf dass er „aller Lust entsage" (498). Das ist das letzte Wort in diesem Zyklus, der ein sinnliches, positives Eva-Bild gestaltet.[13]

---

[12] Mit dieser Setzung haben die Herausgeber dem Eva-Zyklus eine christliche Wendung gegeben.

[13] *Paul Heyse* wählt in seinen Mysterienspielen: „Lilith" und „Kain" (in: Ders.: Mythen und Mysterien. Stuttgart und Berlin 1904, 7-120) Lilit als die große Verführerin und lässt durch sie Adam, später auch Eva, in die Kunst des Verführens und Werbens einweisen. Sie ist es hier, die als Schlange getarnt zum Genuss der verbotenen Frucht drängt. Ihr Hass gegen das Menschengeschlecht entbrennt, als Adam sich von ihr abwendet, weil das leidenschaftliche Begehren, das sie in ihm entfacht hat, seinem paradiesischen Zustand zuwiderläuft. Was sie bei Adam nicht vermag, sucht sie bei Kain zu erreichen, nämlich Wollust zu wecken und ihn zur „Freveltat" (90) des Brudermords anzustacheln. Die Funktion der Lilit, wie sie in der psychologischen Literatur des 20. Jahrhunderts gelegentlich zitiert wird, klingt bei Heyse an, wenn er Lilith auf Kains Vorwurf, sie habe ihn verführt, antworten lässt: „Thor! Wir

Wie Weinheber suchen viele Autoren im Bild der Eva ihre glücklichen oder unglücklichen Liebesbeziehungen zu fassen. Bei *Else Lasker-Schüler* finden sich mehrere Beispiele persönlicher Auseinandersetzung, sie gehören alle ins Umfeld der „Hebräischen Balladen", die dem Bekenntnis der Autorin zu ihrem Volk, dessen Urgestalten, aber auch als Muster zur Verhüllung ihres leidenschaftlichen Seelenlebens dienten. Zur Zeit der Abfassung der Eva-Gedichte „Erkenntnis"[14], „Eva" und „Evas Lied" war sie mit dem neun Jahre jüngeren *Georg Levin* (von ihr *Herwarth Walden* genannt) verheiratet. So könnten sich manchen Angaben im Gedicht „Eva"[15] auf ihn beziehen, etwa „der Kopf mit den goldenen Lenzhaaren"[16], „so blutjung, so adamjung", „ich liege schwer auf deinem Leben". „Evas Lied"[17] hingegen ist *Hans Ehrenbaum-Degele* (ihrem „Prinzen Tristan") gewidmet und nutzt auch nur die biblische Figur als Metapher für Vertreibung, Liebessehnsucht und gegensätzliche Gefühlszustände, z.B. „Und deine Sinne sind kühl" – „Und das Blondgewirr auf deiner Stirn/Glüht, als ob Sonnen sie besprühen" oder „Glück" – „Todangst". Diese Gedichte haben letztlich mit der biblischen Frau nur den Symbolwert gemeinsam. Einzig das Eingangsgedicht „Erkenntnis" zur Sammlung „Der siebte Tag"[18] führt stärker in das biblische Muster. Es ist ein Gedicht auf Eva. In einer Art szenischer Anweisung wird das Bild von einer schweren, wilden Erde gemalt, in der eine leidenschaftliche Sehnsucht nach Rausch aufbricht: „Das Urgeschrei, Evas Lied". Dann folgt eine Aufforderung an Eva, sich ihrer vehementen Urkraft bewusst zu sein und das, was sie einmal gewagt hat und was über die Zeiten hinweg als Gott-Seele aus ihr, der Frau, gewachsen ist, laut zu bekennen. Im Weiteren lässt die Autorin Eva selbst singen von ihrem Begehren, sich mit der Schlange zu vereinen, von ihrer Scham, die der Erkenntnis folgt, ihren Versuchen, sich zu verstecken und der Angst Herr zu werden, und von ihrem unsteten Liebesleben. Das Gedicht klingt aus mit einem Wort der Ermutigung an Eva, ihre alte Leidenschaft auszuleben: „Blühe aus, Verführerin". Das Gedicht ist zwar ganz auf die biblische Vorlage bezogen, verengt aber den Blick auf Eva als leidenschaftliche Verführerin ausschließlich im Liebesrausch, worauf das gesamte Wortmaterial hindeutet: „Sehnsucht",

---

sprechen/Nur aus, was unbewußt noch, aber reif,/Zur Tat zu werden, in euch ruht. Dann werft ihr/Auf uns die Schuld." (116). Ähnlich wie Adam und Eva sich dem Einfluss Lilits entziehen und ein Leben in Drangsal als Buße für ihren Ungehorsam wählen, so weist auch Kain die Dämonin schließlich ab und entscheidet sich für seine Frau Adah und für sein Kind. – Für das Eva-Bild geben Heyses Dramen nichts Bemerkenswertes her; es ist ganz auf das traditionelle Klischee der Verführerin und treuen Gefährtin und Mutter reduziert.

[14] Später unter dem Titel „Die Stimme Edens" publiziert.

[15] Else Lasker-Schüler: Eva. In: Dies.: Der siebente Tag. (1905) Sämtliche Gedichte. Hg. von Friedhelm Kemp. München 1966, 72. Auf die komplizierte Herausgebertätigkeit sowie auf die Anordnung der Gedichte der Autorin in den verschiedenen Fassungen oder auf die Widmungen der Gedichte kann im Zusammenhang dieser Ausführungen nicht eingegangen werden.

[16] Er hatte nach einer Notiz von *Tilla Durieux* „lang-wallendes blondes Haar". Tilla Durieux: Eine Tür steht offen. Hamburg 1954, 65.

[17] Else Lasker-Schüler; Evas Lied. In: Dies. (Anm.15),78.

[18] Else Lasker-Schüler: Erkenntnis. In: Dies. (Anm. 15), 67.

„Feuersbrunst", „wilden Flüssen", „Urgeschrei", „nackt", „Wilder", „Schoß", „schaumweiße Traube" u.a.

1911 gab die Autorin in ihrem Band „Meine Wunder" unter dem Titel „Die Stimme Edens"[19] eine zweite geglättete Fassung heraus. Die Aussage ist zwar die gleiche, aber die Diktion gemäßigter, ohne an Leidenschaft zu verlieren. Der Text ist gekürzt und wird nur noch aus einer Perspektive des lyrischen Ichs vorgetragen, allerdings immer noch in direkter Ansprache an Eva, die es wagte, Gott in der Geburt ihrer „Gottesseele" den Tag ihrer Selbstwerdung abzuringen, musste diese Eigenmächtigkeit mit Angst und Vertreibung bezahlen; sie möge nun innehalten und ausblühen:

> Singe, Eva, dein banges Lied einsam,
> Einsamer, tropfenschwer wie dein Herz schlägt,
> Löse die düstere Tränenschnur,
> Da sie sich nun um den Nacken der Welt legt.
> [...]

Entsprechend der ersten Fassung heißt es auch hier:

> Eva, kehre um vor der letzten Hecke noch!
> Wirf nicht Schatten mit dir,
> Blühe aus, Verführerin.

Damit bekennt sich die Autorin zu einer Eva, die zwar von der vorgezeichneten Bahn abgeschweifte, dadurch aber ihr Geschlecht zu einer selbstbewussten Wesenheit führte, was unschwer auf die Autorin selbst zu beziehen ist.

In ähnlicher Weise hat auch *Rose Ausländer* etliche Gedichte zum Thema verfasst, fügt aber dem biblischen Muster nichts Wesentliches hinzu. Sie nutzt vielmehr die Geschichte von Adam und Eva als Motiv, um Liebe und Gemeinsamkeit, Fluch und Tod zeitenthoben darzustellen. Dabei hat sie nicht immer eine glückliche Hand. Das frühe Gedicht „Eva"[20] liegt nach Form und Bildwahl als Werk des 20. Jahrhunderts an der Grenze zum Kitsch, wenn es heißt:

> [...]
> Sie aß und gab den Rest dem Mann,
> erkannte ihn und ward erkannt.
> Mit Adam fand sie sich im Korn.
> Der Sonne roter Apfel schien.
> Daß sie der Herr in seinem Zorn
> verfluchte –sie verzieh es ihm.

---

[19] Else Lasker-Schüler: Die Stimme Edens. 1911. In: Dies. (Anm. 15), 100f.
[20] Rose Ausländer: Eva. In: Dies.: Gesammelte Werke in 8 Bänden, Bd. 1. Hg. von Helmut Braun. Frankfurt 1985, 234.

Auch die Reime der anderen Strophen „Aprikose" – „Rose" (1.Str.) oder „Stengel" – „Liebesengel" (2. Str.) sind trivial und befriedigen nicht. – Ganz anders hingegen das spätere Gedicht:[21]

Evalose Zeit

In der Mondsubstanz
aus geborgtem Licht
wohnt das verwitterte
Adamsgesicht

Die Wangensäcke
hängen im Eis
der Mund vergilbt
im leeren Kreis

Der Augenzwilling
schwarz entzweit
starrt in die
evalose Zeit

In Reduktion des Sprachmaterials und mittels unverbrauchter Metaphern und unprätentiöser Reime zeichnet die Autorin ein Bild des gealterten Adam nach Evas Tod. Die Darstellung läuft darauf hinaus zu zeigen, dass eine Welt ohne Eva in die Öde führt.

Wegen der besonderen Bedeutung für die Aufarbeitung des Stoffes von Adam und Eva sei kurz auf *Charles Péguys* Versepos „Ève"[22] verwiesen, der eine **psychologische Deutung** versucht. Der Autor lässt die Schöpfung vom Schöpfergott wie einen wunderschönen dörflichen Paradiesgarten entwerfen und in unermessliche Räume versetzen. Bemerkenswert ist, dass zwar der Baum der Erkenntnis erwähnt wird, aber der Sündenfall nicht eigens ausgestaltet ist: „Der Blick nach Eden geht durch die Schranke der schon vollzogenen Trennung"[23], es liegt also von Anfang an ein Schleier über der Schöpfung. Eva als die aus dem Garten vertriebene Urmutter weilt vor der Tür zum Paradies. Ihre Schuld besteht darin, dass sie zur gegebenen Zeit nicht das Richtige getan hat, weil die Dinge des Alltags ihr wichtiger waren.[24] Nun versucht sie, den Anforderungen immer korrekter nachzukommen, was ihr aber nicht gelingt. So versinkt sie immer mehr in die irdische Welt, vom Dichter als Erdenschlamm gesehen, ohne

---

[21] Rose Ausländer: Evalose Zeit. In: Dies.: Die Sichel mäht die Zeit zu Heu. Gedichte 1957-65 (Anm. 20), Bd. 2, 278. Vgl. auch Adam. In: Dies.: Ich höre das Herz des Oleanders. Gedichte 1977-79, Bd. 5, 102; Vergebung. In: Dies.: Jeder Tropfen ein Tag. Gedichte aus dem Nachlaß, Bd. 8, 145.
[22] Charles Péguy: Ève. In: Ders.: Oeuvres poétiques complètes. Paris 1962
[23] Franz Stirnimann: Der Paradiesmythos in Charles Péguys Ève. In: Paradeigmata. Literarische Typologie des Alten Testaments. Hg. von Franz Link. Berlin 1989, Bd. 2, 611-620, 614.
[24] Vgl. Stirnimann (Anm. 23), 615.

dass ihre Versuche, die zerbrochene Welt wieder zu heilen, gelingen. Nach Stirnimann ist das Epos Ève eine Auseinandersetzung des Autors mit seiner eigenen Biographie, seinem dichterischen Schöpfertum und seinen psychischen Verwundungen. Das Paradies „als Archiv der Kindheitsträume"[25], die Gegenwart als Wunde, als Ruinenfeld – dem Autor Péguy dienen also die biblischen Bilder als Mittel, die persönliche Auseinandersetzung mit seiner Innenwelt darzustellen. Auf diese Weise bekommt der Mythos der Paradies- und Sündenfallgeschichte, hier im Brennpunkt der Eva, eine allgemeingültige psychologische Dimension.

Einen nochmals anderen Weg der Adaption schlagen die Künstler ein, die sich ein **Bild von einem Bild** machen, das heißt, die Kunstwerke zum Ausgangspunkt ihrer Auseinandersetzung wählen, wie *Rainer Maria Rilke* mit Eva"[26], der sich in seinem Sonett auf die Portalfigur der Eva an der Kathedrale Notre Dame zu Paris bezieht. Wie alle diese Figuren steht sie aufrecht und hält ihr traditionelles Symbol, den Apfel, in der Hand. Ihr Antlitz führt den Betrachter in die Reflexion über ihre Tat und deren Folgen. Das lyrische Ich glaubt ihrer Haltung und ihrer Miene zu entnehmen, dass sie sich in das alte Land zurücksehnt, da sie es nur aufgrund der Bindung an den Mann verlassen hat. Der Form des Sonetts gemäß enthalten die beiden Quartette die Ausgangssituation und die beiden Terzette, durch die Reime eins ins andere übergreifend, die Reflexion. Kunstvoll verbindet Rilke hier Evas Sehnsucht nach dem Land Eden samt ihrer Verbundenheit mit den Tieren mit der sich nur langsam anbahnenden Gotteserfahrung:

> Ach, sie hätte gern in jenem Land
> noch ein wenig weilen mögen, achtend
> auf der Tiere Eintracht und Verstand.
>
> Doch da sie den Mann entschlossen fand,
> ging sie mit ihm, nach dem Tode trachtend;
> und sie hatte Gott noch kaum gekannt.

Rilke relativiert Evas Schuld. Sie hat als Naturwesen, den Tieren näher stehend als dem Gesetz Gottes, sich liebend ganz in das ergeben, was sie „schuldlos – schuldig" ausgelöst hat.

Walter Helmut Fritz greift in seinem Gedicht „Giselbertus von Autun, Eva"[27] auf eine der schönsten und eigenwilligsten Eva-Darstellungen der europäisch mittelalterlichen Kunst zurück.[28] Der Künstler zeigt Eva liegend, von Rank-

---

[25] Vgl. Stirnimann (Anm. 23), 617.

[26] Rainer Maria Rilke: Eva. (1908) In: Ders.: Werke. Kommentierte Ausgabe in vier Bänden. Hg. von Manfred Engel/Ulrich Fülleborn/Horst Nalewski/August Stahl. Frankfurt a. M. 1996, Bd. I, 536.

[27] Walter Helmut Fritz: Giselbertus von Autun, Eva. In: Ders.: Gesammelte Gedichte. Hamburg 1959, 132.

[28] Diese Eva ist das Detail eines Türsturzes vom Nordportal der Kathedrale von Autun, das in der Revolution entfernt und beim Abriss eines Hauses 1866 wieder entdeckt wurde. Es befindet

werk wie von Schlangenarmen umfasst, wie sie den Apfel greift und sich Adam (?) zuwendet. Fritz bezieht sich jedoch in seiner Meditation nicht auf eine mögliche Zwiesprache, sondern ausschließlich auf die erhaltene Figur, und er versucht, sich in ihre Gedankenwelt zu versetzen.

> Während sie den Apfel nimmt
> und horcht
> [...]

Dieser Zweizeiler umschließt wie ein Rahmen Evas Reflexion und zeigt sie als eine nach innen Lauschende, die „weiß" und „versteht", was des Menschen Begehren und Versagen ausmacht, die „ahnt" und Antworten „sucht" auf die drängenden Lebensfragen nach Schuld, Tod und dem Sinn von allem. Fritz zeigt also eine Eva, die sich verantwortlich fühlt und bereit ist, eine erklärende Botschaft zu hören. Die Intention des Gedichts ist bedenkenswert, aber die Form ist bescheiden. Der Zwang zur Reihung – die zitierten Verbformen stehen jeweils am Beginn eines kurzen Dreizeilers – und die bildlose, rein logische Abfolge der Gedanken weisen das Gedicht als einen typischen Beitrag zur Aufarbeitung religiöser Themen in den siebziger Jahren aus, ohne dass der Vorgabe etwas Überraschendes oder Konträres hinzugefügt wäre.

Auch *Drutmar Cremer* lässt sich von einem Bild inspirieren, einer Glasmalerei „Paradies" von Marc Chagall aus der Mainzer Stephanskirche. Wie der Titel sagt, beziehen sich das Bild und das Gedicht „Halleluja"[29] auf den Paradies-zustand vor dem Sündenfall: Adam und Eva als aufeinander bezogenes Paar inmitten von Pflanzen und Tieren, darunter auch die Schlange und die Kerubim. Zu diesem Bild hat Cremer zwei Gedichte verfasst: eines, ganz auf Adam bezogen, schildert in gewohnten Metaphern die paradiesische Ausgangs-situation, das andere, ein Zwiegesang von Eva und Adam, die sich ihre Liebe und Treue (auch in zukünftiger Plage) versichern und ihre Aufgabe darin sehen, „Gottes Lob durch alle Zeit" zu singen und zu tanzen.

Während die meisten Werke aus der Perspektive eines Außenstehenden oder des Mannes geschrieben sind, lässt der Schweizer *Max Rychner* in seinem Fragment „Die Ersten"[30] **Eva selbst zu Wort** kommen. Im Dialog mit der Schlange wird Eva stufenweise zur selbst bestimmten Tat geführt: Um ihrer selbst, des Mannes und der Welt bewusster zu werden, nimmt sie die Frucht. Die Schlange bestätigt sie vor allem in ihrer Erfahrung mit Adam, der ganz auf sich bezogen, die Schöpfung nur forschend zu erfassen sucht, und zeigt ihr damit den Riss[31], der durch die Welt geht.

---

sich heute im Musée Rolin in Autun. Das Pendant zu dieser Platte, Adam, war vermutlich ihr gegenüber angebracht.

[29] Drutmar Cremer: Halleluja. In: Ders.: Im Morgenrot singst du das neue Lied. Gedichte zu Glasmalereien von Marc Chagall. Mainz 1995, 17.

[30] Max Rychner: Die Ersten. Fragment. (1949). In: Die Bibel in deutschen Gedichten. Hg. von Hermann Hakel, München 1968, 25-35.

[31] Der Topos „vom Riss, der durch die Welt geht" wird von vielen Autoren für die gestörte Weltordnung verwandt. Vgl. bes. *Friedrich Schiller*, der in „Kabale und Liebe" durchgehend

DIE SCHLANGE:	Du bist allein? Erträgst du dies?
	Noch niemals sah ich dich allein . . .
	War Einsamkeit erst Paradies?
	Mag er dir nicht mehr nahe sein?
	[...]
	Ihr seid getrennt – es geht ein Riß
	durch die vollendet reine Welt;
	ein Schlangenwort, ein Schlangenbiß
	ersehnst du, was sie ganz erhält . . . (27)

Rychner lässt die Schlange hier geschickt an die Liebesbeziehung der beiden anknüpfen und prophezeien, dass Adam durch die kühle Erforschung der Natur das erreicht, was der Genuss der Frucht vom Baum der Erkenntnis verspricht, Eva aber allein und betrogen töricht dastehen wird. Damit hat sie den Kern von Evas Ungenügen getroffen, denn fühlt sie sich doch bereits jetzt aus Adams Welt ausgeschlossen:

EVA:	Aus seiner Welt! Wie ist sie klein!
	In eines Hauptes Raum gefügt,
	nicht Welt, nur Drang, die Welt zu sein,
	die sich in einem Haupt genügt! (29)

Und dann warnt die Schlange die Frau, den Versprechungen des Mannes im Liebesrausch zu vertrauen, sondern kühl zu bleiben, und ihn da zu versuchen, wo er auf Erkenntnis aus ist:

DIE SCHLANGE:	Er ist nicht rätselhaft wie du,
	nicht kreisend in sich selbst bewegt –
	zeig, was ihn lockt: da greift er zu!
	Sahst du die Hand, wie sie erregt
	im Wasser, in der Erde wühlt,
	an Zweigen reißt, an Tieren streicht – ? (30)

Als Beweis für diese Kenntnis vom Begehren des Mannes führt die Schlange die Begegnung mit ihm an, als sie Auge in Auge miteinander gerungen haben und er in ihrem Blick das Geheimnis der Natur zu ergründen suchte. Dieses Begehren kann Eva stillen, dann wird der Genuss der Frucht nicht nur Adam erhöhen, sondern auch Eva; dann wird sie ihm gleichen.

DIE SCHLANGE:	[...]
	Vermessene! Verkenne nicht,
	wie er [Gott] dich über dich erhebt:
	Dir glimmt ein halberwecktes Licht . . .
	in dem die Halberwachte lebt . . .

---

die gestörte Gesellschaftsordnung mit Metaphern aus Gen 3 in Beziehung setzt (z.B. Wurm im Paradies; giftige Natter, Apfel, der den Tod bringt u.a.).

Erst die Erkenntnis macht euch ganz
[...] (33)

Nachdem die Schlange die Furcht vor Gottes Strafe vollends ausgeräumt hat, ergreift Eva die Frucht und bietet sie auch Adam an, der im Grunde keine Wahl mehr hat, da Eva wissend ist. Er wird in jedem Fall bereuen, die Tat oder die Nicht-Tat.

> EVA: O du, Gefährte! Nimm und iß . . .
> Empfang von mir, was du noch scheust!
> Ahnst du, daß du den süßen Biß
> getan und nicht getan bereust?
> Im Heimlichen, an dir erweckt,
> will die Verkündigung zu dir hin
> vom Paradies, das ich entdeckt –
> für dich – seitdem ich wissend bin! (34)

Das Fragment endet mit einer positiven Bilanz, dass Eva durch die liebende Vereinigung mit Adam auf diesen Weg gebracht wurde und fügt damit den neueren Adaptionen einen eigenwilligen Aspekt hinzu: Auch hier geht es um die Verschiedenartigkeit der Geschlechter, auch hier wird das Ungenügen der einen Seite dargestellt, aber nicht auf sinnlich erotischem Gebiet, sondern auf dem des die Welt beherrschenden Wissens. Auch darin will die Frau dem Mann gleich sein, ja mehr noch, sie will ihrerseits ihm die letzte Erkenntnis vermitteln. Der alte Topos der Schlange wird hier unverkennbar als die andere Stimme der Eva eingesetzt.[32]

Was bei Rychner noch aus dem Kontext einer abendländischen christlichen Tradition entstanden ist, wird bei *Peter Hacks* aus **ideologiekritischer Sicht** behandelt. Auch er lehnt sich in seiner Komödie „Adam und Eva"[33] im Handlungsablauf an die biblische Vorlage an, führt jedoch seine Protagonisten, allen voran Eva, zu einer positiven Bewertung der Vorgänge.[34] Der Schöpfer, gelangweilt und des Lobes der Engel überdrüssig, hat sich in den Menschen echte Gegenspieler erschaffen:

> GOTT:[...]   Lob, Lob
> Und niemals Antwort. Lob für Donner, Blitz
> Und jedes Säuseln meiner Gegenwart. (14)

---

[32] Bemerkenswert ist nämlich, dass deren Part kursiv gesetzt ist, während Dialoge mit zwei Figuren in der Regel in gleichen Typen gedruckt werden.

[33] Peter Hacks: Adam und Eva. Komödie. In einem Vorspiel und drei Akten. Düsseldorf 1976. Vgl. dazu Franz W. Niehl: Adam und Eva und der Garten der Wonne. In: Die Bibel in der deutschsprachigen Literatur des 20. Jahrhunderts. 2 Bde. Hg. von Heinrich Schmidinger. Mainz 1999, Bd. 2, 53-63.

[34] Von den jüngsten Komödien zum Eva-Motiv: *Peter Hacks* „Adam und Eva", *Friedrich Dürrenmatt* „Porträt eines Planeten" und *George Tabori* „Goldberg-Variationen", ist nur die erste für das Eva-Bild von Interesse. Die beiden anderen kommentieren auf bitter-böse bzw. satirisch-makabre Art den desolaten Zustand unserer Welt, ohne Eva eine besondere Handlungsinitiative zuzuschreiben.

                    [...]   Und doch bleibt wahr:
Ein wenig Gegenüber tut selbst Gott not.
Für wen macht man denn alles? Und wozu?
Was machen, wenn es nicht für einen ist?
Dies im Gemüte schuf ich diese Welt.
Und schuf in ihr nach meinem eignen Bild
Zwei Wesen, einen Mann und eine Frau.
Und hielt darauf, daß Stoff und Göttliches
In solchem Gleichgewicht in ihnen wirkten,
Daß ihnen Möglichkeit auch der Verneinung
Im Busen wohnend wäre und mithin ihr
Gewolltes Ja von Wert. Kurz, keine Engel. (15)

Auf dieses Vorspiel folgt die Komödie, in der Eva eine zentrale Funktion
zukommt. Mit ihrem Verlangen nach dem Apfel setzt das irdische Spiel um
Liebe und Versuchung ein. Während sich die beiden Erzengel Gabriel und
Samuel trefflich über Wert und Unwert des Gottesgebots streiten, wird Eva
hellhörig und der Apfel zur besonderen Verlockung. Mit allen Sinnen wird sie
seiner Köstlichkeit gewahr. (61) Sie wird zwar von Satanael, der Schlange,
über den Wert dieser Frucht und das Verbot aufgeklärt, entscheidet sich aber in
vollem Bewusstsein dagegen, pflückt ihn, beißt hinein und bringt auch Adam
zum Genuss. Als er über seinen Ungehorsam gegenüber Gott und dessen Strafe
klagt, drängt Eva ihn listig, ihr keinesfalls zu folgen, sondern allein im Paradies
zu bleiben: „Es gilt dein Heil, du mußt." (67). Sie will die Strafe auf sich nehmen. Doch Adam mag sich ein Leben ohne Eva nicht mehr vorstellen. Im Hin
und Her der Schuldzuweisungen und des erfolgten Strafgerichts erkennt Eva,
dass Adam nur um ihretwillen von der Frucht gegessen hat und geht mit ihm in
die Verbannung. Sie hat sich bewusst gegen Gott entschieden, was diesem
mächtig imponiert:

GOTT: Ich hatte stets gedacht, mein bester Wurf
       sei Adam. Falsch, mein bester Wurf ist Eva.
Laß gut sein, Kind, es war vorhergesehen. (96)

Damit entspricht Eva nach Hacks dem Willen Gottes, der sich ebenbürtige
Wesen hat schaffen wollen. Der fassungslos reagierende Engel Gabriel verkör-
pert am Ende alle die, die nicht begreifen, dass es keine Vollkommenheit ohne
Unvollkommenheit gibt und „die Freiheit zum Guten [...] von der Freiheit zum
Bösen nicht getrennt werden"[35] kann. Hacks selbst interpretiert den Schluss so:
„Haben Adam und Eva richtig oder falsch gehandelt? Sie haben gehandelt. Ist
Gott mit ihnen unzufrieden? Es ist schwer zu sagen; er schimpft, aber er macht
ihnen Hosen."[36] Und seinen Gott lässt er abschließend sagen „Ich verliere nie"
(97). Am Ende der Komödie stellt sich – ganz im Sinne dialektischer

---

[35] Peter Hacks: Über Adam und Eva. In: Ders. (Anm. 33), 102-106, 105.
[36] Hacks (Anm. 33), 105.

marxistischer Aufklärung – heraus, dass es Gottes ureigener Plan war, die beiden Menschen durch den Ungehorsam in die Freiheit zu führen. Dort werden sie sich erst als die wahren Ebenbilder Gottes erweisen, indem sie aus dem Ödland einen blühenden Garten schaffen:

> GOTT: [...]
> Und pflanzte ihnen den berühmten Baum
> Als Probstück ihrer Ähnlichkeit mit mir
> Und gebe ihnen das Sandland: Ödnis
> Von Mergel, Pech und Hornstein, ihnen Ort,
> In dem zu schaffen, so wie ich im Nichts. (98)

Adam erkennt diese Chance, die Erde nach dem Vorbild des Paradieses zu bebauen, und erklärt sein Einverständnis:

> ADAM: Der Lehm ist einverstanden.
> [...]
> Ich bin sehr lustig, Herr. Sie lehrten uns
> Bitter und Süß. Seither weiß ich das Süße.
> Und ich sehe klar: Ihr Wille ist erfüllt,
> Seit er verletzt ist, alles wird sehr gut,
> Weil es nie gut wird, und das Paradies,
> Es war gewonnen, als wir es verloren.
> EVA: Sie weinen, Herr. Hat er so sehr mißfallen?
> GOTT: Nein, Menschen, ihr habt Recht. Geht euren Weg. (101)

Bibeltreu und doch in neuer Interpretation zeigt sich dieser Komödienschluss von Hacks, da sich der Autor ausschließlich am Wortlaut des Textes und nicht an der theologischen Deutung der Erbschuld orientiert. Auf diese Weise erlebt der Leser den Text neu.

Ein hohes Lied auf Eva als **Bewahrerin des Schöpfungsauftrags** trotz Vertreibung und Not schuf Anfang der 40er Jahre der österreichische, der Tradition verpflichtete Autor *Franz Karl Ginzkey* in seinem Epos „Die Erschaffung der Eva"[37]. In zehn Gesängen im klassischen Maß des Hexameters, der kunstvoll gereimten achtversigen Strophe (abababcc), trägt der Rhapsode den Mythos von der Erschaffung der Eva vor: Adams Einsamkeit, Evas Erwachen und Selbstwerdung, die Huldigung der Tiere und Pflanzen, aber auch die Begegnung mit der Schlange. Abschließend stimmt er den Hochgesang der Liebe an, die die beiden aus dem Paradies Vertriebenen verbindet. Nicht Adam steht hier im Mittelpunkt, sondern Eva wird in idealistischer Weise die Kraft zugesprochen, durch ihre hingebungsvolle Liebe den Beginn der menschlichen Geschichte möglich gemacht zu haben. Der Zyklus endet mit der Schilderung von Evas innersten Beweggründen, wenn sie sich in vorgerücktem Alter angesichts des Sternenhimmels an die Stunde erinnert, als sie am Teich des Paradieses ihrer Schönheit erstmals ansichtig wurde und die

---

[37] Franz Karl Ginzkey: Erschaffung der Eva. Ein epischer Gesang (1941). Berlin/Wien/Leipzig 1944.

Sterne ebenso anwesend waren. Dieser Schönheit will sie auch in der unbekannten Fremde vertrauen und Adam trösten:

> Ein Sturmwind hob ihr Haar. Dann sank sie nieder
> Zu ihm, dem heilig sie zu eigen war.
> Sie brachte ihm in ihrem Herzen wieder
> Ein Stück verlornen Paradieses dar.
> Die Seele hob erlöst ihr Traumgefieder,
> Ihr ward die letzte Botschaft offenbar:
> Zu schenken sich in höchster Liebesnot
> Zu neuem Leben und zu neuem Tod. (123)

Abschließend preist der Sänger die Liebe als die Kraft, die dem Menschen
auch in den Wirren der Zeit, der Verfolgung und der Vertreibung, Heimat
geben kann. Gemeint ist eine ganzheitliche Liebe, die sich auch in dunklen
Stunden bewährt und die Eva von Gott zur Weitergabe geschenkt wurde.

> Es gab ja selbst der Herr in seiner Güte,
> Da sie nun Adams Schicksal miterlitt,
> Er gab ein Stückchen ihr der Wunderblüte
> Des schwerverlornen Paradieses mit.
> Sie trägt es tief verankert im Gemüte,
> Da sie mit Adam nun ins Leben schritt.
> Sie hütet es mit zärtlichem Bedacht
> Und schenkt es ihm in jeder Liebesnacht. (126)

Was hier von Ginzkey mit hohem der heutigen Zeit kaum mehr angemessenem
Pathos vorgetragen wird: die Aufwertung der Eva als Begründerin der
Menschheitsgeschichte, als Zuversicht verbreitende Gefährtin des Mannes, als
köstliche Liebesgabe an den Mann, wird etwa zehn Jahre später auch von
Marie Luise Kaschnitz in einer Kurzgeschichte „Adam und Eva"[38] erzählt. Wie
die meisten Interpreten hält sich auch diese Autorin im ganzen an die biblische
Vorlage und setzt nur durch phantasievolle, humorvolle Situationsschilderung
neue Akzente.

Adam und Eva haben sich unter viel Mühe außerhalb des Paradieses
eingerichtet und sind mit ihrem Leben in etwa zufrieden. Eines Tages erkennt
Adam, dass sie sterben müssen. Es verwirrt ihn, er wird mürrisch, kränkelt,
läuft unstet in der Gegend umher, dabei sucht er instinktiv die Mauer des
Gartens Eden, findet sie aber nicht. Daheim ärgert er sich am Verhalten seiner
Kinder, die keinerlei Rücksicht auf seine Schwäche nehmen. Besonders trifft
ihn, dass Eva von alledem nichts zu bemerken scheint, sondern sich an-
scheinend bester Gesundheit und guter Laune erfreut. Er leidet unter der
Entfremdung, haben sie sich doch in der Zeit größter Not nach der Vertreibung
aus dem Paradies geschworen, stets beieinander zu bleiben und füreinander da
zu sein. Dennoch erkennt Adam auch bei Eva Zeichen des Alterns:

---

[38] Marie Luise Kaschnitz: Adam und Eva. Erzählung (1951). In: Dies.: Eines Mittags, Mitte
Juni. Erzählungen. Düsseldorf 1983, 60-69.

Erschlaffung der Haut, Verfärbung der Haare, Schwerfälligkeit beim Gehen, und er glaubt, dass sie es nicht weiß. Da beschließt er, sie aus ihrer Ahnungslosigkeit herauszureißen und ihr seine Erfahrung mitzuteilen:

> In dieser Nacht beschloß Adam, Eva zu sagen, daß sie sterben müsse. [...] Er weckte Eva auf, und Eva rieb sich die Augen [...] Wir müssen sterben, sagte Adam, und es war ihm zumute, als beginge er einen Mord. Große Neuigkeit, sagte Eva spöttisch. Das weiß ich schon lang. [...] Und was wird aus uns, fragte Adam und stützte seinen Kopf auf die Hand.
> Wir bleiben zusammen, sagte Eva. Wir gehen zurück in den Garten. Und sie legte ihre Arme um Adams Hals und sah ihn liebevoll an.
> Ist er denn noch da? fragte Adam erstaunt.
> Gewiß, sagte Eva.
> Wie willst du das wissen, fragte Adam mürrisch.
> Woher meinst du, fragte Eva, daß ich die Reben hatte, [...] und [...] die Zwiebel der Feuerlilie [...] und [...] den schönen, funkelnden Stein?
> Woher hattest du das alles? fragte Adam.
> Die Engel, sagte Eva, haben es mir über die Mauer geworfen. Wenn wir kommen, rufe ich die Engel, und dann öffnen sie mir das Tor.
> Adam schüttelte langsam den Kopf, weil eine ferne und dunkle Erinnerung ihn überkam. Gerade dir, sagte er. Aber dann fing er an zu lachen, laut und herzlich, zum ersten Mal seit ach wie langer Zeit. (69)

Die Geschichte ist ganz aus der Perspektive des Mannes Adam geschrieben, seine Kümmernisse mit dem Älterwerden, sein Ärger über Evas Gelassenheit, seine Eifersucht auf ihren Lebensmut stehen im Mittelpunkt des Geschehens, das in einem feinen ironischen Ton erzählt wird. Und doch ist Eva die geheime Hauptperson. Kaschnitz zeigt eine Frau, die als kluge Ehefrau und Mutter mit den alltäglichen Pflichten und dem Nachlassen der physischen Kräfte dadurch fertig wird, weil sie die Verbindung zum Paradies, die Erinnerung an ein geglücktes Leben und zu den Engeln nie abgebrochen hat. Die Engel als die Vermittler zwischen den beiden Welten haben ihr – „Gerade dir, sagte er" (69) –, die seit Urbeginn als die Urheberin der Sünde und des menschlichen Elends angesehen wird, die guten Gaben – Rebe, Zwiebel, Stein – zur Verschönerung des Lebens geschenkt. Mehr noch: durch Evas Kontakt zu den Engeln dürfen sie zuversichtlich das Ende des Lebens als Anfang von etwas Neuem, Gutem erwarten und auf einen Wiedereinzug ins Paradies hoffen.

Marie Luise Kaschnitz ist es in „Adam und Eva" literarisch überzeugend gelungen, das verunstaltete Eva-Bild positiv zu verwandeln, die Brücke zu schlagen von Eva, der Urheberin allen Übels, zu Eva, der Mutter des Lebens und der Partnerin des Mannes.

Eine solch treue Partnerschaft hatte bereits der alte *Marc Twain* vor 100 Jahren im Sinn, als er nach dem Tod seiner Lebensgefährtin „Die Tagebücher von

Adam und Eva"[39] herausgab. Allein die Idee, diese Textsorte intimer Aufzeichnungen für das erste Menschenpaar zu wählen, ist nicht ohne Reiz, die Durchführung noch mehr. Der Autor lässt die Beiden in kunstvoller Naivität ihr Hineinwachsen in diese Welt, ihr Erstaunen über die Naturvorgänge und über ihr erstes Kind reflektieren, vor allem aber ihr langsames Aufeinander-Zuwachsen und die sich festigende Liebe. So schreibt Adam „nach dem Sündenfall":

> Mit ihr [Eva] zusammen außerhalb des Gartens zu leben, ist besser, als ohne sie drinnen. Zuerst habe ich immer gedacht, daß sie zu viel redete. Jetzt aber sorgt mich der Gedanke, daß diese Stimme einmal verstummen und nicht mehr Teil meines Lebens sein könnte. (35)

Und Eva:

> Wenn ich zurückdenke, erscheint mir der Garten wie ein Traum. Es war dort [...] über alle Maßen schön. Das alles ist nun verloren. Und ich werde ihn nie wiedersehen. – Der Garten ist uns verloren. Aber ich habe *ihn* gefunden, und ich bin zufrieden. Er liebt mich, wie er nur kann. Und ich liebe ihn mit der ganzen Kraft meiner leidenschaftlichen Natur [...]. (73f.)

Immer schon haben Künstler aller Sparten das erste Menschenpaar mehr mit freundlicher Sympathie bedacht als die Theologen. Selbst die Zeit nach dem Sündenfall erkannten sie vielfach als eine Phase der Prüfung und der Einübung in Treue und Beharrlichkeit sowie als Sinnbild für eine geglückte Partnerschaft wie Marc Twain dies hier als Grabspruch für Eva von Adam formulieren lässt:

WO IMMER SIE WAR, DA WAR EDEN
Adam (79)

Diese Richtung haben auch in jüngster Vergangenheit etliche Schriftstellerinnen verfolgt; besonders bekannt wurde *Christa Peikert-Flaspöhler*. In „Freispruch für Eva"[40] ergreift ein weibliches lyrisches Ich Partei für das seit Jahrhunderten verunstaltete Bild der Eva und deutet die Negativattribute um ins Positive: die Schlange als „Heilkraft der Göttin", die Verursacherin von Schuld und Tod als „Mutter aller Lebendigen", die „stimmlose Magd" als freie Tochter Gottes:

> Eva, du hast nicht den Tod zu den Menschen
> gebracht, Mutter aller Lebendigen,
> nicht die Schuld vererbst du uns, du
> schenkst die Kraft und Bereitschaft weiter,
> ganz für das Leben zu sein.

---

[39] Marc Twain: Die Tagebücher von Adam und Eva. (1904/09) Mit Bildern von Henri Rousseau. Aus dem Englischen von Norbert Lechleitner. Freiburg/Basel/Wien 1994.
[40] Christa Peikert-Flaspöhler: Freispruch für Eva. In: Dies.: Heute singe ich ein anderes Lied. Luzern/Stuttgart 1992, 73.

Einen nicht uninteressanten Aspekt stellt *Ingeborg Kruse* in ihrer Geschichte „Eva"[41] heraus: Sie interpretiert die Stelle „[Gott] vertrieb den Menschen" aus dem Paradies (Gen 3,24) singulär, als gelte der Bann nur dem Mann Adam, während Eva (= Leben) in beiden Welten zu Hause ist (vgl. M. L. Kaschnitz). Wegen der Aktualität und des großen Leserinteresses an den Romanen der Schwedin *Marianne Fredriksson* sei abschließend ihr Erstlingswerk „Eva", erster Band einer Trilogie zur biblischen Urgeschichte „Die Kinder des Paradieses"[42], kurz erwähnt. Die Autorin macht sich hier die neueren Erkenntnisse von der Entwicklung des Menschengeschlechts zu eigen und zeigt, gebündelt im Schicksal der Eva, die verschiedenen Entwicklungsstufen. Ausgangspunkt für Fredriksson sind die Erkenntnisse vom Mythos einer „glücklichen Kindheit" und den Entwicklungsphasen, die – nach Auffassung einiger Kulturphilosophen und Psychologen – ein Kind analog der Menschheitsgeschichte durchläuft, von der archaischen über die magische und die mythische zur rationalen Weltauffassung. Im Nachwort erläutert die Autorin ihre Intention wie folgt:

> Meine Romantrilogie über Eva, Kain und Norea spielt in einer Welt, wo sich das Archaische mit dem Magischem verbindet, das Mythische mit dem Logischen, wo die unterschiedlichen Weltanschauungen oder Entwicklungsstadien Seite an Seite leben dürfen. Edens archaische Menschen jenseits von Gut und Böse, ohne einschränkendes Ich und ohne Zeitgefühl, werden Objekte für die Mission von Magiern und Schamanen aus dem mythischem Königreich Nod. Eva selbst bewegt sich zwischen den unterschiedlichen Welten wie eine Repräsentantin der modernen, logischen, vernünftigen und nach Erkenntnissen suchenden Menschheit. Auch Kain ist eine moderne Figur, der sich schuldig fühlende Mensch unserer Zeit ohne Zugang zur Versöhnung. Erst Norea – Evas und Adams jüngste Tochter, wird zur Grenzüberschreitenden, die ihren festen Platz in den unterschiedlichen Welten beibehält und sich deren Erkenntnisse zunutze macht. (7f.)

Adam und Eva werden hier nicht als Ur-Paar gesehen, sondern als Kinder einer Horde, die auf einem archaischen Entwicklungsstand steht, ohne Sprache, ohne Gedächtnis, ohne Geschichtsbewusstsein und ohne Erlebnis des Todes, nur

---

[41] Ingeborg Kruse: Eva. In: Dies.: Unter dem Schleier ein Lachen. Die schönsten Frauengeschichten der Bibel. Stuttgart 1999, 7-12. Die Geschichten von *Ingeborg Kruse* leiden unter der allzu deutlichen didaktischen Intention, die Schicksale der biblischen Frauen, vor allem solcher, die sonst in der Literatur nicht behandelt werden, aufzuwerten und sie ebenso gewichtig wie die der entsprechenden Männer zu beurteilen, wie Ketura, das Beduinenmädchen und eine der Nebenfrauen Abrahams, oder Rizpa, die Nebenfrau Sauls, später Abners, und Mutter zweier durch David erschlagener Königssöhne. Alle Texte sind nach demselben Muster gebaut: Eine moderne Erzählerin wird von einem Engel in die Begegnung mit den Frauen geführt, um ihnen im Gespräch ihre Liebesgeschichte zu entlocken.
[42] Marianne Fredriksson: Eva. Roman. Aus dem Schwedischen von Walburga Wohlleben. Frankfurt a. M. 2001. Die weiteren Bände der Trilogie „Abels Bruder" und „Norea" befassen sich mit den Kindern von Eva und Adam.

bestimmt von den Urtrieben Nahrungssuche und Sexualbefriedigung. Eva, durch eine kluge Mutter heimlich in die Sprache eingeführt und damit auf eine höhere Bewusstseinsstufe gehoben, und Adam als Opfer der Horde einem Schamanen (und Regenmacher) überantwortet, der den Jungen über die große Macht „Gott" aufklärt, werden zusammengeführt und beginnen außerhalb ihres Volkes ein Leben, das geprägt ist vom Wissen um Gott, Gut und Böse, Gestern und Morgen, das aber bei der ersten Belastungsprobe, Kains Brudermord an Abel, tödlich gestört ist. Dieser Schock treibt Eva zurück in das Land ihrer Kindheit, denn sie hofft, dort den geheimen Kräften in sich und in ihrem Sohn Kain auf die Spur zu kommen. Das gelingt ihr. Sie erkennt die tiefe Zugehörigkeit zu diesem Urvolk, lernt aber durch die Begegnung mit Gabriel, sich diesem Erbe zu stellen und es für sich und ihren Sohn Kain (vgl. S.98) zu akzeptieren. Nach dem Lebensgesetz dieses Volks ist dieser nicht schuldig. „An dem Tag, an dem du erkennst, dass er ohne Schuld ist, wirst du Frieden finden", denn „Gottes Kinder sind ohne Schuld. Aber bis ihr gelernt habt, das zu begreifen, werdet ihr einander sehr wehtun. [...] Lebe und habe Vertrauen, erst dann wird Liebe möglich sein" (70), sagt Gabriel zu ihr, und Eva erkennt, dass sie über allem Schaffen und Planen ihrem Sohn die liebende Zuwendung, die sie selbst einst durch ihre Mutter erfuhr, vorenthalten hat. Mit dieser Erkenntnis kehrt sie nach Hause zurück und vermag, Adam aus seiner Versteinerung und Kain aus seinem Schuldbewusstsein zu erlösen. – Es geht also nicht zuletzt darum darzustellen, dass es keine übertragbare Ursünde gibt, sondern die vermeintliche Schuld einem naturbedingten Verhalten oder einem Mangel an Zuwendung entspringt, was an bekannte soziologische Erklärungsmuster erinnert, die die Pädagogik, die Psychologie und das Strafrecht seit etwa 30 Jahren bestimmen.

Die Autorin hat sich viel vorgenommen und mag für literarisch und theologisch weniger anspruchsvolle Leser einen „interessanten" Roman geschrieben haben, der in der Beurteilung des biblischen Stoffs neue Wege geht. Aber sie bleibt hinter ihrer Intention zurück: Die Erklärungs- und Harmonisierungsversuche wirken naiv. Auf so schlichte Weise kann man die Entwicklungsgeschichte, vor allem die Frage nach dem Bösen und der Schuld nicht abhandeln, z.B.

> Sie muss die Äpfel mitnehmen, hatte die Mutter zu dem Schamanen gesagt. Er nickt und füllt einen weiteren Lederbeutel mit den verbotenen Früchten. „Iss sie, Mädchen, iss davon, dann behalten deine Gedanken die Klarheit des Morgens." (66)

Oder als Adam gegen den Willen des Schamanen mit Eva fortgeht, verflucht dieser ihn:

> „Verflucht sei die Erde um deinetwillen", hatte er geschrien. „Mit Mühsal sollst du dein Lebtag deine Nahrung beschaffen, Disteln und Dornen sollen deinen Weg säumen." (66)

Auch literarisch bleiben viele Wünsche offen. Zwar lässt die Autorin ihre Protagonistin wandernd und handelnd die Zeit- und Welträume durchstreifen, schafft wohl auch reizvolle Übergänge durch Rückwendungen, Träume und Visionen, doch ermüden die zahllosen die Handlung kommentierenden Reflexionen und Selbstgespräche Evas, denn sie lassen dem Leser keinen Raum, eigene Schlussfolgerungen zu ziehen. Er fühlt sich permanent durch pseudophilosophische Erklärungen belehrt (z.B. durch das Gespräch zwischen Eva und Adam, S.123). Es ist sicherlich zu begrüßen, die Urgeschichte aus der Sicht einer Frau gestaltet zu sehen, doch klaffen – ähnlich wie in *L. Rinsers* „Mirjam"–Evangelium Anspruch und Realisation auseinander.

Dennoch zeigt sich an den wenigen Beispielen zur Wirkungsgeschichte der ersten Frau in der Bibel, dass sich die einseitige Festlegung auf eine schuldige Eva in der Literatur seit langem positiv verändert hat. Das zeugt zum einen von Distanz zu kirchlichen Lehrmeinungen, zum anderen von selbständigem Leseverhalten und Denken vieler Autoren und Autorinnen.

II. Die Matriarchinnen

In der Geschichte der Patriarchen, wie die Kapitel Gen 12–50 in der Regel bezeichnet werden, gewinnen sechs Frauen ein besonderes Profil: Sara und Hagar, Rebekka, Lea und Rahel, Tamar, während andere wie Lots Frau, Leas Tochter Dina, die Mägde von Lea und Rahel, Potifars Frau nur in Randepisoden als Kontrastfiguren oder in Einzelfunktionen, außer Dina schon durch die Namenlosigkeit dokumentiert, erwähnt werden. Die genannten sechs Frauen jedoch stehen gleichgewichtig neben den Männern; sie haben wie diese Anteil an Gottes Verheißung, erleiden die Prüfungen und teilen das Glück des Kindersegens.

Nicht unerwähnt bleiben sollte **Milka**, eine der Urahninnen der Patriarchen und Matriarchinnen, die an drei Stellen im Buch Genesis als Tochter Harans und Mutter von Betuel, Rebekkas Vater (Gen 11,29; 22,20-23; 24,15.28.34.55) namentlich erwähnt wird, jedoch ohne dass von ihr eine persönliche Geschichte erzählt würde. Deshalb ist auch in der belletristischen Literatur so gut wie nichts über sie zu finden. Selbst der Beitrag von *Ingeborg Kruse*[1] skizziert nur ihr Dasein als eine Art große Muttergöttin und stellt dem Leser ihre Wirkung als Urverwandte auf die Patriarchengeschichte dar. *Arnulf Zitelmann*[2] erwähnt sie beim Aufbruch des Abram als eine, die nicht aus der Stadt fort will.

Auch die literarische Rezeption der bekannten Matriarchinnen sieht wenig günstig aus. Einzig Hagar, Rahal und Tamar erscheinen in umfangreicheren Werken als Titelfigur, und Thomas Mann widmet Dina, den Schwestern, Lea und Rahel sowie Tamar wenigstens ein Hauptstück. Alle anderen werden nur in Verbindung mit den entsprechenden Männern oder in einzelnen Gedichten behandelt.

1. Sara

Mit Sarai/Sara und Abram/Abraham beginnt die biblische Geschichte des Volkes Israel. Aufgrund der herausragenden Stellung in der Bibel suchen einige Forscher deren Ursprung in alten babylonischen und anderen Göttersagen und sehen in ihnen Mondgöttin und Sonnengott.[3] Der Sage nach gilt Sara als Schwester/Halbschwester/Nichte des Abraham. Die biblischen Schriften erzählen von ihrer Herkunft aus Haran im Zweistromland und von ihrer großen Wanderschaft durch die Wüsten. Sara folgt Abraham in Treue und Entbehrung,

---

[1] Ingeborg Kruse: Milka. In: Unter dem Schleier ein Lachen. Stuttgart 1986, 65-69.
[2] Vgl. Arnulf Zitelmann: Abram und Sarai. Roman. Weinheim/Basel 1993, bes. 23-29.
[3] Vgl. Pnina Navè Levinson: Was wurde aus Saras Töchtern? Frauen im Judentum. Gütersloh 1993, 39.

sie wird von ihm geliebt, aber auch preisgegeben, als Pharao sie begehrt. Ein zentrales Ereignis im Bericht über ihr Leben ist der Besuch der drei Fremden, die – als Gotteserscheinung gedeutet – Sara die heißersehnte Schwangerschaft voraussagen, was sie ob ihres hohen Alters mit Lachen beantwortet. Denn jahrzehntelang war sie der Schmach der Kinderlosigkeit ausgesetzt[4], und als sie dann endlich einen Sohn bekommt, droht sie ihn als kultisches Opfer wieder zu verlieren. Das dunkelste Kapitel in ihrem Leben ist die Erzählung vom Konflikt mit ihrer Magd Hagar und deren Sohn Ismael. Die Bibel deutet es zwar zu Gunsten Saras, doch kann der zeitgenössische Leser nicht mehr über die Unmenschlichkeit Saras hinweg lesen. Für die Rezeption der Sara-Geschichte in der Literatur ist außerdem erwähnenswert, dass sie der Tradition nach als außerordentlich schön gilt und ihr die Sehergabe zugeschrieben wird. Gemessen an dieser Fülle historisch-sagenträchtiger Fakten ist die Aufarbeitung in der Literatur mager. Es konnte kein Titel mit Sara als Hauptfigur ausgemacht werden. Zwar spielt sie in allen Werken über Abraham und Hagar eine gewichtige Rolle, aber jener ist unverkennbar der Mittelpunkt des Geschehens. Dabei wäre der Konflikt zwischen Sara und ihrer Magd Hagar durchaus zu isolieren oder auf moderne Verhältnisse zu übertragen, ließe also eine Transfiguration zu. Die meisten Autoren greifen im Rahmen der Abrahamsgeschichte ihre unverbrüchliche Treue zu Abraham und dessen Bundesgott, ihren drängenden Kinderwunsch und ihr zwiespältiges Verhältnis zu Hagar auf, so bei *Cécile Lauber, Thomas Mann, Franz Werfel, Arnulf Zitelmann*.[5]

Die in Anlehnung an Chagall-Bilder verfassten Verse des Dichtermönchs *Drutmar Cremer* „Mit silbernen Muscheln"[6] und „Geküßt mit Gottes Zeit"[7] malen das vorgegebene Sara-Bild lyrisch aus, ohne ihm etwas Wesentliches hinzuzufügen. Das gilt auch für folgendes Gedicht „Sara"[8] von *Christa Peikert-Flaspöhler*:

> Abram, warum
> daß wir unsere Mutter verließen
> daß du unser Leben hängst
> immer noch an ein Wort

---

[4] Dieses Stichwort gilt für alle Frauen im alttestamentlichen Kontext, daraus ergeben sich die Verwicklungen, Sehnsüchte, Prüfungen und Erfüllungen. Keine Kinder, das heißt keinen Sohn, zu haben, war die größte Schmach einer jüdischen Frau und eines jüdischen Mannes, denn damit waren sie aus dem Gedächtnis der Nachfahren getilgt, hatten keinen Anteil an Gottes Verheißung, die ihnen für die Zukunft zugesprochen war.
[5] Zitelmann: Abram und Sarai. Roman. Weinheim/Basel 1993. Dieser Roman folgt der biblischen Vorlage.
[6] Drutmar Cremer: Mit silbernen Muscheln. In: Ders.: Dein Atemzug holt Zeiten heim. Limburg 1984, 36-40.
[7] Drutmar Cremer: Geküßt mit Gottes Zeit. In: Ders.: Im Morgenrot singst du das neue Lied. Mainz 1995, 33f. Vgl. auch George Forestier: Abraham und Isaak. In: George Forestier: Biblische Gedichte. München/Esslingen 1968, 17f.
[8] Christa Peikert-Flaspöhler: Sara. In: Dies.: Niemals mehr wollen wir sprachlos sein. Limburg 1993, 27.

zwischen Sandsturm und Steppe
unlöschbarer Durst
du bist kein Strom mehr
ich keine Zisterne
in denen die Milchstraße
Fleisch werden könnte

Die Autorin legt der alternden Sara die Fragen nach dem Sinn ihres Aufbruchs und Abrahms Hartnäckigkeit dem Wort Gottes zu glauben in den Mund. Resignierend stellt sie fest, dass die Verheißung einer zahlreichen Nachkommenschaft („Milchstraße") nicht mehr erfüllt werden kann, denn ihrer beider Fortpflanzungskraft ist versiegt. Dabei wählt die Autorin Bilder, die dem Umfeld dieser Figur entsprechen, und paarweise Wendungen, die sich verstärken oder kontrastieren: „Mutter" – „Leben", „Sandsturm" – „Steppe", „Strom" – „Zisterne", „Milchstraße" – „Fleisch", ohne diese nach dem Muster eines modernen Psychogramms auszudeuten. Ziel solcher Gedichte ist es, dem Leser von heute die Bildhaftigkeit der biblischen Texte bewusst zu machen und die Einbettung in den archaischen Kulturraum mit seinen Göttern und Sitten zu verdeutlichen, vor allem aber – das gilt besonders für Peikert-Flaspöhler – den Anteil Saras an der Geschichte Jahwes mit seinem Volk hervorzuheben.

Eine Geschichte fällt aus dem Rahmen des Üblichen. *Franz Fühmann* geht in seiner Erzählung „Erzvater und Satan"[9] im Zusammenhang mit der Opferung des Isaak dem Schicksal der Sara nach. Eine alte jüdische Sage aufgreifend, die für Abraham eine Versuchungsgeschichte durch Satan ähnlich der bei Ijob tradiert und besonderes Gewicht auf die Erklärungen Abrahams gegenüber Sara und den Abschied Isaaks von seiner Mutter legt[10], erzählt Fühmann, wie Satan versucht, die drei Gottesfürchtigen, Abraham, Sara, Isaak, von der Erfüllung des Gebots Gottes abzuhalten. Aber alle drei widerstehen und folgen Abrahms Argumentation; „er hat es geboten! [...] er ist der Herr und ich bin sein Knecht!" (45) So stellt sich auch Sara den von Satan aufgewiegelten Gegnern entgegen:

> „Wahnwitzige", sprach sie, „was tut ihr da? Wie könnt ihr euch vermessen, Erzvaters Rat und Tat zu durchkreuzen? Sein Wille ist Gesetz, sein Wort Gebot, seine Tat Recht – was erfrecht ihr euch, ihm zuwiderzuhandeln?" (47)

---

[9] Franz Fühmann: Erzvater und Satan. (1968) In: Ders.: Die Schatten. Hamburg 1986, 41-51. *Franz Fühmann*, dessen berühmter Essay „Meine Bibel", verfasst zum Lutherjahr 1983, beispielhaft für die Rezeptionsweisen des Lesers in der zweiten Hälfte des 20. Jahrhunderts ist, plante be-kanntlich einen Zyklus von aktualisierenden Geschichten über biblische Stoffe. Nur drei konnte er vollenden, neben der zitierten noch „Amnon und Tamar" sowie „Der Mund des Propheten" (beide 1982).

[10] Vgl. Die Sagen der Juden. Hg. von Micha Josef Bin Gorion. Frankfurt 1976, 272-287. Die Ähnlichkeit mit dem Buch „Ijob" verwundert nicht, da dessen Ursprung im Umfeld der Patriarchensagen vermutet wird.

Mit rasendem Eifer verteidigt sie Abrahams Handeln: „Erzvater ist der Herr, [...] und was der Herr tut, ist wohlgetan und steht jenseits unseres beschränkten, kleinsichtigen Wissens und Wollens" (48). Aber – und das erzählt Fühmann in Abwandlung der Sage – Saras Verteidigung schneidet in ihr eigenes Herz: „Derart redete die gehorsame und also höchst weise Sara, indes das Messer des Leids knirschend ihr Herz zerschnitt." (48) Als Vater und Sohn zurückkommen in der Hoffnung: „Wie wird Sara sich freuen, [...] wenn wir heil zurückkehren. Sicher hat sie sich geängstigt. Frauen sind oftmals sonderbar" (51), finden sie sie von eigener Hand getötet:

> Sie hatte sich [...] aus dem Leben genommen, und da sie solches Weggehen als heimlichen Ungehorsam vor dem Höchsten, ja als verdeckten Aufruhr und also als äußerst schändlich empfand, hatte sie es nach der Art getan, wie Sklaven dazu gezwungen und wie Opfer dargebracht werden: ein Messer aus Stein bis ans hölzerne Heft in die Scham eingehauen und dann den Leib aufgeschlitzt bis zu jener Höhle, darin das unbotmäßige Herz hockt. (51)

In dieser „Erzvater und Satan" überschriebenen Geschichte ist Sara die heimliche Hauptperson. Auf sie läuft die Geschichte zu, ihr Schicksal beschließt die grauenvolle alte Sage. Zwar wird sie als treu dem Gott der Väter dargestellt, wenn sie die Widersacher, die Abraham des Wahnsinns bezichtigen, abweist und „Gesetz", „Gebot" und „Recht" verteidigt, doch stellt der Erzähler diesen die Vokabeln „Leid", „Grauen", „Herz" gegenüber. Auf dieser Linie liegt auch, dass Fühmann die Geschichte sachlich mit dem Stichwort „Befehl" beginnt und emotional mit „das unbotmäßige Herz" (51) schließt.

Fühmann aktualisiert also die Geschichte, um an ihr zu zeigen, wohin tödliche Gesetzestreue in der Diktatur, Befehl, Gesetz, blinder Gehorsam (48) führen, dass sie Menschen an den Rand der Existenz, ja zur Selbstaufgabe zwingen. Saras Verzweiflungstat ist die eines Menschen, der sich im Handeln um des Ganzen, um einer Idee willen fügen muss, sich aber im Geiste nicht beugen kann. Menschen wie Sara, dem Reden und Handeln nach System treu, dem Denken und Fühlen nach abtrünnig, bleibt nur der Tod, um die Zerrissenheit zu beenden. Fühmann, der im Laufe seines Lebens zunächst als überzeugter Nationalsozialist und später als Marxist sich den Ideologien verschrieben hatte, dann mit wachsender Einsicht in den Menschen verachtenden Parteiapparat Distanz nahm, selbst aber aus dem System nicht mehr herauskam, hat in der Figur der Sara sich und anderen ähnlich Bedrängten ein Denkmal gesetzt.[11]

---

[11] Näheres zu *Fühmann* siehe Beitrag der Verfasserin in: Magda Motté: Auf der Suche nach dem verlorenen Gott. Religion in der Literatur der Gegenwart. Mainz 1997. – Zumindest erwähnt werden sollte hier *Magda Szabós* Roman „1 Gen 44", der vor dem Hintergrund der biblischen Perikope von der Opferung Isaaks vom Generationskonflikt im Ungarn der Nachkriegszeit erzählt. Hier wird die Mutter aus der Perspektive der jungen Generation negativ abgetan.

2. Hagar

Eine der wichtigsten Nebenfiguren ist Hagar, Saras Magd. Sara wählt sie, damit sie – nach damaligem Recht – für die kinderlose Ehefrau ein Kind zur Welt bringe. Dass diese „Ehe" zu dritt auch damals nicht problemlos verlief, besagt bereits der Name Hagar, der soviel wie „Flucht" bedeutet. Als sich Hagar nämlich ihrer Schwangerschaft von Abraham brüstet, ist Sara schwer gekränkt und lässt die Magd dies spüren. Deshalb flieht Hagar in Richtung ihres Herkunftslands Ägypten. Der Weg durch die Wüste bringt die Schwangere an den Rand des Todes. An einer Oase ruft sie voll Verzweiflung zum Gott Abrahams. In Gestalt eines Engels spricht er ihr Mut zu, verheißt ihr in dem Sohn „Ismael" (= „Gott hört") weiteres Leben und viele Nachkommen, schickt sie jedoch in die Knechtschaft zurück. Der Konflikt dauert an und eskaliert erneut, als Saras Sohn Isaak heranwächst, sich mit seinem Bruder, dem älteren Ismael, anfreundet und Sara unsittliche Spiele zu bemerken scheint.[12] Diesmal veranlasst Sara Abraham, die Magd mit dem Kind zu verstoßen, was dieser auch widerstrebend tut. Doch Gott nimmt sich ihrer und des Sohns erneut an, führt sie an eine Wasserstelle und verheißt ihr Leben.

Die Geschichte der Hagar ist von großer Bedeutung; denn sie ist nicht nur die erste namentlich genannte Mutter aus dem Stamme Abrahams und Ahnfrau eines großen Volkes, sondern ihr werden auch Gotteserfahrungen zugesprochen, die im Laufe der Geschichte Israels den Männern vorbehalten sind: Ihr nennt Gott den Namen und die Berufung ihres Sohnes Ismael, ihr naht er sich durch seinen Engel an einem Brunnen und rettet und tröstet sie. Mit Hagar beginnen die „Brunnengeschichten", die von schicksalswendenden Ereignissen im Leben berühmter Frauen (Rebekka, Rahel, Zippora, die Samariterin) erzählen.[13]

So gehen denn auch fast alle Autoren und Autorinnen in der vorhandenen Literatur zu Hagar auf dieses Motiv ein. Für *Nelly Sachs* wird der Brunnen in der Wüste als Ort der Gottesbegegnung und der Rettung für das Volk („Wasser-zunge zu Mara") zu einer Art Urmetapher:

> Aber deine Brunnen
> sind deine Tagebücher
> o Israel[14]

---

[12] Gen 21,9 je nach Übersetzung „daß Ismael umhertollte" (Einheitsübersetzung), „mit Isaak spielte" (Zürcher, Menge), „Mutwillen trieb" (Luther). Vgl. dazu Gien Karssen: Hagar. In: Dies.: Frauen der Bibel. Stuttgart [6]1991, 12-22, 19.

[13] Dass der Brunnen, besonders in wüstenähnlichen Gebieten, neben seiner realen Bedeutung als Treffpunkt vor allem der Wasser holenden Frauen sowohl mythische tiefenpsychologische Bedeutung hat, das Wasser als Quelle des Lebens mit der Frau in Verbindung gebracht wird und schließlich Christus sich nach Joh 4,4-15 als „lebendiges Wasser" bezeichnet, sollte bei diesen Brunnengeschichten auch bedacht werden.

[14] Nelly Sachs: Aber deine Brunnen. (1949) In: Dies.: Fahrt ins Staublose. Gedichte. Frankfurt a. M. 1961, 98.

Indem die Autorin in diesem Gedicht auch „Abraham [...] in Ber Saba" und das „Gesicht des Engels/über Hagars Schulter" nennt, bezieht sie sich bewusst auf den Beginn dieser Brunnentradition.[15]

Auch *Peter Huchel* bringt in seinem kleinen Gedicht „Am Jordan" die Vision von Hagar mit dem „Schimmer/des Jordans"[16], dem Fluss, der für Syrien, Jordanien und Israel gleichermaßen lebensnotwendig ist, wie die Quelle für Hagar, in Zusammenhang.

Obwohl es *Else Lasker-Schüler* in ihrem Gedicht „Hagar und Ismael"[17] um den durch „Abrahams kleine Söhne" hervorgerufenen Konflikt geht, leben ihre kunstvollen Terzinen ganz von der Wasser- und Wüstenmetaphorik: Muscheln, schwimmen, Kähne, Schwäne, Quell, stehen neben Sonne, brannte, Wüste, heißem Sand:

> Mit Muscheln spielten Abrahams kleine Söhne
> Und ließen schwimmen die Perlmutterkähne;
> Dann lehnte Isaak bang sich an den Ismael
>
> Und traurig sangen die zwei schwarzen Schwäne
> Um ihre bunte Welt ganz dunkle Töne,
> Und die verstoßne Hagar raubte ihren Sohn sich schnell.
>
> Vergoß in seine kleine ihre große Träne,
> Und ihre Herzen rauschten wie der heilige Quell,
> und übereilten noch die Straußenhähne.
>
> Die Sonne aber brannte auf die Wüste grell
> Und Hagar und ihr Knäblein sanken in das gelbe Fell
> Und bissen in den heißen Sand die weißen Negerzähne.

In diesen Versen ist komprimiert die gesamte Lebensgeschichte enthalten, sowohl die Vaterschaft Abrahams, das Einverständnis der Kinder, die erregende Freundschaft („die zwei schwarzen Schwäne", „dunkle Töne"), Hagars Vertreibung und ihre Todesnot in der Wüste. Doch trotz der mehr-

---

[15] Vgl. auch Nelly Sachs: Lied eines Mädchens aus babylonischer Gefangenschaft. In: „Und Leben hat immer wie Abschied geschmeckt". Frühe Gedichte und Prosa der Nelly Sachs. Hg. von Ruth Dinesen. Stuttgart 1987, 258. Dennoch ist auffallend, dass *Nelly Sachs* außer der kurzen Erwähnung von Hagar sowie an anderen Stellen von Rahel und Ruth alle personenbezogenen Gedichte Männern gewidmet hat: Kain, Abraham, Jakob/Israel, Saul, David, Daniel, Ijob. Unter den unveröffentlichten Gedichten finden sich „Ruths Abendlieder" und „Jakob und Rahel", die allerdings den biblischen Text nur paraphrasieren. Daneben gibt es einige mit kumulativen Nennungen, z.B. Frauen, Mädchen, Mütter Israels. Sachs war eben ganz Frau ihrer Zeit, die – wie Else Lasker-Schüler – an der androzentrischen Darstellung der Bibel keinen Anstoß nahm.

[16] Peter Huchel: Am Jordan. In: Ders.: Gezählte Tage. Gedichte. Frankfurt a. M. 1972, 52.

[17] Else Lasker-Schüler: Hagar und Ismael. In: Dies.: Hebräische Balladen. (1919) Sämtliche Gedichte. Hg. von Friedhelm Kemp. München 1966, 173. (Das Gedicht wurde erst der Sammlung „Ausgabe letzter Hand" 1919 hinzugefügt.) Die gewählten Metaphern lassen sich fast alle erotisch sexuell deuten.

fachen Erinnerung an die lebensspendende Kraft des Wassers („Mit Muscheln spielten", „Perlmutterkähne", „der heilige Quell") endet das Gedicht mit der hoffnungslosen Preisgabe der beiden Verstoßenen an den trockenen, heißen Wüstensand, in den sie sich wie in „das gelbe Fell" eines Tiers verbeißen. Von einem Trost spendenden Engel ist nicht die Rede. Die Eintönigkeit und Zähigkeit des Lebens in der endlosen Weite der Wüste wird durch den parataktischen Stil betont: Verseinheit deckt sich fast ausnahmslos mit Sinneinheit, die meisten Verse beginnen mit „Und", wodurch das langsame Fortschreiten von einem zum anderen sprachlich spürbar wird. Es ist sicherlich bemerkenswert, dass Else Lasker-Schüler aus der Fülle der biblischen Stoffe um Frauen der Patriarchenzeit die Hagar-Ismael-Geschichte wählte, kommt doch Hagars Ausgesetztsein dem der Autorin nahe.

Ähnliches lässt sich auch von *Fritz Rosenthals* „Legende um Hagar"[18] sagen. Der Autor eröffnet mit ihr unmittelbar nach dem Vorspruch den Reigen verschiedener Gedichte zu biblischen Stoffen, davon sechs zu Frauengestalten: Hagar, Rahel, Rut, Abigajil, Abischag, Ester. Er beginnt also nicht mit Sara oder Abraham, sondern mit dieser verstoßenen Mutter von Abrahams Erstgeborenem und lässt einen auktorialen Erzähler von Hagars Schicksal berichten:

> Die Zelte Abrahams, die warmen, fernen,
> Sie lagen wie ein Traum in der Vergangenheit. –
> Stumm schritt sie, eingehüllt von Sand und Sternen,
> Doch Gott und Brot und Wasser waren weit.

Er sieht die Frau im Geiste vor sich, ausgesetzt in der Wüste und fern von „Gott und Brot und Wasser". Hier büßt sie „vergessen wie ein früchteleerer Baum" mit ihrem Sohn eine Schuld, derer sie sich nicht bewusst ist. Sie denkt voll Sehnsucht an die Liebe Abrahams, „des Erwählten", und an Sara, die Glückliche, die seine Liebe nun empfängt. Ihr bleibt nur der Tod, der sich im „Rufen der Schakale" ankündigt. Doch in ihrer höchsten Not ahnt sie, dass ihr Hilfe zuteil wird:

> In ihre müden Mägdehände
> Barg sie ihr Haupt, das tränenschwere
> Und ahnte einen Engel im Gelände
> Aus eines fremden Gottes Flammenheere.

Aus dieser Ahnung wird – so die Legende – der Engel eines fremden Gottes, der sie tröstet und ihr eine süße Geborgenheit schenkt, die sie an die alten Märchen ihrer ägyptischen Heimat erinnert.

> Sie dachte nur – ein Engel ward daraus,
> Der neigte sich ihr zu in lichtem Schein
> Und war ein Trost und ein Zuhaus
> Und ein Geborgensein.

---

[18] Fritz Rosenthal (Ben-Chorin): Die Lieder des ewigen Brunnens. Wien/Leipzig 1934, 5.

Das Gedicht enthält keine Überraschung, es paraphrasiert in gelungener Weise die biblische Vorgabe; auch die Form der kreuzweise gereimten Strophen ordnet sich dem Sachverhalt unter.

Auch *Cécile Laubers* Bibeldrama „Hagar und Ismael"[19] folgt zwar ganz der biblischen Vorlage und gestaltet die dort angedeuteten zwischenmenschlichen Probleme aus, doch ist ihr Stück von hoher Aktualität. Ihre Intention liegt darin, anhand der beiden Brüder Ismael und Isaak die Verschiedenartigkeit und Gleichwertigkeit der beiden von ihnen abstammenden Völker, der Israeliten (Juden) und der Araber, herauszustellen. Als Brudervölker stehen sie am Schluss Hand in Hand vor ihrem Vater Abraham und der von Gott erwählten Stammmutter Sara.

Die Verschiedenheit der Söhne entwickelt die Autorin aus der Polarität der Mütter: Sara – empfindlich, weichherzig, alt und opferbereit, Hagar – stark, jung, schön, kräftig und selbstbewusst. Die Verschiedenartigkeit der Personen wird durch die konträre Szenerie noch weiter unterstrichen: Der erste Akt spielt im geschützten Bereich von Hof und Kammer in Abrahams Behausung, der zweite in der Stein-, Salz- und Sandwüste.

Jeder Person ist ein Engel beigegeben, gleichsam „die gestaltgewordene Psyche des Betenden" (427), der das Innere der Personen sichtbar macht und ihre Gedanken und Gefühle artikuliert. So wird Saras Härte Hagars Sohn gegenüber durch dessen Gesetzlosigkeit und Hagars Stolz durch die Stimme von Saras Engel begründet:

> Ismael verhöhnt die Gesetze seines Vaters. Er ist klug genug, sie zu kennen, aber nicht klug genug, um ihren Sinn zu fassen. Der Geist der Unbotmäßigkeit hat sich seiner bemächtigt. (447)

Abraham, der Gott um Rettung für Hagar und seinen Erstgeborenen bittet, wird seinerseits durch einen Engel von Gott belehrt, dass Sara die Weitsichtige ist, dass sie die „Mutter eines freien Volkes" sein wird, da nur der frei ist, „wer zu gehorchen versteht" (453). Damit schlägt Lauber ganz bibeltreu das Motiv von Glauben und des Gehorsams, Gesetz und Freiheit, Natur und Verheißung, Sohn der Sklavin und Sohn der Freien (vgl. Gal 3,4) an. Doch auch Ismael geht nicht in der Wüste zugrunde, sondern ihm wird die Verheißung zuteil als „Freier unter Freien" (453) zu leben.

Lauber sucht feinsinnig die psychische Lage der beteiligten Personen zu ergründen und daraus die Handlung schlüssig zu entwickeln. So wird z.B. die Qual des Verdurstens und die Suche in der Wüste nach Wasser immer wieder mit Hagars Weigerung, Sara einen Krug mit Wasser zu bringen, in Verbindung gebracht (470, 476, 482); erst als Hagar sich beugt und Sara (im Traum) Wasser reicht, finden die Erschöpften in der Wüste den Brunnen.

Dennoch gelingt es der Autorin nicht, den Konflikt und seine Lösung ins Bewusstsein der Menschen des 20. Jahrhunderts zu bringen, zu pathetisch und wortreich ist die Sprache, zu weihevoll und märchenhaft die Szenerie, zu

---

[19] Cécile Lauber: Hagar und Ismael. Bühnendichtung in einem Vorspiel und zwei Akten. (1964) In: Dies.: Robert Duggwyler/Frühe Novellen/Dramatik. Bern 1972, 425-486.

eindeutig sind die Charaktere. Bereits zu Beginn des Jahrhunderts wirkten solche Dramen veraltet, da sie ohne Distanz zur Vorlage und ohne ironische Brechung gestaltet sind; um 1964 jedoch, als *Böll*, *Grass* und *Hildesheimer* ihre kritischen Werke schufen, waren sie nicht mehr diskussionswert.

Eine der Hagargeschichte gut angepasste Textsorte stammt von *Irene Forbes-Mosse*, einer Enkelin von Achim und Bettina von Arnim, die ihre romantische Herkunft hier nicht verleugnet. Unter dem Titel „Hagars Klage"[20] lässt sie die Verstoßene ihre Situation in der Wüste sowie ihre Erinnerung an die Zeit in Abrahams Sippe Revue passieren:

> 1. Höre die Stimme der Baumgrille, die um Tau schreit in den Bäumen. Verborgen klebt sie an den Rinden, die ihrem Kleide ähnlich sind. So du ihr nachgehst, verstummt sie. So auch verstummt der Schmerz, wenn er behorcht wird. So verbarg ich mein weinendes Angesicht im Sand, und wenn ich's erhebe, ist es trocken wie Ziegeln am Mittag.

Mit diesem Abschnitt, einem von dreizehn, beginnt Hagar einem ungenannten Gegenüber ihr Leid zu klagen und schildert in zahlreichen den Psalmen entnommenen Vergleichen und Bildern ihre Not, vor allem die der Einsamkeit, der Sorge um ihren Sohn, der Hitze und des Durstes. Wehmütig erinnert sie sich des Lebens in Abrahams Zelten und der Liebe ihres Herrn. Der Reiz dieses Textes liegt darin, dass der angesprochene Partner sowohl Abraham als auch Jahwe sein kann. Auf ersteren beziehen sich die konkreten Anspielungen auf ihr vergangenes Leben und die empfangene Liebe; auf Jahwe deuten die Bilder vor allem der beiden letzten Abschnitte:

> 12. Ich ging zum Brunnen in der Nacht, sein Rachen war kalt und finster. Ich blickte auf, und meine Augen wurden voll Sternenlichts. Und einer rührte mich an. Da sprach ich: Ja – und fühlte dich um mich gleich einem Mantel. Und das war meine Stunde.
>
> 13. Wenn ich einen Holzstoß schichtete, aus duftenden Hölzern, harzquellend, berauschend in Bitterkeit, und legte Traubenbrot darauf und Körner braunen Bernsteins; und bräche das versiegelte Glas, darin der Tropfen gefangen liegt, der gepreßt ward aus tausend schwarzen Rosen ohne Fehl, und ließe ihn lodern zu deinem Ruhm ... was wäre mehr als das Wort, das ich in Demut dir gestammelt: Demut!

Aus dem Sternenlicht entnimmt sie seine Verheißung, und die Erfahrung dieser Sicherheit umhüllt sie „gleich einem Mantel". Auch das letzte Wort, das sie sich unter Tränen abringt, „Demut", kann sowohl an Abraham wie an Gott gerichtet sein, verlangte ihr Herr doch diese Haltung Sara gegenüber, und Jahwe erwartet sie von seinen Geschöpfen. – Die Form dieser Klage als Monolog entspricht der Situation eines einsamen, in der Wüste ausgesetzten Menschen. Forbes-Mosse lehnt sich in ihrer Sprache ganz an die Bildwelt und

---

[20] Irene Forbes-Mosse (1864-1946): Hagars Klage. In: Die Bibel in deutschen Gedichten. Hg. von Hermann Hakel. München 1968, 66f.

Satzmuster biblischer Schriften an, sowohl aus dem Alten wie aus dem Neuen Testament, so dass aufgrund dieser weltliterarischen Basis „Hagars Klage" zu einem Lied von Verstoßenen auch in unserem Jahrhundert wird. Inwieweit persönliches Schicksal der Autorin hier mitklingt – sie erhielt unter den Nationalsozialisten Schreibverbot –, sei dahingestellt.

Eine ähnliche Klage findet sich in einem nur in Skizzen vorhandenen Drama „Abram" von *Karl Wolfskehl*. In einer Szene „Hagar die Verstoßene vor der Tür"[21] lässt der Autor die Schwangere „Ich magd mit schwerem leib" (362) ihre Not vortragen. Im Bewußtsein ihrer Verlassenheit klagt sie ihr Recht am Hause Abrams ein und beweint die Brutalität, mit der der Hausherr sie des Hauses verwiesen hat:

> Ich bin ein teil von dir, haus, wuchtest hart.
> Dein estrich war ich und der eckstein knarrt
> Seit mich der herr von herd und hürde warf.
> Was tat ich, dass ers darf?
> Denk, hausherr, wer ich war
> [...] (362)
>
> Geh. In meinen zelten
> Kein sitz für dich.
> [...]
> Ich kenne dich nimmer fremde [...] „(363).

In Widerstreit der Gefühle zwischen dem geliebten Herrn und dem Tod hin- und hergerissen, verlangt sie zu sterben, um vom Hausherrn wieder angenommen zu werden:

> Mein herr – ich fiel aus deiner gnade
> Ich deines segens gehäufte lade.
> Hol mich zurück, ein andrer bleckt
> Nach mir, hat seinen arm gereckt.
> Ich aber brülle laut in deine nacht:
> Verlaufen hatt ich mich, herr, aufgemacht! (364)

Dieser dramatische in freien Rhythmen vorgetragene Monolog einer verzweifelten Frau ist ein sprechendes Dokument dafür, wie die Hagargeschichte von den Bibellesern verstanden wird: als ein Beispiel für die Rigorosität, mit der in der Bibel die rechtmäßige Erwählung und der Weg der Verheißung durchgesetzt werden, was Frauen sowohl zum Schaden (Hagar, Michal), als auch zum Segen (Tamar, Rut) gereicht. Sie sind Werkzeuge; nur dies interessiert die biblischen Schriftsteller.

Nicht unerwähnt bleiben sollen die Transfigurationen. Viele Romane und Dramen greifen die Motive „Verstoßene Frau" oder „Erbstreit zwischen Halbbrüdern" auf, doch nur wenige nehmen Bezug auf die Hagar-Geschichte.

---

[21] Karl Wolfskehl: Aus „Abram". Hagar die Verstoßene vor der Tür. In: Ders.: Dramatische Dichtungen. Gesammelte Werke in 2 Bänden. Hamburg 1960, Bd. 1, 562-564.

Der seinerzeit viel gelesene Roman des schlesischen Autors *Paul Keller* „Der Sohn der Hagar" (1930) transponiert die Hagar-Ismael-Geschichte ins Schlesien der 20er Jahre und entwickelt das Schicksal einer Magd aus der Perspektive verschiedener Personen.

Jakob Julius David verlegt den Stoff ins letzte Jahr des oberösterreichischen Bauernaufstands 1626 und verlagert den dramatischen Konflikt, wie der Titel „Hagars Sohn"[22] vorgibt, auf Christian, den unehelichen Sohn des Großbauern Matthäus Sieverroither und dessen Magd Christine. Christian will sich mit der Zurücksetzung und Leugnung der Vaterschaft des Bauern nicht weiter abfinden und zwingt diesen zu einem offenen Bekenntnis. Der Konflikt wird dadurch verschärft, dass der Bauer den „Knecht", um ein Gottesurteil herbeizuführen, im Krieg zwischen evangelischen und katholischen Truppen an die vorderste Front der evangelischen Seite schickt, Christian aber nicht zu Tode kommt, weil er das Lager wechselt; denn er ist nicht wie sein Vater evangelisch, sondern wie seine Mutter heimlich katholisch. Aufgrund dieses Verrats soll er hingerichtet werden. Doch sein Freund will den Sohnesmord verhindern und ersticht ihn. Das Drama nimmt zwar ausdrücklich Bezug zur biblischen Vorlage, hat aber heute nur noch historischen Wert.

In diesem Zusammenhang ist auch der Science-fiction-Roman der amerikanischen Bestsellerautorin *Margaret Atwood* „Der Report der Magd"[23] bemerkenswert, in dem die Autorin das Problem der „Leihmutter" behandelt. In Form einer Ich-Erzählung berichtet die Dienerin Desfred über die Machenschaften einer Sekte: Zur Sicherung des elitären Nachwuchses der europäischen Rassen haben am Ende des 20. Jahrhunderts fanatische Sektenangehörige eine Kolonie gegründet, in der sie Frauen einsperren, um sie entweder als „Gebärmaschinen" oder als „Dienerinnen" abrichten. Wer sich widersetzt, muss sterben. Hochrangige männliche Führungskräfte schwängern die Dienerinnen, damit diese anstelle der unfruchtbaren Ehefrauen Kinder gebären. Desfred, einer der Auserwählten, gelingt es zu fliehen und die Öffentlichkeit zu informieren. Im ersten der drei dem Bericht vorangestellten Motti wird ausdrücklich Bezug auf die Bibel genommen, und zwar auf die Jakob-Rahel-Geschichte (Gen 30,1-3), und auch im Verlauf der Erzählung werden immer wieder biblische Zitate und religiöse Praktiken angeführt. Noch deutlicher aber als der Hinweis auf die Mägde, die für Rahel oder Lea Söhne gebären, ist der Bezug zur Geschichte der Hagar. Zudem ist das Problem der Leihmutterschaft und die Diskussion um volkserhaltenden elitären Nachwuchs in fast allen europäischen und nordamerikanischen Staaten von höchster Aktualität. Vor dem Hintergrund der Diskussion um Leihmutterschaft und künstliche Befruchtung gewinnt der Roman eine hohe Aktualität und gesellschaftspolitische Dimension. Besondere Popularität erlangte er durch die erfolgreiche Verfilmung von *Volker Schlöndorf*.

---

[22] Jakob Julius David: Hagars Sohn. Schauspiel in vier Akten. Wien 1891.

[23] Margaret Atwood: Der Report der Magd. (1985) Aus dem Amerikanischen von Helga Pfetsch. Düsseldorf 1987.

3. Die Frau des Lot

Wie manche weibliche Gestalt im biblischen Kontext wird auch diese nur durch ihre Zugehörigkeit zum Mann Lot bestimmt. Lot, der Neffe Abrahams, ist wie dieser auf Gottes Geheiß aus seiner Heimat Haran ausgewandert und hat sich nach freier Wahl im südöstlichen Jordantal in Sodom angesiedelt. Da der Stadt eine Katastrophe, nach biblischer Auffassung ein Strafgericht Gottes wegen ihrer Sündhaftigkeit, hier speziell der Verletzung des Gastrechts[24], bevorsteht, wird Lot von zwei Engeln gewarnt und aufgefordert, mit seiner Großfamilie die Stadt unverzüglich, ohne sich umzuwenden, zu verlassen. Die Frau folgt dem Gebot nicht, schaut zurück und „erstarrt" (Gen 19,1-26).

Unabhängig von der Erklärung, dass es sich bei der Geschichte vom Untergang der Städte Sodom und Gomorra um eine Ätiologie[25] der öden Landschaft um das Tote Meer mit seinen seltsamen Salzformationen handelt, hat der lapidare Satz „Als Lots Frau zurückblickte, wurde sie zu einer Salzsäule." (Gen 19,26)[26] viele Gemüter bewegt und manche Autoren angeregt, darüber zu spekulieren, *warum* die Frau sich umgewendet hat: War es weibliche Neugier? Ungehorsam gegen die göttliche Weisung? Mitleid mit den Zurückgebliebenen? Trauer über den Verlust der neuen Heimat? Entsetzen über die Katastrophe?[27]

---

[24] Männer von Sodom verlangten von Lot die Herausgabe der beiden Fremden, Engel, die bei ihm eingekehrt waren, um „mit ihnen zu verkehren" (Gen 19,5ff.). Sie lassen sich auch nicht von Lots Angebot seine unberührten Töchter preiszugeben besänftigen. Die Verletzung des Gastrechts war ein schlimmeres Vergehen als die Vergewaltigung der Mädchen und soll die Brutalität der Einwohner von Sodom zeigen. Vgl. auch Ri 19f.

[25] Es gibt viele solcher Ätiologien, eine der bekanntesten aus der griechischen Mythologie ist die des Berges Sipylos in Lydien, der der Sage nach Königin Niobe, Tochter des Tantalos und Frau des Königs Amphion von Theben darstellt; sie wurde von den Göttern gestraft, weil sie sich über die Göttin Leto gegenüber ihres Kindersegens gerühmt hatte und wurde in einen Felsen, von dem ständig Wasser rinnt (Tränen), verwandelt.

[26] Der Kommentator *Josef Scharbert* widmet dem Vers nur einen Satz: Vers 26 „bringt eine weitere ätiologische Tradition aus der Gegend um das Tote Meer. Eine menschenähnliche geologische Formation aus Salzgestein hat man sich als eine zu einer Salzsäule verwandelte Frau erklärt, die einer Weisung Gottes [sich nicht umzusehen, Gen 19,17] nicht gehorcht hat. Sie wurde mit Lot und seiner Flucht aus Sodom in Zusammenhang gebracht." Josef Scharbert: Genesis 12-50. Neue Echter Bibel. Würzburg 1986, 154f. – In den Sagen der Juden werden zwei mögliche Gründe für die Erstarrung der Frau, die hier den Namen Adit hat, genannt: 1. als Strafe dafür, dass sie die Ankunft der Fremden verraten habe, als sie sich zur Bereitung einer Mahlzeit beim Nachbarn Salz (!) borgt; 2. als Zeichen des Schreckens, weil sie sich in Sorge um die Zurückgebliebenen umwandte. Vgl. Die Sagen der Juden. Hg. von Micha Josef bin Gorion. Frankfurt 1976, 251.

[27] Mythen, Märchen und Bildworte bewahren ähnliche Geschichten auf. Bekannt sind z.B. das Gebot an Orpheus, sich beim Gang durch den Orkus nicht nach Eurydike umzusehen; das Kinderspiel vom Plumpsack; Jesu Abweis derjenigen als untauglich für die Arbeit im Gottesreich, die sich beim Pflügen nochmals umdrehen (Lk 9,62) oder seine Warnung „am Tag des Menschensohnes" sich nicht irdischer Habe zuzuwenden wie die „Frau des Lot" (Lk 17,32).

Einen Roman oder ein Drama, in denen Lots Frau die zentrale Rolle spielt, war nicht zu finden.[28] So werden in diesem Zusammenhang vor allem lyrische Texte zitiert, die sich entweder mit dem Motiv der Gebotsübertretung befassen oder das Bild von der Erstarrung als Metapher für tödliches Erschrecken benutzen.

Peter Gan[29], ein eher unbekannter Autor, hat in einem konventionell gebauten Strophengedicht, den Wagemut der Frau thematisiert:

> Sie wandte sich. Die andern flohn
> In blinder Angst. Sie aber wagte
> Zu sehn „was war"! und war auch schon
> Zu Salz erstarrt [...]

Auch wenn das Grauen sie tötet, die Frau stellt sich ihm, ja sucht das Unheil auch in sich selbst „aus Haß und Neid und Wut und Fäule" (2. Str.), dem muss und will sie ins Auge sehen, denn weder Fluch noch Gebet können ihr helfen. Damit ist die Situation eines Menschen dargestellt, der erkannt hat, dass in „blinder Angst" zu fliehen wie die „andern" keine Erlösung bringt, dass aber auch die Erkenntnis der Übel das „Greuel" (3. Str.) nicht abwendet, sondern es zur Umkehr zu spät ist: „Es war zu spät" (4. Str.). So bleibt sie versteinert. Eine positivere Aussage kann man dem Motiv nicht entreißen.

Ähnlich wie Gan hat auch *Hildegard Jahn-Reinke* in „Lots Weib"[30] deren Zurückblicken mit Sympathie für diese Frau bewertet. Gottes Weisung: „Vor dir ist Leben, hinter dir der Tod" konnte sie nicht davon abhalten, einen Blick zurück in ihr vergangenes Leben, hier als „Glück" benannt, zu tun. Auch hier ist die Rückwendung als ein Akt der Selbsterkenntnis gedeutet:

> Erbarmungsloses Schauen, das ihr ward.
> Jäh hat ein Blick ihr Leben offenbart.

Dem biblischen Vorbild entsprechend bringt diese Bewusstwerdung keinen Aufbruch zu neuem Leben; sie entfremdet sich sogar mehr und mehr von sich selbst wie von der weiter wandernden Familie. Die Frau ist, so die folgenden Metaphern, wie gelähmt, „verdorrt", „fühllos", „säulenhaft erstarrt". Hier scheint eine Lebenssituation dargestellt, in der – völlig anders als das delphinische „Erkenne dich selbst" oder das christliche „Metanoeite" – die totale Selbsterkenntnis nicht zur Befreiung zu neuem Aufbruch, zum Leben, sondern zur Vernichtung der Person führt.

George Forestier entwirft in „Lots Weib" ein Bild der Landschaft im Abendlicht mit den seltsamen Formationen des Gesteins, das wie ein „fliehendes Weib,/das alle Laster/dieser Welt gesehen hat"[31], aussieht und glaubt in diesem

---

[28] Das Drama von *Hermann Sudermann*: Sodoms Ende. Drama in fünf Akten, bringt für die Untersuchung der biblischen Frauen nichts.

[29] Peter Gan: Das Weib des Loth. In: Hakel (Anm. 20), 61.

[30] Hildegard Jahn-Reinke: Lots Weib. In: Leichtes Lob. Hg. von Elisabeth Antkowiak. Leipzig 1985, 86.

[31] George Forestier: Lots Weib. In: Ders. (Anm. 7), 20.

Stein „brennende Neugier stiller Heuchelei", „Abgewandt- und/doch Entzückt-sein/ vom Rausch des Untergangs" zu erkennen, also die Haltung, die vielen Schaulustigen von Katastrophen zu allen Zeiten eigen ist. In dieser Beziehung ist „Lots Weib" höchst aktuell.

Eine völlig andere Sichtweise auf das Motiv bringt *Marie-Thérèse Kerschbaumer* in ihrem Gedicht „wo ist dein kind/frau lot?"[32] Mit der immer gleichen Frage wendet sich ein lyrisches Ich an eine Mutter. Diese antwortet ebenso stereotyp mit der Schreckensmeldung, dass das Kind – wie der Reim auf Frau Lot erwarten lässt – „tot" ist. So scheint denn auch der Klang des Namens das einzige Element zu sein, dass eine Verbindung zwischen Frau Lot und des Kindes Tod herstellt. Ein Inhaltsbezug ist kaum herzustellen.

Neben diesen eher unbedeutenden Beispielen fordern die folgenden von *Rose Ausländer* und *Erich Fried* weitaus mehr Beachtung. Da beide als Autoren jüdischer Herkunft ihre Verse nach dem Holocaust schrieben, darf man einen Zusammenhang zwischen den historischen Fakten und den Gedichten annehmen.

Wie kann man nach Auschwitz noch Gedichte schreiben? Wie weit kann die Literatur das Grauen in Sprache fassen? Die Autoren jüdischer Herkunft, z.B. *Nelly Sachs, Paul Celan, Hilde Domin, Rose Ausländer*, haben es immer wieder versucht. Das Motiv der vor Entsetzen erstarrten Frau des Lot diente ihnen dazu vielfach als Metapher, so *Rose Ausländer* in ihrem 1976 erstmals publizierten Gedicht[33]:

Salzsäule

Aufrecht in mir
die Salzsäule

Ich bin's
die sich umwendet
wieder und wieder

Wahrheit
im Rosengomorrha
das Dornengedicht

Ich kenne die Stelle
verwundbares Wort
dem der Anblick
verwehrt ist

---

[32] Marie-Thérèse Kerschbaumer: wo ist dein kind/frau lot? (1965) In: Dies.: bilder immermehr. gedichte. 1964-1987. Salzburg 1997,21.
[33] Rose Ausländer: Im Aschenregen die Spur deines Namens. Gedichte & Prosa 1976. In: Dies.: Gesammelte Werke in acht Bänden. Frankfurt 1985, Bd. 4, 191.

Kein Übertritt
Eurydike
hier treffen wir uns
am Scheideweg
der Schatten

Hinter dem lyrischen Ich verbirgt sich eine vor Entsetzen erstarrte Person, die als Überlebende des Grauens – des Holocausts – sich „wieder und wieder" zurückwendet, um das Erlebte zu versprachlichen. Es kann nur bis zur Schwelle des Todes ergründet werden; einen Einblick in das letzte Inferno ist der Geretteten nicht möglich, das heißt, ein Treffen mit Eurydike, mit den Toten, ist nur tangential an der Schwelle möglich. Damit ist dem „verwundbare[n] Wort" eine Grenze gesetzt, wo „der Anblick/verwehrt ist". Dennoch will sich, muss sich das lyrische Ich fast zwanghaft immer wieder dem Anblick aussetzen und auf das Unheil blicken. Die Zentralmetapher „Wahrheit/im Rosengomorrha/das Dornengedicht" verkehrt chiliastisch die übliche Vorstellung von 'Dornen-Gomorra' und 'Rosen-Gedicht'. „Gomorra" ist für den modernen Dichter das, was für den romantischen „Rose" war, faszinierender Gegenstand der Poesie, ein Bild, das die Fülle der Schönheit und des Schmerzes in sich vereint. Und was nach dem Prozess der Anschauung und Versprachlichung herauskommt, tut weh, sticht, verletzt. So birgt der Ort der Vernichtung die Wahrheit über den Menschen, wie dies auch *Ingeborg Bachmann* in ihrem Märchen „Das Lächeln der Sphinx" gestaltet hat.

Ähnlich wie Ausländer hat auch *Erich Fried* in seiner frühen Schaffensperiode 1945–1958 die Metapher der Salzsäule und des Salzes mehrfach genutzt, so z.B. in dem umfangreichen Gedicht „Liebeslot"[34], das speziell die Figur des Lot, den Untergang der Welt und die Brutalität der Vergewaltiger allgemein thematisiert. Im Spiel mit Wortbedeutungen (Lot; der Lot; das Lot) und Wortklängen (Graben, Grab, Gram, Gramm) wird das Schicksal der Geschändeten und von Lust Getriebenen im Bild von Sodom dargestellt:

Nein! Kein Gramm geht verloren, kein Lot geht verloren,
wenn Sodom vergeht!
Lotet das Tote Meer aus und geht nicht unter!
Findet die Männer bitter und salzig die Frauen,
die Söhne ertrunken, verzweifelte Lust in den Töchtern,
den Tod im Antlitz unserer lieben Welt,
welk das Antlitz unserer toten Liebe!

Wild durch die Runzeln des Todes tost das Blut
Weit über die Klüfte und Küsten quellen die Tränen.

---

[34] Erich Fried: Gesammelte Werke. Gedichte 1. Hg. von Volker Kauhoreit/Klaus Wagenbach. Berlin 1993, 92. Der Autor wählte das Motiv vor allem als Metapher für die innere Erstarrung eines Menschen und seiner Beziehungen. Vgl. „Salz der Welt", „Liebeslot", „Beschwörung des Steins", vgl. 91, 92, 211-223.

Mit diesen Zeilen endet das Gedicht, das im Spiel mit Wortbedeutungen (Lot, der Lot, das Lot) und Wortklängen (Graben, Grab, Gram, Gramm) einen Klagegesang auf das Schicksal der geschändeten oder der von Lust getriebenen Frauen anstimmt.

In einem weiteren Gedicht „Salz der Welt"[35] nimmt Fried die Perspektive des beobachtenden Abraham (s. Vorspruch „I. Moses, 19,28") ein, um das ganze Ausmaß einer Katastrophe darzustellen: die brennende Stadt, das von Angst diktierte sexuelle Begehren der Töchter nach einem Mann, hier dem Vater, die aus dem Innersten („Herzsucht") drängende Frage der Frau („aus salzigen Augen") Was blieb?, ihre mitleidsvolle Rückschau und ihr Tod.

Fried geht in seinem Gedicht über die schlichte Ätiologie einer Landschafts-formation hinaus und spricht der Frau als einer „Säule/hager/aus Salz" eine hohe Aufgabe zu:

> Frei
> macht die Frau
> vom nassen Tuch
> das Gesicht.
> Brennende Trichter
> und Spalten
> sieht sie aus salzigen Augen an

Sie stellt sich der bedrängten Stadt, gibt ihren Schutz (nasses Tuch) preis, hat Mitleid, sucht nach Erklärung, fragt und schreit, erhält aber als unliebsame Mahnerin keine Antwort. Ihr Dasein wäre „Salz" für die Welt[36]. Wie Titel und letztes Wort des Gedichts deutlich machen, ist „Salz" die zentrale Metapher. Aber die Frau wird verflucht, abgewiesen, zurückgelassen:

> Die Töchter fliehn
> auf des taumelnden Vaters Lager.
> Die Mutter hat keine mehr lieb
> ihre Seele
> ist eine Säule
> hager
> aus Salz

So verkommt die Mütterlichkeit: die hagere Säule aus Salz wird Wind und Regen nicht lange mehr widerstehen. Arme Welt – ist die pessimistische Bot-schaft dieses Gedichts.

Noch ein weiteres Mal hat Fried in einem Gedichtzyklus „Beschwörung des Steins"[37] die Metapher der „Salzsäule" in vielen Variationen verwendet. Auch

---

[35] In: Fried (Anm. 34), 91.
[36] Salz, ein höchst wertvoller lebensnotwendig Stoff, der als Würze der Speisen, zum Erhalt des osmotischen Drucks der Zellen und als Haltbarkeitsmittel zum Abwenden von Fäulnis gebraucht und geschätzt wird. Vgl. Mt. 5, 13 parr Mk. 9, 50; Lk. 14, 34 werden die Jünger Jesu als das „Salz der Welt" bezeichnet.
[37] In: Fried (Anm. 34), 211f.

dort dient das Bild der Versteinerung zur Darstellung menschlicher Verhärtungen, verschuldeter wie unverschuldeter. Im sechsten Gedicht werden die „Königin Niobe" und das „Weib des Lot" als sagenumwobene Steinfigurationen ausdrücklich angerufen und zur Fleischwerdung aufgefordert, damit ihr wahres Begehren ans Licht kommt:

> Die ihr starret
> zwischen Leben
> und Tod
> Königin Niobe
> und Weib des Lot
> am Ufer des Toten Meeres
> oder auf Phrygiens Höhn:
> [...]
> Salzsäulen
> Felsengestalten
> befreit euch von eurer Sage!
> ihr seid kein Denkmal des Todes
> kein Dankmal göttlicher Siege (214f.)

Fried unterwirft sich nicht der biblischen Deutung von der Übertretung des Gottesgebots, auch nicht der mythologischen von der Eifersucht der Götter, sondern er sieht in diesen Geschichten das rein menschliche Verhalten und die ungerechtfertigte göttliche Übermacht.

Wegen der besonderen Zielrichtung sei abschließend noch die Erzählung des polnischen Philosophen und Erzählers *Leszek Kolakowski* „Lots Frau oder die Reize der Vergangenheit"[38] erwähnt, die der Autor nach der Wende dem bereits 1964 publizierten Band „Der Himmelsschlüssel" hinzufügte; 1964 war sie der Zensur zum Opfer gefallen.

Diese Erzählung ist demnach in zweifachem historischen Kontext zu lesen: 1. als Rückschau auf die Zeit 1957–64, in der die biblischen Geschichten des „Himmelsschlüssel" entstanden sind, 2. als Rückschau auf die Zeit der Wende. Die Erzählung ist wie eine Lehrparabel aufgebaut und verrät den Philosophen und Logiker, der seine Hörer mittels einer mit Augenzwinkern erzählten Geschichte von einer These überzeugen will. So beginnt die Erzählung mit einer wissenschaftlich begründeten These samt Erklärung:

> Die sogenannte Sünde von Sodom ist, wie die allerjüngsten Untersuchungen der Herren Professoren Zizzermann und Nagel gezeigt haben, nichts als ein Märchen, das sich die Feinde der Stadt Sodom ausgedacht haben, um sie in Verruf zu bringen. Auch die Heilige Schrift äußert sich ja nicht eindeutig darüber. In Wahrheit gerieten die Einwohner Sodoms aus ganz anderen Gründen in Konflikt mit der

---

[38] Leszek Kolakowski: Lots Frau oder die Reize der Vergangenheit. In: Ders.: Erbauliche Geschichten. Erweiterte Neuausgabe. Aus dem Polnischen von Friedrich Griese. München 1992, 108-114.

Obrigkeit. Sie waren nämlich zu dem Schluß gekommen, daß alle Menschen gleich, frei und in ihrem Leben unantastbar seien, und so erließen sie Gesetze, in denen Gleichheit, allgemeine Freiheit und die Abschaffung der Todesstrafe verkündet wurden. (108)

Der Erzähler zitiert im Folgenden drei Gesetzesparagraphen und deren Ausführungsbestimmungen, die das neue Gesetz nach Methoden eines Polizeistaats rigide durchsetzen sollen, sowie die mögliche Strafmaßnahmen bei Zuwiderhandeln. Die sich anschließenden Darlegungen über die Zweifel an der Rechtmäßigkeit und über die Praxis der Bespitzelung der Beamten untereinander entbehren nicht der Ironie und erinnern an die Geheimpolizei und ihre Strategien in Diktaturen der jüngsten Vergangenheit. Der Witz des Ganzen liegt darin, dass die Gesetze der Humanität zwangsweise mit Methoden der Geheimpolizei eingeführt werden sollen und die Bürger sich gegen die Einführung der Gesetze zur Humanität vehement zur Wehr setzen.

Nach einem Jahr war bereits ein Viertel der Bevölkerung wegen Opponierens gegen die Abschaffung der Todesstrafe erschossen, ein Viertel saß wegen Ablehnung des Prinzips der Freiheit im Gefängnis, ein Viertel wanderte wegen Anzweifeln der allgemeinen Gleichheit in die Sklaverei, und von den restlichen fünfundzwanzig Prozent arbeitete fast jeder in einem der Polizeinetze. (109f.)

Soweit der staatspolitische Einstieg. Dann führt der Erzähler in Jehova eine Überinstanz ein, der die Proklamation der Gesetze ein Ärgernis ist:

Also schickte er seine Sendboten aus, in der verpesteten Stadt seine Ideen zu propagieren: daß die Menschen weder gleich noch frei seien und auch die Todesstrafe beibehalten werden müsse. (110)

Von da an wird der Bezug zur Bibel immer enger: Die Agenten finden einen Lot, dem die neuen Gesetze von Anfang an suspekt waren, warnen ihn vor drohendem Unheil und führen ihn samt seiner Familie aus der Stadt.
Der Leser ahnt bereits seit Beginn dieser Erzählung, welche Rolle Lots Frau hier einnimmt. Sie ist die, die auf der Flucht aus der Stadt „von heftiger Sehnsucht nach Freiheit, Gleichheit und Sicherheit gepackt" (111) wird und sich verbotenerweise umwendet. Wie in der biblischen Vorlage heißt es auch hier: „Im selben Augenblick verwandelte Jehova sie bekanntlich in einen weißen Klumpen Natriumchlorid, der von Ferne einer menschlichen Gestalt ähnelte." (111)
Dann folgt im dritten und längsten Teil der Erzählung die Wiedergabe eines Disputs zwischen Lot und einem Agenten zur Begründung der Mineralisierung der Frau. In sophistischer Manier sucht der Agent Lot mit widersprüchlichen Argumenten von der Schuld der Frau zu überzeugen. „Zu den größten Sünden unter Jehowas Sonne" (112) gehöre der Rückblick in die Vergangenheit, da der Mensch aus ihr Erkenntnisse schöpfen und sie mit der Gegenwart vergleichen könne. Um der Zukunft willen müsse er die Vergangenheit vergessen. Das zweite Argument steht dazu im Widerspruch, was nach der Logik Jehovas sein

„Geheimnis" ausmacht. Der Mensch ist die Summe seiner Vergangenheit, sie ihm zu nehmen, heißt ihn töten. Als die Frau also den Untergang ihrer Vergangenheit sieht, hört sie auf zu existieren. „Ihr Ende ist genaugenommen das Ergebnis eines Zusammenwirkens zwischen Jehowa und ihr selbst" (113) erläutert der Agent abschließend. Lot wird physisch gerettet, der ein willfähriger Mensch „in einem Leben des Despotismus" werden soll und dann die „verfluchten Ideen von Gleichheit, Freiheit und Sicherheit vergißt" (113). Am Ende des Disputs heißt es „Lot schleppte sich traurig in das neue Land" (114). Damit ist die parabolische Binnengeschichte abgeschlossen; der Erzähler fasst das Ergebnis des Ganzen in drei Moral-Sätzen zusammen, die in höchst satirischer Weise die Unterdrückungsmoral konterkarieren:

> Wenn der Vergangenheit beraubt zu werden umzukommen bedeutet, zugleich aber sich in die Vergangenheit zu vertiefen ebenfalls umzukommen bedeutet, gibt es nur einen Ausweg: die Vergangenheit zu tragen und dabei so zu tun, als gebe es sie nicht. Ihr sagt, das sei ungemein schwierig? Aber dennoch ist es manch einem gelungen. Es lebe manch einer! (114)

Die politische Dimension der Geschichte ist offensichtlich. Ähnlich wie *Franz Fühmann, Peter Hacks, Stefan Heym* und andere Autoren des ehemaligen Ostblocks nutzt auch *Leszek Kolakowski* mythologische und biblische Stoffe als Paradigma für Probleme der Gegenwart, um Staatskritik mehr oder weniger versteckt anzubringen. Bemerkenswert ist, dass Frauen, bei Hacks die Eva, bei Fühmann die Sara und bei Kolakowski die Frau Lot, den Widerstand gegen herrschendes Gesetz versuchen.

4. Rebekka

Ähnlich wie Sara wird auch die Erzmutter Rebekka nicht als Hauptfigur herausgestellt, obwohl sie ungleich selbständiger agiert als der von den Eltern wohl behütete Isaak. Bereits die erste Erwähnung von Rebekka bei der Brautwerbung am Brunnen (Gen 24,15-21) schildert sie als tatkräftige, menschen- und tierfreundliche Frau, die auch auf die Anfrage ihres Vaters freimütig antwortet „Ich gehe!" (Gen 24,58). In Abrahams Sippe nimmt sie die Stelle der verstorbenen Sara ein. Isaak, zuerst von der Mutter, dann von seiner Frau abhängig, tritt in den Hintergrund; Rebekka steuert das weitere Geschehen. Sie ist es, die das Leben ihrer beiden Söhne bestimmt, sich des schwächeren Jakob annimmt, seine Befähigung zum Führer des Stammes erkennt und ihm durch eine List zum väterlichen Erbsegen verhilft. Das kostet sie das Zusammenleben mit dem geliebten Sohn – er muss bekanntlich fliehen und kehrt erst nach ihrem Tod in seine Heimat zurück –; aber um der Zuneigung zu Jakob und um der größeren Sache willen nimmt sie das Opfer auf sich.

Nur wenige Autoren und Autorinnen haben Rebekkas Stärke erfasst. Zwar weist ihr *Richard Beer-Hofmann* in seinem Drama „Jaákobs Traum"[39] die ihr in der Bibel bestimmte wichtige Rolle zu und zeigt sie als starke Frau, die ihren fremden Schwiegertöchtern Chitti und Chori mit Hass begegnet, dem erstgeborenen Edom/Esau seine Rolle in der Gegenwart zuweist und den geliebten Sohn Jakob („mein Kind", „mein Knabe", 46) als den für die Zukunft Erwählten der Obhut der Engel anvertraut, aber das Drama ist nicht ihr, sondern dem Sohn gewidmet. Allerdings sucht Beer-Hofmann die anstößige Geschichte vom erschlichenen Erbsegen zu entschärfen, indem er Rebekka erläutern lässt: das Gesetz des Handelns sei ihnen aus der Hand genommen worden; Isaak habe zwar Jakob erkannt, doch seiner segnenden Hand keinen Einhalt mehr gebieten können (vgl. 38f.), so dass die Erwählung Jakobs durch Gott bestätigt sei.[40]

Auch *Thomas Mann* geht es in seinem Roman „Joseph und seine Brüder"[41] um das Schicksal des jungen Josef, doch leitet er in einer langen Passage dessen Herkunft ganz bibel- und sagenorientiert aus den alten Völkergeschichten und Mythen ab und weist auch den Frauen den ihnen gebührenden Platz zu. So urteilt der Erzähler über Rebekkas Aktivitäten („verfügt und ins Werk gesetzt von Rebekka", 159) und spricht voll Hochachtung von der „kräftigen Schönheit" dieser „entschlossenen und hochsinnigen Frau" (159), die ihren Liebling lieber fortschickt, als ihn in untergeordneter Stellung zu sehen: „wissend nahm sie es auf sich, [...] und opferte ihr Herz" (159).[42]

George Forestier hat unter dem Titel „Jakob und Esau"[43] ein Gedicht auf Esau geschrieben. Aus der Perspektive Jakobs entwickelt er eine Verteidigungsrede, beginnend mit dem lapidaren Satz „Auch meine Mutter/mochte Esau nie". Dann zählt er alles auf, was seinen Bruder anders und der Verheißung unwürdig macht: die rauhe Gestalt, das wilde Gebaren, der Umgang mit Fremden und heidnischen Frauen, die Leichtfertigkeit dem Erbrecht gegenüber. Dennoch bleibt das, was Jakob mit Hilfe seiner Mutter ausführte, ein Betrug, den er denn auch in der „Irrfahrt/meiner Läuterungen" sühnt.

Drutmar Cremer[44] stilisiert Isaak und Rebekka in Anlehnung an die Darstellung von Marc Chagall in der Mainzer Stephanskirche zu einem Liebespaar und preist Rebekka:

---

[39] Richard Beer-Hofmann: Jaákobs Traum. (1915) Berlin 1920, 46. Vorspiel zu einer geplanten Trilogie „Die Historie von König David", deren erster Teil „Der junge David" 1933 noch erschienen ist (s.u.).

[40] Vgl. Norbert Otto Eke: Rettung des Sinns. Jaákobs Traum und das Projekt einer Geschichtstheodizee. In: Richard Beer-Hofmann (1866-1945). Studien zu seinem Werk. Hg. von Norbert Otto Eke/Günter Helmers. Würzburg 1993, 128ff., bes. 131f.

[41] Thomas Mann: Joseph und seine Brüder. 1: Die Geschichten Jaakobs. Der junge Joseph. (1933) In: Werke. Frankfurt 1967 (Taschenbuchausgabe in 12 Bänden), 159f.

[42] Irene Kann: Jaakob und seine Gegner: Schuldig werden für die Zukunft. In: Schuld und Zeit: literarische Handlung in theologischer Sicht; Thomas Mann – Robert Musil – Peter Handke. Paderborn/München/Wien/Zürich 1992, S. 52-55.

[43] Forestier (Anm. 7), 21.

[44] Cremer (Anm. 7), 39f.

Rebecca – Ahnfrau aus dem Land der Väter
Im Glanz der Sonne hörst du Melodien die
dein Herz zum Freudentanz bewegen und
dein Ja-Wort unter Fügung und Erbarmen wird
zum Grünbeet vieler Völker.

In etwas gekünstelten Metaphern werden Herkunft, Brautwerbung und Mutterschaft verklärend dargestellt. Das Gedicht ist eine poetische Paraphrase des Bibeltextes, geht aber nicht darüber hinaus.
Alles in allem bleibt diese Frau in der Rezeptionsgeschichte ganz auf das biblische Muster bezogen und gewinnt kein Eigenleben.

5. Lea und Rahel

In der nächsten Generation dieser Familiengeschichte stehen sich die zwei Frauen Jakobs ebenbürtig gegenüber: Lea, die fruchtbare, die Mutter von sechs Söhnen, nach biblischer Tradition ein hoher Wert, und Rahel, die schöne und geliebte Frau. Während Jakobs Beziehung zu Lea den Gegebenheiten der Vätersagen entspricht – sie wird von ihrem Vater Laban als älteste Tochter gegen den Willen Jakobs durch eine List mit ihm verheiratet –, beginnt mit der ersten Begegnung von Rahel und Jakob am Brunnen eine neue Qualität der Geschlechterbeziehung, die sich in freier Liebeswahl äußert und die sich in einer langen Wartezeit auf die Hochzeit bewähren muss.[45]
Doch obwohl die Geschichte um dieses Schwesternpaar höchst dramatisch ist, hat der Stoff kaum einen Autor im 20. Jahrhundert gereizt, ihre Schicksale auszuleuchten, und wenn, dann gilt das Interesse vornehmlich Rahel und nicht Lea. Es ist symptomatisch, dass nahezu alle literarischen Adaptionen um dieses Geschwisterpaar – wenn überhaupt – im Titel Rahel und nicht Lea nennen. Selbst in dem kleinen Gedicht „Lea"[46] von *Johannes Kühn* mündet die Schilderung von Leas Leiden in die Preisung von Rahels Schönheit:

In deiner Eifersucht,
Lea,
ist dir Jakob, den
du möchtest
sehr fern.

Matt sind die Wasser
deiner Augen.

---

[45] Nicht unwichtig für die Rezeption der Rahel-Geschichte ist ihre Begräbnisstätte in Betlehem und die Verehrung, die dieser mitfühlenden Erz-Mutter in Israel, bes. zu Zeiten der Gefangenschaft des Volkes, zuteil wurde. Vgl. Jer 31, 15 und Mt 1, 18.
[46] Johannes Kühn: Lea. 1990 (aus dem Manuskript). In dem 1989 publizierten Gedicht „Jakob diente um Rachel" (In: Ders.: Ich Winkelgast. München/Wien 1989, 100f.) steht – wie der Titel es formuliert – Jakob im Mittelpunkt: seine Sehnsucht, sein Begehren, seine Liebe.

Als sie werden vom
Siegblick hell
in deiner Söhne Geburt,
dennoch bleibt er
dir fern.

Rachel
in Liebe schön,
sucht er, sich
satt zu trinken an
ihrer Augen
Brunnen.

Die wenigen Gedichte um „Rahel", z.B. von *Nelly Sachs* „Jakob und Rahel"[47] und *Max Barthel* „Rahel"[48], sind meistens aus der Perspektive Jakobs geschrieben, und fügen der biblischen Vorlage nichts Wesentliches hinzu. So zum Beispiel Max Barthel:

Jakob diente sieben Jahre
nur um Rahel.
Gold waren seine Haare
nur für Rahel.

[...]
Endlich ist der Tag gekommen,
schöne Rahel!

Feste wurden da gefeiert,
schöne Rahel!
Endlich wird die Braut entschleiert:
arme Lea!

[...]
Diente weiter sieben Jahre,
nur um Rahel,
silbern wurden seine Haare
nur um Rahel.

In Reduktion auf die Darstellung der wichtigsten Ereignisse bündelt Barthel die Geschichte in sieben (vgl. zweimal sieben Jahre Frondienst) Strophen, in denen, litaneiartig gereiht, der Name der begehrten Frau „Rahel" dreizehnmal wiederholt wird, und zwar mit feinen Nuancen im Kontext. Durch die

---

[47] Nelly Sachs: Jakob und Rahel. In: Dinesen (Anm. 15), 256. Nach *Ruth Dinesen* hat Sachs dieses Gedicht mit dem ursprünglichen Titel „Hirtengedicht" für den Zyklus „Biblische Lieder" (1937) in „Jakob und Rahel" unbenannt (80).
[48] Max Barthel: Rahel. In: Hakel (Anm. 20), 71.

Beschwörung von Rahels Schönheit (viermal) wird Jakobs Verzicht besonders deutlich. Die ersten Verse laufen auf die Aussage der 3. und 4. Strophe zu: „Endlich ...", dann nach dem Doppelpunkt, der Spannung andeutet, folgt nur die ernüchternde Aussage „Arme Lea!", diese, obwohl mit Anteilnahme vorgetragen, lässt den bibelkundigen Leser doch mehr mit Jakob und Rahel fühlen. Danach klingt die Spannung ab.

Für die meisten Autoren sind die Zeit des Wartens und der Brautbetrug die zentralen Motive. *Thomas Mann* widmet in der Vorgeschichte zu seinem Roman „Joseph und seine Brüder"[49] Rahel und den Schwestern je ein Hauptstück. Wenn er auch im Ablauf der Handlung und in der Charakterisierung der Personen der biblischen Tradition folgt, so gelingt ihm doch durch die ironisierenden Schilderungen und die Erzählerkommentare eine unverkennbar neue Sicht auf die Vorlage, so, wenn der Erzähler vorgibt, Rahel hätte von Anfang an um die Strategie des Vaters gewusst, beide Schwestern mit Jakob zu verheiraten:

> [...] das heißt: nicht nur für eine von ihnen, sondern für beide auf einmal: Dies war in Labans Haus die stillschweigend-allgemeine Auffassung, als Jaakob kam: es war im Grunde auch die des Hausherrn und namentlich war es die Rahels, welche zwar dem Ankömmling zuerst begegnet war und ihre Rolle auf Erden gut genug kannte, um zu wissen, daß sie hübsch und schön war, Lea dagegen blödgesichtig, – aber bei ihrem bereitschaftsvoll prüfenden Schauen am Brunnen, das für Jaakob so ergreifend gewesen war, keineswegs nur an sich gedacht hatte. Das Leben wollte, daß sie im Augenblick von des Vetters Ankunft zu der Schwester und Gespielin in ein Verhältnis weiblichen Wettbewerbs trat, aber nicht in bezug auf die Entscheidungsfrage, wen er wählen werde [...], sondern [...] wer von ihnen dem Vetter-Gatten die bessere, tüchtigere, fruchtbarere und geliebtere Frau sein werde, eine Frage also, in der sie nichts voraus hatte und die mit etwas mehr oder weniger augenblicklicher Anziehungskraft durchaus nicht beantwortet war. (190)

Mit dieser Einschätzung wird Labans Betrug zwar relativiert, nicht aber seine List, Jakob sieben Jahre auf diese Hochzeit warten und dafür arbeiten zu lassen. Mann hat diese Zeit des Wartens und der Sehnsucht, der Qual und der Hoffnung mit großem Einfühlungsvermögen und poetischer Phantasie gestaltet. Diese Darstellung wird nicht zu Unrecht als Schlüsselpassage gedeutet, ist doch Mann hier eine psychologische Deutung der biblischen Vorgänge gelungen, die kaum mehr erreicht wurde.

Was die Liebenden, vor allem Rahel, durchleiden mussten, hat *Stefan Zweig* in seiner Legende „Rahel rechtet mit Gott"[50] deutlich gemacht. Es geht diesem Autor um das Schicksal seines Volkes, um dessen Abfall vom Glauben und die

---

[49] Vgl. Mann (Anm. 41), 190.
[50] Stefan Zweig: Rahel rechtet mit Gott. Eine Legende. (1927) In: Ders.: Legenden. Frankfurt a. M. 1959, 7-21, 20.

damit verbundenen Strafen Gottes, die sich in der Geschichte des jüdischen Volkes als Feindseligkeit, Hass, Verfolgung und Pogrome seitens der Gastvölker äußern. So glaubt er, in den Strömungen der Nachkriegszeit solche Gefahren zu erkennen, und schreibt sie nach traditionellem Verständnis dem Glaubensabfall seines Volkes zu. Im Rückgriff auf eine alte Legende[51] konzipiert er eine Art Hilferuf und lässt in einer groß angelegten Rede die Erzmutter Rahel Gott um Gnade für ihr Volk bitten, mehr noch, sie fordert Gott in seiner Existenz heraus. Damit tritt sie in die Reihe der Väter (vgl. Abrahams Fürbitte für Sodom, Gen 18,22-33) und Propheten, die immer wieder an Gottes Barmherzigkeit appellierten. Sie stellt sich aber auch in die Reihe der Ankläger, sucht Gott wie Ijob zur Rechenschaft zu ziehen. Wie keiner ihrer Vorredner kann sie auf Taten in ihrem Leben verweisen, hinter die selbst Gott nicht mehr zurücktreten kann, es sei denn, er gäbe sein Wesen auf. Sie erinnert Gott an ihr in Demut ertragenes Leid: an die Ungerechtigkeit, die sie aushalten musste, an ihre Empörung dem Vater gegenüber, als er die Schwester mit Jakob verheiratete, vor allem aber – das ist ihr Trumpf – an ihre Barmherzigkeit, die sie Vater und Schwester angedeihen ließ. Gottes Barmherzigkeit diente ihr dabei als Vorbild. Zu dieser seiner Barmherzigkeit muss er nun stehen, andernfalls wären ihre Leiden sinnlos, und sie müsste ihn vor den Engeln und Propheten bloßstellen:

> Nein, Gott, das darf nicht sein, denn so dein Erbarmen nicht ohne Ende ist, dann bist du selber unendlich nicht – *dann – bist – du – nicht – Gott.* Dann bist du der Gott nicht, den ich schuf aus meinen Tränen und dessen Stimme mich anrief in meiner Schwester geängstigtem Schrei – ein Fremdgott dann bist du, ein Zorngott, ein Strafgott, ein Rachegott, und ich, Rahel, ich, die nur den Liebenden liebt und nur dem Barmherzigen diente, ich, Rahel – ich verwerfe dich vor dem Antlitz deiner Engel! Mögen diese hier, mögen deine Erwählten und Propheten sich beugen – siehe, ich, Rahel, die Mutter, ich beuge mich nicht – aufrecht recke ich mich auf und trete in deine eigene Mitte, ich trete zwischen dich und dein Wort. Denn ich will rechten mit dir, ehe du rechtest mit meinen Kindern, und so klage ich dich an: dein Wort, Gott, ist Widerspruch wider dein Wesen, und dein zorniger Mund verleugnet dein eigentlich Herz. (20)

In diese Worte mündet Rahels langer Lebensbericht (etwa zehn Seiten umfassend), die Zweig mit einem entschiedenen „Nein" einleiten lässt. Rahel stellt sich gegen Engel und Propheten mit dem verzweifelten Mut einer Mutter, die für ihre Kinder kämpft, und wagt es, Gottes Existenz in Frage zu stellen, wenn er nicht seinem Wesen getreu handelt: „*dann – bist – du – nicht – Gott*". Auf diesen Ausspruch, hervorgehoben durch Kursivdruck und jedes Wort akzentuierend durch Staupausen (Gedankenstriche), läuft die gesamte Rede zu.

---

[51] Wie aus einem Brief an den Maler Hermann Struck in Haifa-Israel hervorgeht, hat *Zweig* eine vorgefundene, auf die christliche Religion umgedeutete Legende verarbeitet. Vgl. Stefan Zweig: Briefe an Freunde. Hg. von Richard Friedenthal. Frankfurt a. M. 1978, 207f.

Die Legende endet mit dem Hulderweis Gottes, den Zweig im alten biblischen Bild vom Regenbogen darstellt. Und er verstärkt die Symbolkraft, indem er dessen Entstehen auf Rahels Tränen zurückführt, die von Gottes Licht getroffen werden.

In dieser Legende wird Rahel, der Frau, besondere Würde zugesprochen: Sie, und keiner der Väter, wird zur Sprecherin ihres Volkes. Zweig greift hier auf eine altjüdische Tradition zurück, wonach „unsere Mutter Rachel" als treueste Fürsprecherin Israels vor Gott gilt. Sie wird besonders genannt, wenn das „Verdienst der Vorfahren", die sogenannte „Erbtugend"[52], Gott zu Ohren gebracht werden soll. Inwieweit Zweig die kabbalistische Tradition der Mitternachts-Meditationen, den Tikkun Chazot, kannte, in der um Herstellung der göttlichen Harmonie gebetet wird und bestimmte Psalmen als Lieder der Rahel, andere als Lieder der Lea vorgetragen werden, ist nicht bekannt. Beide Frauen gelten jedenfalls als Symbolfiguren für die Schechina, die Gegenwart Gottes, die auch die Weiblichkeit Gottes einschließt.[53] Damit erhält der Vergleich zwischen Gottes und Rahels Barmherzigkeit eine weitere Qualität.

Trotz dieser positiven Beurteilung ist nicht zu übersehen, dass die Zweigsche Nacherzählung dieser Legende letztlich keine literarische, höchstens eine intentionale Aktualisierung ist. Zweigs Rahel kann kaum zu „ihren Kindern" im 20. Jahrhundert finden, weil sie eine andere Sprache spricht. Dem alten Stoff entsprechend wählte Zweig nämlich für Rahels Rede eine archaisierende Sprachform – oder was er dafür hielt – sowohl, was das Vokabular (z.B. verwerfe, Antlitz, rechten), als auch, was die Syntax (Freistellen von Satzgliedern; Verzicht auf Umklammerung der Sätze durch konjugierte Verbform und Zusatz; Stellung des Verbs) angeht.

Nicht unwichtig für die Rezeption der Rahel-Geschichte ist ihre Begräbnisstätte in Betlehem und die Verehrung, die dieser mitfühlenden Erz-Mutter in Israel, besonders in Zeiten der Verfolgung und Gefangenschaft des Volkes, zuteil wurde (vgl. Jer 31,15 und Mt 1,18). Um 1900 hat der österreichische Autor *Jakob Julius David* in seinem Gedicht „Rachel"[54] das Bild der gramgebeugten Erz-Mutter, die den gewaltsamen Tod ihrer Kinder beklagt, gestaltet und etwa 100 Jahre später greift *Robert Schneider* das Motiv in „Rahel"[55] erneut auf.

---

[52] Navè Levinson (Anm. 3), 45. Es gibt auch Stimmen, die Rahel weniger positiv beurteilen. In ihrem Beitrag „RAHEL – von außen attraktiv, innerlich enttäuschend" stellt Gien Karssen deren Eitelkeit, Geltungssucht, Ungeduld, Verbitterung, Neid, mangelnde Gottesfurcht heraus – die Autorin erliegt wohl besonders einseitig einer psychologisierenden Interpretation der biblischen Vorlage. Vgl. Karssen (Anm. 12), 31-40.

[53] Vgl. Navè Levinson (Anm. 3), 45f., und die dort angegebene Literatur.

[54] Vgl. Jakob Julius David: Rachel. In: Hakel (Anm. 20), 263. Er bezieht sich dabei auf den Gedenkstein, den Jakob über ihrem Grab bei Betlehem errichten ließ.

[55] Vgl. Robert Schneider: Rahel. In: Ders.: Gegengebet. Gedichte. Weitra o.J. [1996], 12f. Das Motiv Rahel als Erzmutter ist vor allem bei jüdischen Autoren sehr ausgeprägt. Vgl. z.B. Ludwig Strauß: Gräber. In: Hakel (Anm. 20), 264; Hugo Zuckermann: Einst ... . In: Hakel (Anm. 20), 264; Fritz Rosenthal (Ben Chorin): Rahels Stimme. In: Rosenthal (Anm. 18), 6f. – In dem Band „Esther erhebt ihre Stimme. Jüdische Frauen beten." Hg. von Pnina Navè

Ähnlich wie Zweig hat auch *Franz Werfel* durch die Diskriminierung und die Verfolgung der Juden einen neuen Zugang zum Volk seiner Väter gesucht und dies in seinem großen Bibelspiel „Der Weg der Verheißung"[56] bekundet. Abgesehen von einer frei erfundenen Rahmenhandlung lehnt er sich in der Binnenhandlung eng an die biblischen Bücher der Genesis, der Könige und der Propheten an. Die Frauen, Sara, Rahel, Mirjam, Rut, Noomi, Batseba, spielen die ihnen zugewiesenen Rollen, ohne dass sie psychologisch besonders entwickelt würden. Die Passage von Jakob und Rahel wird stark gerafft in trochäischem Versmaß, kreuzweise gereimt präsentiert – ohne Widerhaken durch besondere Sinnbetonung (metrische Drückung), so dass der aufwendige Text weder inhaltlich noch literarisch für das Thema etwas hergibt.[57]

6. Dina

Die in Gen 34,1-31 wiedergegebene Geschichte der Dina ist weitgehend unbekannt. Nur selten ist von Töchtern bzw. Schwestern die Rede, es sei denn, sie hätten wie Mirjam oder die Tochter Jiftas oder die Tochter Davids Tamar eine besondere Funktion im Rahmen der Machtpläne ihrer männlichen Verwandten. So geschieht es auch mit Dina. Sie ist das jüngste Kind von Lea und Jakob und wird zum Zankobjekt im Streit mit den Hiwitern, die sich gern mit Jakobs Sippe verschwägern würden. Doch nach biblischem Bericht hat Sichem, der Sohn des Stadtfürsten Hamor, vor den Verhandlungen Dina, die in die Nähe der Städter gekommen ist, vergewaltigt, gewinnt sie aber lieb und will sie gegen einen hohen Brautpreis zur Frau nehmen. Die Jakobssöhne fühlen sich und ihre Sippe durch die Vergewaltigung schwer beleidigt und fordern Blutrache[58]. Mittels einer List drängen sie in die Stadt ein, töten alle Männer und nehmen Frauen und Kinder als Sklaven. Jakob missbilligt das Vorgehen und fürchtet wiederum die Rache der Nachbarstädte, so dass er beschließt, in seine Heimat zurückzukehren. Dina wird bei alledem nicht gefragt. Sie dient einzig dazu, den Expansionsdrang und die Kriegsgelüste besonders ihrer Brüder Simeon und Levi zu legitimieren. Das wäre ein ergiebiger Stoff zur Gestaltung der Gefühle, Gedanken, Intentionen der Parteien. Aber dazu ist in der Literatur nichts zu finden.

Einzig *Thomas Mann* widmet „der leidenden Heldin der Abenteuer von Schekem"[59] ein Hauptstück, um darzulegen, wie sich die Geschichten „in Wirklichkeit zutrugen". Er beginnt damit, dass er Dinas Geburtsalter korrigiert,

---

Levinson. Gütersloh 1993, werden – ähnlich wie die Heiligen im katholischen Bereich – die Erzmütter angerufen oder als Vorbilder herausgestellt.

[56] Franz Werfel: Der Weg der Verheißung .(1934) Ein Bibelspiel in vier Teilen. Wien 1935. In: Ders.: Gesammelte Werke. Bd. 2: Die Dramen. Hg. von A. D. Klarmann. Frankfurt a. M. 1959, 91-177.

[57] Bleibt noch zu erwähnen, dass die Figur der Rahel gelegentlich als Chiffre für die schöne Jüdin eingesetzt wird, z.B. von Gottfried Benn in „Englisches Café" (1912-20).

[58] Vgl. Ri 19f.

[59] Thomas Mann (Anm. 41), 113-137, 113.

weil sie nach der Bibelangabe gar nicht geschlechtsreif gewesen sein konnte, und begründet diese Falschangabe mit der „Gleichgültigkeit" (114) der Chronisten dem Mädchenschicksal gegenüber. Zudem lässt er Jakob seine Söhne zur Mäßigung ermahnen und rät ihnen mit den Städtern in Verhandlungen einzutreten und mit dem Stadtfürsten Hemor ein Abkommen zu treffen: „Ihre Töchter wollten Schekems Söhne zu Weibern nehmen und Schekems Töchter ihre Söhne zum Mann. [...] Und es geschah Jaakobs Niederlassung bei der Stätte Schekem im Lande Kanaan." (121). Erst dann erzählt der Autor von der Brautwerbung. Wie in der biblischen Vorlage verweigern auch bei Mann die Brüder ihre Einwilligung, zunächst fordern sie, Sichem, Hemors Sohn, müsse sich beschneiden lassen, da sie ihre Schwester nicht in ein heidnisches Umfeld gäben, dann beanstanden sie, er habe die Beschneidung nur „um der Vermählung willen mit Dina, dem Weibe, und nicht im Sinne der Vermählung mit Ihm`" (128), vornehmen lassen. Als Sichem Dina daraufhin entführt, dringen die Brüder in Schekem ein, vollziehen ein tödliches Strafgericht und holen die Schwester zurück. Das Kind, das sie bekommt, nehmen sie ihr fort und setzen es aus: „Männer Beschluß" (137). Nach des Erzählers Kommentar nimmt Dina, „ein unbedeutendes Ding, ergeben, ohne Urteil und Widersetzlichkeit", alles „als das Gegebene und Natürliche hin" (129).

Manns Perspektive ist die einer kritischen Parteinahme für Dina, das rechtlose Mädchen. Fragen wie „Dina [...], hattest du denn niemanden, der für dich eintrat? Nur deine brutalen Brüder?"[60] wurden erst mehr als fünfzig Jahre später gestellt und dahingehend beantwortet, dass Dina im Gedächtnis jüdischer Frauen immer noch als Urheberin des Unheils, nicht als Opfer betrachtet wird. „Niemand hat größeres Elend über uns gebracht als die Israeliten Dina! [...] Sie hat Sichem zerstört", erfährt die Erzählerin in *Ingeborg Kruses* Geschichte von den Frauen am Brunnen, die das Argument: „Aber doch nicht sie! [...] Die Männer haben es doch getan! [...] Dina war doch unschuldig!" (63) brüsk zurückweisen.

1993 publizierte *Christa Peikert-Flaspöhler* das Gedicht „Vergewaltigte muslimische Frau in Bosnien-Herzegowina 1992"[61], das im Kontext ihres Gedichtsband als ein Gedicht auf Dina gelesen werden kann:

> oh
> dein ungeschütztes Gesicht die
> geschützte Gleichgültigkeit zu
> erschüttern
> deine schamlos zertretene
>   ü
> w   e
>   r
>   d

---

[60] Ingeborg Kruse: Dina. In: Dies.: Unter dem Schleier ein Lachen. Die schönsten Frauengeschichten der Bibel. Stuttgart ²1999, 59-64, 64.
[61] Peikert-Flaspöhler (Anm. 8), 46.

wie leben mit
gefoltertem Herzen wenn
das verletzte Fleisch auch
heilt
könnte ich dir zurückgewinnen die
zer
tr   er ten
ü mm
Lieder und Träume

oh
alt und wiederum neu
dein
und
des werdenden Kindes
ungestilltes Bluten
unter der Waffe
MANN

Die Autorin bringt auf den Punkt, wie tief die Verletzungen der vergewaltigten Frauen und Mädchen greifen. Ein teilnehmendes lyrisches Ich stößt beim Anblick einer geschändeten Frau einen Ausruf des Schreckens aus. Wenn das Gedicht auch aufgrund seiner deutlich apologetischen Diktion sowie der etwas gewollt wirkenden Sprachzertrümmerung nicht die Qualität lyrischer Texte z.B. von Lasker-Schüler oder Ausländer erreicht, so wird es doch hier abgedruckt wegen des Bezugs zu Dina. Allerdings wäre die Aussage ohne die Interjektion „oh" eindringlicher. Die Beobachterin möchte die Erstarrte beleben, weiß aber keinen Rat, das verletzte Herz, Vertrauen und Liebe („Lieder und Träume"), zu heilen. Das unsichtbare Herzbluten von Mutter und Kind wird andauern. Das harte Schlusswort „Waffe/MANN" fängt die ganze Härte des Krieges ein, wenn der Gegner, um den Feind total zu besiegen, die Frauen schändet – die uralte Waffe des Mannes, von der auch das Alte Testament immer wieder berichtet. Wenn dies auch bei Dina wörtlich nicht zutrifft, so ist doch ihre Würde in gleicher Weise verletzt; auch sie ist nur ein Spielball der Männer.

7. Tamar

Als letztes Glied gehört Tamar in die Erzmütter-Reihe, die Schwiegertochter des Juda (Gen 38). Die biblischen Verfasser verfolgen seine Lebensgeschichte, da er als Urvater des Südreiches gilt und Träger der Verheißung wird[62]. Tamars

---

[62] „Die Geschichte Tamars ist von großer Bedeutung für die Geschlechternachfolge Israels. Das stellt sich aber erst im 49. Kapitel, beim Segen des sterbenden Jakob, heraus. Jakob

Ehe mit dem ältesten Sohn von Juda ist kurz und kinderlos. Nach damaliger Sitte bestimmt Juda danach seinen zweiten Sohn Onan zur Schwagerehe mit Tamar, damit dieser für den verstorbenen Bruder einen Sohn zeugen und Tamar das Schicksal einer kinderlosen Witwe erspart bleiben soll. Onan aber verweigert ihr die Nachkommenschaft, weil er mit einem eigenen Sohn Judas Erbe werden möchte. Nach biblischer Interpretation bestraft Gott Onan mit dem Tod. Tamar ist erneut Witwe ohne Nachkommen. Da verspricht Juda ihr gezwungenermaßen seinen dritten Sohn, ist aber nicht gewillt, das Versprechen einzulösen, weil er sie für eine männertötende Dämonin (vgl. Sara in Tob 3, 7-9) hält. Doch Tamar lässt sich nicht abweisen. Als Prostituierte verhüllt, erwartet sie zur Schafschur im Tor der Stadt ihren Schwiegervater selbst. Juda kommt zu ihr und schläft mit ihr. Die kluge Tamar lässt sich jedoch nicht mit dem Versprechen auf ein Ziegenböckchen abspeisen, sondern verlangt als Pfand Siegelring und Stab, die Insignien seiner Stammeswürde. Mit diesen kann sie ihn später als Vater des Kindes, das sie erwartet und das sie in Schande bringt, zur Verantwortung ziehen und sich vor dem Scheiterhaufen bewahren. Ihr Sohn Perez, einer der Zwillinge, die sie zur Welt bringt, wird der Urahne Boas, Davids, Jesu. Über ihn erhält Tamar einen Platz in der Genealogie des Matthäus.

Obwohl Tamars Geschichte nicht ohne Brisanz ist, hat auch sie nur selten Niederschlag in der Literatur des 20. Jahrhunderts gefunden. Doch wenn dies geschah, sind die Ergebnisse bemerkenswert.

Friedrich Wolf, der vor 1933 viel gespielte jüdische sozialistische Dramatiker und Erzähler, hat 1921 in Worpswede ein noch dem expressionistischen Stil verhaftetes Frühwerk „Tamar"[63] geschrieben. Im Ganzen ist es eine dramatisierte Paraphrase des biblischen Textes mit eigenwilligen Veränderungen. So werden nur zwei Söhne des Patriarchen „Der Verzehrte" und „Der Knabe" in den Konflikt einbezogen. Besonderes Schwergewicht legt der Verfasser auf die Verlorenheit und Demütigung Tamars sowie der Kontrast zwischen der Fruchtbarkeit der Tiere, dem Reichtum der Ernte und der Kinderlosigkeit der Frau. Wie in all den Beispielen, die den dringlichen Wunsch nach Nachkommen darstellen, so wird auch hier von den Personen der Handlung die Unfruchtbarkeit einzig der Frau angelastet:

> PATRIARCH: [...] aber der Herr hat keinen Segen auf dich; er hat dich verworfen wie eine taube Nuß. *Tamar sinkt zusammen.* Sterben werde ich! Dein Unsegen fällt wie ein Fluch auf uns alle; auf uns alle fällt er

---

schließt dort seinen Erstgeborenen Ruben wegen dessen Vergehen an Bilha und die beiden folgenden Söhne, Simeon und Levi, wegen ihrer Verbrechen in Schekem vom Erstgeburtsrecht aus, so daß sein vierter Sohn, Juda, den Segen erhält. Tamar, die sich im nun folgenden Kapitel durch eine kühnes Manöver in die Geschlechternachfolge Juda einschaltet, hat das offensichtlich vorausgesehen. Denn es war ihr Sohn, den sie Juda gebar und der so die direkte Linie zu David und Salomo fortführte." Joe H. Kirchberger: Tamar. List gegen Macht. In: Große Frauen der Bibel in Bild und Text. Hg. von Herbert Haas/Joe H. Kirchberger/Dorothee Sölle. Freiburg/Basel/Wien 1993, 88.

[63] Friedrich Wolf: Tamar. Ein Schauspiel. In: Ders.: Dramen. Berlin 1960, Bd. 1, 237-296.

wie der Schatten einer schwarzen Wolke, die sich nicht öffnet. Dreifach sterben werde ich im Tod meines Hauses, verdammt auf leerem Rost, du [...] Mädchen. (243)

Dabei ist es sein Sohn, der Tamar nicht anrühren will, sondern sich als Auserwählter berufen fühlt, „Menschen zu retten, Menschen selig zu machen" (247) und glaubt, als Entsagender leben zu müssen, obwohl Tamar ihn anfleht, sie zu berühren, zu lieben und sie dadurch zu retten.

VERZEHRTER: [...] Nein, nein; nicht darf ich mich verfestigen an eines; ablegen heißt es alles, ablegen, sich bereiten [...] (247)

Als Tamar ihn festhalten und lieben will, stirbt er.

Wolf zeigt hier einen Fanatiker, der einer Idee nachjagt, die verblasen wie Wind zum Untergang führt, der ohne Rücksicht auf die konkrete Situation nur seinen eigenen Vorteil sucht. Der Name VERZEHRTER und die mehrfach genannte Metapher *Wind* weisen in diese Richtung, so wie die Sprache insgesamt nach dem Vorbild anderer expressionistischer Dramen symbolträchtig und rhythmisch gefügt ist.

Der zweite Sohn, noch ein Knabe, wird daraufhin gezwungen, die Tradition der Schwagerehe zu vollziehen, will aber, da auch er den Tod fürchtet, fliehen. Deshalb sperrt der Patriarch ihn zusammen mit Tamar ein. Doch gelingt ihm die Flucht.

Im ganzen Stück geht es nur um das eine: einen Nachkommen zu zeugen. Dabei stellt Wolf klar heraus, dass dem Patriarchen jedes Mittel recht ist. Deshalb wird spiegelbildlich zur Tamar-Handlung am Schicksal einer Magd die Unerbittlichkeit des Patriarchen gegen unsittliche Handlungen gezeigt, der von einer Steinigung nur deshalb absieht, weil die Magd ein Kind erwartet, das er als Erben vorsieht. Doch dieses stirbt.

MAGD: [...] Fluche nicht! Es ist genug Fluch geschehen, da man den Segen erzwingen wollte,

TAMAR *über sie hinweg*: [...] Das tat er, der Gerechte, der alles tötet, weil er sterben muß, weil er zu stark war für seine Söhne, der mich betrog mit seinem und meinem Leben. (272)

Wie die biblische Vorlage läuft das Drama auf die Gerichtsszene zu, die drei dramatische Elemente enthält: die Verurteilung der Selbstbefriedigung des Sohnes, der sich anklagt: „Ich kam zu mir" (in Abwandlung des „Er kam zu ihr"), die Bloßstellung nicht nur der Hure Tamar, sondern auch des „Hurers" durch das Volk und das Eingeständnis des Patriarchen vor aller Augen „Ja, ich tat's. Ich habe sie [...] erkannt, da ich sie nicht erkannte" (293), im feinsinnigen Wortspiel die Situation treffend.

Das Stück aus den 20er Jahren des vergangenen Jahrhunderts zeigt ganz traditionell die unerbittliche Macht der Väterherrschaft, auch wenn die Intention, Leben weiterzugeben vor dem Hintergrund der Toten des ersten Weltkriegs und der Revolutionen höchst plausibel ist. Die Frauen sind nur rechtlose

Gefäße für die männlichen Wünsche; nur eine Frau wie Tamar mit der Kraft einer Löwin („[...] du blonde Löwin, dich starkschultrig goldmähnig Wüstenbild mit den vollen Brüsten", 244) vermag den Knoten zu durchschlagen. Zugleich wird allen Menschen verachtenden herrschenden Ideologien eine Absage erteilt.

Unter *Gertrud Kolmars* fünf Gedichten zu biblischen Gestalten ist – neben Ester, Judit, Mose, Dagon – auch eines „Thamar und Juda"[64] gewidmet. Damit stellt die Autorin sie in eine Reihe mit den heroischen Frauen. Sie komprimiert Tamars Geschichte auf den Augenblick, da die Frau – als Dirne verhüllt – ihren Schwiegervater auf dem Weg zur Schafschur unter dem Stadttor erwartet und verführen will, und zeigt sie in ihrer Würde und in ihrem Selbstbewusstsein. Das kommt nicht nur durch das dargestellte Schicksal zum Ausdruck, sondern vor allem durch die Art der Kolmarschen Gestaltung: Sie nennt die Frau im Titel an erster Stelle und lässt sie ihre Geschichte selbstbewusst als Monolog vortragen, dazu mit „Ich" beginnen:

Ich habe mich in Tränen schön gebadet:
O der Hure, die ich nun bin!
Granatfrucht, die geschmückt den Pflücker ladet;
Laubig lockend hängt Schleier über mich hin.

Der Mantel deckt mich, den die Nacht der Hirten
Über Lammweiden weht.
Und ich bin Thamar: Palme vor den Myrten.
Und wenn mein Herr mit seinem Knaben geht

Zur Schur gen Timnath, wo gedrängt die Schafe
Ihm wandeln, wellig wie ein Fluß,
Soll er mich schauen, daß er bei mir schlafe,
Der Zeugende, mit dem ich buhlen muß

Um diese Kinder, alle Kindeskinder,
Die schon in meiner Tiefe weinen nach Licht,
Die Helden, stark und ernst wie hörnige Rinder,
Und Könige mit meines Herrn Gesicht.

So sieh, ich will dich stillen. Mit den Lüsten,
Die, Datteln und dunkle Trauben, mein Wuchs dir bringt,
Mit meinem blauschwarzen Haar, dem Mund, den Brüsten,
Draus einst die weiße Quelle springt.

Es breite doch mein Herr über mich seinen Schatten,
Er lege bei mir nieder Stab und Ring. –

---

[64] Gertrud Kolmar: Thamar und Juda. (1937) In: Dies.: Das lyrische Werk. München 1960, 69.

Und Juda zog zur Herde auf die Matten
Und kam und tat. Und sie empfing.

In den ersten beiden Versen ist die ganze Not, aber auch die Stärke dieser Frau zusammengefasst, die der Kummer nicht verbittert, hässlich und lethargisch gemacht hat, sondern zu einer spektakulären Tat ermutigt. Über fünf Strophen hinweg schildert Tamar in farbigen Bildern, die der Liebeslyrik des Hohen Liedes entnommen sind, ihr Schicksal und ihre Intention. Dass sie sich nicht plump einem Mann anbiedern will, sondern dass sie mit ihm „buhlen muss", wird durch mehrfache Verhüllung deutlich. Inhaltlich durch die Verschleierung der Frau und formal durch die Metaphern. Nur so kann sie „diese Kinder, alle Kindeskinder" zum Leben erwecken. Nach zwanzig Versen bildgewaltiger Schilderung (nur wenige können hier erläutert werden) lässt Kolmar die Heldin ihren Wunsch in einer schlichten Bitte zusammenfassen (6. Str.). An wen sie diese Bitte richtet, bleibt offen. An Juda, ihren Schwiegervater? An Gott? Spricht sie zu sich selbst? Jedenfalls dokumentiert der Gedankenstrich, dass sie – wie erschöpft – schweigt und wartet. Die beiden letzten Verse sind schließlich einem neutralen Erzähler in den Mund gelegt, der den Ausgang der Geschichte kennt und lapidar zusammenfasst. Die letzte Strophe wirkt nicht mehr durch ungewöhnlich starke Bilder, sondern durch den schlichten Parallelismus der Verse und die innere Beziehung der Reimwörter: „Schatten" und „Matten", „Ring" und „empfing". Der „Schatten" ist eine lebensnotwendige Erquickung in der Hitze des Tages und, davon abgeleitet, „der Schatten des Herrn", eine im biblischen Sprachgebrauch viel gebräuchliche Metapher für Gottes Schutz (vgl. Ps 91,1; u.ö.). Zudem wird im Hohen Lied der Geliebte mit einem Apfelbaum verglichen, in dessen „Schatten" die Geliebte zu sitzen „begehrt" (Hld 2,3). Ein solcher „Schatten" wird Tamar auf den „Matten" zuteil, ebenda, wo Israels Reichtum liegt. Ähnlich sind auch „Ring" als Unterpfand der Begegnung und Eingliederungszeichen in die Familie mit „empfing" in des Wortes doppelter Bedeutung, ʹein Kindʹ und ʹein Rechtʹ empfangen, in Zusammenhang zu sehen. – So paraphrasiert die Autorin auf kunstvolle Weise die biblische Vorlage und akzentuiert feinsinnig Tamars Vision von einer Zukunft, an der sie Anteil haben soll und an der sie aktiv mitarbeitet.[65]

Etwa um die gleiche Zeit, aber völlig unabhängig von dieser Autorin, widmet auch *Thomas Mann* in „Joseph und seine Brüder"[66] Tamar ein gewichtiges Kapitel. Er lässt seinen Erzähler den Fluss der Ereignisse um Josef in Ägypten kurz vor dessen Heirat unterbrechen, um über den Verheißungsträger Juda, eben nicht Josef, zu berichten: „Juda – er warʹs" (1155). Ähnlich wie im ersten Band mit „Rahel" überschreibt er nun im vierten wieder mit einem Frauennamen „Thamar" ein Hauptstück, denn ohne sie wäre die Geschichte anders

---

[65] Auch *George Forestier* legt in seinem Gedicht „Juda und Tamar" der Frau das Wort in den Mund, doch fügt sie sich vom ersten Satz an „Er ist der Herr..." ganz den Stammesriten. In: Forestier (Anm. 7), 26.
[66] Thomas Mann: Joseph und seine Brüder. IV: Joseph, der Ernährer. (1943) In: Mann (Anm. 41), 1149-1178.

verlaufen: „Thamar, sie war's" (1158). Der Erzähler preist ihre herbe Schönheit, ihre aufrechte Haltung, ihren Wissensdurst, ihre „Bemühtheit um Wahrheit und Heil" (1159), vor allem das mit ihr einsetzende geschichtliche Bewusstsein, das Mann im Stichwort „Einst" als „Kunde und Verkündigung" (1162f.) deutend entfaltet. Vom alten Jakob angeleitet, wirft Tamar den Blick zurück in die Vätergeschichte und schaut wie in einer Vision vorwärts auf „Schiloh", den kommenden Ruhepol, möglicher Name für den zukünftigen „Menschensohn, Friedreich geheißen" (1163), dessen „Vor-Mutter" sie sein will (1165). Unter der Kapitelüberschrift „Die Entschlossene" schildert der Erzähler, wie Tamar alles daransetzt, sich, „koste es, was es wolle, mit Hilfe ihres Weibtums in die Geschichte der Welt einzuschalten. So ehrgeizig war sie" (1164f.). Sie begehrt – nach Mann – Juda (und seine Söhne) nicht um des Besitzes, der Versorgung als Witwe, des eigenen Triebs oder Judas Männlichkeit willen, sondern „ganz um einer Idee willen":

> Es war eine neue Liebesgründung; zum ersten Mal gab es das: die Liebe, die nicht aus dem Fleische kommt, sondern aus dem Gedanken, so daß man sie wohl dämonisch nennen mochte" (1165f.).

Was Mann hier gestaltet, ist nicht mehr Paraphrase der altjüdischen, alttestamentlichen Muster[67], sondern eine Neuinterpretation vom Ende der Geschichte Israels, von der Geburt eines Friedensfürsts, her. Und dieses Neue verlegt der Autor in eine Frau. So wechselt er denn auch mit der Darstellung des fortschreitenden Selbstbewusstseins von Tamar die Erzählerperspektive:

> Auf das Weib aber kam's an, und darauf, daß das rechte just hier am schwächsten Punkt sich einschaltete. Dem Schoße des Weibes [Gen 3, 15] galt die erste Verheißung. Was lag an den Männern! (1166)

Dies klingt wie ein Selbstgespräch der mutigen, entschlossenen Frau, in diesem Sinne handelt sie. Nach Mann ist es Tamar, die die Schwagerehe anregt. Die drei letzten Unterkapitel erzählen höchst dramatisch (vgl. die verstärkt eingesetzte direkte Rede) die Geschichte von der „Verführung" Judas, von Tamars „Schande" und ihrer „Rechtfertigung" und endet mit dem Ausblick auf ihren Ur-ur-...Enkel David:

> Das alles liegt weit dahinten in offener Zukunft und gehört der großen Geschichte an, von der die Geschichte Josephs nur eine Einschaltung ist. Aber in diese ist und bleibt die Geschichte des Weibes eingeschaltet, das sich um keinen Preis ausschalten ließ, sondern sich auf die Bahn brachte mit verblüffender Entschlossenheit. (1178)

So wie hier bei Thomas Mann wird in kaum einem literarischen Werk des 20. Jahrhunderts die Rolle einer biblischen Frau herausgestellt, auch wenn das Tamar-Kapitel im Rahmen der Tetralogie nur einen geringen Umfang hat.

---

[67] Vgl. zur Auseinandersetzung von „Schuld und Verheißung" Kann (Anm. 42), bes. 95ff.

Erwähnenswert sind abschließend noch die „Sechs Lieder für Thamar"[68] des inzwischen auch in Deutschland bekannten hebräischen Lyrikers *Jehuda Amichai*. In insgesamt zwanzig abgeschlossenen Zweizeilern wird die Schönheit, das Wesen und das Liebesleben einer geliebten Frau geschildert. Wer mit „Thamar" letztlich gemeint ist, bleibt offen. Die oberste Verstehensebene deutet auf eine bekannte Frau hin, die das lyrische Ich besitzen will, denn der Text enthält außer dem Verweis auf die biblischen Bücher „Kohelet" und „Psalmen" keinen direkten Bezug zur Tamar-Geschichte, weder der der Genesis noch der des 2. Samuelbuchs. Dennoch könnte sich hinter dem lyrischen Ich Juda verbergen. Für ihn sprechen vor allem die Strophen des dritten Lieds:

> An jedem Tag unseres gemeinsamen Lebens
> löscht Kohelet eine Zeile aus seinem Buch.

> Wir sind der lebendige Beweis in dem furchtbaren Prozeß.
> Wir sprechen alle frei.

Das heißt, wenn wir uns vereinen, wird der Fluch, der auf dem Haus Juda zu liegen scheint, aufgehoben, was im Buch der Vergänglichkeit (Kohelet) steht, verliert seine Wirkung. Auch die letzten Strophen, die die Sicherung der Nachkommenschaft beschreiben, deuten auf Juda:

> Mein Blut hat viele Verwandte,
> sie besuchen es nie.

> Doch wenn sie sterben,
> erbt mein Blut.

Hier wird die besondere Erwählung des Stammes Juda aus den übrigen elf Stämmen der Söhne Jakobs angedeutet und der Triumph, dass es Juda trotz aller Umwege gelungen ist, seine Nachkommenschaft zu sichern. Eine solche Bekundung dürfte in einem aktuellen Liebeslied unüblich sein.

8. Die Frau des Potifar

Wie viele Frauen in der Bibel hat auch sie keinen eigenen Namen, sondern nur die Zugehörigkeitsbezeichnung zum Ehemann. Ihre Funktion im biblischen Kontext ist eine doppelte: Erstens soll sie durch ihre Verführung die sittliche Kraft des hebräischen Josefs in der heidnischen Umgebung aufleuchten lassen,

---

[68] Jehuda Amichai: Sechs Lieder für Thamar. In: Ders.: Wie schön sind deine Zelte, Jakob. Gedichte. (1985) Aus dem Hebräischen von Alisa Stadler. München/Zürich 1988, 11-12.

zweitens durch ihre Verleumdung und deren Folgen die Weichen für Josefs weiteren Weg vom Sklaven zum Landesverweser stellen.[69]

Wie bekannt, wurde Josef, der geliebte Sohn Jakobs, von seinen Brüdern an ägyptische Händler verkauft und gelangt in das Haus des Potifar, des Obersten der pharaonischen Leibwache. Aufgrund guter Führung bald vom Sklaven zum Hausverweser bestellt, findet die Frau des Potifars Gefallen an dem schönen jungen Mann und versucht mehrmals, ihn zu intimen Handlungen zu verführen, was er jedoch mit dem Hinweis auf seine Stellung und ihre eheliche Bindung ausschlägt. Als sie ihn mit sanfter Gewalt wieder drängt, flieht er, sein Gewand in ihrem Raum zurücklassend. Dieses missbraucht sie als Indiz, ihn nun ihrerseits der versuchten Vergewaltigung anzuklagen. Der Hausherr glaubt ihr und lässt Josef ins Gefängnis werfen (Gen 37,1-36; 39,1-21).

In jüdischen Legenden wird ihr Name mit Suleika, Verführerin, angegeben. Alle erzählen von ihrer großen Leidenschaft dem schönen Fremden gegenüber, einige auch von einer Neigung seinerseits zu ihr, die er jedoch stets im Zaum zu halten vermag. Bemerkenswert ist auch die Rezeption dieser Geschichte in der islamischen, besonders in der persischen Literatur, bekanntestes Beispiel ist die Gestaltung des Konflikts zwischen Josef/Jussuf und Suleika/Zuleicha durch den Dichter *Firdusi* (um 1009–20).[70]

Auch in Europa wurde der biblische Stoff im Laufe der Jahrhunderte unzählige Male künstlerisch bearbeitet, immer mit der Intention, Josef als den tugendsamen, keuschen Gottesliebling vorzuführen, so zum Beispiel noch im 20. Jahrhundert durch *Hugo von Hofmannsthal* und *Harry Graf Keßler* in „Josephs Legende" (1914, von *Richard Strauss* vertont). Das Zentralmotiv der Verführung hingegen wird von *Emil Belzner* im Epos „Die Hörner des Potiphars" (1924) und von *Max Herrmann-Neiße* im Drama „Joseph der Sieger" (1914) stärker herausgestellt.[71]

Wie bei allen Geschichten der Matriarchinnen und Patriarchen ist auch hier die entsprechende Passage aus *Thomas Manns* Tetralogie anzuführen. Er baut die kleine Episode zu einem tragikomischen Verführungsdrama zwischen Mut-em-enets, der Frau des Petepre (Potifar), und Osarsiph (Josef) aus. Nachdem der Erzähler in gewohnt ironischer Weise sieben Gründe für Osarsiphs Keuschheit dargelegt hat[72], erzählt er Mut-em-enets Schicksal aus deren Perspektive: Zehn Jahre ist Osarsiph im Haus, seit drei Jahren wirbt sie um ihn, nun will sie sich überwinden und sich ihm offenbaren. In einer kunstvollen Aufgipfelung von Erzählerbericht und Erzählerkommentar über die körperliche Veränderung der

---

[69] Die Frau als Verführerin ist ein beliebtes Motiv nicht nur in der biblischen Literatur (Eva; Delila; im weiteren Sinne auch Judit), es wurde vor allem zu Beginn des 20. Jahrhunderts viel bearbeitet, allerdings meist ohne biblischen Bezug.

[70] Vgl. *Johann Wolfgang Goethe* „Der west-östliche Divan" und die dort verwendeten Namen Suleika und Jussuf, die dem Legendenschatz dieser unglücklichen Liebesbeziehung entnommen sind.

[71] *Else Lasker-Schüler* greift zwar auch zweimal in Gedichten den Josef-Stoff auf, geht aber nicht auf die Verführungsgeschichte ein. Dass die Autorin sich selbst gern in der Rolle Jussufs sah, hat hier keine Bedeutung.

[72] Mann (Anm. 41) Bd. 3, 845-855.

liebenden Frau von einer weiblichen Schönheit zur schönen Weiblichkeit (864) und über das Brettspiel, das beiden misslingt, leitet der Erzähler zur Rede der Frau über:

> Ja, ja, nicht weiter, verspielt ist das Spiel, und uns bleibt nichts als die Niederlage zu zweien, Osarsiph, du schöner Gott aus der Ferne, mein Schwan und Stier, heiß und hoch und ewig Geliebter [...] *Schlafe – bei – mir*! Schenke mir deine Jugend und Herrlichkeit, und ich will dir schenken an Wonne, was du dir nicht träumen läßt, ich weiß, was ich sage! (867f.)

Thomas Mann ironisiert jedoch gekonnt diesen Ausbruch, wenn er den Leser durch den Erzähler wissen lässt, dass Mut mit verletzter Zunge – sie hat sich in der Nacht vorher aus Scham und Stolz über ihr Vorhaben auf die Zunge gebissen – diese leidenschaftliche Erklärung wie ein kleines Kind lispelt: „Schlafe bei mir!" (868). Zudem gestaltet er die Szene anders als in der Bibel weiter aus. In einem ausladenden Dialog lässt er die Frau im gekränkten Stolz der Abgewiesenen alle Register der Verführungskunst ziehen, mal drohend, mal ergeben, mal schmeichelnd, mal verzweifelt, bis hin zum Vorschlag, den Ehemann zu töten: „Is tann ihn doch töten!" (875), während Osarsiph in der ihm angeborenen traumsicheren Überlegenheit sie immer wieder zu besänftigen sucht. Mann nimmt der Situation jeglichen Anhauch von kitschiger Trivialität, die solchen Szenen in der Regel im 20. Jahrhundert anhaften, durch den Einfall, die Szene durch Kombination von mörderischer Absicht und kindischem Lallen ins Groteske zu wenden. Dazu gehört auch, dass der Ehepartner Peteprê zwar verletzt ist, da sich die von ihm geliebten Menschen Mut und Osarsiph sozusagen gegen ihn verbündet haben, aber nicht von erotischer Eifersucht geplagt wird, da er von seinen Eltern in Jugendjahren entmannt wurde, damit keine Leidenschaft einer Staatskarriere im Wege stünde. Damit wird die Leidenschaft der Frau zu Osarsiph verständlich und sie ist – wie der Erzähler berichtet – von Peteprê still geduldet, bis sein Diener, der Zwerg Dûden – auch ein groteskes Element –, als „treuer" Spitzel auf gerechte Strafe pocht. Dann nimmt die Geschichte ihren bekannten Verlauf, allerdings nicht ohne vielerlei Ausschmückungen, Anspielungen auf künftige Legenden und ironisierende Anmerkungen des allwissenden Erzählers. Besonders bemerkenswert ist die wertende Kommentierung im Hinblick auf Osarsiphs Person:

> Seine Schuld gegen die Frau mit seiner früheren gegen die Brüder in Parallele zu stellen, ist sehr berechtigt. Wiederum hatte er es mit seinem Wunsch, die Leute ´stutzen` zu machen, zu weit getrieben, wiederum die Wirkungen seiner Liebenswürdigkeit, sich zu freuen und die zur größeren Ehre Gottes zu nutzen und zu befördern sein gutes Recht war, leichtsinnig ins Kraut schießen, gefährlich ausarten und sich über den Kopf wachsen lassen: im ersten Leben hatten diese Wirkungen die negative Form des Hasses angenommen, diesmal die übermäßig positive und darum auch wieder verderbliche Form der Liebesleidenschaft. Verblendet hatte er der einen wie der anderen Vorschub

geleistet und, verleitet von dem, was in ihm selbst den überhandnehmenden Gefühlen der Frau entgegenkam, auch noch den Erzieher spielen wollen – er, der offenbar selbst noch so sehr der Erziehung bedurfte. Daß dies nach Strafe schrie, ist nicht zu leugnen; wobei man freilich nicht ohne stilles Schmunzeln bemerkt, wie sehr die Züchtigung, die ihn rechtens dafür ereilte, darauf eingerichtet war, ihm zu weiterem Glücke, größer und glänzender als das zerstörte, zu dienen. (925)

Das Zitat gibt treffend wieder, was viele Leser der Bibelperikope denken, infolge der feststehenden Idealisierung der Josefsfigur aber nur heimlich äußeren. Die Literatur bringt es an den Tag, wenn auch nicht immer in einer so gefeilten Diktion wie hier. Was bei Thomas Mann bereits anklingt, Verständnis für das Verhalten der Frau zu wecken, wird von *Dorothee Sölle* in einer Meditation „Die unglückliche Liebe der Suleika"[73] weiter entfaltet, sie schreibt:

Zwei Welten stoßen in dieser Geschichte aufeinander: das bäuerliche Ethos der gerade seßhaft werdenden Nomaden und die verfeinerte städtische Kultur Ägyptens. Im Gegensatz zu den Stammesmüttern Israels mit ihrem Kinderwunsch erscheint hier eine Frau, deren Ziel die Liebe ist, die Vereinigung ohne Zweck und Folgen, die reine Lust. Alle vorhersehbaren Folgen und Schwierigkeiten werden von ihr weggeredet oder ausgeschaltet. Etikette, Moral oder Bindung an ihren Mann, den fast zum Statisten abgesunkenen Bürokraten der Pharaoverwaltung, spielen keinerlei Rolle. Die in der Ehe offenbar vernachlässigte Frau entbrennt in Liebe zu dem schönen, alle verzaubernden Joseph. Ein Jahr lang schweigt sie, ein Jahr lang gibt sie mehr oder weniger deutliche Zeichen, ein Jahr lang spricht sie aus, was sie ersehnt. Der Vorgang wird in der Sprache der Männer „Verführung" genannt und gehört zu den ältesten Rollenklischees.

So zeigt die Literatur einmal mehr, dass die fest gefahrenen Deutungsmuster zu überdenken sind.

---

[73] Dorothee Sölle: Die unglückliche Liebe der Suleika. In: Frauen der Bibel (Anm. 62), 97.

III. Frauen zwischen Exodus und Landnahme

In den biblischen Büchern „Exodus" bis „Richter" spielen Frauen nur eine geringe Rolle. Die meisten haben eine dienende Funktion, z.B. die Hebammen, die viele hebräische Jungen vor dem Tod bewahren (Ex 1,15-22); die Mutter Mose, die sich als Amme ausgibt, um ihr Kind zu stillen (Ex 2,5-10); die Tochter des Pharao, die Mose adoptiert (Ex 2,10); die fünf weisen Töchter, die den Stammesbesitz des verstorbenen Zelofhad einklagen (Num 27,1-11; Jos 17,3-6). Gelegentlich treten einzelne durch ihre Stellung oder ein besonderes Schicksal in Erscheinung, wie Zippora, die Frau des Mose, Mirjam, die Schwester des Mose und Aaron, Rahab, die Dirne von Jericho, die Richterin Debora, die Tochter Jiftas und die Philisterin Delila, die Frau des Simson. Doch werden nur die beiden letztgenannten in der Literatur des 20. Jahrhunderts gebührend behandelt. Zu den anderen sind die biblischen Angaben so spärlich bzw. unspektakulär, dass sich die Autoren bisher kaum mit ihnen befassten.

1. Mirjam

Mirjam gilt nach Num 26,5 und 1 Chron 5,29 als die Schwester des Mose, der es gelingt, das ausgesetzte Kind zu einer Amme zu bringen (Ex 2,7-9). Nach der Rettung des Volks aus den Händen der Ägypter leitet sie im Wechselgesang mit ihrem Bruder und den Männern die Frauen beim Lobgesang (Ex 15,20) und übernimmt damit eine priesterliche Funktion. Forscher halten das ihr zugeschriebene „Siegeslied am Schilfmeer" (Ex 15,20f.) für das älteste Zeugnis dieser Periode. Später widmet ihr der biblische Verfasser nochmals wenige Zeilen (Num 12,1-16), diesmal aber in deutlich androzentrischer Intention, als sie gemeinsam mit ihrem Bruder Aaron Kritik am Lebenswandel (Frau aus Kusch) und an der Vormachtstellung des Bruders Mose nimmt. Sie wird dafür mit Aussatz – das ist soviel wie Ausschluss aus der Gemeinschaft – bestraft, Aaron nicht, sie bereut aber und wird geheilt. Diese Stelle ist deshalb so bedeutungsvoll, weil hier zum ersten und einzigen Mal eine Frau ihre Zurücksetzung einklagt.[1] Später genießt Mirjam in der jüdischen Tradition eine hohe Verehrung als Retterin und Prophetin.
Nur wenige Autoren stellen Mirjam in den Mittelpunkt eines literarischen Werks.[2] Es ist zum Beispiel höchst verwunderlich, dass die jüdischen Autorinnen *Else Lasker-Schüler, Gertrud Kolmar, Nelly Sachs, Rose*

---

[1] Eine Ausnahme, allerdings im Hinblick auf Erbrecht, stellt die Klage der fünf Töchter der Zelofhad (Jos 17,3-6) dar.
[2] So ist es nicht erstaunlich, dass sowohl im „Lexikon der biblischen Personen" als auch im Bildband „Große Frauen der Bibel" Mirjam als eigenständige Person nicht vorkommt.

Ausländer sich mit dieser herausragenden Gestalt nicht näher befasst haben. *Uriel Birnbaum* hingegen hat ihr einen Zyklus „Das Buch Mirjam" gewidmet, lehnt sich aber ganz an das traditionelle Auslegungsschema an.[3]
In den Dramen um Mose gewährt man ihr höchstens eine Art Statistenrolle[4] und einen Auftritt als Anführerin der Frauen beim Siegeslied oder zusammen mit Aaron als Kritikerin des Mose. So lässt sie *Thomas Mann* in seiner Novelle „Das Gesetz" zu Wort kommen.[5] Er nennt sie „ein begehrtes Weib, das singen und pauken konnte", (628) und „Prophetin" (630), doch bleibt sie in der Gruppe der Anhänger eingebunden. Einzig Mirjams leidenschaftlicher Widerspruch gegen des Bruders außereheliches Verhältnis zu der Frau aus Kusch wird ausführlich dargestellt. Für Mann ist diese Anklage ein Zeichen für Mirjams „Missgunst" gegen Mose, gegen dessen „geistliches Meistertum" und „persönliche Erwähltheit" (658), die sie wie Aaron für Einbildung hält; beide glauben sich ebenso begnadet wie Mose. In heftigen Vorhaltungen sprechen die Geschwister gegen den Bruder (hier: Milchbruder), und in aufgipfelnder Rede kommt Mirjams Hauptgrund für ihre Abneigung zum Ausdruck: Mose hat ihr unter dem Vorwand, der Herr wünsche keine Siegeslieder über die toten Feinde, ihren Auftritt untersagt:

> „Warum hast du mir dann meine Hymne ʿRoß und Mannʾ verboten?"
> fragt sie, „und mir untersagt, den Weibern vorzupauken im Reigen, weil
> angeblich Gott es seinen Scharen verwiesen habe, über den Untergang
> der Ägypter zu jubeln?" (650f.)

Auf diesen Vorwurf antwortet Mose nicht, sondern bittet um Verständnis dafür, man möge seine Beziehung zu der „Mohrin" als Entspannung für seine harte Arbeit dulden. Der Erzähler nimmt Partei für Mose und fügt den Text so, dass auf die Zornesrede das in der Bibel berichtete Erdbeben folgt. Er deutet dies als Strafgericht über die Geschwister, das sie bekehrt und zur wechselseitigen Fürbitte herausfordert. Die für heutige Leserinnen anstößige Sonderbestrafung Mirjams durch Aussatz (Num 12,1-2.9-15) greift der Erzähler nicht auf. Statt dessen lässt er die Beteiligten das Erdbeben als Gottesruf verstehen und erzählt weiter von der Gesetzgebung am Sinai. Damit bleibt die Episode um Mirjam eine Randerscheinung; sie ist eingefügt als kleiner Widerpart des Mose.
Erst durch die feministisch geprägte Theologie wird Mirjam in ihrer Eigenart gewürdigt. Seit etwa 35 Jahren wird in bibeltheologischen Schriften ihre Führungsrolle beim Exodus besonders herausgestellt, doch gibt es außer Übersetzungen des ihr zugeschriebenen Siegeslieds am Schilfmeer mehr

---

[3] Vgl. Georg Langenhorst: Mirjam: Verkannte Prophetin. In: Ders. Gedichte zur Bibel. München 2001, 101-109, bes. 104.

[4] In der bekannten Oper von *Arnold Schönberg* „Moses und Aaron" (1954) kommt Mirjam gar nicht vor. In Franz Werfels Bibelspiel „Der Weg der Verheißung" (1934-36) gewinnt sie wie die anderen Frauen kein Profil. In: Ders.: Gesammelte Werke, Dramen, Bd. 2. Hg. von Adolf D. Klarmann, Frankfurt a. M. 1959, 91-177.

[5] Thomas Mann: Das Gesetz. (1944) In: Ders.: Die Erzählungen, Bd. 2. Frankfurt a. M. 1967 (Taschenbuchausgabe in 12 Bänden), 621-672.

tendenziöse Verteidigungsreden dieser Frau als poetisch überzeugende Werke. So stellt *Ingeborg Kruse*[6] zum Beispiel in einem Zwiegespräch zwischen der Erzählerin und Mirjam deren Verhältnis zum Bruder heraus, indem sie auf die wichtigsten Ereignisse im Leben der Schwester eingeht: ihren von der Pauke begleiteten Lobgesang nach der Rettung am Schilfmeer, ihr Urteil über Mose als Mensch und ihre Vorbehalte Zippora gegenüber, ihre Krankheit und das Wunder ihrer Heilung – alles in spürbar didaktischer Absicht, diese Frau aufzuwerten.

Ein Lichtblick in all den gut gemeinten poetischen Umschreibungen ist das im einzelnen schwer zu deutende Gedicht „Mirjam"[7] von *Ingeborg Bachmann*, die vor aller feministischen Diskussion und ohne pädagogische Intention dieser Prophetin einfach Recht widerfahren lässt.

Mirjam

Woher hast du dein dunkles Haar genommen,
den süßen Namen mit dem Mandelton?
Nicht weil du jung bist, glänzt du so von Morgen –
dein Land ist Morgen, tausend Jahre schon.

Versprich uns Jericho, weck auf den Psalter,
die Jordanquelle gib aus deiner Hand
und lass die Mörder überrascht versteinen
und einen Augenblick dein zweites Land!

An jede Steinbrust rühr und tu das Wunder,
dass auch den Stein die Träne überrinnt.
Und lass dich taufen mit dem heißen Wasser.
Bleib uns nur fremd, bis wir uns fremder sind.

Oft wird ein Schnee in deine Wiege fallen.
Unter den Kufen wird ein Eiston sein.
Doch wenn du tief schläfst, ist die Welt bezwungen.
Das rote Meer zieht seine Wasser ein!

---

[6] Ingeborg Kruse: Mirjam, Die Schwester. In: Dies.: Unter dem Schleier ein Lachen. Stuttgart 1986, 103ff. Vgl. auch Christa Peikert-Flaspöhler: Mirjams anderer Gesang. In: Dies. Heute singe ich ein anderes Lied. Frauen brechen ihr Schweigen. Luzern/Stuttgart 1992, 82f.; Eva Schirmer: Politische Führerin – darf eine Frau das sein? Aus den unveröffentlichten Memoiren von Mirjam. In: Dies.: Müttergeschichten. Offenbach 1986, 45ff. – Eine Ausnahme bildet das Gedicht von *Drutmar Cremer* „Ein Tanz voll Dankbarkeit und Neubeginn" (in: Ders.: Mit Feuerhand erwählt bei Nacht. Mainz 1999, 37f.), der auf die Prophetin wie auf etliche andere Frauen ein hymnisches Lob verfasst.
[7] Ingeborg Bachmann: Mirjam. (1957). In: Dies.: Sämtliche Gedichte. München/Zürich 1983, 165.

Es kann hier nicht darum gehen, das Gedicht in seiner Vielschichtigkeit zu deuten.[8] Aber es bleibt festzustellen, dass hier ein Bewunderer und Hilfesuchender sich in vielfacher Anspielung auf biblische Ereignisse und Bilder an die Prophetin wendet. Er spricht ihre Zugehörigkeit zum Volk der Juden (dunkles Haar) an, ihren bedeutungsvollen Namen und die Zukunft, die dem Volk verheißen ist, z.B in „Jericho" Sieg über die Feinde und Gewinnung der Heimat, in „Jordanquelle" das Wasser als Lebensgrundlage, in „Psalter" ein geordnetes Leben in Verantwortung vor Gott. Aber es sind Bitten, deren Realisierung ungewiss ist. Die beiden folgenden Strophen (und die Kenntnis von den anderen Werken der Autorin) legen es nahe, im Gedicht nicht nur eine metaphernreiche Paraphrase auf die biblischen Angaben zu sehen, sondern es als Bild auf die jüngste Vergangenheit und die Gegenwart im Staat Israel der fünfziger Jahre zu lesen. Wenn man dem Interpretationsansatz von *Georg Langenhorst* folgt, der in „Mirjam" eine Konkretisierung für das Judentum sieht, so erschließen sich die Bilder der Versteinerung und der Vereisung als Hinweise auf Verfolgung und Strafe. Die Versteinerung erinnert an „Lots Frau" (Gen 19,24-26) und an das „steinerne Herz" (Ez 11,19); die Vereisung an die uralten Metaphern von Einsamkeit und Beziehungskälte. Die Wendung ´Schnee, der in die Wiege fällt` ist sicherlich doppeldeutig, zum einen ein Bild für Kälte und Tod, zum anderen auch für eine schützende Decke gegen die Kälte, das heißt, die angesprochene Mirjam in der Wiege ist als ein junges, schutzbedürftiges Wesen sowohl gefährdet als auch beschützt. Diese Bilder werden kontrastiert durch solche, die Rettung bringen: Tränen, die den Stein erweichen, heißes Wasser, das Schnee und Eis zum Schmelzen bringt, tiefer Schlaf, der Erholung bringt und neu belebt. – Die Aussage des Gedichts könnte damit in folgende Richtung gehen: Mirjam steht als Prototyp des jüdischen Volks und als Platzhalterin seines ursprünglichen Sendungsauftrags, den Völkern ein menschenwürdiges Leben (vgl. Gottes Gebote am Sinai) zu vermitteln. Bei aller Fremdheit des Judentums und bei aller Zurückhaltung kann aus den Kräften, über die dieses Volk verfügt, sich eine Rettung für die Welt ergeben, das rote Meer, das Symbol für Hass, Verfolgung und Blut, könnte sich zurückbilden. Damit wird nicht Mose, nicht Josua, nicht David, sondern Mirjam als Verkörperung des Judentums eine gewaltige Aufgabe zur Rettung der Welt zugesprochen. Und das in einem überzeugenden Sprachkunstwerk!

2. Zippora

Wie viele Frauen führender Männer ist auch Zippora zur Bedeutungslosigkeit verurteilt. In der breit angelegten Mosesgeschichte wird sie dreimal namentlich und einmal versteckt erwähnt. Moses hat sie auf der Flucht vor Pharaos

---

[8] Vgl. dazu Langenhorst (Anm. 3), 105-108.

Verfolgern im Kreis ihrer sechs Schwestern an einem Brunnen kennengelernt[9] und, nachdem er bei ihrem Vater, dem Priester Reguël (Jitro), in Dienst gegangen ist, zur Frau bekommen (Ex 2,15-22). Sie gebiert ihm einen Sohn Gerschom (später ist noch von einem zweiten Sohn die Rede). Bei der Rückkehr der Familie nach Ägypten rettet Zippora Mose das Leben. Nach biblischem Bericht wird er von Gott mit dem Tod bedroht (lebensgefährliche Krankheit?), und Zippora heilt ihn durch einen Blutritus: Sie nimmt an ihrem Sohn die Beschneidung vor und berührt mit der blutenden Vorhaut des Kindes das Glied des Mannes (Ex 4,18–16).[10] Später wird sie noch einmal kurz erwähnt, als ihr Vater sie und die Söhne dem Mose wieder zuführt, nachdem dieser sein Volk erfolgreich aus Ägypten herausgeführt hat (Ex 18,2).[11] Für den heutigen Leser bleibt befremdlich, dass sich Mose nur dem Schwiegervater, nicht aber seiner Frau zuwendet (Ex 18,7-12). Schließlich ist von Zippora nochmals im Gespräch von Mirjam und Aaron die Rede, als diese sie abfällig „kuschistische" Frau (Num 12,1) nennen.[12]

Aus diesen Angaben ergibt sich, dass Zippora aus einem stark weiblich orientierten Umfeld kam, denn es ist ungewöhnlich, dass im biblischen Kontext von sieben „Töchtern" die Rede ist; Töchter werden in der Regel nur als Objekte genannt (s. Dina, Tamar, die Töchter von Jiftach, Jairus). Zudem ist sie tatkräftig, kult- und heilkundig, was dem Mose das Leben rettet.

In der Literatur kommt sie so gut wie nicht vor. Selbst in Dramen oder Romanen um Mose[13] wird sie – wenn überhaupt – nur am Rande erwähnt. So zum Beispiel in *Thomas Manns* Erzählung „Das Gesetz"[14], in der sie „ein recht vornehmes Weib" (622) genannt wird. In der Episode um die „Mohrin" – Mann geht hier bei der Kuschitin von einer zweiten Frau aus, setzt aber moralisch Monogamie voraus – erweist sie sich als klug, wenn sie die „Mohrin mehr mit Spott als mit Haß" behandelt, und „dem Mose eher ironisch in dieser

---

[9] Die Parallele zu den bekannten Brunnen- und Heiratsgeschichten (Gen 24,10-27; 29,1-30) ist deutlich.

[10] Diese Perikope gibt den Exegeten viele Fragen auf, vor allem bleibt der Grund für die Bestrafung des Mose im dunkeln. War Moses nicht beschnitten, so dass Zippora eine Ersatzhandlung an dem Kranken vornimmt? War der Sohn nicht beschnitten? An wen richtet sich die Bezeichnung „Ein Blutbräutigam bist du mir"? (Ex 4,25). Vgl. dazu Josef Schabert: Exodus. Die Neue Echter Bibel. Würzburg 1989, 27f.; Neue Jerusalemer Bibel. Freiburg, Basel, Wien 1985, z. St. – Die Antwort auf diese Fragen sind für die weitere Charakterisierung der Frau nicht von Bedeutung.

[11] Nach dieser Version ist die Frau nicht mit in Ägypten gewesen, anders als in der oben zitierten jahwistischen Quelle.

[12] Es ist unwahrscheinlich, dass es sich um eine andere Frau als Zippora handelt; es wird vermutet, dass hier eine Variante zur midianischen Heirat vorliegt. Andernfalls wäre Moses Frau eine Äthiopierin oder Nubierin gewesen. Hab 3,7 wird Kuschan im Zusammenhang mit Midian genannt. Vgl. Jerusalemer Bibel, z. St.

[13] Vgl. dazu Alfred Bodenheimer: Mose. In: Die Bibel in der deutschsprachigen Literatur des 20. Jahrhunderts. Hg. von Heinrich Schmidinger, Bd. 2. 119-136, und die dort angegebene Literatur.

[14] Thomas Mann: Das Gesetz (1944). In: Ders. (Anm. 5), 621-672. In Shalom Aschs Roman „Mose" (1951) nimmt er sie zur Frau, um sie vor den Israeliten zu beschützen.

Sache" begegnet, „als daß sie ihrer Eifersucht hätte die Zügel schießen lassen" (657).

Im Zyklus „Die Berufung des Mosis"[15] von *Uriel Birnbaum* jedoch lässt der Autor Zippora selbst zu Wort kommen und spricht ihr den Part einer realistischen Frau zu, die die Träume des Mannes auf den Boden der Tatsachen zurückholt und ihn vor hochfliegenden Plänen warnt, dann aber doch spürt, dass ihm eine besondere Würde zukommt:

> Dann sprach sie langsam, leise überlegt:
> „Du selber bist's, der eine Krone trägt!" (596)

Dieser Ausspruch setzt dann das Folgende in Gang: Moses Grübeln, seine Berufung am brennenden Dornbusch, sein rigoroser Abschied von der Familie. Der Autor nimmt als einer der wenigen auch die Situation Zipporas ernst, wenn er sie in einem längeren inneren Monolog ihre Bindung an diesen rätselhaften Mann reflektieren lässt:

> Zipporah sass noch lange vor der Türe,
>   Sah in die kalte Wüstennacht und sann;
>   Wie seltsam das Geschick mit ihr verführe,
>   Dass es sie fessele an diesen Mann.
> Kein Andrer ihres Volk's verfiel dem Bann
>   Des wilden Herzens, das mit ihrer Liebe
>   Sie fasste, wie nur Liebe fassen kann!
> Doch wohin dieses Herz im Sturme triebe,
> Erkannte auch nicht sie – woher sich schriebe
>   So manch' Gelächter, manche jähe Wut:
>   Sie wusste, dass es ihr verborgen bliebe –
> Ihr, die so gerne doch mit sanftem Mut
> Dies Herz behütet hätte vor der Brut
>   Unsäglicher Begierde, die nie ruht. (597)

Hier wird Zippora als die echte Lebensgefährtin dargestellt, die alles daran setzt, den fremden Mann zu verstehen, sich aber eingestehen muss, dass ihr das trotz aller Liebe nicht gelingt. Das gilt vor allem für die Folgen der Berufung: Als erstes kommt Mose zwar Zippora in den Sinn:

> „zuerst erfährt Zipporah es, die Treue –
>   Dann hört es jenes Volk, dem ich gesandt,
>   Dass ich das sklavische, das freiheitsscheue,
>   Hinführe in das ihm gelobte Land." (605)

Er sehnt sich wohl auch nach dem alltäglichen Leben mit ihr:

> Und seine Seele sehnte sich unsäglich
> Nach Alltag, Plauderei, ein wenig Scherz. (607)

---

[15] Uriel Birnbaum: Die Berufung des Mosis. In: Ders.: Eine Auswahl. Gedichte. Amsterdam 1957, 595-608.

80

Doch gerade angesichts seiner Familie wird er sich seiner Aufgabe vollends sicher und weiß, dass er alles verlassen muss. Birnbaum schildert die Ratlosigkeit, die Enttäuschung, die Hilflosigkeit Zipporas und die Brutalität des Mannes, der um seines Berufes willen im wahren Sinne des Wortes über Leichen gehen will:

> „Ich geh' – und keiner widersetze sich:
> Wenn du mich halten willst, erschlag' ich dich!"
>
> In Ohnmacht sank Zipporah vor ihm nieder.
> Mit weitem Schritt stieg Moses über sie.
> Die ihn so oft verlockten, ihre Glieder,
> Sie lockten ihn nicht mehr – heut' nicht und nie.
> Die Kinder drängten sich an seine Knie –
> Er stiess sie achtlos fort und trat ins Zelt;
> Er horchte höhnisch, wie sein Herz aufschrie
> Inmitten dieser friedevollen Welt.
> Hoch hob er einen Krug: „Wie der zerschellt,
> Will ich mich selbst zerbrechen, Gott mich weih'n!
> Ich will ein Heimatloser, will ein Held –
> Kein Mensch, kein Gatte mehr, kein Vater sein!"
> Der Krug zerklirrte: „Gott, so bin ich dein!"
> Er riss den Zeltpflock um – das Zelt sank ein ... (608)

Wohl kaum einmal wurde eine Berufung mit solcher Brutalität geschildert wie hier. Wenn das Pathos auch für heutige Leser überhöht erscheint, so trifft es doch die Situation. Der Berufene zerstört alles, was ihm bisher viel bedeutete, er zerstört sogar den Schutzraum (das Zelt) seiner Familie. Dass diese Passage aus dem Geist der Neuzeit stammt und die archaischen Verhältnisse kaum trifft, sei am Rande vermerkt. Doch es geht in diesen biblischen Geschichten bekanntlich um Urmuster menschlicher Verhaltensweisen und Konflikte, wie sie zu allen Zeiten vorkommen. Auch heute drängen Menschen wegen einer besonderen Aufgabe ohne Rücksicht aus festen Bindungen heraus oder vernachlässigen sie.

Noch ein Weiteres wird an diesen Zitaten deutlich, sie zeigen, wie man die biblischen Vorgaben bezüglich der Frauenschicksale vertiefen kann. Auch wenn Birnbaums Epos literarisch nicht außergewöhnlich ist, so ist es ihm doch gelungen, den Akzent auf die Tragödie im Hintergrund, die verlassene Zippora, zu setzen. Die Exegeten und Fundamentaltheologen mögen einwenden, an Zipporas Schicksal sei die Bibel nicht interessiert, sie verfolge nur das Ziel, Gottes Wege mit seinem Volk darzustellen. Dass diese vielfach über Leichen führen, nahmen die gläubigen Leser Jahrtausende lang widerspruchslos hin bzw. war ihnen wegen der mangelnden Kenntnis des Alten Testaments unbekannt.

3. Rahab

Auch zu Rahab, der Dirne von Jericho, die die Kundschafter in ihrem Haus versteckt und ihnen zur Flucht verhilft, hoffend, dass die Israeliten deshalb sie und ihr Haus bei der Erstürmung der Stadt verschonen (Jos 2; 6,17-25), gibt es nur wenige Adaptionen. Der Legende nach wird sie Proselytin und Josuas Frau, was ihr den Zugang zur Ahnenreihe Davids und Jesu (Mt 1, 5) eröffnet.

Börries Freiherr von Münchhausen hat Rahab eine umfangreiche Ballade „Rahab, die Jerichonitin"[16] gewidmet, die den biblischen Stoff auf eigenwillige Weise umsetzt. Das Gedicht besteht aus drei Teilen: Der erste erzählt die Geschichte der Kundschafter und deren heimliche Rettung durch Rahab, der letzte berichtet von der Eroberung der Stadt und dem Schicksal der Frau; dazwischen steht – wie in einem Triptychon das Hauptbild – ein Lied, von Rahab vorgetragen, in dem sie ihren seelischen Konflikt zwischen der Liebe zu Jojada, einem der Kundschafter, und zur Heimat, die sie verraten soll, reflektiert. Umfang und Metrum der kunstvoll gereimten Strophen sind ganz dem Inhalt angepasst, das durchgängig trochäische Metrum (mit gelegentlichem Auftakt) unterstreicht die Aussage von der Eroberung der Stadt sowie dem Ende dieser Frau. Denn abweichend von der biblischen Tradition gestaltet der Autor ihre Liebe besonders aus. Zwar bleibt er dabei, dass „sie den Kranz verlor" und freizügiger lebt als andere Frauen, aber die Liebe zu Jojada geht tiefer als sonst. Bereits die erste Nacht auf dem Dach ihres Hauses wird als eine wonnevolle Liebesnacht metaphernreich geschildert, und die Bilder in Rahabs Lied sind dem Hohenlied entnommen:

> Rahab sang:
>
> Mein Freund ist wie ein Büschel Myrrhen,
> Das zwischen meinen Brüsten hängt,
> In meiner Seele letzte Tiefen
> Sich Tag und Nacht sein Name drängt,
> Und blind bin ich, seit ich ihn sah,
> Jojada, Jojada!
>
> Sein Arm lag unter meinem Haupte,
> Die rechte Hand liebkoste mich,
> Die Palmenstadt schlief rings im Tale,
> Und süß ihr Atem uns umstrich,
> Der Himmel war so nah, so nah, –
> Jojada, Jojada!

---

[16] Börries Freiherr von Münchhausen: Rahab, die Jerichonitin (1898). In: Ders.: Das dichterische Werk in zwei Bänden, Bd. I: Das Balladenbuch. (1924) Stuttgart 1969, 296-299. Obwohl das Gedicht noch vor dem hier untersuchten Zeitabschnitt geschrieben ist, wird es wegen seiner Besonderheit hier behandelt, zumal es 1900 in „Juda" erstmals publiziert wurde.

Doch über meiner Seele Saiten
Schrillt jäh ein Ton, zerrissen, wild,
Vom Himmel fallen alle Sterne,
Und Blut aus allen Wolken quillt:
Mein Vaterland verriet ich ja,
Jojada, Jojada!

Auch das „rote Seil" wird hier eindeutig zum Liebesband, während es in der biblischen Josua-Geschichte als Rettungsanker (von manchen Kirchenvätern sogar in allegorischer Auslegung als das rettende Band Christi interpretiert) reale Bedeutung hat. Der entscheidende Unterschied zur Bibel liegt im Ausgang dieser Liebesgeschichte:

Verflogner Duft der Palmen
Strich her von irgendwo. –
Tot hing am roten Seile
Rahab von Jericho.

Wie sie zu Tode kommt, ob durch eigene Hand, durch ihre Mitbürger oder durch die Feinde, wird nicht erzählt. Für jede Deutung ließe sich eine Erklärung auch im Text finden. Jedenfalls ist von Münchhausens Eingriff in die Überlieferung gravierend, schneidet er sie doch damit von ihrem Fortleben in der jüdischen Geschichte ab. Ihn interessiert diese Frau und ihr Schicksal als Kollaborateurin.

In neuerer Zeit haben einige Autoren die Rahab-Geschichte aufgegriffen, um die Erwähnung dieser „anstößigen" Frau im Stammbaum Jesu zu rechtfertigen. *Wilhelm Willms* präsentiert in Form einer rhythmisierten Rede den „fall rahab"[17] als Interview zwischen „matthäus" und einem Reporter, der den Kriminalfall des Landesverrats aufrollt. Er hält sich inhaltlich ganz an die biblische Vorlage und lässt die beteiligten Personen, einschließlich des Volkes Stimme, zu Wort kommen:

das ist rahab
die hure
verwickelt in spionageaffären
volksverräterin
des todes schuldig
sie
kriminell im höchsten grade
ist ur- ur- urgroßmutter
des messias

---

[17] Wilhelm Willms: der fall rahab. In: Ders.: roter faden glück. lichtblicke. Kevelar [4]1982, 7. Vgl. auch Franz Fassbind: Eine Buhlerin namens Rahab. In: Biblische Texte verfremdet. 6: Frauen. Hg. von Sigrid und Horst Berg. München/Stuttgart 1987, 32; Eva Schirmer: Landesverrat oder Rettung?. In: Dies. (Anm. 6), 53f.; Leszek Kolakowski: Rahab – oder die wirkliche oder die vermeintliche Einsamkeit. In: Ders.: Erbauliche Geschichten. Erweiterte Ausgabe. Aus dem Polnischen von Wanja Bronska-Pampuch. München 1992, 47-51.

Willms sucht durch die Betonung des Kriminellen zu erklären, dass Gott sich mit Sündern verbündet. Aber sein Text, in der Manier moderner Kurzzeilen, die endlos gereiht ihre poetische Kraft verlieren, kommt über die Deklamation nicht hinaus.

In anderen, auch nicht deutschsprachigen Werken zum Thema „Josua" oder „Jericho" wird Rahab stets eine wichtige Funktion bei der Eroberung von Jericho eingeräumt. In *Rudolf von Gottschalls* Versdrama „Rahab" von 1898 zum Beispiel fungiert sie als jungfräuliche Priesterin im Tempel der Astarte, in den die hebräischen Krieger, Ruben und Joab, unwissend der Gefahr, in der sie sich befinden, eindringen. Ihre Bitte um Gnade für die Beiden wird vom König missverstanden, so dass sie nun ihrerseits bestraft und zur Tempelprostitution erniedrigt wird. Sie wird zwar schließlich von den Hebräern befreit, stirbt aber an seelischer Erschöpfung.[18]

4. Debora

Debora – wie Mirjam (Ex 15,20) und Hulda (2 Kön 22,14) – als „Prophetin" (Ri 4,4) bezeichnet, erlangt durch ihre Tätigkeit als Richterin „unter der Debora-Palme" (Ri 4,5) und als Kriegsberaterin des Barak eine hohe Bedeutung im jüdischen Volk. Sie führt ihr Volk aus Unterdrückung und Lethargie heraus, ist offen für Fragen ihrer Landsleute, mutig und tapfer und verhilft Barak, der ihren Beistand ausdrücklich sucht, zum Sieg über die Kanaaniter, so dass sie in dem ihr zugeschriebenen Siegeslied, einem der ältesten Texte des Alten Testaments, als „Mutter in Israel" (Ri 5,7) bezeichnet wird.[19]

Bedenkt man diese Würde, so ist es unverständlich, dass Debora in der Literatur kaum beachtet wird. Zwar wird sie gelegentlich im Zusammenhang mit dem Feldzug des Barak gegen Jabins Feldherrn Sisera, den Kanaaniter, und der List Jaëls erwähnt, doch bleibt ihr Anteil schwach. *Pnina Navè Levinsons* Gedicht „Deboras Gesang" ist nur eine Paraphrase des Debora-Lieds (Ri 5,1-7.24) und wird hier nicht weiter beachtet. – In einem der bekanntesten Gedichte von *Gertrud Kolmar* „Die Jüdin"[20] lässt die Autorin ihr lyrisches Ich „eine Forscherreise" in ihr „eigenes uraltes Land" unternehmen und sich in der „Richterin und ihrer Schar" wiederfinden. Dass Kolmar von allen israelitischen Frauen gerade diese wählt, hat sicherlich etwas mit deren Sehergabe und Prophetenrolle zu tun. Doch geht es in dem Gedicht nicht um Debora, sondern um die Identitätssuche dieser Jüdin; Debora ist nur Bild.

Ein Gedicht neueren Datums, das die Prophetin ganz in den Mittelpunkt stellt und ihr Wirken in kühnen Metaphern schildert, stammt von *Drutmar Cremer*

---

[18] Vgl. Große Frauen der Bibel in Bild und Text. Hg. von Herbert Haag/Joe H. Kirchberger/ Dorothee Sölle. Freiburg/Basel/Wien 1993, 112.

[19] Vgl. Katharina Elliger: Debora. Mutter in Israel. In: Zwischen Ohnmacht und Befreiung. Biblische Frauengestalten. Hg. von Karin Walter. Freiburg 1988, 53-61.

[20] Vgl. Gertrud Kolmar: Die Jüdin. (1937) In: Dies.: Das lyrische Werk. München 1960, 36f.

„Im Feuermantel Königswürde"[21]. Dazu greift er – wie bei Rebekka – auf die Darstellung eines Chagallfensters aus Mainz und biblische Notizen zurück, um die Bedeutung dieser Frau herauszustellen:

> Sein Schweigen hat der Herr in dir gebrochen
> und deinem Volk – in Reue umgekehrt –
> die Morgenröte Zukunft zugesagt
> Die Nachtzeit endet – Morgentau schenkt tränenreich Beginn
> Die Sonne öffnet Türen in ein Feld der Frucht

Die Bilder erschließen sich vor allem dem, der die der biblische Vorlage kennt: Gottes „Schweigen" als Strafe für die Untreue des Volkes; Umkehr „in Reue" durch Deboras Prophetie; „Morgentau schenkt tränenreich Beginn" als Hinweis auf eine Friedenszeit nach dem Kampf mit vielen Opfern. Ähnlich wie im biblischen Buch auf den Erzählerbericht das Preislied folgt, so lässt auch Cremer seine erzählenden Verse in ein Lied münden:

> Mein Herz
> betritt den Sternenwald der Worte
> und durch die Lichtung winkt die weise Frau
>
> Ihr Wort wird morgen schon
> die Farbpalette Frieden auf
> die höchste Sonnenbahn erheben

Cremer übergeht die in der Bibel geschilderten Grausamkeiten, die dem Leser am Ende des 20. Jahrhunderts als *Eingreifen Gottes* nur schwer verständlich sind. Er hebt auf die hoffnungsvolle Lichtgestalt ab und die sich an den Krieg anschließende Friedensperiode (Ri 5,31b).

Doch bleibt trotz dieser Würdigungen bei der Lektüre des Debora-Lieds (Ri 5,1-31) und der parallel erzählten Vorgänge (Ri 4,1-24) ein zwiespältiger Eindruck, da die Taten Deboras eng verknüpft sind mit dem Krieg gegen Jabin, den König von Kanaan, und seinen Feldherrn Sisera sowie mit der Bluttat Jaëls, der Frau des Keniters Heber. Jaël nimmt nach der erfolgreichen Schlacht der Israeliten den fliehenden Sisera in ihr Zelt auf. Er glaubt sich sicher, da er mit Jaëls Mann befreundet ist. Sie gibt vor, ihn zu schützen, stillt seinen Durst, erschlägt ihn aber im Schlaf. Wegen dieser Tat wird Jaël – ähnlich wie Judit – als große Frau und Retterin gepriesen. In jüdischen Kommentaren wird die grausame Tat (Missbrauch des Gastrechts; Meuchelmord im Schlaf) mit dem Hinweis auf eine versuchte Vergewaltigung Jaëls durch Sisera relativiert.[22]

Auch zu Jaël findet sich kein bemerkenswertes literarisches Werk im 20. Jahrhundert. Das ist ob der zwiespältigen Rezeption auch kaum verwunderlich. Wenn die Autoren eine heldenhafte Tat durch eine Frau gestalten wollten, dann

---

[21] Drutmar Cremer: Im Feuermantel Königswürde, in: Ders.: Im Morgenrot singst du das neue Lied. Mainz 1995, 57-59.

[22] Vgl. Pnina Navè Levinson: Was wurde aus Saras Töchtern? Frauen im Judentum. Gütersloh ³1993, 72.

lag ihnen der Judit- oder Ester-Stoff näher. Die beiden Gedichte jüdischer Autoren „Sisera, der Kanaanite" (1912) von *Franz Theodor Csokor*[23] und „Jaël" (1957) von *Uriel Birnbaum*[24] paraphrasieren die biblischen Vorlage nur. Doch während Csokor den Krieg gegen die Kanaaniter und ihren Feldherrn Sisera zu rechtfertigen sucht: „Der Du Frauen geschändet, sie bringen Dir Tod!" und damit Jaëls Tat als ebenbürtige Vergeltung interpretiert, lässt Birnbaum in seinem Gedicht erhebliche Zweifel an ihrem Vorgehen zu, wenn er formuliert:

> Griff Jaël, die ihm Gastfreundschaft verliehen,
>
> Des Hebers Weib, nächst Sisra auf den Knien
> Nach Hammer und nach Nagel, eine Tat
> Zu tun, wie Gott solch eine nie verziehen:
> Sie übte an der Gastfreundschaft Verrat!

Er verstärkt diese Einschätzung noch durch die Wertung am Schluss:

> [...] Vom Rächeramte
>
> Erhob sich Jaël von dem blutigen Samte:
> Eine Erhabene – eine Verdammte!

Abgesehen davon, dass „Samte" – „Verdammte" von der Intonation her einen gewichtigeren Schlussakkord setzen als „Erhabene", so deutet das Schlusswort auch auf die kritische Bewertung der Situation, die den Enthusiasmus der Bibel deutlich bremst.

Trotz Birnbaums guter Absicht vermag sein Gedicht nicht mehr zu überzeugen, zu fremd ist die aktionsreiche, ungebrochenen Darstellung. Dagegen berührt die eher lakonische Diktion von *Dorothee Sölle* in „Bibelkunde"[25] den heutigen Leser, der die kriegerischen Auseinandersetzungen nicht mehr als Gott befohlen glauben kann, sehr viel mehr. Die Autorin lässt einen Sprecher die Geschichte um Debora und Jaël reflektieren und schildert einen Bibelabend in gemütlicher Runde, an dem sich die Teilnehmer zunächst voll Bewunderung die Taten der Frauen vor Augen führen „da war unser lachen". Das aber schlägt um in blanke Angst, als sie sich der Grausamkeit bewusst werden „da war unsere angst".

> Etwas hat mir gefehlt meine schwestern
> da war unser schweigen
> werden wir sein wie deborah und aufstehn
> gegen das neue gas und unsere verhetzten söhne
> werden wir sein wie jaël

---

[23] Franz Theodor Csokor: Sisera, der Kanaanite. In: Ders.: Ewiger Aufbruch. Gesammelte Balladen. Leipzig 1926, 29.

[24] Uriel Birnbaum: Jaël. In: Ders. (Anm. 15), 587.

[25] Dorothee Sölle: Bibelkunde. In: Dies.: Verrückt nach Licht. Gedichte. Berlin 1984, zit. nach Große Frauen (Anm.18), 118.

gegen gesetz und gefühl
da war unser schweigen

Etwas hat uns gefehlt
auf dem langen weg
stark und schwach zu werden

Sölle trifft die Reaktion heutiger Leser auf diese Darstellungen. Selbst eine viel gerühmte Frau wie Debora büßt durch solche Taten der Grausamkeit an Bewunderung ein. Was die Autorin am Beispiel von Debora und Jaël darlegt, ist auch auf andere biblische Frauengestalten, z.B. Ester oder Judit, zu übertragen.

5. Jiftachs Tochter

Eines der tragischsten Schicksale, das die Bibel erzählt, ist das von Jiftachs Tochter (Ri 11,30-40). Sie gehört zu den namenlosen, rechtlosen Frauen, die zum Objekt männlicher Gewalt (s. Dina) werden, was auch mit dem Hinweis eines Opfers für Gott nicht zu entschuldigen ist. Jiftach, während der kriegerischen Auseinandersetzungen der Israeliten mit den Ammonitern zum Richter in Israel gewählt, will alles daran setzen, den Sieg über die Feinde zu erzwingen. Von zweifelhafter Herkunft als Sohn Gileads und einer Dirne und daher wenig geachtet, steht er unter Erfolgszwang, so dass er, um den Sieg zu erringen, das Gelübde ablegt: Gott das Erste zu opfern, das ihm bei seiner Heimkehr „aus der Tür" seines Hauses entgegenkommt" (Ri 11,31). Er siegt und zu Hause angelangt kommt dem Vater als Erste seine Tochter entgegen, ganz nach dem Brauch, wie siegreiche Helden mit Paukenschlag und Tanz empfangen werden. Jiftach fühlt sich an sein Versprechen gebunden und tötet sie in tiefstem Schmerz, nachdem er ihr noch zwei Monate zum Abschied nehmen gewährt hat.

Das Schicksal dieses Mädchens hat die Leser zu allen Zeiten tief berührt, zumindest dann, wenn sie Distanz zum Geschehen einnahmen und das Zweckdenken bzw. den Machtzwang des Mannes und Vaters in Frage stellten. Jiftachs Tochter ist eines von den unglücklichen Kindern, die dem Macht- und Geltungsdrang oder dem religiösen Fanatismus der Väter zum Opfer fällt, wie Adamantes (Idomeneo), Isaak, Iphigenie oder die Märchenfiguren in „Das Mädchen ohne Hände" und „Das singende, springende Löweneckerchen". Während all diesen Kindern jedoch der Tod durch gnädiges Eingreifen einer Schicksalsmacht erspart bleibt, gibt es für Jiftachs Tochter keine Rettung. Hier wird das Menschenopfer radikal vollzogen. „Ein Mädchen ohne Engel" sagt *Dorothee Sölle*[26].

Dass dies ein begehrter Stoff für Roman, Drama und Lyrik ist, liegt auf der Hand. Die Entwicklungsgeschichte des Jiftach von seiner zweifelhaften

---

[26] Vgl. Sölle (Anm. 25), 125.

Herkunft bis zum Vollzug der Tat darzulegen und die inneren Beweggründe der Akteure psychologisch zu begründen, ist das Hauptanliegen der Autoren. Vor allem zu einer Zeit, da die religiöse Motivation nicht mehr trägt, sucht man nach anderen Lösungen, sei es, dass wie in *Ludwig Freytags* „Jephtha" (1874) der Wille zur Tat genügt – wie bei Abraham – und die Tochter gerettet wird, oder Jiftach das Gelübde „El", dem Gott der Ammoniter, verspricht, der die Tochter auch raubt, so in *Hans Ludwig Helds* Epos „Jephtas Tochter" (1894); sei es, dass die Tochter sich selbst tötet, hoffend dass dieses Opfer als Weg zum Frieden dient, da sie dadurch den Vater und den Sohn des Feindes, den sie liebt, zur Versöhnung führt wie in *Ferdinand Ruhs* Drama „Jephtas Tochter" (1920). Die Bearbeitungen nach 1918 stehen unter dem Eindruck des Kriegs und nutzen den Stoff, das schreckliche Erlebnis zu verarbeiten.[27] Das trifft auf das genannte Drama von Ruh wie auf die Tragödie „Jephta" von *Hermann von Boetticher* (1919) zu, dessen Jiftach in Anlehnung an die biblische Vorlage um Frieden ringt und bereit ist, das große Opfer zu bringen.

Ähnliches gilt von dem groß angelegten Roman „Jefta und seine Tochter" (1957) von *Lion Feuchtwanger*[28], in dem der Autor die Erfahrungen des Zweiten Weltkriegs verarbeitet. Wie manche Autoren gibt er dem Mädchen einen Namen „Ja'ala". *Tanja Kinkel* stellt in ihrer Untersuchung die verschiedenen Entwürfe des Autors dar und zeigt, wie dieser mit der beklemmenden Geschichte umzugehen versuchte.[29] Äußerlich lehnt er sich an die biblische Vorlage an, doch erweitert er den Stoff im Hinblick auf das sozialpolitische Umfeld Jiftachs, seine Herkunft, die seiner Frau Ketura, vor allem aber bezüglich der Handlungsmotive der Hauptpersonen. Jiftachs Auseinandersetzung mit den Feinden sieht er vor dem Hintergrund der Staatsgründung Israels und schreibt ihnen den Willen zu einer friedlichen Koexistenz zu: „Ammon, Moab, Gilead, sind wir nicht alle Hebräer? Warum also sollten wir uns totschlagen einer den anderen?" (188), sagt König Nachasch im Gespräch mit Jiftach. Doch Jiftach sieht die Freiheit der Religionsausübung in Gefahr und willigt nicht in einen Waffenstillstand ein, selbst dann nicht, als ihm der König Nachasch seinen Sohn als Bräutigam für Ja'ala anbietet, um die Völker ein für alle mal zu versöhnen. Obwohl Feuchtwanger in Ketura eine Ehefrau und Mutter als zentrale weibliche Figur konzipiert, konzentriert er das Gesamtgeschehen auf Ja'ala, die Tochter, die dem Vater innig zugetan ist und die der Vaters seinerseits mehr liebt als seine Frau. „Seine Beziehungen zu ihr sind leicht erotisch", schreibt der Autor in seinen Skizzen.[30] Zudem lässt Feuchtwanger das Mädchen im religiösen Bereich immer mehr dem Gott des Vaters zuwachsen, und sich der Mutter, einer vom Stamme Gilead, entfremden. Ja'ala akzeptiert des Vaters politische Pläne, liebt ihn und würde nie einer

---

[27] Vgl. Susanne Gillmayr-Bucher: Die Tochter Jiftachs. In: Die Bibel in der deutschsprachigen Literatur (Anm. 13), 138ff.; Große Frauen der Bibel (Anm. 18), 132f.
[28] Lion Feuchtwanger: Jefta und seine Tochter. Roman. Hamburg 1957.
[29] Vgl. Tanja Kinkel: Naëmi, Ester, Raquel und Ja'ala: Väter, Töchter, Machtmenschen und Judentum bei Lion Feuchtwanger. Bonn 1998, bes. S. 108ff.
[30] Zitiert nach Kinkel (Anm. 29), 114ff.

Heirat mit dem Sohn des Königs Naschasch zustimmen, da sie dann die Religion des Vaters ablegen müsste.

Dass der Vater diese geliebte Tochter opfert, liegt – wie Kinkel ausführt[31] – einmal in seiner Hybris begründet, die ihn zum Herrscher über fremdes Leben macht, zum anderen in der inzestiösen Liebe zu Ja'ala, die er lieber opfern will, als sie einem anderen Mann zu überlassen: „In seinem Innern hatte er genau gewußt, daß es die Tochter war, die er dem Jahwe als Preis für die Errettung anbot." (295f.) Zudem schreibt er Gott ein ähnlich erotisches Begehren wie seines zu: „Der allgierige Gott wollte sie schmecken" (296), und das Opfer wie er selbst vollziehen: „Entsetzt wurde er gewahr, daß er sich danach sehnte" (334). So wird also in diesem Roman die Handlung des Vaters als eine „Ersatzhandlung für den verbotenen Inzest"[32] begründet, und die Möglichkeit, das Mädchen durch Verheiratung oder Flucht zu retten, was von der Anlage der Handlungsstränge her nahegelegen hätte, nicht genutzt. Wenn die Tochter auch aus grenzenloser Liebe und in Bewunderung dem Vater folgt, so fehlt doch ein „Engel", der sie rettet, etwa in Gestalt einer starken Mutter.

Ja'ala wird hier letztlich nicht wie in der biblischen Vorlage zur Rettung ihres Volkes geopfert, sondern zur Befriedigung der erotischen Phantasien des Vaters missbraucht. Nach ihrem Tod wird zwar auch die Einigung der israelischen Stämme durch Jiftach vollzogen, aber – wie Kinkel betont – „unter Ausschluß der übrigen Hebräer"[33] und – was noch schwerer wiegt – unter Verlust von Jiftachs Menschlichkeit; das Angebot der friedlichen Koexistenz ist vertan.

Ähnlich wie bei Abraham und Sara haben sich auch beim Jiftach-Stoff die Autoren immer für den Vater, gelegentlich für die Tochter (s. *Huch, Le Fort, Sölle*), kaum aber für die Mutter interessiert. Deshalb verdient das Drama von *Ernst Lissauer* „Das Weib des Jephta" (1928)[34] besondere Beachtung, das in einmaligem Verständnis diese in den Mittelpunkt stellt. Bereits die erste Szene führt in die dramatische Situation ein, wenn Lea, die Mutter, und Mirjam, die fünfjährige Tochter, im Gespräch über die Abwesenheit des geliebten Vaters vorgeführt werden. Mirjam spielt mit einer roh geschnitzten Holzpuppe:

Mirjam:	[...] die Puppe ist auch traurig.
Lea:	[...] Wir können nur opfern und beten.
Mirjam:	Ich will Ruth opfern, damit der Vater heimkommt.
Lea:	Kind –
Mirjam:	Ich will Ruth zum Ohm Simon tragen. Er soll Ruth darbringen, wenn er Lammfleisch und Mais verbrennt.
Lea:	Deine Ruth? Dein Püppchen, dein Töchterchen, dein süß hölzern Gespiel?

---

[31] Vgl. Kinkel (Anm. 29), 114ff.
[32] Kinkel (Anm. 29), 114.
[33] Kinkel (Anm. 29), 114ff.
[34] Ernst Lissauer: Das Weib des Jephta. Drama in drei Akten. Berlin 1928.

Mirjam: Ich hab' Ruth lieb, aber den Vater hab' ich viel lieber.
Lea (zieht sie an sich): Du meine geliebte Mirjam. [...] Behalte du dein
              Püppchen. Der Ewige nimmt dein kindlich Opfer nicht
              an. Daß du es wolltest, mein geliebtes Kind, steigt schon
              wie Opferduft zu ihm auf, er sieht dich gnädig an, wie
              Abel. (9f.)

Die Szene ist sicherlich eine plumpe Vorausdeutung, doch zeigt sie die Gefühle
der Mutter und des Kindes.
Der erste Akt endet mit der triumphalen Heimkehr des Siegers, der freudigen
Begrüßung des Kindes und dem Eingeständnis des Vaters; daraufhin entreißt
Lea dem Mann das Kind und flieht mit ihm in eine Höhle im Gebirge, von
einer treuen Magd versorgt. Im Gespräch mit dieser kommt die ganze Verzweiflung der Mutter zum Ausdruck:

Lea: Arpa, ich liebte – ich ehrte – ich glaubte – Arpa, ich hatte
              einen Gatten – ein Volk – einen Gott –
              [...] Arpa, ich weiß nur eins: ich darf das Kind, das ich
              getragen habe, nicht töten lassen. Es soll leben! Leben
              soll das, was ich zum Leben gezeugt habe! (21)

Jiftach jedoch fordert von der Mutter unter Hinweis auf seine Stellung und die
Gottheit das Kind zurück, und obwohl Lea dies verweigert, läuft Mirjam
ahnungslos dem Vater in die Arme. Der vollzieht, was er glaubt vollbringen zu
müssen. Zurück bleiben die verzweifelten Eltern, Lea in Hass auf Jiftach,
dieser in Verzweiflung, dass Gott nicht wie bei Abraham ein Wunder tat:
„Jephta (unvermittelt aufgrollend): Ein fürchterlicher Gott – der Kinder – – der
Kinder – – (hervorstoßend) mordet!!" (28) Als das Volk kommt, ihn zum
König zu machen, tritt Lea mit dem Argument wider ihn auf, der Mörder der
eigenen Tochter ist kein Gerechter und kann nicht König sein:

Lea: Ich klage an.
              Ich, Lea, das Weib des Richters Jephta,
              heische Gewicht wider den Richter Jephta.
              Du, größer denn alle Richter in Israel.
              – – Wie hast du dein Kind behütet? (35f.)

Der Autor macht in dieser Szene Lea zur Sprecherin aller Frauen, Mütter und
Schwestern, die den Krieg nicht wollen. Sie klagt Israel an, das auf Kosten
ihres Kindes lebt; Jephta aber bereut nicht, sondern spricht nur von „Heim-
suchung" (42). Da Leas Mordversuch missglückt, erdolcht sie sich selbst.
Sicherlich ist Lissauers Drama ein schauerliches, an vielen Stellen
sentimentales Stück, das heute auf der Bühne keine Chance mehr hat. Aber
dass der Autor der Mutter und den Frauen eine Stimme gibt, ist in diesem
Rahmen beachtenswert.[35]

---

[35] Große Frauen der Bibel (Anm. 18), 133, verweist in diesem Zusammenhang auf die Kriegs-
propaganda des Autors im ersten Weltkrieg, von der er sich hier deutlich distanziert.

In jüngster Zeit hat auch *Dorothee Sölle* die Geschichte von Jiftachs Tochter „Richter 11: 30–40. Mit den Augen der Frauen gelesen"[36] behandelt. Sie beklagt vor allem die Namenlosigkeit des Mädchens und bezeichnet dies als typisch für das Schicksal vieler Mütter, Schwestern, Freundinnen.

Ricarda Huch hat dem Komplex zwei Gedichte gewidmet, die sozusagen die voraufgegangenen Texte kommentieren. In „Jephtha"[37], eine Ballade, lässt sie den verzweifelten Vater seine Klage vortragen. Wie ein Rahmen umfassen die erste und die letzte Strophe die Anrede an sein Kind. Die erste fragt eindringlich, warum weder Engel noch Traumbild es gewarnt haben, dem Vater entgegenzueilen:

> War kein Engel dein Schild, der den Fuß dir gewandt?
> O mein Kind, all mein Glück, o du Stab meiner Hand!
> Hat kein Traumbild, entwunden dem nächtlichen Schoß,
> Dich gewarnt vor dem still sich bereitenden Los?

Die letzte spricht von Jiftachs Schmerz, nachdem er sein Kind gemäß seines Gelübdes dem „gierigen Tod" überantwortet hat:

> O mein Kind, o mein Kind, zog er bald dich hinab,
> Liegt dein Vater allein auf dem steinernen Grab
> Jeden Tag, jede Nacht und zerreißt sich das Haar,
> Wie im Sande der Wüste wehklagend Hagar.

Zwischen diesen beiden Strophen entfaltet Huch in paarweise gereimten Langversen, die durch die Zäsur in der Mitte den Zwiespalt des Mannes zwischen der Pflicht des Gelübdes und der Neigung des Herzens abbilden, die Rede Jiftachs und lässt ihn seinen Jammer beschreiben (Str. 2), Gott, der das grausame Gelübde akzeptiert, anklagen (Str. 3-5) und den möglichen Verlust des Kindes durch Heirat als geringeres Opfer ausmalen (Str. 6). Besonders Jiftachs Hadern mit Gott entlarvt ihn als einen Ijob des 20. Jahrhunderts:

> Der du schufest die Welt und verwaltest sie gut.
> Warum spartest im Kampf du mein alterndes Blut?
> Warum löschest du nicht wie die Sterne mein Licht,
> Daß ich schaute die Tochter, die liebliche, nicht?
>
> Und gedenkst du nicht mehr der Gebete voll Glut,
> Die ich betete, Herr, ihr zum Schirm, ihr zur Hut?
> In den Himmel gesät ihr zum Glück, ihr zum Heil?
> Doch als Frucht auf ihr Haupt fällt der donnernde Keil!

---

[36] Dorothee Sölle: Richter 11: 30-40, zit. nach Theologie – Literaturwissenschaft. Theologica Practica. 18 (1983) Hg. von Gert Otto. H. 3/4, 27f.
[37] Ricarda Huch: Jephtha (1917). In: Dies.: Gesammelte Werke, Bd. 5: Gedichte, Dramen, Reden, Aufsätze und andere Schriften. Köln/Berlin 1966-74, 120f. – Vgl. in dem Zusammenhang den oben erwähnten Roman von *Lion Feuchtwanger*: Jefta und seine Tochter (Anm. 28).

Huchs Darstellung macht dem Leser die Tragödie um die Opferung des Kindes besonders deutlich. In dreizeiliger Aufgipfelung fragt der Vater nach Gottes Schutz, nach seinem offenen Ohr für die Bitten der Menschen; dann folgert er zynisch, dass der Same des Gebets als todbringende Frucht auf sein Kind herabfällt. Jiftach ist kein tumber Gefolgsmann mehr, der sich den Kriegsgesetzen sprachlos und willenlos fügt. Auch erscheint ihm kein Engel des Herrn wie dem Abraham bei der Opferung des Isaak, der dem Vater in den Arm fällt. Jiftach muss die Tat in persönlicher Verantwortung vollziehen. Dann bricht er in Selbstanklage aus:

> Doch der gierige Tod, dessen Brautbett die Nacht,
> Reißt sie jäh aus dem Arm, der sie schützend bewacht;
> Und sie hängt sich an mich, und sie fleht: halt mich fest;
> Und ich bin's, der sie stößt aus dem bergenden Nest.

Huch zeichnet Jiftach als einen Menschen des 20. Jahrhunderts, der sich zwar dem Gesetz des Handelns verpflichtet weiß, doch gleichzeitig gegen Gott, der seinem sinnlosen Tun nicht Einhalt gebietet, rebelliert. Die zentralen Verse – formuliert als drängende Fragen „Warum...?" – münden in den Bericht über die vollzogene Gräueltat: „Doch als Frucht auf ihr Haupt fällt der donnernde Keil!"

Jiftachs Schuld liegt darin, das macht die lange Klage bei Huch deutlich, dass er etwas Lebendiges, das ihm entgegenkommt, opfern will und er sich so Herrschaft über fremdes Leben (Mensch oder Tier) bedenkenlos anmaßt. Auf die Idee, dass er sich einen Moloch-Opfer-Gott ausgedacht haben könnte, kommt er nicht. Was dieser Vater aufgrund eigener Voreiligkeit auslöst und dann ertragen muss: den Tod des eigenen Kindes verschuldet zu haben, wird in eindrucksvoller Weise in Verse gebracht und ist auf ähnliche Eltern-Kind-Situationen zu übertragen. Es ist – wie oben angedeutet – die uralte und stets wieder aktuelle Geschichte von der Opferung der Kinder – ob wissentlich oder nicht – zum Zweck meist väterlicher Siege. Wenn die Ballade auch „Jephtha" überschrieben ist und die Tochter nicht zu Wort kommt, so ist sie gerade deshalb ein sprechendes Beispiel für die stumme Opferrolle vieler Frauen in den biblischen Schriften. Daran ändert auch nichts, dass das Mädchen bereit ist zu sterben, wie dies der biblische Text und das diesem folgende zweite Gedicht von *Ricarda Huch* „Jephthas Tochter"[38] ausführt. Hier lässt die Autorin die Tochter in einem besänftigenden Ton, der durch das Gleichmaß der vierhebigen Trochäen und der fünfzeiligen, kunstvoll gereimten Strophen zustande kommt, den Vater trösten:

> Vater, weine nicht um mich,
> Nicht um die verwehte Blüte;
> Wie auch manche schon erblich,
> Immer wieder kleidet sich
> Neu die Flur durch Gottes Güte.

---

[38] Ricarda Huch: Jephthas Tochter (1917). In: Dies. (Anm. 37), 121f.

Dann verlangt sie sogar zu sterben:

> Gerne scheid' ich, Vater, mein;
> Mögen andre blühn und treiben.
> Doch dem Wunsche sag' nicht nein:
> Laß in dieser Nacht allein
> Mich bei den Gespielen bleiben
> [...]
> Dann ins Grab entsagend steigen.

Eine solche Haltung zum Tode bei einem jungen Mädchen scheint dem heutigen Leser nur durch eine Erziehung zum absoluten Gehorsam gegenüber der Autorität verständlich.

Schließlich sei noch *Gertrud von Le Forts* Legende „Die Tochter Jephthas"[39] genannt, die die Personen der alten Vorlage transfiguriert und ins Spanien der Inquisition verlegt: Zur Zeit Ferdinands von Arragonien und Isabellas der Katholischen werden alle Juden per Dekret angewiesen, sich taufen zu lassen oder außer Landes zu gehen. Während die Juden letzterem Befehl nachkommen, bricht die Pest aus. Da bitten die Christen den Arzt Charon ben Israel, bei ihnen zu bleiben und ihnen zu helfen. Der aber lehnt ab, denn er hält die Pest für das von Gott verhängte Strafgericht. Zum Dank bietet er sogar dem Herrn ein Opfer an, das Gott sich aussuchen möge. Wie im Buch der Richter ist es seine geliebte, hier blinde Tochter Michal. Sie wird durch die Umarmung von einer mysteriösen Pestkranken infiziert, erkrankt und stirbt, nicht ohne vorher den Vater um Hilfe für die Christen gebeten zu haben. Die Versöhnung findet in einer symbolischen Geste ihren Ausdruck, die als Frucht von Michals Opfer zu deuten ist. Bevor sie erkrankte, war sie von einem spanischen Bildhauer entdeckt worden, der – in Liebe zu dem schönen Mädchen entflammt – sie als Vorbild seiner Kathedralfiguren wählte und sie als eine Synagoge ohne die „traditionelle Binde der Verstockung" (33) darstellte. In einem frühen Entwurf der Autorin zu dieser Legende heißt es:

> Als am Morgen des allerheiligsten Tages die Besucher der Stadt in die Kirche kamen, sahen sie zu ihrem maßlosen Schrecken, dass die beiden Gestalten über dem Portal des Münsters ihre Embleme vertauscht hatten – die Gestalt der Synagoge hatte ihr Antlitz von der Binde befreit, während die der Kirche eine solche trug.[40]

Im Erschrecken der Kirchenbesucher zeigt die Autorin, dass diese das Sinnbild verstanden haben. Im Opfer der Michal konkretisiert sich Gottes Gebot „Barmherzigkeit will ich nicht Opfer"; das jüdische Mädchen hat die Stadt dies

---

[39] Gertrud von Le Fort: Die Tochter Jephthas. Eine Legende. Frankfurt a. M. 1964.
[40] Gertrud von Le Fort: Judica. Entwurf zu „Die Tochter des Jephthas". Manuskript, zit. nach Gertrud von Le Fort: Wirken und Wirkung. Dokumente. Zusammengestellt von Eleonore von la Chavallerie. Heidelberg 1983, 150. – Die hier geäußerte Kirchenkritik hat Le Fort in der Druckfassung gemildert; hier spricht sie nur von der Befreiung von der Binde bei der Synagoge, nicht aber von einer bei der Kirche.

gelehrt. – Die Versöhnung zwischen Juden und Christen lag Gertrud von Le Fort sehr am Herzen, und sie ist mutig dafür eingetreten, was ihr in Kirchenkreisen nicht nur Lob eintrug. Der Bezug ihrer Legende zu Ri 11,29-40 ist eindeutig durch den Titel, das Zitat (22f.), den opferwilligen Vater und die ergebene Tochter hergestellt. Hier wird diese allerdings aus der Namenlosigkeit herausgeholt und sogar zur Ehre einer Kathedralfigur erhoben.

Das Motiv des Kindesopfers, wenn auch nicht in dieser blutigen Form, wird in der Literatur oft aufgegriffen, doch nur selten mit biblischem Bezug. In der modernen Literatur wagen die Kinder auch, sie den Eltern zu widersetzen und gehen ihre eigenen Weg, wie *Magda Szabo* in 1. Moses 22 (1967) erzählt.

6. Delila

Die Geschichte der Delila wird im Buch der Richter ganz aus der Perspektive des Mannes Simson erzählt und erhält ihre Funktion im Rahmen vielerlei kriegerischer Auseinandersetzungen der Israeliten mit den Philistern.[41] Simson, von Geburt an als Gottesmann und Retter seines Volkes erwählt und deshalb mit scharfem Verstand und unüberwindbarer Stärke begabt, wird Richter in Israel. Der Geschichte mit Delila gehen eine Anzahl von Episoden voraus, die alle Simsons Stärke, seinen Witz, aber auch seine Schwäche Frauen gegenüber (Ri 14,15-17) charakterisieren und den Konflikt der verfeindeten Völker vorantreiben. Doch alle Anstrengungen der Philister, Simson zu Fall zu bringen, scheitern. Dann versuchen sie es mit List über Delila, die Frau ihres Stammes, in die sich Simson verliebt hat. Sie drängen diese, Simson zu betören, und bieten ihr elfhundert Silberstücke, wenn sie ihm das Geheimnis seiner Stärke ablauscht. Dreimal vermag er sie zu täuschen. Als sie jedoch an seine Liebe appelliert, vertraut er ihr seine Gottverbundenheit an: „Ich bin von Geburt an Gott als Nasiräer geweiht" (Ri 16,172).[42] Als Zeichen dieser Würde

---

[41] Kirchberger schreibt zur Gefährlichkeit der Philister: „Unter den auf Jiphtach folgenden Richtern Ibzan, Elon und Abdon wurden die Philister immer mehr zum Hauptfeind Israels. Die Herkunft der Philister ist umstritten – es wird meist angenommen, daß sie aus Kleinasien oder Kreta einwanderten. Sie siedelten sich längs der Mittelmeerküste, westlich vom Toten Meer, an, wo sie fünf Städte gründeten: Aschdod, Askalon, Ekron, Gat und Gasa. Sie erwiesen sich als besonders gefährliche Gegner, da sie in ihrer eisernen Bewaffnung den Israeliten überlegen waren und ihre Angriffe häufig mit denen der Ammoniter im Osten kombinierten. Zur Zeit des Richters Simson sind die Israeliten von den Philistern unterdrückt." In: Große Frauen der Bibel (Anm. 18), 134.

[42] Zum Nasiräergelübde vgl. Num 6,1-21: Der Nasiräer ist ein Gottgeweihter auf Zeit, das Gelübde kann sowohl von Männern und Frauen abgelegt werden und gilt für die Zeit einer besonderen Aufgabe. Der Geweihte verpflichtet sich, kein alkoholisches Getränk zu sich zu nehmen, nichts Unreines zu essen und sich nicht durch die Nähe zu Toten zu verunreinigen. Besonderes Merkmal ist das Nicht-Schneiden des Haupthaars. „Er ist heilig, er muß sein Haar frei wachsen lassen." (Num 6,5). Von sexueller Enthaltsamkeit ist nicht die Rede. Neben Simson gelten auch Samuel (1 Sam 1,11), Johannes der Täufer (Lk 1,15) und Paulus (Apg 18,18) als Nasiräer. – Die Geburtsankündigung des Simson (Ri 13,1-25) weist überdies

gilt das von Geburt an ungeschnittene Haar. Nach der Bibel liegt also Simsons Stärke in seiner Beziehung zu Gott und nicht in seiner Manneskraft, wie in der Interpretation der Geschichte um Simson und Delila und in den literarischen Adaptionen immer wieder verkürzt dargestellt wird. Delila informiert die Philister, erhält das Geld und schneidet Simson im Schlaf die Locken ab. Danach wird er von den Philistern überwältigt, die ihn blenden, in Ketten legen, wie einen Sklaven im Gefängnis eine Mühle drehen lassen und ihren Spaß mit dem blinden Mann treiben. Er spürt aber, wie ihm in der Einsamkeit der Gefangenschaft mit dem Wachsen des Haars die Kraft wieder kommt, und bringt bei ihrem Siegesfest mit seinen Händen die Säulen des Hauses zum Einsturz, sich selbst und Delila sowie die Fürsten der Philister und viel Volk unter den Trümmern begrabend.[43]

Delila, von Simson geliebt und begehrt und von den Philistern als Werkzeug benutzt, charakterisiert sich zum einen durch ihre Habgier, denn sie ist bereit, den Geliebten um elfhundert Silberstücke zu verraten, zum andern durch ihre Zielstrebigkeit, da sie unerbittlich ihren Plan verfolgt. Über ihre Gefühle Simson gegenüber sagt die Bibel nichts. Im Kontext des Richterbuchs hat sie nur die Funktion, die Verführbarkeit des Mannes Simson auszunutzen und seinen Sieg über die Philister zu erschweren. Außer im 16. Kapitel ist von ihr in der Bibel nicht mehr die Rede.

Obwohl die Geschichte um Simson und Delila im Rahmen des Alten Testaments nur eine untergeordnete Bedeutung aufweist, hat sie von jeher die Künstler beschäftigt. Das liegt einerseits an der außerordentlichen Liebesgeschichte zwischen zwei Personen verfeindeter Völker, andererseits an der Aussparung jeglicher Gefühlsäußerungen der Personen im biblischen Text, so dass viel Freiraum zur Ausschmückung bleibt.[44]

Gemessen an der Kürze der Episode ist die Anzahl der Adaptionen im 20. Jahrhundert beträchtlich. Da es sich bei dem Stoff um einen dramatischen Konflikt handelt, ist er auch bis auf einen Roman von *Felix Salten*, den Gedichtzyklus von *Uriel Birnbaum* und ein Gedicht von *Johannes Kühn* ausschließlich als

---

auffallende Parallelen zur Ankündigung der Geburt des Täufers auf (Lk 1,26-38); auch dieser scheitert an einer Frau, wenn auch aus anderen Motiven.

[43] Dass dieser Schluss in fataler Weise an religiös motivierte fanatisierte Selbstmordattentäter erinnert, kommt vielleicht nur dem zeitgenössischen Leser in den Sinn. Die Bibel weiß ihn anders zu interpretieren. – Die vielfältigen Verweise der Simson-Perikopen auf andere antike Mythen sowie die symbolischen Handlungen und Gegenstände bleiben hier unbesprochen. Vgl. dazu u.a. Manfred Görg: Richter. Die Neue Echter Bibel. Würzburg 1993, 72-87. Gleiches gilt auch für die neueren theologischen Nacherzählungen der feministischen Literatur.

[44] Hier werden nur die Simson-Adaptionen besprochen, in denen Delila eine besondere Interpretation erfährt. So bleiben z.B. die Dramen von *H. Burte, H. Eulenberg, A. Jacoby, A. Lembach* u.a. unerwähnt, da sie mehr oder weniger die biblische Vorlage nur paraphrasieren. Vgl. dazu Susanne Gillmayr-Bucher: Die Richter. In. Die Bibel in der deutschsprachigen Literatur (Anm. 13), 137-150. Die Anspielung auf die Simsonperikope in *Elias Canettis* Roman „Die Hochzeit" gibt für die Delila-Interpretation wenig her; das gleiche gilt auch für die Auseinandersetzung dieses Autors mit dem Bild von Rembrandt „Der Triumph der Dalila" in „Die Blendung", die vor allem im Hinblick auf Simson von Bedeutung ist, weniger auf Delila.

Drama verarbeitet worden. Die Novelle von *Clara Viebig* „Simson und Delila" sowie die Fallgeschichten „Judasfrauen" von *Helga Schubert* transfigurieren das Grundmuster weiblicher Denunziation. Die meisten Autoren suchen die Handlungsmotive der Hauptfiguren auszugestalten, da sie sich mit der naiven Triebhaftigkeit Simsons und der berechnenden Verführungstaktik Delilas nicht abfinden wollen. Die älteren Dramen sind fast ausschließlich alle von Männern verfasst, nur die aktualisierenden Transfigurationen von Frauen.

So stellt *Eduard Eggert* in seiner Tragödie „Simson"[45] eine liebende treue Delila vor, die das Ansinnen des Königs, Simson auszuhorchen, abweist, heimlich zu ihm geht, ihn zu schützen sucht und dies mit dem Leben bezahlt. Besonderes Gewicht legt der Autor auf die erste Begegnung der beiden: Delila hat sich als starke Frau Simson im Kampf gestellt, um ihren Vater (nicht ihr Volk) zu retten, und wird von Simson überwältig und zur Gefangenen gemacht. Er aber lässt sie wieder frei und sie entflammt in Liebe zu diesem starken Mann. Auch Simson handelt nicht Bibel konform. Er lehnt es ab, ohne Eigenwillen Werkzeug in Jahwes Hand zu sein, und offenbart sich selbst Delila, indem er sie bittet, ihm die Locken abzuschneiden:

> Simson: Trennst du die sieben Locken mir vom Haupt:
> so trennt uns kein Geheimnis mehr. (119)

Damit glaubt er der „Erbschaft der Vorzeit", dem „Selbstbetrug der Menschenschwäche" (121) durch religiöse Bindung, zu entkommen. Widerwillig erfüllt Delila seine Bitte. Da sie belauscht werden, nimmt die Tragödie den bekannten Verlauf. Simson wird überwältigt und gefangengesetzt und Delila als seine Frau und Verräterin am eigenen Volk hingerichtet. Das Drama schließt wie in der biblischen Vorlage mit dem letzten Kraftakt Simsons, der den Tempel zum Einsturz bringt.

Auch *Felix Salten* stilisiert in seinem breit angelegten Roman „Simson. Das Schicksal eines Erwählten"[46] Delila zu einer großen Liebenden, die dem Geliebten in Kerker und Tod folgt. Der Verrat ist hier nicht nur politisch, sondern auch persönlich motiviert, da die Fürstin Ganna Simson begehrt, von ihm aber abgewiesen wird und deshalb Delilas Schwester Kadita mit Schmuck und Geld besticht, die beiden zu belauschen und dann zu handeln, was diese auch tut. Der Roman umfasst das ganze Leben Simsons und sucht die einzelnen Episoden der biblischen Vorlage plausibel zu motivieren. So wird z.B. von Anfang an die Liebesgeschichte zwischen Simson und Delila kunstvoll vorbereitet: Fast noch ein Kind ist sie nach seinem Attentat mit den Tierfackeln (15-19) anwesend und fragt ihn nach seinem Beweggrund, dann begegnet sie ihm am Brunnen zu Gaza, als alle Philister aus Furcht vor ihm geflohen sind (42-43) – die Anspielung auf die biblischen Brunnen- und Liebesgeschichten ist deutlich.

Der Roman hat zwei Sinnspitzen, zum einen die der biblischen Vorlage entsprechende Darstellung des Siegs der Israeliten über die Philister durch

---

[45] Eduard Eggert: Simson. Tragödie in fünf Aufzügen. Ravensburg 1910.
[46] Felix Salten: Simson. Das Schicksal eines Erwählten. Roman. Berlin/Wien/Leipzig 1928.

Simson, zum anderen die der zum Scheitern verurteilten Zusammengehörigkeit zwischen Liebenden verfeindeter Lager, also des Romeo- und Julia-Motivs[47], was z.Zt. der Veröffentlichung des Romans wie eine böse Vorausdeutung gelesen werden konnte.

Neben diesen offensichtlichen Umdeutungen nehmen sich die Dramen von *Hermann Wette* und *Karl Röttger* eher traditionsgebunden aus. *Hermann Wette* gibt bereits im Untertitel sein Programm an: „Simson. Tragödie in fünf Akten nach Worten des Alten Testaments"[48] und legt eine Art Oratorium vor. So singt Simsons Mutter ein Loblied auf die edle Frau und die Stärke des Mannes und Delilas Liebesverlangen wird mit Worten aus dem Hohenlied dargestellt (vgl. 35-39). Simsons Hinwendung zur Philisterin Delila wird begründet mit seinem Glauben, Gott habe ihm Delila zugedacht, dass der Hass zwischen den Israeliten und den Philistern durch ihre Liebe überwunden würde, und Delilas Verrat wird dahingehend abgemildert, dass sie nur auszuführen hat, was der Baalspriester bereits weiß. Die Gesamthandlung paraphrasiert nur die biblische Vorlage.

Ähnlich bedeutungslos für die Gesamtrezeption ist *Karl Röttgers* Drama „Simson"[49]. Hier wird der Glaube sowie der Unterschied der Geschlechter Mann und Frau betont. Nur zögernd lässt Delila sich auf den Verrat ein, zu dem sie unter Androhung von Strafe durch den Gott Dagon gezwungen wird: das Haus ihres Vaters würde ein Opfer des Feuers und sie getötet. Sehr breit werden die vergeblichen Versuche der Philister, Simson zu überwältigen dargestellt, bis dieser ihr das Geheimnis seiner Stärke anvertraut: Er verhüllt seine Aussage in eine Frage: „Was ist das Schönste an mir?"(39), so dass nicht er die Wahrheit ausspricht, sondern Delila: „dein Lockenhaar"(39). In „grenzenlose(m) Vertrauen" überantwortet er sich ihr im Schlaf. Es gelingt Röttger nicht, Delilas Tat zu motivieren; „es geschah, traumhaft" (40) überzeugt nicht, sondern er paraphrasiert nur die Vorlage.

Uriel Birnbaum gestaltet in seinem Sonett-Zyklus „Simson und Delila"[50] die Geschichte einer seelischen Veränderung. Obwohl ein Engel Simson warnt, erliegt er seinem Begehren, die Frau Delila zu besitzen, und ergibt sich ihr ganz bis zur Preisgabe seines Geheimnisses. Der Autor bringt seine Gottesvergessenheit auf den Punkt, wenn er aus Simsons Perspektive schreibt:

> Statt Liebesbett – voll feierlichem Spott:
> Hier, greifbar, war Delila! Wo war Gott? (613)

---

[47] Der Bezug ist vom Autor bewusst gewählt, bereits zu Beginn der Erzählung lässt er im Rahmen von Simsons Richtertätigkeit diesen ein Urteil über zwei Bauern fällen, die sich um einen Acker streiten, wie die Väter in „Romeo und Julia auf dem Dorfe" von *Gottfried Keller*.

[48] Hermann Wette: Simson. Tragödie in fünf Akten nach Worten des Alten Testaments. Leipzig 1904.

[49] Karl Röttger. Simson. Ein Drama. Leipzig 1921.

[50] Birnbaum: Simson und Delila. In: Ders. (Anm. 15), 611-620.

Nach Delilas Verrat, seiner Blendung und Inhaftierung findet er zu seiner Aufgabe zurück und führt den Tempeleinsturz durch. Delila ihrerseits, anfangs kalt und berechnend, sieht sich in der Rolle der Liebesgöttin:

> „Astarte bin ich, die die Stärksten lockte,
> genoss und dann in Tiergestalt anpflockte" (613)

Sie verlangt göttliche Verehrung, die Simson nach seinem Glauben nicht leisten kann. Auch sie macht nach Birnbaum eine Wandlung durch. Als sie den Mann, „der bei ihr geruht", in totaler Erniedrigung und dem Spott der Fürsten preisgegeben sieht, entflammt sie in echter Liebe zu ihm, was Birnbaum durch den betonten Gebrauch der trivialen Metapher „Herz" (618) plausibel machen will. In inniger Umarmung werden die beiden Liebenden von den Trümmern des einstürzenden Tempels begraben. – Wie die meisten Gedichte des Autors befriedigen sie den heutigen Leser nicht mehr, zu schwülstig ist die Wortwahl, zu gewaltig aufgepeitscht die dramatische Handlung. Letzteres gilt im übrigen für fast alle Bearbeitungen dieses Stoffs.

Eine Interpretation ganz auf der Linie der Femme-fatale-Motivik und seiner Auffassung von bürgerlicher Moral hat *Frank Wedekind* in seinem Drama „Simson oder Scham und Eifersucht"[51] von 1913 vorgelegt. Er folgt zwar im Ablauf der Ereignisse der biblischen Vorlage, unterwirft die Figuren jedoch seiner eigenwilligen Menschen- und Kunstauffassung. Seine Delila kann nicht mit den Maßstäben der christlichen oder bürgerlichen Moral gemessen werden. Sie ist in der Nähe der Lulu und der Salome anzusiedeln und verkörpert die „Moral der Amoralität"[52]. Als animalische Verführerin entlarvt sie die bürgerliche Doppelmoral der Fürsten und des Königs Og von Basam, wobei „animalisch" im Sinne Wedekinds nicht negativ zu lesen ist, sondern „die gewissenlose Lebenskraft"[53] verkörpert. Der Autor selbst gibt diese Verstehenshilfe durch den Vorspruch, den er seinen gesammelten Dramen voranstellt:

> Das wahre Tier, das wilde, schöne Tier,
> Das – meine Damen! – seh'n Sie nur bei mir.[54]

Es muss allerdings bedacht werden, wie ironisch und doppelsinnig der Autor mit dieser Auffassung umgeht. Im Kontext des Fürstenlobs des vorliegenden Stücks kann sie nur ironisch verstanden werden.

> GADIAS: Wir Menschen lebten mehr im Finstern als
> Das Tier. Daran ist gar nicht mehr zu zweifeln.
> Welch nie geahnter Rundblick zeigt sich uns!
> Zur Schamvertilgung fehlen freilich nur

---

[51] Frank Wedekind: Simson oder Scham und Eifersucht. Dramatisches Gedicht in drei Akten (1913). In: Ders.: Prosa, Dramen, Verse. München 1964, 527-596.
[52] Vgl. Hermann Glaser: Literatur des 20. Jahrhunderts in Motiven, Bd. 1: 1870 bis 1918. München 1978, 184.
[53] Glaser (Anm. 52), 184.
[54] Zit. nach Glaser (Anm. 52), 184.

Die tücht'gen Menschen noch. Heil dir, Prophetin,
Daß du zu solchen Menschen uns erziehst! (567)

AZAV: Menschheitserzieherin Delila, Heil!
Gelobt sei deine Kunst, aus schmutzigen Menschen
Uns in die reinsten Tiere zu verwandeln.

Delila ist von Wedekind als der neue Mensch konzipiert, der den „Geist des
Fleisches in naturhafter Selbstverständlichkeit, jenseits des Frivolen und
Pikanten"[55] aufgreift und danach lebt. Sie ist sich ihres Wertes wohl bewusst.
Grenzenloser Ehrgeiz nach Geld, Ruhm, sexueller Befriedigung und hoher
Stellung treiben sie zur Tat. Dazu nutzt sie die Kräfte, die sie von ihrem Vater,
einem Zauberer und Propheten, gelernt hat, wie sie im Dialog mit den Fürsten,
die von ihr Simsons letztes Geheimnis erfahren und sie reich belohnen wollen,
sich selbst wie von außen betrachtend bekennt:

DELIIA: Doch deines Vaters Meisterschaft, dem Feind
Zu schmeicheln, bis sein Allerinnerstes
Er preisgegeben, ihn mit solcher Kenntnis,
Ihm selbst verhüllt, wie einen willenlosen
Popanz zu lenken, das ist dir, Delila,
geglückt. [...] (537)

In Anwendung dieser Kräfte wird Simson unter ihren Händen zu einem
willfährigen Mann. Schamlos – im wahren Sinn des Wortes – misshandelt und
erniedrigt sie ihn, um die Fürsten und den zukünftigen König auf sich
aufmerksam zu machen: Sie lässt ihn blenden, sie nutzt ihn als Sklaven zur
Arbeit in der Mühle aus, sie schläft vor aller Augen mit dem Blinden und
demütigt ihn vollends, als sie zu seinem Lied mit dem sinnreichen Kehrreim
„Die lachende Lockung narrt" (574ff.) mit dem König schläft. Sie beherrscht
ihn also völlig:

DELILA: Bist du der erste beste? Ist Delila
Die erste beste? – Schmeichelt es dir nicht,
Daß du Delilas köstlichster Besitz?

Die Rollen der Geschlechter scheinen vertauscht:

SIMSON: Durch meine Blindheit sind wir so vertauscht,
Daß ich das Weib bin und daß du der Mann bist.
Blind weiß ich nicht, wie ich auf andre wirke.
Drum brauch ich Liebe, brauch Geborgenheit.
Was Millionen Weiber schweigend leiden,
Das leid jetzt ich. [...] (558)

---

[55] Glaser (Anm. 52), 184.

All das ist für Delila nur Spiel und Kunst. Die Fürsten jedoch verstehen es in ihrer bürgerlichen Borniertheit als Entwurf für ein neues Lebenskonzept der Schamlosigkeit. Darüber kann Delila nur lachen:

DELILA: Ist das ein Mißverständnis! Tief beklag ich,
Daß meine übermüt'ge Laune auf
Solch einen Irrweg euch gelockt. Wenn schamlos
Ich mich gezeigt, geschah das, meine Kunst,
Gefallen zu erwecken, die ihr lästert,
In ihrer vollsten Pracht euch zu beweisen.
Nun preist ihr mein Vergehen statt meiner Kunst,
Für die ich's auf mich nahm. Und meine Kunst,
Die euch besiegt, scheint euch erst recht
verächtlich (567)

Auch Og von Basan, der sich auf ihr Geheiß hin zum König macht und den sie verführt, damit er ihr die Königinnenwürde verspricht, durchschaut das Spiel nicht und schneidet ihr in einem Anfall rasender Eifersucht die Kehle durch. Einzig Simson, der Gedemütigte, besinnt sich in tiefster Erniedrigung seiner eigentlichen Berufung und widersteht ihr:

SIMSON: [...] Vom Boden reißt mich, was mir ahnt:
Größerem ward ich Gottgeweihter noch
Geweiht, zu wildrer Qual, zu höh'rem Weh.
Und da die Kraft zu sterben feig entwich,
Dank stolz ich dir, o Gott, daß mich Zerbrochnen,
mich ganz Unwürdigen, deiner Macht zum Opfer
Du weihtest! – *Aus tiefster Seele*
Gott, was kann ich Besseres tun? (581)

Damit wird zur Schlusskatastrophe, die in Anlehnung an die biblischen Vorlage gestaltet ist, übergeleitet und Simsons Tat psychologisch begründet. Ahnungslos begehren der König und das Volk den Sieg zu feiern, Delila wird als Prophetin des Dagon gepriesen, der König Og will sie durch Heirat zur Königin machen und zur Belustigung aller soll Simson tanzen. In doppelsinnigen Reden lässt Wedekind einen Schriftgelehrten und den König Simsons Schicksal verspotten, die alle nicht ahnen, dass sie dadurch ihren eigenen Untergang vorbereiten. Die Polarität ist in Versstruktur und sprachlichen Oppositionen deutlich:

DER SCHRIFTGELEHRTE:
Worin liegt, Simson, das Geheimnis deiner
Unwiderstehlichen Ergötzlichkeit?

SIMSON: Unsterblich durch des Körpers Riesenkraft,
Durch mein Geschick auf ewig lächerlich,
Wälz ich, unsterblich und doch lächerlich,
Den Fluch, unsterblich lächerlich zu sein.

[...]

DER KÖNIG: Du ahnst nicht, Simson, wie dein Unglück mich
  Erquickt. Wenn ich gewann, was du verlorst,
  Wenn man mich ehrt, so man deiner spottet,
  Und mich vergöttert, wie man dich verlästert,
  Dann bin ich heut der herrlichste der Menschen:
  Mir ist's ein Hochgenuß, dir zuzuschaun. –
  Bist du zum Tanzen noch zu müd, dann sing
  Uns zur Belustigung deine Klagelieder. (589)

Unter allgemeinem Spott lässt Simson sich zu den tragenden Säulen der Halle
führen, um dort zu tanzen. Mit seinem Vergeltungsschlag, dem Einsturz von
Terrasse und Dach und dem Schreien der lebendig Begrabenen, endet das
Stück.

Es kann hier nicht weiter auf die Eigenarten und Feinheiten des Wede-
kindschen Textes eingegangen werden, nicht auf die Personenkonstellation, die
kunstvolle Sprache, die symbolische Verwendung der Begriffe „Augen",
„Säulen", „Mühle", die Entwicklung der dramatischen Handlung – all das muss
einer Spezialanalyse vorbehalten bleiben. Hier kann es nur darum gehen: die
Besonderheit der Figur der Delila herauszustellen. Unter dem Motto „Die
lachende Lockung narrt" sind ihre Aktionen und Reden zu sehen. Sie – die
einzige Frau im Stück – spielt mit den Männern; jeder verfällt ihr auf seine
Weise: die Fürsten, die die Kunst ihres „schamlosen" Spiels nicht durchschauen, der König, den sie wie eine Marionette bestimmt und zu rasender
Eifersucht treibt, vor allem Simson, der ihr zu gefallen alles aufs Spiel setzt
und von ihr wie ein ihr gehörender Zirkusbär („mein Simson") vorgeführt wird.
Wenn dieser auch die Hauptfigur ist, an der sich das Schicksal der Philister
vollzieht, so ist Delila die Zentralfigur, das Movens, das alle Geschehnisse in
Gang setzt.

Die bisher besprochenen Beispiele haben für die Rezeption in der Gegenwart
kaum Bedeutung; sie sind höchstens literar-historisch interessant. Das wird
anders, wenn man die Transfigurationen betrachtet, die das Motiv und die
Handlungsmuster in die jeweilige Gegenwart verlegen. *Clara Viebigs* Novelle
„Simson und Delila"[56] bietet eine heute nur mehr regional beachtete
Geschichte weiblichen Verrats. Suß verrät aus gekränkter Liebe ihren Freund,
der sich nach dem Mord an seinem grausamen Vater in einem Versteck aufhält,
das nur die beiden Liebenden kennen. *Nelly Sachs* hat in ihrer szenischen
Dichtung „Simson fällt durch die Jahrtausende"[57] ein mystisches Spiel um

---

[56] Clara Viebig: Simson und Delila. In: Dies.: Kinder der Eifel. (1897) Briedel 1998, 6-79.

[57] Nelly Sachs: Simson fällt durch die Jahrtausende. In: Dies.: Zeichen im Sand. Die
szenischen Dichtungen der Nelly Sachs. Frankfurt a. M. 1962, 185-238. Eine ausführlichere,
kenntnisreiche Besprechung findet sich bei Susanne Gillmayr-Bucher (Anm. 13), 146-150.
Vgl. auch Gabriele Fritsch-Vivié: Biographische Aspekte in den Szenischen Dichtungen der
Nelly Sachs. In: Nelly Sachs. Neue Interpretationen. Hg. von Michael Kessler/Jürgen Wert-
heimer. Tübingen 1994, 271-283, bes. 276-278.

Liebe und Verrat entworfen, in dem die Simsonperikope den Rahmen für eine Gegenwartsgeschichte bildet, die des Schuldieners, eines großen, kraftvollen Menschen, und seiner Frau Nina, die sich ihm entfremdet hat und ihn loswerden möchte, indem sie ihn, da er unter der Fallsucht leidet, in eine Psychiatrische Klinik abschiebt. Das gesamte Spiel, das hier nur erwähnt werden kann, ist durchzogen von Anspielungen auf das Buch der Richter, besonders bedeutsam sind die Motive des Haareschneidens, des Bindens mit Stricken, der Auslieferung des Mannes, sein Spiel als gedemütigter Mensch und seine Verwandlung. Nina als Transfiguration der Delila entspricht ihrem biblischen Vorbild als kalte, nur auf sich selbst bezogenen Frau.

Abschließend sei auf das Phänomen der sogenannten Judasfrauen hingewiesen, das Historiker und Literaten gleichermaßen beschäftigt. Es sind Spitzel, Spione, Verräter weiblichen Geschlechts, die aus Geltungsbedürfnis, Eitelkeit, Ehrgeiz, Habgier oder gekränktem Stolz Männer des Widerstands gegen die Staatsmacht an den Feind ausliefern. Nicht selten setzen sie dabei die Waffen einer Frau, die Verführung, ein. *Helga Schubert*, eine Autorin der ehemaligen DDR, hat in mühevoller Recherche in ost- und westdeutschen Archiven Material zu „Zehn Fallgeschichten" weiblicher Denunziation im Dritten Reich ermittelt und in Anspielung auf den Judasverrat der Passionsgeschichte unter dem Titel „Judasfrauen"[58] als dokumentarische Erzählungen herausgegeben. In ihrer Einleitung schreibt sie:

> Von Frauen verraten. Von Männern verhaftet, von Männern verhört, von Männern verurteilt, von Männern geköpft. Aber von Frauen verraten. [...] Ein leiser Verrat. Ein heimlicher und sauberer Verrat. Kein Blut an den zarten Händen, das Blut klebt am Fallbeil. Frauen, die andere Menschen durch ihren Verrat töteten. Was waren das für Frauen? (16)

Diese Frage treibt die Autorin um und wird in jeder Geschichte neu gestellt. Ihre Beispiele zeigen weibliche Wesen, die ähnlich wie Delila – der Bezug wird ausdrücklich hergestellt (14) – selbst unpolitisch, aber durch Geld und Geltungssucht verführbar, Männer, die ihnen durch eine systemkritische Äußerung bekannt waren, an die Gestapo von Freislers Volksgerichtshof auslieferten. Bekannte Opfer waren z.B. der Pianist Karlrobert Kreiten, der katholische Pater Dr. Max Josef Metzger, der Politiker Dr. Karl Goerdeler. Schubert geht den Fällen nach und fragt nach Beweggründen der Frauen, dem Vertrauen und Leichtsinn der Opfer, dem Fortschreiten der Gefahr. Abgesehen von den obengenannten Namen verschweigt sie die weiterer Opfer und die der Verräterinnen. Es geht der Autorin nämlich nicht darum, nun ihrerseits die Frauen zu denunzieren, sondern „Parabeln über verständliche Motive und unlautere Mittel" (9) zu erzählen, angereichert durch fiktive Monologe und frei montierte Geschehensabläufe. Liebesverrat wie bei Delila ist allerdings eher die Ausnahme; die meisten Frauen leben distanziert zu ihren Opfern, ohne

---

[58] Helga Schubert: Judasfrauen. Zehn Fallgeschichten weiblicher Denunziation im Dritten Reich. Berlin/Weimar 1990; Lizenzausgabe Frankfurt a. M. 1990.

intime Beziehungen. Die stärkste Nähe zur Simson-und-Delila-Geschichte weist das Beispiel „Der unerreichbare Mann" auf. Schubert lässt die Protagonistin ihren Fall aus der Rückschau selbst erzählen, nachdem diese nach dem Krieg ihre Strafe für ihre Schuld abgesessen hat. Die leidenschaftliche Hassliebe zu F., einem Handwerker, hat sie so weit getrieben, dass sie vier junge Männer und ihren Freund F. wegen leichtsinniger Bemerkungen über das Reich, den Krieg und den Führer an die Gestapo verraten hat, die allesamt „wegen Staatsgefährdung, Defätismus, Wehrkraftzersetzung, öffentliche Herabsetzung der führenden Männer in Staat und Partei" (84) verurteilt wurden und bis auf ihren Freund umkamen. – Auch Hilde in „Eine Frage ohne Antwort" verrät ihren Mann wegen defätistischer Äußerungen über Goebbels und Hitler an die Gestapo, um ihn loszuwerden und einen anderen zu heiraten.

Die kurzen Ausführungen zu Schuberts Buch sollten einmal mehr die Aktualität der biblischen Grundmuster menschlichen Handelns herausstellen. Selbst eine in der biblischen Diktion eher abstruse, finstere Geschichte wie die von Simson und Delila gewinnt in ihrem Kern tiefe Bedeutung, auch für die Gegenwart. – Die einzelnen Beispiele zeigen, wie sich die Autoren bemühen, die grausame Tat der Delila psychologisch aufzuarbeiten.

IV. Frauen rund um das Königtum

Das Königtum ist für die hebräische bzw. jüdische Geschichte, aber auch für das Christentum von entscheidender Bedeutung. Nachdem die Erwählung der israelitischen Wüstenstämme zur Zeit der Patriarchen und Matriarchinnen durch Jahwe und die Festigung der Volksgemeinschaft bei der Wanderung von Ägypten nach Palästina durch Mose sowie die kriegerischen Auseinandersetzungen zur Zeit der Richter ein Zusammengehörigkeitsgefühl unter den Stämmen begründet hatten, wurde durch die Herrschaft Sauls und Davids und deren Eroberungsfeldzüge das Fundament zum einen für die ethnische, politische und religiöse Identität der Juden gelegt, zum anderen die historische Wurzel für die Messiasverheißung geschaffen, die sich in Jesus, dem „Sohn Davids", erfüllte und dem Christentum seine geschichtliche Basis gab. In dieser Zeit der Begründung und Festigung des Königtums spielen Frauen eine nicht unerhebliche Rolle.

1. Noomi und Rut, die Ahnfrauen Davids

Den Reigen eröffnen die Frauen aus dem Buch „Rut": Noomi, Orpa, Rut. Ähnlich wie bei „Ester" und „Judit" handelt es sich hier um ein Buch, das nicht nur das Schicksal von verwitweten Frauen in der Fremde erzählt, sondern auch mit einem Frauennamen überschrieben ist und aus der Perspektive einer Frau zu stammen scheint.[1] Im Rahmen der biblischen Bücher hat es als Verbindungsstück zwischen „Richter" und „1 Samuel" für die Geschlechterfolge, aber auch wegen seiner kunstvoll gestalteten Geschichte besondere Beachtung gefunden.[2] Was den Leser an diesem Buch so fasziniert und viele Autoren zur Nachgestaltung herausfordert, ist einmal neben den die biblischen Bücher im Allgemeinen beherrschenden zahlreichen Erzählungen über kriegerische Auseinandersetzungen der Charakter des Privaten und Familiären, zum anderen das Motiv der Treue, das diese Geschichte vom Anfang bis zum Ende durchzieht. Im Abbild der Treue von Mensch zu Mensch erfahren die Beteiligten Gottes Treue zu seinem Volk, ja zum Menschen schlechthin: So wie die Moabiterin Rut – anders als Orpa – ihre Schwiegermutter Noomi nicht verlässt, als diese nach dem Tod ihres Mannes in ihre Heimat Betlehem zurückkehrt, so verlässt auch Gott die Seinen nicht, sondern sendet ihnen Hilfe

---

[1] Vgl. Renate Jost: Freundin in der Fremde. Rut und Noomi. Stuttgart 1992, 9. Dass es auch von einer Frau geschrieben sein könnte, ist eher unwahrscheinlich. Vgl. dazu Josef Schabert: Rut. Würzburg 1994 (Neue Echter Bibel, Lfg 33), 8. – Vgl. zur Exegese: Irmtraud Fischer: Rut. Freiburg 2001 (Herders Theologischer Kommentar zum Alten Testament).

[2] Schabert u.a. stufen das Buch gattungstheoretisch als „historische Novelle" ein. Vgl. Schabert (Anm. 1), 6, und betonen seinen kunstvollen Aufbau, die sinnreiche Namengebung der Figuren und seinen ethischen Gehalt. Vgl. auch Erich Zenger: Das Buch Rut. Stuttgart 1952.

durch eine reiche Ernte (Rut darf nach dem Recht der Armen Ähren sammeln) und durch die Großherzigkeit von Boas, der als entfernter Verwandter auch als Löser[3] für Noomi und Rut eintritt, letztere heiratet und mit ihr einen Sohn zeugt, Obed, den Großvater Davids.[4]

Obwohl die Geschichte dieser Frauen als historische Novelle bezeichnet wird, trägt sie vor allem lyrische Züge. So sind es denn auch in der Überzahl Gedichte und Lieder, die sich in der literarischen Wirkungsgeschichte finden. Prosawerke des 20. Jahrhunderts bieten kaum mehr als Paraphrasen der biblischen Vorlage, so z.B. der Roman des Amerikaners *Frank W. Slaughter* (1989) „Ruth"[5].

Es zeigt sich hier wie so oft, dass eine harmonische Vorlage nur wenige Angelpunkte für eine spannende dramatische Ausgestaltung bietet. Sicherlich wäre das Flüchtlingsschicksal oder die Situation der Fremden für eine Adaption interessant, aber es wird in der Bibel bestens gelöst, was für Autoren im 20. Jahrhundert keinen Anreiz zur Dramatisierung bietet. Dennoch finden sich in den Gedichten einige Aspekte, die die Vorlage auf bemerkenswerte Weise interpretieren.

So widmet *Yvan Goll*[6] **Noomi**, der Schwiegermutter Ruts, eine groß angelegte Dithyrambe, in der er ihr – ähnlich wie andere Autoren Lea und Rahel – die Rolle einer Stammesmutter zuschreibt, die sich um ihr Volk sorgt. In fünfmaligem Ansatz spricht Noomi zu ihrem Volk: Im ersten schildert sie ihr Eingebundensein in die Schicksalsgemeinschaft der Juden:

> Ich trage so schwer an der Schicksalserbschaft
> Meiner Bibelmütter,
> Meiner Prophetinnen,
> Meiner Königinnen.

---

[3] Der „Löser" hatte die Aufgabe, den Verkauf des ererbten Grundbesitzes der Familie, hier von Noomi, zu verhindern; dazu kommt hier noch die Sitte des Levirats (s.o. Tamar).

[4] Joe H. Kirchberger: „Das Buch Rut, in der Bibel zwischen dem der Richter und den beiden Büchern Samuel eingeschoben, berichtet nicht vom großen politischen oder religiösen Geschehen. Es ist eine Art Idylle, die in der Form einer Novelle gestaltet ist. Ruts und Boas Geschichte spielt eindeutig gegen Ende der Richterzeit, denn es wird gesagt, daß ihr Sohn Obed der Großvater Davids war, und die Legende will wissen, daß Rut im hohen Alter noch König Salomo in seinem Glanz erlebt hat." Ders.: Rut, die Moabiterin. In: Rut Große Frauen der Bibel in Bild und Text. Hg. von Herbert Haag/Joe H. Kirchberger/D. Sölle. Freiburg/Basel/Wien 1993, 148.

[5] Die in Tagebuchform verfasste Erzählung „Das Buch Ruth. Aus den Aufzeichnungen des Archäologen Michael S." von *Hanns Cibulka* (Halle/Leipzig 1978) bezieht sich nur in ihrer Grundtendenz von Bewahrung und Bewährung in Treue auf die alte Vorlage. Hier ist Ruth eine geschiedene Frau, die sich aber trotz echter Liebe nicht vorschnell neu binden will. – Auf die gut gemeinten, aber literarisch unbedeutenden Neuerzählungen und Neuinterpretation der Rut-Geschichte in den Bänden z.B. von *Leszek Kolakowski, Ingeborg Kruse, Pnina Navè Levinson* u.a. wird hier nicht eingegangen.

[6] Vgl. Yvan Goll: Noemie. (1915-19) In: Der.: Dichtungen, Lyrik, Prosa, Drama. Hg. von Claire Goll. Darmstadt 1960, 47-50.

Es rauschen so mächtig aus dunklen Jahrhunderten
Die Gottesjahre,
Die Tempeljahre,
Die Ghettojahre.

Es singen so wirr in meiner erschütterten Seele
Die Jahreszeitenfeste,
Die Himmelsfeste,
Die Totenfeste.

Es schreien so tief in meinem tollen Blut
Die Patriarchen,
Die Helden,
Die Söhne.

Hör, Israel, Adonai war dein Gott, Adonai war einzig!

Goll hat zwar das Gedicht mit „Noemie" überschrieben und der Frau die
Aussagen in den Mund gelegt, aber der erste Abschnitt lässt unschwer
erkennen, dass sich hinter dem „Ich" ein Mensch des 20. Jahrhunderts verbirgt,
der schwer am jüdischen Erbe trägt (die „Gotteserfahrungen" der „Jahrhunderte" „rauschen so mächtig", „singen so wirr", „schreien so tief") und sein
Volk an seine große Geschichte und seine Einzigartigkeit erinnern zu müssen
glaubt („Dein Geist ist einzigartig"). In drei weiteren umfangreichen
Abschnitten werden in frei rhythmischer hymnischer Diktion die Geschichte
der Väter als die „des Frühlingsvolks" (II), die des institutionalisierten,
normierten Gottesglaubens als „Des Talmudvolks" (III) und die der verfolgten
Juden durch die Jahrhunderte als „des Ghettovolks" (IV) besungen und damit
die logische Folge vom hochherzigen Anfang „Israel so fromm wie ein
Frühlingshügel" über den verkopften, gesetzeshörigen Tempelkult „Aber
versteinert war deine Seele" bis zur Situation der armseligen orthodoxen Juden,
verfolgt in allen Ländern „Mit faulen Zähnen kräht ihr Klagepsalmen" in
„spanischen Türmen, rumänischen Höhlen" dargestellt. Diese Geschichte übermannt die Sprecherin Noomi, so dass sie in leidenschaftlichem Appell
ausbricht, zu den Anfängen zurückzukehren:

Auferstehe, mein Volk, und lasse die Lieder
Und lasse den Gott der Schriften und Klagen
Begraben!
Hör, Israel!

Diesen Ausruf entfaltet sie im fünften Abschnitt, indem sie ihr Volk an seine
großartige Geisteskraft und Sendung erinnert:

Du hast einen Geist,
[...]
Dein Geist ist das Leben!
Ohne Ende, Tod!

Bedeutsam ist, dass Noomi hier ihr Volk nicht auf Jahwe (Dtn 6,4) zurück-verweist, sondern ihm in Anspielung auf die gewaltigen kulturellen, wissenschaftlichen, religiösen und wirtschaftlichen Leistungen die eigene Kraft, die in seinem *Geist* liegt, bewusst macht:

> Hör, Israel, dein Geist ist dein Gott,
> Dein Geist ist einzig!

Golls Gedichtzyklus verdient deshalb Beachtung, weil hier nicht plump oder gefühlsbetont die Vorlage nacherzählt wird, sondern die Gestalt der Judäerin Noomi in ihrer großen Rolle als Stammesmutter im Mittelpunkt steht, die unbeschadet dessen, dass die Kinder der Fremden aus Moab zwar nicht ihre Blutsverwandten, aber in Schwagerehe gezeugte Stammesverwandte sind, ihre Verantwortung für die Folgen auf sich nimmt. Aus ihrem Stamm ist David hervorgegangen, auf ihn, der das Volk zunächst zur Einheit führte, folgte Salomon und der Tempelbau, der letztlich die Erstarrung des lebendigen Gottesglaubens der Nomadenstämme herbeiführte. Es fällt zwar kein Wort über das menschliche Schicksal dieser Frau, die als kinderlose Witwe in der Fremde auf das Mitleid und die Treue ihrer Schwiegertochter angewiesen war, doch Golls Zyklus ist ein wichtiges Dokument von Noomis Treue zu dem Volk und Land ihrer Väter, in das sie nach dem Tod ihrer Familie wieder zurück-kehrte. – In allen anderen Werken ist Noomi bestenfalls eine Nebenfigur.
Das ist bei **Rut** anders. Die meisten der ihr gewidmeten, in der Tabelle aufgeführten Gedichte paraphrasieren zwar ausschließlich die biblische Vor-lage, stellen aber Rut fast immer in den Mittelpunkt. *Otto Erich Hartleben*[7] bringt z.B. eine gefällige Nachgestaltung. *Fritz Rosenthal* malt in „Ruth"[8] ein idyllisches Bild der Szene auf dem Feld, als Boas die mädchenhaft scheue Rut bei der Nachlese beobachtet und sich gedrängt fühlt, ihr Gutes zu tun. Der Schluss dieses ansprechenden Sonetts verweist auf die weitere Geschichte: „Und Könige entwuchsen seinem Grund."
Ähnlich stellt auch *Uriel Birnbaum* in „Boas sieht Rut"[9] den Löser in den Mittelpunkt. Auch hier wird das Erwachen seiner Liebe zu Rut und seine Vision für die Zukunft dargestellt. Auf den präsentisch formulierten Titel folgt zu Beginn der gleiche Satz, nun im Präteritum, dem Tempus des Erzählens „Boas sah Rut ...". Damit wird auf die abgeschlossene Geschichte hingewiesen und dem Leser, man beachte die Auslassungspunkte, Zeit gelassen, sich das Bild erinnernd vor Augen zu führen.
Auch „Das Mädchen Ruth"[10] von *Silja Walter* gehört zu dieser Art der Adaptionen. Eine Fremde erscheint plötzlich unter den Ansässigen eines

---

[7] Vgl. Otto Erich Hartleben: Das Buch Ruth. In: Ders.: Ausgewählte Werke. I: Gedichte. Berlin 1901, 137-142.
[8] Fritz Rosenthal (Ben-Chorin): Ruth. In: Ders.: Die Lieder des ewigen Brunnens. Wien/Leipzig 1934, 10.
[9] Uriel Birnbaum: Boas sieht Rut. In: Ders: Eine Auswahl. Gedichte. Amsterdam 1957, 588.
[10] Silja Walter: Das Mädchen Ruth. Ein kleines Festspiel. (1944) In: Dies.: Gesamtausgabe. Bd. 1: Frühe Gedichte, Texte, Erzählungen und Spiele. Hg. von Ulrike Wolitz. Freiburg/ Schweiz 1999, 285-305.

Bauernhofs und sieht und packt zu, wo es nottut. Der Bauer findet Gefallen an ihr und heiratet sie, was die anderen Mägde mit Neid erfüllt. Die Personen des Stückes stehen sich wie im Märchen „Aschenputtel" oder „Frau Holle" kontrastiv gegenüber, hier die heimatlose, bescheidene, fleißige Fremde, dort die stolzen, faulen, eitlen Mägde samt der hartherzigen Bäuerin und dazwischen der Erlöser-Prinz Booz. Wenn auch das Ganze in flüssiger Diktion angelegt und von gefälligen Liedern durchsetzt ist, so bringt das Spiel doch für die Bibelinterpretation nichts. Es wurde nur deshalb erwähnt, weil der Titel und die einzelnen veröffentlichten Lieder ganz eindeutig auf die biblische Frau verweisen und die Autorin im Raum der christlichen Literatur keine unbekannte ist.

Um ein Vielfaches anspruchsvoller und gelungener ist der kleine Sonett-Zyklus „Ruth" von *Gabriela Mistral*[11], auch wenn die Autorin ganz nah an der biblischen Vorlage bleibt. Sie fokussiert auf die Ähren lesende Rut und ihre Begegnung mit Boas. Beide werden in ihrem demütigen Glauben, in ihrer Milde und Ergebenheit als nahezu überirdische Wesen dargestellt, z.B. im letzten Terzett:

> Der Gerechte schlief. Friede ganz und Schönheit.
> Ruth, ergeben wie die Ähre, die geneigte,
> hat den Kopf auf Boas Brust gesenkt.

In diese Reihe der positiven Darstellungen gehört auch eines der jüngsten Gedichte von *Drutmar Cremer* „Lichtgehörn am Tor von morgen"[12], ein hohes Lob auf die Gestalt Ruts. Ausgehend von einer Lithographie Marc Chagalls, die Rut und Boas im Tanz zeigt, überhöht der Autor ihre Geschichte theologisch und schildert sie als eine wie Mose von Gott Erfüllte („Lichtgehörn"[13]), dazu auserwählt, die Verheißung des ersten Schöpfungstags zu verwirklichen.

Neben diesen Gesamtdarstellungen gibt es solche, die nur einzelne Züge des Buchs herausgreifen und sie ins Allgemeine ausweiten.

Die Gedichte der *Else Lasker-Schüler* sind sicherlich die kunstvollsten dieser Reihe, sie abstrahieren von der ursprünglichen Geschichte und nutzen die Beziehung zwischen Boas[14] und Ruth[15] als Metapher für den Seelenzustand von Liebenden allgemein.

---

[11] Gabriela Mistral: Ruth. (1923) In: Dies.: Wenn du mich anblickst, werd` ich schön. Gedichte. München/Zürich 1991, 37-39.

[12] Drutmar Cremer: Lichtgehörn am Tor von morgen. In: Ders.: Dein Atemzug holt Zeiten heim. Limburg 1984, 84f.

[13] Vgl. dazu Georg Langenhorst: Überlebenskünstlerin und Urmutter. In: Ders.: Gedichte zur Bibel. München 2001, 112-116, bes. 113.

[14] Else Lasker-Schüler: Boas. In: Dies. Hebräische Balladen. Sämtliche Gedichte. Hg. von Friedhelm Kemp. München 1966, 307.

[15] Else Lasker-Schüler: Ruth. In: Dies. (Anm. 14), 308. Was für den Leser wie Ruf und Echo klingt, nämlich die scheinbare Zusammengehörigkeit der beiden Gedichte aus den „Hebräischen Balladen", ist sowohl von der Entstehung – „Ruth" entstand 1905, „Boas" 1912 – als auch von der Plazierung in genannter Sammlung, die die Autorin über mehrere Auflagen bewusst beibehalten hat, nicht zu belegen. Vgl. Nachwort zu „Hebräische Balladen in der Handschrift" von Else Lasker-Schüler. Hg. von Norbert Oellers. Frankfurt a. M. 2000, bes. 55f.

Ruth

Und du suchst mich vor den Hecken.
Ich höre deine Schritte seufzen
Und meine Augen sind schwere dunkle Tropfen.

In meiner Seele blühen süß deine Blicke
Und füllen sich,
Wenn meine Augen in den Schlaf wandeln.

Am Brunnen meiner Heimat
Steht ein Engel.
Der singt das Lied meiner Liebe,
Der singt das Lied Ruths.

Einzig die Überschriften erinnern an die Bibel. Zudem verweist das Bild vom
Engel am Brunnen auf die großen Verheißungen des Lebens (Hagar) und auf
die „Verlobungen" der Matriarchinnen (Rebekka, Rahel). Damit wird die
Liebende hier in diese Reihe gestellt. Neben diesem Rückgriff auf das Buch
Genesis ist auch der auf das „Hohelied" auffällig. Die Bilder vom Suchen und
Finden, Sehnen und Begehren, Blühen und Ernten, die in Gedichten der
Autorin mehrfach vorkommen, dürften hier ihre Quelle haben. Sie dienen
vornehmlich der Chiffrierung einer stürmischen Seelenlage, können aber auch
als Ausdruck der Sehnsucht des jüdischen Volkes, zu dessen Erbe sich Else
Lasker-Schüler seit der Jahrhundertwende verstärkt bekannte, gelesen
werden.[16]
Wie Else Lasker-Schüler die gesamte Handlung auf die Liebesbeziehung und
das wechselseitige Sich-Suchen von Rut und Boas konzentriert, so reduzieren
andere Autorinnen die gesamte Geschichte auf das Ährenlesen, zweifellos ein
zentrales Motiv. Dabei beziehen die meisten ihre Texte auf die Gegenwart. In
ihrem Gedicht „Land Israel"[17] schildert *Nelly Sachs* emphatisch die Heimkehr
ihres Volks ins Land der Väter und gibt der Hoffnung Ausdruck, dass

vielleicht schon eine neue Ruth
in Armut ihre Lese haltend
am Scheidewege ihrer Wanderschaft

steht, eine Rut, die wie die Urahne Davids einen neuen Anfang setzt. Bereits
1937 hatte die Dichterin eine Reihe „Biblische Gedichte" verfasst, darunter
auch „Abendlieder der Ruth"[18]. Höchst poetisch besingt hier Rut ihre Situation

---

[16] Vgl. Sigrid Bauschinger: Else Lasker-Schüler. Ihr Werk und ihre Zeit. Heidelberg 1980, 169.
Vgl. Jakob Hessing: Else Lasker-Schüler. Biographie einer deutsch-jüdischen Dichterin.
Karlsruhe 1985, 90.
[17] Nelly Sachs: Land Israel (1949). In. Dies.: Fahrt ins Staublose. Gedichte. Frankfurt a. M.
1981, 126f.
[18] Nelly Sachs: Abendlieder der Ruth. Frühe Gedichte und Prosa der Nelly Sachs. In: Ruth
Dinesen: „Und Leben hat immer wie Abschied geschmeckt". Stuttgart 1987, 225.

als Brot- und Heimatsuchende, was sie unter Boas Mantel auch findet, ja mehr noch, sein Wort schließt „die Pforte wie ein Tempel", was so viel heißen könnte wie: Sie hat nicht nur Heimat gefunden, sondern auch Heilung für die offene Wunde der Kinderlosigkeit. Sachs hat dieses Gedicht selbst nie veröffentlicht, zu offensichtlich standen die schrecklichen Ereignisse der Judenverfolgung der hier gestalteten Idylle von der Heimkehr der singenden Schnitter und Schnitterinnen entgegen. Später konnte das traditionelle Strophengedicht auch dem Gestaltungswillen der Autorin nicht mehr standhalten. Doch sie hat die Wendung:

> Schnitter und Schnitterinnen sangen
> lange schon das Feierwort ´Genug`,

in das oben genannte Gedicht „Land Israel" in verwandelter Form eingebracht, wenn es heißt:

> Land Israel,
> nun wo dein Volk
> aus den Weltenecken verweint heimkommt
> um die Psalmen Davids neu zu schreiben in deinen Sand
> und das Feierabendwort *Vollbracht*
> am Abend seiner Ernte singt –

Was also im frühen Gedicht noch aus dem romantisierenden Blick einer Städterin idyllisch verklärt klingt, wird hier zur tiefgreifenden Metapher für die ungeheure Erfahrung der Vernichtung der Juden und der Rettung Weniger in das Land Israel. Der Ausspruch „wo dein Volk/aus den Weltecken verweint heimkommt" klingt zwar durch die grammatisch falsche Stellung von „verweint" etwas verunglückt[19], trifft den Sachverhalt aber exakt. Hier werden das Bild von der Heimkehr nach der Ernte und vom Singen am Abend zu einem Trostwort des neuen Anfangs, der in „*Vollbracht*" (für christliche Leser eine Anspielung auf Passion und Erlösung, vgl. Joh 19,30) anklingt.

Auch *Christa Peikert-Flaspöhler* aktualisiert die Rutgeschichte in einem Widmungsgedicht für eine Namensschwester „Ruth"[20]. In vierfachem Ansatz: „HEUTE beugst du" – „HEUTE wachst du" – „HEUTE schöpfst du" – „HEUTE vertraust du" – wird hier ein Du angesprochen, das sich wie vor Jahrtausenden Rut in gleicher Weise „auf fremder Erde" abmüht, das auch den „bedürftigen Reichtum" in Liebe öffnet: „deckst uns den Tisch" zum Segen aller.

Rose Ausländer reduziert die Geschichte in „Ruth"[21] auf deren kluges Vorgehen bei der Ährenlese.

---

[19] Weder „Weltenecken" noch das Heimkommen, nur das Volk kann „verweint" heimkehren.

[20] Christa Peikert-Flaspöhler: Rut. In: Dies.: Füße hast du und Flügel. Limburg 1981, 55.

[21] Vgl. Rose Ausländer: Ruth. In: Dies.: Ich höre das Herz des Oleanders. Gedichte 1977-79. Gesammelte Werke. Hg. von V. H. Braun. Frankfurt a. M. 1984, 108.

Ruth

Gesprüche
aus Spreu

Korn füllt seine Kammern
mit Mehl

Wenn die Gespräche
verstummen
Wind die Spreu entführt
liest Ruth Ähren auf
mit klugen Fingern

Ohne Kenntnis der Vorlage wäre das Gedicht kaum zu verstehen, könnte der Leser das Possessivpronomen in „seine Kammern" nicht einordnen. Reizvoll ist hier das Spiel mit dem Wort „Spreu", Spreu die das Korn vom Nutzlosen trennt und die der Wind entführt, so wie nutzloses Gerede nichts bringt, Gespräche verstummen und Rut endlich zur Ernte kommt. Durch die Betonung der Begriffe „Gesprüche" – dieser am Anfang, frei gestellte Begriff – und „Gespräche" liest sich der Text auch noch auf einer metaphorischen Ebene, die die Sprachverwendung thematisiert, etwa: Wenn die vielen Worte am Ende sind und die Phrasen (Spreu) sich auflösen, findet die bescheidene Sammlerin „Ruth" den Kern der Rede, das, worauf es ankommt. – In einem anderen Gedicht der Autorin „Flügelteppich"[22] dient das Motiv der Ähren sammelnden Rut nur als Vergleich mit dem mühsamen Auflesen einzelner Fäden, um den zerstörten Teppich auszubessern.

Noch mehr distanziert sich *Eva Zeller* von der Vorlage.[23] Hier geht es um ein Ich, das sich lesend mit dem Buch „Rut" vertraut machen will:

Aus dem
Buch Ruth
lese ich
die Ähren auf

Im Spiel mit dem Verb „lesen" sucht sie das Außerordentliche der biblischen Verkündigung zu ergründen. Lesend – in des Wortes doppelter Bedeutung – gelangt sie zum Korn, zum Kern der Botschaft.

All diese Adaptionen bleiben ganz bei der traditionellen Aussage: Sie preisen Rut als ein großes Vorbild an Treue, Glauben, Liebe und Zukunftsgewissheit. In diesem Sinne hat ein fast unbekannter Autor *Arthur Zanker* in einem Gedicht „Meinem Kinde"[24] den Vorbildcharakter dieser Frau verstanden und

---

[22] Rose Ausländer: Der Flügelteppich. In: Dies. (Anm. 21), 313.
[23] Eva Zeller: Das Rascheln der Seiten. In: Dies.: Ein Stein aus Davids Hirtentasche. Gedichte. Freiburg 1992, 19.
[24] Arthur Zanker: Meinem Kinde. In: Die Bibel in deutschen Gedichten. Hg. von Hermann Hakel. München 1969, 142.

seiner Tochter ins Stammbuch geschrieben: diesen Namen zu tragen verpflichtet zu Milde, Sanftmut, Treue.

Neben diesen Bibel konformen Nachdichtungen gibt es einige wenige, die andere Akzente setzen. Ein besonderes Augenmerk legen viele, vor allem männliche Autoren auf das Versprechen, das Rut ihrer Schwiegermutter gibt, sich nicht von ihr zu trennen:

> Wohin du gehst, dahin gehe auch ich, und wo du bleibst, da bleibe auch ich. Dein Volk ist mein Volk, und dein Gott ist mein Gott. Wo du stirbst, da sterbe auch ich, da will ich begraben sein. Der Herr soll uns dies und das antun – nur der Tod wird mich von dir scheiden (Rut 1,16f.).

Meistens wird dieses Wort ungeachtet des echten Kontextes als Versprechen bedingungsloser Treue einer Frau im Hinblick auf die Ehe in den Mund gelegt, wie z.B. in *Hugo von Hofmannsthals* Libretto zur Oper „Arabella" von *Richard Strauss. Franz Werfel* scheint diese etwas einseitige Praxis zumindest zu ahnen. In einem Gedicht „Ruths Worte"[25] unterlegt er ihnen zunächst eine andere Bedeutung:

> Die Seele spricht die heiligen Worte Ruths,
> Wenn sie gesandt wird, daß sie niederwehe,
> Und durch Geburt sich einige einem Ich.
> Liebend begibt sie sich des reinsten Guts,
> Sie hört's, sie schwört's, im Schwur sie heiligt sich
> Und stiftet das Geheimnis aller Ehe.
> Doch Ich, der Mann, ahnt nichts von diesem Schwure,
> Schickt die Mißbrauchte auch zurück als Hure.

Werfel sieht in der demütigen Hingabe Ruts eine Allegorie für die Vereinigung der Geistseele mit dem Körper und glaubt, dass diese dabei ihr „reinstes Gut", die reine Geistigkeit, aufgeben müsse, ein Opfer aber, das sie liebend bringt und bis zum Tod durchhält. Dieses Bild führt den Sprecher zur bekannten Interpretation vom „Geheimnis der Ehe", in der Mann und Frau ein Fleisch werden, aber auch zur Erkenntnis der Verantwortung, die der Mann der Frau gegenüber trägt. Diese führt das „Ich" zu dem Eingeständnis, dass es dieser Hingabe nicht gerecht geworden ist, sondern die Frau vielfach missbraucht, sie zur „Hure" gemacht hat.

Von einer solchen Selbsterkenntnis ist das lyrische Ich in *Gottfried Benns* Beiträgen zum Motiv weit entfernt. Auch ihm geht es nicht um eine Aktualisierung der Rut-Geschichte. Er verwendet vielmehr in zwei zu seinen

---

[25] Franz Werfel: Ruths Worte. In: Ders.: Gesammelte Werke, Das lyrische Werk. Hg. von Adolf D. Klarmann. Frankfurt a. M. 1967, 531f. Dass die in der Liebeslyrik und bei Trauungen viel zitierten Verse: „Wohin du gehst, dahin gehe auch ich [...] Dein Volk ist mein Volk, und dein Gott ist mein Gott [...]." (Rut 1,16), die z.B. von *Franz Werfel* und *Hugo von Hofmannsthal* in „Arabella" aufgegriffen werden, von einer Frau an eine andere Frau gerichtet sind, wissen nur wenige.

Lebzeiten nur in Zeitschriften veröffentlichten Gedichten Einzelmotive, in „Primäre Tage"[26] die Herbstidylle des Auflesens letzter Früchte auf dem Stoppelfeld und in „Drohungen"[27] die Beziehung zwischen Boas und Rut als Metapher für das von tierischen Trieben beherrschte Begehren des Mannes mit der Mahnung an die Frau: „Aber wisse [...] Du bist Ruth [...]" auf dass sie sich ihrer Verantwortung dem Leben gegenüber bewusst sei, „das nichts Vergossenes/im Spiel die Erde netzt". Benn holt damit das idyllische Bild in die Realität einer zu vollziehenden Begattung.

Noch weiter von der ursprünglichen Geschichte entfernt sich *Rainer Maria Rilke* im Gedicht „Und meine Seele ist ein Weib von dir" im zweiten Teil des Stundenbuchs „Von der Pilgerschaft"[28]. Die Rut-Geschichte ist nur noch Metapher für die Gottsuche und *Gott-Gestaltung* des lyrischen Ichs. Es erfährt sich wie eine Magd, die ihre Arbeit für den Herrn verrichtet, der sich ihr aber – wie Boas der Rut – zuneigen und sie unter seinem Mantel bergen möchte.

> Und fragst du sie um Mitternacht, sie sagt
> mit tiefer Einfalt: Ich bin Ruth, die Magd.
> Spann deine Flügel über deine Magd.
> Du bist der Erbe ...

> Und meine Seele schläft dann bis es tagt
> bei deinen Füßen, warm von deinem Blut.
> Und ist ein Weib vor dir. Und ist wie Ruth.

Wie Ruth sein das heißt hier sich mit Klugheit und Geschick in die Tradition, verkörpert in Boas, einschleichen oder eingliedern, so dass etwas Neues, „ein Erbe", entsteht.

> Du bist der Erbe
> Söhne sind die Erben,
> denn Väter sterben.
> Söhne stehn und blühn.
>   Du bist der Erbe: (208)

Das Bild ist ohne Kenntnis des biographischen Hintergrunds kaum zu entschlüsseln. Rilke, der sich in den Jahren zwischen 1893 und 1900, als „Das Stundenbuch" entstand, von der engen Religiosität seiner Mutter und des Prager Katholizismus gelöst hatte und 1901 aus der katholischen Kirche austrat, setzte sich in den Gedichten des genannten Werks mit traditionellen Gottesvorstellungen, hier genannt „veraltete Gebärde, die tote Tracht" (206), auseinander und suchte in Anlehnung an alte Kunst (Ikonenmalerei und

---

[26] Gottfried Benn: Primäre Tage. In: Ders.: Gedichte. Gesammelte Werke. IV. Hg. von Dieter Wellershoff. Stuttgart [7]1989, 435.

[27] Gottfried Benn: Drohungen. In: Ders. (Anm. 26), 367f.

[28] Rainer Maria Rilke: Und meine Seele ist ein Weib von dir. In. Ders.: Das Stundenbuch. Werke. Kommentierte Ausgabe in vier Bänden. Hg. von Manfred Engel/Ulrich Fülleborn/Horst Nalewski/August Stahl. Frankfurt a. M. 1996, Bd. 1, 208.

italienische Bilder) und Literatur (Legenden und Stundenbücher) sich einen eigenen Zugang, ein neues Gottesbild, zu erschaffen, was zu den Begriffen „Söhne" – „Erbe" führt:

> Du bist mein Sohn. Ich werde dich erkennen,
> wie man sein einzigliebes Kind erkennt, auch dann,
> wenn es ein Mann geworden ist, ein alter Mann. (207)

Der Dichter als Schöpfer, der Dichter als „Gottes-Gebärer"[29]: Vor diesem Hintergrund erschließt sich das der Rut-Geschichte entnommene Bild: Die Seele (Rut) sucht in der Tradition (Boas, zwar ungenannt, aber in „Flügel"-Mantel und „bei deinen Füßen" leicht zu erkennen) nach einem neuen Gottesbild („Erbe").[30]

Abschließendes sei ein herausragendes Beispiel für die Aktualisierung der biblischen Vorlage „In Ägypten"[31] von *Paul Celan* aus der frühen Sammlung „Mohn und Gedächtnis" angeführt. Der Autor hat zwar seine Gedichte stets vor dem Hintergrund der Todeserfahrungen der Juden im Dritten Reich verfaßt, kaum einmal aber so konkret auf die Geschichte dieses Volkes Bezug genommen wie in:

> In Ägypten
>
> Du sollst zum Aug der Fremden sagen: Sei das Wasser.
> Du sollst, die du im Wasser weißt, im Aug der Fremden suchen.
> Du sollst sie rufen aus dem Wasser: Ruth! Noëmi! Mirjam!
> Du sollst sie schmücken, wenn du bei der Fremden liegst.
> Du sollst sie schmücken mit dem Wolkenhaar der Fremden.
> Du sollst zu Ruth und Mirjam und Noëmi sagen:
> Seht, ich schlaf bei ihr!
> Du sollst die Fremde neben dir am schönsten schmücken.
> Du sollst sie schmücken mit dem Schmerz um Ruth,
>   um Mirjam und Noëmi.
> Du sollst zur Fremden sagen:
> Sieh, ich schlief bei diesen!

Trotz der surrealen Metaphern erschließt sich dem bibelkundigen Leser folgende Verstehensmöglichkeit: Ein Verbannter, vertrauensvoll mit „Du" angesprochen, wird eindringlich aufgefordert („Du sollst") im Zusammensein mit einer „Fremden", also einer eines anderen Volks, diese zwar als „Fremde"

---

[29] Zu den biographischen Daten und Folgerungen für das künstlerische Schaffen Rilkes s. u.a. Karl-Josef Kuschel: Rainer Maria Rilke und die Metamorphosen des Religiösen. In: Ders.: „Vielleicht hält Gott sich einige Dichter ..." Literarisch-theologische Porträts. Mainz 1991, 97-163, 125.

[30] Die Metapher der Ähren lesenden Rut durchzieht noch weitere Gedichte im „Stundenbuch", z.B. „Du erbst das Grün" (214), „Und auch, die lieben, sammeln für dich ein" (215), „so fließt der Dinge Überfluß von dir" (216), und ist stets im oben genannten Sinne zu deuten.

[31] Vgl. Paul Celan: In Ägypten. In: Ders.: Gesammelte Werke in fünf Bänden. Bd. 1. Frankfurt a. M. 1983, 46.

wahrzunehmen, aber in ihrem Auge das Urwasser des Todes und des Lebens zu entdecken. Aus diesen Urfluten können jüngst getötete Frauen Noomi, Rut, Mirjam (siehe „Schmerz um") als auch die Ahnen der jüdischen Geschichte wieder erstehen: Mirjam, die Anführerin der Frauen beim Durchzug durchs Rote Meer (also Urflut des Todes), Noomi als Heimkehrende und Rut als Gebärerin einer neuen Generation. Die Verschmelzung dieser Ebenen ist ein besonderes Stilmittel des Dichters. Dass es hier über ein konkretes Einzelschicksal hinaus um das des geschundenen Volkes Israel geht, legen sowohl der Titel „In Ägypten", Chiffre für Verbannung, Sklaverei und Unterdrückung durch tyrannische Herrscher, als auch die Anlehnung an den Duktus der Gesetzgebung am Sinai durch das neunmalige „Du sollst" nahe. Hier aber ist alles auf einen neuen Aufbruch hin angelegt. Das ergibt sich vor allem aus der Beschwörung („rufen aus dem Wasser") gerade dieser Frauen, die für die Geschichte des Volkes nur positiv konnotiert sind. Besonders Ruts Schicksal wird in Erinnerung gerufen: Sie war die Fremde, sie schmückte sich, bevor sie sich zu Boas unter den Mantel legte. Durch die Erinnerung an diese Frauen mag der Verbannte es wagen, trotz der erdrückenden Vergangenheit mit der Fremden eine neue Verbindung einzugehen, sich dem Leben zu öffnen.

Abgesehen von wenigen Andeutungen begnügen sich also die meisten Autoren und Autorinnen mit der Nachgestaltung der anrührenden Geschichte von Noomi und Rut. Orpa kommt nicht vor, sie verschwindet mit ihrem Abschied von den Beiden aus dem Blickfeld des Interesses. Was *Georg Langenhorst*[32] über das Gedicht von Rosenthal schreibt, gilt für fast alle Texte, sie verklären in liebenswürdiger Weise das Schicksal dieser Frau, die aus der Fremde kommt und als Bettlerin nach Brot sucht. Eine Adaption, die dieses Schicksal in seiner Härte ernst nimmt, steht noch aus.[33]

2. Die weise Frau von En-Dor

Saul, der erste König in Israel, ein ebenso charismatischer Führer wie glückloser Herrscher, sucht in einer schwierigen Lage Rat. Obwohl das Verhältnis zum Propheten Samuel, seinem alten Berater, sich wegen unvereinbarer Ansichten über die innere und äußere Führung des jungen Reiches verschlechtert hat, erhofft er sich dennoch vor der entscheidenden Schlacht von Gilboa (um 1004 v. Chr.) von ihm eine Weisung, fühlt er sich doch von Jahwe verlassen, was Samuel auch bestätigt. Die Begegnung findet jedoch nicht realiter statt, sondern mittels einer Totenbeschwörerin; denn Samuel ist tot. Der Weg zu ihr ist gewagt, da der König selbst „die Totenbeschwörung und die Wahrsagerei aus dem Land ausgemerzt" (1 Sam 28,9) hat. So schleicht er sich

---

[32] Vgl. Langenhorst: (Anm. 13), 110-112.

[33] Dass in einem Werk einmal die Brücke geschlagen wird in die Zukunft, und zwar nicht nur durch ein Wort oder einen vorausdeutenden Satz, sondern als Vision, das hat *Richard Beer-Hofmann* geleistet, dessen Werk im Zusammenhang mit den Texten zu den „Frauen um David" besprochen wird.

inkognito zur Hexe von Endor.[34] Sie weist ihn zunächst ab, lässt aber dann, nachdem er ihr Straffreiheit zugesagt hat, den Geist des Samuel erscheinen, der ein vernichtendes Urteil über ihn spricht: „Weil du nicht auf die Stimme Jahwes gehört und seinen glühenden Zorn an Amalek nicht vollstreckt hast, darum hat dir der Herr heute das getan. Der Herr wird auch Israel zusammen mit dir in die Gewalt der Philister geben, und morgen wirst du samt deinen Söhnen bei mir sein." (1 Sam 28,18f.). Diese Nachricht erschüttert Saul bis zur Bewusstlosigkeit und ruft die Aktivität der Frau auf den Plan. Sie hat in ihm den König erkannt, spricht ihm gut zu und gibt ihm zu essen.

Jahrhunderte lang unterlag die Deutung dieser Frauengestalt der jüdisch-christlichen Interpretation, die den Gang Sauls zur Totenbeschwörerin als heidnischen Kult und damit als „Treulosigkeit gegenüber Jahwe" (1 Chr 10,13f.) verurteilte. So wurde sie zur „Hexe". Nach neueren Auslegungen[35] ist sie eine weithin bekannte und geachtete „Herrin der Grube, die Macht über die Totengeister hat" (1 Sam 28,7), die selbst der König aufsucht und die in der Tradition anderer Ratgeberinnen im Alten Testament steht.[36]

Die Wirkungsgeschichte dieser Perikope ist stets ganz auf Saul ausgerichtet. In den meisten Dramen und Romanen wird sie eingebaut, vielfach in romantisierender Weise, um schauerliche Gruseleffekte zu erzielen. Anders in der Lyrik: von Rilke bis Sachs versuchen die Autoren, die ausweglose Situation und die psychische Verzweiflung des Königs zum Ausdruck zu bringen. Während *Börries Freiherr von Münchhausen* trotz der Ankündigung im Titel der Frau nur eine einzige, die letzte Zeile widmet „So zeigt mir das Weib, das die Toten heraufbeschwört!"[37], *Uriel Birnbaum* sie als „Hexe" nur negativ darstellt: „Des Weibes Stimme krächzte, gellte, dröhnte"[38] und *Fritz Rosenthal* das traditionelle Muster der außerhalb der Gesellschaft lebenden, furchtsamen Frau wählt:

> Sie, die er suchte, saß in morscher Felsenhöhle,
> Grau, wie der letzten Flamme Aschenrest.
> Tierdumpf saß sie und harrte der Befehle,
> Gleich einem Opfer, das sich schlachten läßt.[39]

gibt *Rainer Maria Rilke* der Frau Stimme und Tatkraft: Das Gedicht beginnt vehement, ähnlich wie im biblischen Text (1 Sam 28,12), „Da schrie die Frau

---

[34] Vgl. dazu und zu folgendem Agnes Wuckel: Die Hexe von Endor. 1 Sam 28,3-25. In: Von Batseba – und andere Geschichten. Biblische Texte spannend ausgelegt. Hg. von Gabriele Miller/Franz W. Niehl. München 1996, 90-102.

[35] Vgl. Silvia Schroer: Weise Frauen und Ratgeberinnen in Israel – Literarische und historische Vorbilder der personifizierten Chokmah. In: Biblische Notizen, 51/1990, 41-60; dies.: Die Sammelbücher. NSK-ATJ. Stuttgart 1992.

[36] Wuckel (Anm. 34), 101, bezieht sich in dem Zusammenhang auf Flavius Josephus, der bereits auf die vorbildliche Hilfsbereitschaft dieser Frau hinwies.

[37] Börries Freiherr von Münchhausen: Die Hexe von En Dor. In: Ders: Das dichterische Werk in zwei Bänden. Bd. I: Das Balladenbuch (1924). Stuttgart 1969, 305.

[38] Uriel Birnbaum: Saul bei der Hexe von Endor. In: Ders. (Anm. 9), 588.

[39] Fritz Rosenthal: Schäul in En-Dor. In: Ders. (Anm. 8), 11f.

zu Endor auf: Ich sehe –"[40], dann lässt Rilke sie aus ihrer Perspektive die Situation schildern, und der König glaubt zu sehen: „da war ihm schon, er hätte selbst gesehn:". Rilke folgt zwar inhaltlich der biblischen Überlieferung, doch relativiert er den Dialog zwischen Saul und Samuel, indem er die Botschaft des Propheten durch die Frau vermitteln lässt und mehrmals den Visionscharakter betont: „da war ihm" und „als ob". Wenn die anderen Autoren nach der vernichtenden Rede Samuels nur noch Sauls Erschütterung zum Ausdruck bringen, so geht Rilke weiter auf die menschlich anrührende Hilfe der Frau ein. Auf die Zeile, die Sauls Tod voraussagt „so sicher war sein Untergang" (durch das letzte Wort der vorhergehenden Strophe die Anapher „Unterlieg –" noch verstärkt), folgt nach echt Rilk'scher Eigenart ein „Die aber", worin der ganze Gegensatz zur niederschmetternden Voraussage eingefangen ist.

> Die aber, die ihn wider Willen schlug,
> hoffte, daß er sich faßte und vergäße;
> und als sie hörte, daß er nie mehr äße,
> ging sie hinaus und schlachtete und buk
>
> und brachte ihn dazu, daß er sich setzte;
> er aß wie einer, der zu viel vergißt:
> alles was war, bis auf das Eine, Letzte.
> Dann aß er wie ein Knecht zu Abend ißt.

Diese Frau, die nur widerwillig Übermittlerin der grausamen Nachricht ist, besinnt sich auf ihre Heilkräfte und seine Reanimierung. Ihre Aktivitäten werden mittels einer Anzahl Verben im Konjunktiv, die also mehr Wunsch als Realität ausdrücken, über zwei Strophen hinweg in ähnlicher Breite wie die Rede Samuels dargestellt und münden in die lapidare Feststellung, dass ihr Bemühen um den verstörten König Erfolg hat: „Dann aß er wie ein Knecht zu Abend ißt." Der Leser kann sich des Eindrucks von Henkersmahlzeit nicht erwehren. Und wenn „zu Abend" durchaus den realen Gepflogenheiten der Menschen entspricht, so klingt in diesem Wort doch auch „Lebensabend" an. Diesen dem „Verurteilten" und von Gott Verlassenen ein wenig zu verschönern, ist die Rolle dieser Frau.
Etwa fünfzig Jahre später hat *Nelly Sachs* in Saul eine der Symbolfiguren für die Leiden und die Verzweiflung des jüdischen Volkes entdeckt. Neben dem Einzelgedicht „Saul"[41], das sie bereits Ende der vierziger Jahre dem Zyklus „Die Muschel saust" eingliederte und in „Sternverdunklung" 1949 publizierte, verfasste sie in den fünfziger Jahren zwei weitere umfangreiche Gedichte unter dem Titel „Die Stunde zu Endor"[42]. Hier wird die Frau als „kreischende Dämonin" (215) und „Zauberin in der Küche" (218) sozusagen als Mitverursacherin von Sauls Gottesferne gewertet „o Saul – Gott – entlassen –" (219), was dem traditionellen Bild der „Hexe von En Dor" entspricht, im Folgenden

---

[40] Rainer Maria Rilke: Samuels Erscheinung vor Saul. In: Ders. (Anm. 28), Bd. 1, 520.
[41] Nelly Sachs: Saul. In: Dies. (Anm. 17), 106.
[42] Nelly Sachs: Die Stunde zu Endor. In: Dies. (Anm. 17), 215-223.

nicht mehr erwähnt. Der Titel scheint also vor allem metaphorisch für die Stunde totaler Wahrheitsenthüllung und Gottverlassenheit zu stehen. In ihrem älteren Gedicht „Saul" ist die Frau auch negativ besetzt, wenn die Autorin sie in unmittelbaren Zusammenhang mit Sauls erloschenem Geist bringt; sie kann zwar auf seinen „Fächer von Fragen" eine Antwort vermitteln, deren Ergebnis aber beide, den König („Über Saul, dem Herrscher steht eine Krone aus Sterben –") als auch die Wahrsagerin („und das Weib liegt wie vom Licht verbrannt –") vernichtet. Damit scheint die alte Tradition, dass der Mensch sich den „elohim"(1 Sam 28,13) nicht ungestraft nähern darf, angedeutet.

Eine besondere Version findet sich in *Stefan Heyms* „Der König David Bericht"[43]. Der Geschichtsschreiber Ethan will zur Erhellung der Umstände um Sauls Ende auch die Hexe von En-Dor befragen und findet

> [...] die Dralle mit den Grübchen: ‚Ich bin die weise Frau, die einen Wahrsagergeist hat; ich habe das Gewerbe von meiner Mutter und Mutter meiner Mutter geerbt'. (79)

Ethan bittet sie um Auskunft über Sauls Besuch, und sie vermittelt ihm aufgrund einer guten Portion gekochten Haschischs „Visionen" von Saul, Samuel und David. Dabei glaubt er zu vernehmen, dass Samuel dem David Vorhaltungen über dessen Anstiftung zum Mord an Saul macht. Für Heym ist die Frau nur eine Scharlatanin, die mittels Rauschgift und allerlei ohnehin bekannter Tatsachen ihren Besuchern etwas vormacht, sich dabei entkleidet und an die Männer heranmacht. Das Stichwort „Gewerbe" weist in diese Richtung. Die Funktion dieser Szene im Roman liegt darin, dass der Erzähler eine erneute Bestätigung für die mysteriösen Umstände von Sauls Tod erhält und weiter forscht.

3. Die Frauen um David

Ganz anders als der glücklose, schwermütige Saul stellt sich der dem vollen Leben zugewandte, stets siegreiche David dar, der zwar auch herbe Rückschläge, Verfolgung und Strafen erleiden muss, aber immer wieder als Held daraus hervorgeht. Doch wird bei der Darstellung seiner Verdienste um die Einigung des Reichs, die Solidarisierung des Königtums und die Wahl Jerusalems zur Hauptstadt zu wenig bedacht, welch immense Rolle die Frauen dabei spielen. Meist werden sie als schmückendes Beiwerk, vor allem für seine erotischen Bedürfnisse oder nur in einer Liste als Mütter seiner Söhne (2 Sam 3,2-5; 1 Chr 3,1-9) erwähnt, also als Objekte oder als Opfer seiner Interessen, ihr Eigenbeitrag – außer dem der Abigajil und den Interventionen Batsebas als Königsmutter – aber kaum gewürdigt. Doch was wäre dieser Mann ohne die

---

[43] Stefan Heym: Der König David Bericht. Roman (1972). München 1977 (Fischer–Taschenbuch 1508), 77-83.

Frauen![44] In jeder Lebensphase leisten sie ihm einen gewichtigen Dienst, sei es, dass sie wie Michal als Tochter des regierenden Königs Saul sein Machtstreben durch Einheirat in die Dynastie sichern, wie Ahinoam oder Maacha als Mütter Geschichte machender Söhne (Amnon, Abschalom) und Töchter (Tamar) in Erscheinung treten, wie Abigajil als schöne, kluge Frau Davids guten Geschmack und Heiratspolitik dokumentieren, wie Abischag als rechtlos Vereinnahmte ihr Leben dem Wohlergehen des Königs opfern oder wie Batseba als begehrenswerte Verführerin und Intrigantin von des Königs Begehrlichkeit und Abhängigkeit zeugen. Einzig von Michal heißt es in der biblischen Vorlage, dass sie David liebt (1 Sam 18,20.28) und ihn unter Todesgefahr rettet (1 Sam 19,10-17). Über die Motive der anderen Frauen schweigen die biblischen Berichterstatter, ähnlich wie über Davids Gefühle; von „Liebe" ist bei ihm nie die Rede. Diese auszugestalten bleibt den Dichtern vorbehalten. *Theodor Heinrich Mayer* hat in seinem Roman „David findet Abisag" (1925) Davids Beziehung zu den Frauen einleuchtend charakterisiert. Wehmütig lässt er den altersschwachen König, der unter seiner Gebrechlichkeit und Antriebslosigkeit sehr leidet, die Jahre mit den verschiedenen Frauen vor seinem inneren Auge Revue passieren: allen voran Batseba, Abigajil, Ahinoam, dann lässt er ihn zu der Erkenntnis kommen:

> [...] aber er war ein Tor gewesen, der begehrend küßte, statt beglückt zu schauen ... In den Frauen, die ihn geleiteten, war wohl der Pfad zu jenem Großen verborgen, das er nicht nennen, nicht erfassen konnte und in dem doch aller Sehnsucht Ziel lag. In den Frauen ... immer nur in den Frauen ... und er genoß sie, statt das Gleichnis in ihnen zu suchen ... er war ja jung und voll drängender Kraft ... erst jetzt wollten sich seine Augen öffnen ... zu spät ... [45]

Fast immer – auch wenn der Roman oder das Gedicht aus der Perspektive einer Frau geschrieben ist – steht David im Mittelpunkt des Geschehens: als strahlend schöner Held, als Dichter und Sänger, erfahrener Krieger, machtgieriger Herrscher und Frauenliebling – alles von Gottes Gnaden, getragen von seinem unbedingten Glauben an Gottes Führung. Besonders letzteres wird nicht nur von den biblischen Schriftstellern, sondern auch von den modernen Autoren und Autorinnen immer wieder thematisiert, gläubig oder kritisch, skeptisch oder zynisch. *Stefan Heym* lässt dies z.B. durch den liebenden und geliebten Freund Jonathan wie folgt begründen:

> Um zu herrschen, darfst du nur ein Ziel sehen – die Macht. Darfst nur einen Menschen lieben – dich selbst. Sogar dein Gott muss ausschließ-

---

[44] Vgl. zu dem Komplex u.a. Ina Willi-Plein: Frauen um David: Beobachtungen zur Davidshausgeschichte. In: Meilenstein. Hg. von Manfred Weippert/Stefan Timm. Wiesbaden 1995, 349-361.
[45] Theodor Heinrich Mayer: David findet Abisag. Roman. Leipzig 1925, 32.

lich dein Gott sein, der ein jedes deiner Verbrechen rechtfertigt und es mit seinem heiligen Namen deckt.[46]

Unter dieser Prämisse lieben und leiden auch alle Frauen. Sie gewinnen nur Bedeutung in Abhängigkeit von David, leben – mit wenigen Ausnahmen – vom Abglanz seiner Strahlkraft. Wenn dies auch kritisch angemerkt wird, so geht es doch hier nicht darum, für die Frauen in feministisch kämpferischer Weise Rechte einzufordern oder ihnen Aktivitäten abzuverlangen, die sie im alttestamentlichen patriarchalisch orientierten Kulturkreis kaum vollziehen konnten, sondern um ihre Würde und Mitgestaltung an der Heilsgeschichte herauszustellen.

Die Davidsgeschichte hat die Schriftsteller zu allen Zeiten fasziniert und sein Verhältnis zu den Frauen wurde dabei nicht ausgespart. Aber nur vereinzelt stehen sie im Titel oder im Mittelpunkt des Geschehens. Es kann hier nicht darum gehen, alle Davidsromane oder -dramen auf die Stellung der Frauen hin zu untersuchen. *Stefan Heyms* Roman und *Richard Beer-Hofmanns* Drama, beide von Welt literarischem Rang, bilden die Ausnahme.

3.1 Rut

Richard Beer-Hofmann gibt in seinem Drama „Der junge David"[47] ein gutes Beispiel für die große Bedeutung der Frauen in Davids Leben, besonders Rut und Maacha, auch wenn er die Gestalt Davids stark idealisiert.

Rut wird sozusagen zu einer mythischen Gestalt entwickelt, die entgegen der biblischen Überlieferung als Urmutter vom Anfang bis zum Ende präsent ist. Mit ihr beginnt und endet das Drama. Im ihr gewidmeten „Prolog: Ruth" (13-18) trägt ein Sprecher zu lebenden Bildern weite Teile aus dem „Buch Rut" vor, im ersten Bild „Strasse bei Rahels Grab" (19) wird der junge Priestersohn Abjatar in die Geschichte der Stammütter Rahel und Rut eingeführt, und das letzte Bild endet mit Ruts Segen über David. Beer-Hofmann lässt sie die alte Segensformel vom Gesegnetsein als Segen für andere aufgreifen:

---

[46] Stefan Heym: Der König David Bericht. Roman. München 1972; zit. nach Fischer-Taschenbuch 1508, 58. Vgl. dazu auch Grete Weil: Der Brautpreis. Roman. Zürich/Frauenfeld 1988 (Fischer-Taschenbuch 9543), 47.

[47] *Richard Beer-Hofmann* hat sich über vier Jahrzehnte mit dem Plan, ein großes Drama zur Geschichte seines Volkes zu schreiben, befasst. „Die Historie von König David" sollte als Zyklus folgende Teile umfassen: als Vorspiel „Jaákobs Traum" (s.o. Rebekka), als Hauptstück die Geschichte des Königs David „Der junge David", „Der König David" und „Davids Tod". Erste Notizen zu dem Projekt gibt es bereits aus dem ersten Jahrzehnt des 20. Jahrhunderts, zudem den Plan zu einem Theaterstück „Boas und Ruth" (1905). Fertiggestellt wurden nur „Jaákobs Traum" (Berlin 1915/18) und „Der junge David" (Berlin 1933) samt einem „Vorspiel auf dem Theater zu König David" (1936). Vgl. hierzu Antje Kleinwerfers: Das Problem der Erwählung bei Richard Beer-Hofmann. Hildesheim/New York 1972 (Judaistische Texte und Studien I), 8-10.

Er ist ´erwählt´! – so wird er einmal klagen:
´Wo blieb der Segen – welches Glück ward mein?!´
Laß dann ihn ahnen: Über allen Segen
Thront noch ein Segen: andern Segen sein!
[...]
Und ruft er dich und bangt nach deiner Stimme –
Sei gut zu ihm, mein HERR, sei gut - und sprich – –
So segnet, David – David aus Beth-Lechem –,
So segnet Ruth, aus Moab – deine Ahne –, dich! (261f.)

In Rut kommt ein Zeitgeschehen zu seinem Ende; ihr Lebensweg gipfelt im Urenkel David; ihre Erwählung als Ahnfrau der davidischen Dynastie vollendet sich in der Segnung des für das Königtum reifen David. So wird sie im Drama denn auch mit Bildern der Reife und der Vollendung in Zusammenhang gebracht: Frucht der Felder, Abend, Abendfalter, Abendlicht, Abendhimmel, und im Schlussbild verschmilzt Rut mit dem milden Licht des Monds, wird gleichsam uralter Vorstellung gemäß zur Mond-Göttin:

> David steht gesenkten Hauptes, die Arme ergeben gebreitet. Hinter ihm ragt regungslos, vom Mondlicht überrieselt, eine silberne Säule: Ruth. Über den Mauern Hebrons ist am unbewölkten Nachthimmel die schmale Sichel des jungen Mondes aufgestiegen. (263)

3.2 Maacha

Auch Maacha, in 2 Sam 3,3b nur kurz als Mutter Abschaloms erwähnt, wird in *Richard Beer-Hofmanns* Drama zur großen Geliebten des jungen David empor stilisiert, die sich im Augenblick höchster Kriegsgefahr an Davids Stelle Gott als Opfer anbietet. Mit ihr beginnt eine neue Generation, so dass der Autor für sie Bilder des Anfangs wählt: Morgen, Frühwind, Tau, Schneeschmelze, Blüte. Es heißt von ihr, sie sei von ihrer Mutter nicht geboren, sondern in der Blüte einer Lilie gefunden worden (132), und David empfindet das Leben mit ihr wie am „ersten Schöpfungstag" (173). Im Lied, das ihr der Autor in den Mund legt, charakterisiert sie unbewusst ihr eigenes Wesen:

> Schnee du, vom Hermon,
> Tränkst du die Wurzeln?
> Quillst durch dich – Ölbaum?
> Schwellt es dich – Wein – ? (178)[48]

Maacha und Rut werden vom Autor gleichsam mystifiziert; aus der Fremde, aus der Ferne, aus der Zeitlosigkeit kommend, stehen sie in besonderer Beziehung zur Schöpfung und zum Kosmos. Beide verkörpern auf ihre Art

---

[48] Dieses Lied – möglicherweise als Liebesgedicht für seine Frau Paula verfasst – ist als „Maáchas Lied" bereits 1906 datiert. – Vgl. zu diesem Komplex Kleinwerfers (Anm. 47).

Universalität und stellen als Geliebte und Mutter, also als dem Leben und der Natur zugewandte Gestalten, den Gegenpol zum mörderischen politischen Machtbereich um König Saul und die Heerführer dar. Beide ermutigen David schließlich, zu seiner Erwählung zu stehen, und entlassen ihn mit ihrem besonderen Segen. Im Umgang mit ihnen reift David nach Beer-Hofmann zu einem gefühlvollen, Anteil nehmenden Menschen. Anders als in vielen anderen Werken, in denen Frauen nur im Gefolge der jeweiligen Männer ihre besondere Stellung erhalten, gibt ihnen der Autor hier ihre eigenständige Würde und ihren unverwechselbaren Platz in der Heilsgeschichte. Was bei David als Gott gewollte Aktion (Kampf, Flucht, Sieg) gepriesen wird, wird den Frauen in entsprechender Weise für ihr stilles Dasein (Ausdauer, Treue, Opferbereitschaft) zuerkannt. Erwählt sind Mann und Frau gleichermaßen, beide auf andere Weise. Es bleibt die Aufgabe der Frauen, Geschichte zu ermöglichen, zu begleiten, zu deuten, mit anderen Worten Liebe zu schenken, Trost zu geben, Segen zu spenden.

Für Beer-Hofmann ist die Frau – Maácha, Ruth (Paula) – in dieser besonderen Weise erwählt und „Noch nicht entlassen aus/Geheimnisvollen alten Urverträgen", die sie letztlich mit dem Paradies verbindet, das nicht unbedingt verloren und vergangen, sondern nur verborgen, auch hier und jetzt immer gegenwärtig ist.[49]

3.3 Michal

Neben Rut und Maacha ist Michal, die Tochter Sauls, eine der wichtigen Frauen im Leben Davids. Durch die Heirat mit ihr gliedert sich der junge Hirte vom Stamme Juda in den Stamm Benjamins und damit in die Königsdynastie ein. Sie rettet ihn vor dem Mordanschlag des Vaters, wird aber von David letztlich nicht geschätzt, was *Gien Karssen* auf mangelnde Glaubensübereinkunft[50], das heißt auf verschiedene Vorstellungen von Gott, zurückführt. Während David auf der Flucht vor ihrem Vater ist und sich zwei weitere Frauen nimmt, Ahinoam, die Mutter seines ältesten Sohnes Amnon, und Abigajil, die Frau des Nabal, wird sie von ihrem Vater ein zweites Mal an Palti, einen Mann aus Gallim verheiratet. Später verlangt David ihre Rückkehr an den Hof. Ihre Kritik an Davids Tanz bei der Überführung der Bundeslade nach Jerusalem büßt sie mit einer herben Abfuhr. Wenn in 2 Sam 6,23 ihre weitere Kinderlosigkeit erwähnt wird, so sehen die Interpreten darin eine sie vernichtende Bestrafung für ihren Tadel durch Liebes- bzw. Beischlafentzug.[51]

---

[49] Kleinwerfers (Anm. 47), 43. Das Zitat im Zitat stammt aus Beer-Hofmanns „Der Graf von Charolais" (2. Akt).

[50] Gien Karssen: Michal – eine Ehe ohne gegenseitige Gemeinschaft zerbricht. In: Dies.: Frauen der Bibel (1977). Stuttgart [6] 1991, 117-124.

[51] Nach 2 Sam 21, 8 hat sie „dem Adriël aus Mehola" fünf Söhne geboren. Die Stelle ist allerdings nicht eindeutig. Zwei hebräische Handschriften lesen „Merab", die älteste Tochter Sauls, die mit Adriël verheiratet war (1 Sam 18, 19); Michal hingegen war zwischenzeitlich mit Palti

Für die Rezeptionsgeschichte ist zudem von großer Bedeutung, um welchen Preis Michal dem David zur Frau gegeben wird. Da David aus dem Bauerngeschlecht des Isai stammt und mittellos ist, verlangt Saul von dem jungen Hirten einen Kriegserfolg, nachzuweisen durch hundert tote Feinde, deren Vorhäute er abliefern soll. David erhöht zum Beweis seiner „Tüchtigkeit" die Anzahl um das Doppelte (vgl. 1 Sam 18, 10-30).

Obwohl die „Lebensdaten" Michals von höchster Brisanz sind, haben nur wenige Autoren ihr Schicksal eigens dargestellt. In den Dramen um David ist sie meist eine Randfigur. Ein Gedicht über sie war nicht auszumachen. In zwei Romanen der neueren Literatur, in Stefan Heyms „Der König David Bericht" und Grete Weils „Der Brautpreis", findet sie Beachtung.

Grete Weil[52] stellt Michal in den Mittelpunkt und lässt sie als Ich-Erzählerin das gesamte Geschehen aus ihrer Perspektive darstellen. Alle Ereignisse, all ihr Denken und Fühlen, ihre Erwartungen und Verletzungen drehen sich um den Mann David. Michal erzählt von seinem Aufstieg, der Festigung seiner Macht, seinen Frauengeschichten, den Streitigkeiten und Kämpfen um seine Nachfolge, die zur Ermordung aller Nachkommen Sauls und all seiner eigenen Söhne bis auf Salomo führen, und schließlich noch von seiner Altersschwäche und seinem Tod.

Dennoch erreicht die Tochter Sauls und erste Frau Davids in diesem Roman eine besondere Selbständigkeit. Die Autorin lässt sie, als alte Witwe am Hofe Salomons lebend, mit dem Bewusstsein einer Frau am Ende des 20. Jahrhunderts ihre Abhängigkeit beklagen: „Eine Königstochter. Handelsware der Männer. Je höher die Männer stehen, desto schlimmer für die Frau" (36) und ihre kritische Denkfähigkeit entdecken:

> In der Zeit, als David sich vor Saul verbergen musste, fing ich, Michal, an zu denken. Gedacht hatte ich früher natürlich auch, aber was ich jetzt tat, war anders, ganz anders. Ich betrachtete kritisch die Welt. Nahm das, was mir gesagt wurde, nicht mehr fraglos für wahr. (61)

Nur widerwillig beugt sie sich den Befehlen des Vaters und dem Willen Jahwes, durch den die Männer sie immer wieder zum Gehorsam zwingen. Über ihre Glaubenshaltung in der Jugend sagt sie, „daß ich mich an einem Gebot Jahwes wundstoße" (15), und später, als sie zu zweifeln beginnt, glaubt sie nicht mehr, „daß es Jahwe gibt" (39).

So kritisch Michal Davids Taten auch beurteilt, so verständnisvoll sucht sie sein Verhalten zu ihr und zu den anderen Frauen darzustellen. Von diesen spricht sie mit Hochachtung: Maacha bleibt ihr fremd, doch deren Kinder liebt sie wie eigene, die ihr versagt sind; Abigajil bewundert sie und freut sich an deren Zuneigung. Nur Batseba ist ihr im tiefsten verhasst, von der ersten

---

(1 Sam 25, 44) bzw. Paltiël (2 Sam 3, 15) verheiratet. „Wenn David wirklich die fünf Söhne der Michal den Gibeonitern ausgeliefert hat, dann war seine Liebe zu ihr in der Tat erloschen (vgl. 6, 16. 20-23)". Georg Hentschel: 2 Samuel. Die neue Echter Bibel. Würzburg 1994, 2. St. – Es bleibt unklar, ob Michal überhaupt Kinder geboren hat.
[52] Grete Weil: Der Brautpreis. Roman (Fischer-Taschenbuch 9543). Zürich/Frauenfeld 1988.

Erzählphase an bis zur letzten fürchtet sie den Hass dieser Frau und nennt sie ihre „Feindin" (13). Michal hasst Batseba ob deren Machtgier, die vor keiner Intrige, keiner Gräueltat zurückschreckt; Batseba ihrerseits sieht in Michal die echte Nebenbuhlerin, die Frau aus dem Königshaus, von der sich David nicht trennt. Das größte Leid jedoch liegt für Michal in der Herabsetzung als Frau, die sie durch David erfährt. Nach kurzem Liebesglück erkaltet Michals Liebesfähigkeit und Hingabe im Gedanken an den Ekel erregenden, grauenhaften „Brautpreis", den David dem Vater für sie entrichten musste: 100 Vorhäute der verfeindeten Philister, von David zum Beweis seiner Überlegenheit auf 200 erhöht. Die Herabsetzung findet ihren Höhepunkt, als Michal David ob der öffentlichen Zur-Schau-Stellung seiner Manneskraft beim Tanz vor der Bundeslade auslacht und er sie als unfruchtbare, kinderlose Frau von sich stößt: „Nie mehr ein Kind. Eine unfruchtbare Frau ist sie, die zu nichts taugt" (134) – ein vernichtenderes Urteil konnte ein Mann über eine Frau in Israel nicht sprechen.

Doch wäre der Roman – trotz der Kommentare einer aufgeklärten Frau – nicht viel mehr als eine anrührende, unterhaltsame Geschichte und hätte für die Gegenwart nur geringe Bedeutung. Weil jedoch erzählt das Schicksal der Königstochter Michal, „Ich, Michal", alternierend mit dem einer alten Jüdin, „Ich, Grete", hinter der sich die Autorin selbst verbirgt. Diese hat den Holocaust überlebt und sucht sich mit der Reflexion über Michals Geschick in ihre jüdische Identität hineinzuschreiben. An ihr erfährt sie, welchen Ungeheuerlichkeiten und welchem Leidensdruck Juden, besonders Frauen, von alters her ausgesetzt waren:

> Sie und ich, verbunden durch die Zugehörigkeit zu einem Volk, das gar kein Volk ist, aber immer eins hat sein wollen: zwei jüdische Frauen. Sie, Michal, war das Gefäß, in das ich meine Gedanken, meine Wünsche und das, was mir vernünftig erschien, füllen konnte, und sie war mir ein gutes Gefäß. Dafür sei sie bedankt über die Zeiten hin. (169)

Obwohl die Autorin die Lebenswege nicht gewaltsam angleicht, also eine enge Parallelisierung vermeidet, ist deren Verwandtschaft doch deutlich: Beide erzählen vom Ende ihres leidvollen Lebens her und trauern um den Verlust geliebter Menschen; beide sind altersschwach oder krank und erwarten nur noch den Tod; beiden ist der Glaube an Gott abhanden gekommen. Für beide ist David der Kristallisationspunkt des Erzählens: für Michal als reales Ziel ihrer Liebe und Grund ihrer Leiden, für Grete als Kunstprodukt[53] und Garant der jüdischen Identität. Doch trotz dieser Bezugspunkte weist die Erzählerin Grete eine tiefere Verwandtschaft mit Michal von sich:

> [...] Nie war sie mir [...] eine bewunderte und wegen ihres Mutes beneidete Schwester. Keine tiefe Verwandtschaft zwischen mir und

---

[53] Ausgangspunkt ihres Erzählens sind zwei Bildwerke: Michelangelos „David" und Rembrandts „David spielt vor Saul".

dieser herumgestoßenen, von den Männern oft mißbrauchten Frau. Nur Sympathie und Mitleid. Daß sie leben mußte am Anfang der Zeiten, als noch alles im Fluß war; in dem Chaos, in dem es kaum Recht, kaum Unrecht gab, mußte sie sich entscheiden, Partei ergreifen und das schwierige, von allen Seiten bedrohte Leben bestehen. (169)

Und dennoch: an den Machtverhältnissen hat sich bis zur Gegenwart der Erzählerin Grete nichts geändert. Wenn Weil David und Michal sich in dem letzten sehr vertrauten Gespräch über ihre Auffassungen von Krieg und Frieden austauschen lässt, so erkennt der Leser in Davids Rechtfertigung, dass der Krieg als grausame Disziplinierungsmaßnahme verteidigt wird und Michal mit ihrer Theorie der Genügsamkeit dagegen nichts ausrichten kann, auch wenn sie ihr ganzes Leben in die Waagschale wirft: David sagt: „Ich glaube nicht, dass Jahwe Frieden für die Menschen will. Je besser sie leben, desto mehr wenden sie sich von Jahwe ab. Auch Gott braucht Menschen, die an ihn glauben, die ihm dienen." (230f.) Und Michal antwortet darauf: „Wenn Jahwe der Gott ist, den ich mir vorstelle, will er keinen Krieg, kein Morden. Jeder sollte mit dem zufrieden sein, was er hat." (231) Die Autorin lässt die Folgerungen aus diesen Positionen nicht aussprechen, aber der Leser füllt in Gedanken den Zeitraum der dreitausend Jahre und erkennt, dass sich Davids Position zu allen Zeiten durchgesetzt hat. Ob Jude, Moslem oder Christ, Semit oder Arier, Marxist oder Atheist, die Machtgier der Herrschenden setzt sich unvermindert fort. Was bleibt? Der geschundene, altersschwache, dem Tod geweihte, einsame Mensch. Die Menschheit ist in 3000 Jahren nicht weitergekommen, das ist das Fazit dieses Romans von einer Frau über eine biblische Frau. Neben diesem Werk von Weil, das zudem in einer zeitgemäßen realistischen Sprache abgefasst ist, frei von archaisierenden Wendungen und Satzmustern, verblassen die meisten anderen Adaptionen biblischer Stoffe. Diese ist ausgewogen und unpathetisch und überlässt es dem Leser, Partei zu ergreifen und eigene Schlussfolgerungen zu ziehen.

Eine Verarbeitungsweise ganz anderer Art liegt in *Stefan Heyms* „Der König David Bericht"[54] vor. Im Spiegel der alten israelisch-jüdischen Geschichte entwirft der Autor ein höchst negatives Bild von den Machtverhältnissen in einem diktatorischen Staatsapparat, Historisches zeigend, Gegenwart meinend. Wenn bei Weil die Gottesfrage von den Erzählerinnen zumindest noch gestellt, wenn auch negativ beantwortet bzw. offen gelassen wird, so ist sie bei Heym völlig eliminiert. Für ihn reduziert sich die biblische Geschichte auf die rein legendären und historischen Fakten. Allerdings spielen die Frauen beispielsweise Batseba in diesem Bericht eine gewichtige Rolle: Sie werden – entgegen aller historischen Tradition – als Zeitzeugen der Geschichte herangezogen. Der Erzähler Ethan, von König Salomo zur Dokumentation der Geschichte seines Vaters David beauftragt, stellt seinen Bericht aufgrund von Zeugenbefragungen und alten Dokumenten zusammen. Unter diesen Zeugen sind es vor allem drei Frauen, die aus ihrer jeweiligen Perspektive Auskunft über

---

[54] Heym (Anm. 43).

Davids Aufstieg und Herrschaft geben: die alte „Prinzessin Michal" (27), „Königin Mutter Bathseba" (129) und Abschaloms Schwester Tamar (150). Daneben erfährt der Leser auch noch von den Schicksalen Abigajils, Maachas und Abischags. Alle Frauen – mit Ausnahme von Batseba – genießen des Erzählers Hochachtung und Anteilnahme, sind sie doch alle Opfer von Davids Machtanspruch und der Intrigen an seinem Hof.

Heym stellt insgesamt die Frauen als Kronzeuginnen heraus. Sein Erzähler Ethan ist sich bewusst, dass sie im Leben Davids eine herausragende Rolle gespielt haben, dass sie allerdings auch, mit Ausnahme von Batseba, fast immer Objekte, ja meist sogar Opfer seines machtpolitischen Kalküls waren. Allen voran Michal; sie brauchte er, um in die Königsdynastie einzuheiraten. Sie wird stets „Prinzessin" Michal genannt und als eine alte, ausgezehrte Frau von hoher Würde beschrieben. Bekleidet mit einem hoch geschlossenen dunklen Kleid und in ihrer aufrechten Haltung ist sie ein Bild von königlicher Würde. In Form von Interviews lässt Heym Michal zum Teil selbst zu Wort kommen, etwa da, wo sie über ihre Kinder- und Jugendjahre, ihren Vater und Bruder Auskunft gibt. Von ihrem ehemaligen Geliebten, Ehemann, König zeichnet sie aus der Rückschau ein eher zwiespältiges Bild:

> Er gewann die Menschen mit ein paar Worten, einem Blick, einer Handbewegung. Er schien so ohne Arg zu sein. Wenn all das erkünstelt war, dann war er der beste Heuchler seit der Schlange, die Eva überredete, die Frucht vom Baum der Erkenntnis von Gut und Böse zu essen. Von uns allen war ich es, die ihm am längsten widerstand. (31)

Dreimal besucht Ethan Michal, zweimal auf Wunsch der alten Prinzessin, später unter schwierigen Verhältnissen, da die Auftraggeber fürchten, die Berichte Michals könnten dem glänzenden Davidbild Abbruch tun. Die letzte Auskunft erhält er aufgrund einer Aufzeichnung Davids über dessen Streit nach dem Tanz vor der Bundeslade während der Prozession. Diese für Michal peinliche und erniedrigende Situation wird durch diesen Kunstgriff der Berichterstattung geschickt in Distanz gerückt.

Michal hat bei Heym eine wichtige Funktion: Durch ihre Perspektive und ihre Akzentsetzung lernt Ethan die Geschichte des Königs kritisch zu sehen. Nicht zuletzt durch ihre Darstellung wird sein Bericht eine Dokumentation von Davids Gräueltaten und Bosheiten; denn sie ist es vornehmlich, die das Bild des strahlenden, Gott gefälligen Helden zerstört.

Das Schicksal der Michal hat die meisten Autoren nur in ihrer Beziehung zu David interessiert; ihre zweite, vom Vater befohlene Heirat wird in der fiktionalen Literatur, abgesehen vom Lebensbericht der Prinzessin bei Grete Weil, nur nebenbei erwähnt. Vielmehr befassten sich die Schriftsteller mit der weiteren Biographie Davids, seinen Feldzügen und seinen Frauen, z.B. Abigajil.

3.4 Abigajil

Abigajil, nach biblischer Tradition eine der schönsten und weisesten Frauen in Israel, wird von allen Autoren und Autorinnen als umsichtig und liebenswert herausgestellt. Um das Unheil vom Haus ihres Mannes Nabal, der den Truppen Davids den Schutzzins verweigerte, abzuwenden, bringt sie heimlich Lebensmittel und Wein in Davids Lager und erweckt sein Wohlgefallen. Nachdem ihr Mann gestorben ist, wird sie Davids Frau (vgl. 1 Sam 25).

Auf ihren heimlichen Besuch in Davids Lager reduziert *Fritz Rosenthal* sein Sonett „Abigail"[55]:

> Da schon die Nacht Mondwolkensegel bauschte,
> Hieß sie die Esel satteln und die vollen
> Krüge köstlichen Weins aus den Gewölben holen. –
> Ganz sachte trat sie vor die Türe des Gemachs und lauschte
>
> Dem trunknen Lied der späten Zecher. Dann tauschte
> Sie Feierkleid mit Reisemantel; auf Sammetsohlen
> Schlich sie verhaltnen Atems über schwere Bohlen –
> Indes sich Nabal mit dem Troß berauschte.
>
> In steilem Passe traf sie jenen Fremden,
> Der sie mit süßer Angst erfüllte,
> Gefolgt von seiner Mannen speergeübtem Zug.
>
> Im Widerschein der Broncepanzerhemden
> Stieg sie von weißem Reittier und enthüllte
> Ihm Brot und Wein, die sie als Friedenspfande trug.

Rosenthal lässt einen stillen Beobachter aus Distanz (vgl. Präteritum) die Szene schildern, wie die Frau in der Dunkelheit alles richtet und sich heimlich („auf Sammetsohlen") aus ihres Mannes Haus mit den Gütern davonschleicht. Einzig durch die Überschrift wird der Leser auf die Spur der biblischen Geschichte gesetzt. In der letzten Zeile gibt der Sprecher eine zukunftsweisende Deutung: Die Frau wird zur Friedensstifterin, wenn sie dem siegreichen König, der die Kriegshorden vom Gebiet ihres Mannes fernhielt, „Brot und Wein" überreicht. Rosenthal erinnert damit an den legendären König Melchisedek von Salem, der dem Abraham für eine ähnliche Tat auch diese Gaben anbot. Rosenthals Sonett komprimiert die biblische Vorlage zu einem plastischen Bild; kein Wort ist zuviel, die Reime sind kunstvoll auf den Inhalt bezogen. Doch er fügt dem Bibeltext auch nichts Wesentliches hinzu. Im Gegenteil, der Vorgang scheint in weite Ferne gerückt; der zeitgenössische Leser findet keinen Widerhaken, der ihn zum Nachdenken anregen könnte.

---

[55] Fritz Rosenthal (Ben-Chorin): Abigail: In: Ders. (Anm. 8), 13.

Ähnliches gilt von dem Gedicht „Abigail" von *Else Lasker-Schüler*[56]. So reizvoll das Bild der Hirtin Abigajil auch gestaltet ist, so zahlreich und kunstvoll eine Vielzahl biblischer Metaphern auch verwoben sind,[57] das Gedicht ist nicht mehr als eine schöne Idylle. Warum die bibelkundige Autorin Abigajil zu einer Tochter Sauls macht, bleibt unbefindlich. Wollte sie etwa Michal und Abigajil zu *einer* Lichtgestalt vereinen? Jedenfalls trifft sie auf diese Weise nicht den Ernst der Friedensmission, die die Bibel Abigajil attestiert.

3.5. Batseba

In fast allen David-Romanen[58] ist Batseba ein zentrales Kapitel gewidmet. Das Interesse an ihrer Person hat mehrere Gründe: Sie wird in einer delikaten Situation von David beobachtet, dann verführt und später geheiratet. Dass sie die Frau eines an der Front weilenden Kriegers ist, David sie also zum Ehebruch veranlasst und dann ihren Mann dem Tod preisgibt, erhöht die Brisanz dieser Geschichte. Von ihrem Einfluss auf Davids Regierungsgeschäfte, vor allem seine Nachfolge betreffend, ist im Buch der Könige ausdrücklich die Rede: David bestimmt auf ihre Intervention hin Salomo, den jüngsten seiner Söhne, zu seinem Nachfolger und übergeht seinen erbberechtigten älteren Sohn Adonija; mehr noch, als dieser auch über Batseba seinen Bruder um Erlaubnis bittet, Abischag, die letzte Frau seines Vaters, zu heiraten, sieht Salomo darin einen Versuch, sich dadurch das Anrecht auf die Königsherrschaft zu erschleichen, und lässt ihn ermorden. *Ingeborg Kruse* fasst die Bedeutung dieser Frau zusammen:

> Batsebas Leben war verquickt mit dem Leben und Sterben großer Männer in Israel. Da war Urija, der Heerführer, da war David, der König, Natan, der weise Prophet, Adonija, der Thronerbe, Salomo, der neue König. Allen war sie zum Schicksal geworden. Und als Ahnfrau Jesu war sie für immer eine der großen Frauen geblieben und also unsterblich.[59]

Der moderne Leser ist es gewöhnt, die gesamte Davidsgeschichte, vor allem die um Batseba unter dem Diktum von Jahwes Steuerung und Segen zu lesen[60].

---

[56] Else Lasker-Schüler: Abigail. In: Dies. (Anm. 14), 305f.

[57] Die Bilder erinnern an die junge Rahel, die sich um die Herden sorgt, an die in der Wüste ausgesetzte Hagar mit Ismael, die Opferung des Isaak, die Begegnung mit David, der ihr wie ein Bote Gottes erscheint.

[58] Es ist nicht sinnvoll, alle Romane und Dramen um die Gestalt Sauls oder Davids hier aufzulisten; das geschieht nur dann, wenn die Frauen eine selbständige Rolle einnehmen. Im übrigen vgl. dazu Georg Langenhorst: Von heiligen Tänzern und Tempelbauern. In: Die Bibel in der deutschsprachigen Literatur des 20. Jahrhunderts. Hg. von Heinrich Schmidinger. Bd. 2, 151-176, und die dort besprochenen Literatur.

[59] Ingeborg Kruse: Batseba. In: Dies.: Unter dem Schleier ein Lachen. Die schönsten Frauengeschichten der Bibel. Zürich ²1999, 148-155; 154f.

[60] Vgl. zu dieser Problematik auch Langenhorst (Anm. 58), 175.

Damit werden alle Grausamkeiten sanktioniert. „Sie war nicht auserwählt"[61] lässt Kruse Batseba von Haggit, der enttäuschten Mutter des rechtmäßigen Thronerben Adonija, sagen. So nimmt es nicht wunder, dass von allen Frauen um David keine in der Literatur eine so unterschiedliche Bewertung erfahren hat wie Batseba; entweder wird sie nach traditionellem Muster als von Gott erwählte Mutter des Königs Salomo idealisiert wie von *Drutmar Cremer*[62], oder sie wird in weiblichem Übereifer als von „Männerphantasien" zur Sünderin abgestempelte Frau verteidigt wie von *Christa Peikert-Flaspöhler*[63] oder kritisch beurteilt wie von *George Forstier*[64]. Selbst die um Ausgewogenheit bemühte Autorin *Grete Weil* lässt im letzten Michal-Kapitel David über diese Frau ein negatives Urteil fällen: „Sie ist ein Luder, aber sag es nicht weiter. Immer hat sie mich um den Finger wickeln können, so groß war mein Verlangen nach ihr. Doch auch das ist vorbei."[65]

Die meisten Bearbeiter des Stoffes bleiben nahe an der biblischen Vorlage; sie stellen mal stärker die Machtpolitik, mal stärker die Liebesgeschichte heraus. Der Bibel folgend wird in den meisten Adaptionen David die Schuld am Ehebruch und Mord an Urija zugesprochen, wenn auch einige Autoren im Zuge einer Idealisierung Davids versucht haben, das Verbrechen abzuschwächen.

Während z.B. *Grete Weil* aus der Perspektive Michals Batseba ausdrücklich eine Mitschuld anlastet: „Sie wohnt ganz nah, gleich dort unten, und hat auf ihrem Dach ein Bad genommen." – „Auf ihrem Dach, bei Vollmond? So nah beim Palast? Sie wollte von dir gesehen werden." (152), suchen andere Autoren wie *Drutmar Cremer, Christa Peikert-Flaspöhler, Ingeborg Kruse* sie als Frau im alttestamentlichen Kulturkreis, die mehr Objekt als handelndes Subjekt gewesen sei, zu entlasten.[66]

Auch in *Inge Merkels* Roman „Sie kam zu König Salomo"[67] wird Batseba als nicht liebenswert, ja geradezu als abstoßend dargestellt, nicht als würdevolle, gealterte Königin, sondern maßlos neugierig und eifersüchtig auf alles Lebendige: Als die Königin von Saba ihr ihre Aufwartung macht, wird sie vom Erzähler mit nur negativ ausgerichteten Attributen bedacht: Hände, die die Stuhllehne „arthritisch umkrallten", „ein durch Zahnlosigkeit nach innen

---

[61] Kruse (Anm. 59), 152.

[62] Vgl. Drutmar Cremer: Aus Urzeit-Erinnerung. In: Ders. (Anm. 12), 60-64. Idealisierend erwähnt wird Batseba ferner in *Theodor Heinrich Mayers* Roman „David findet Abisag" (Anm. 45) und *Franz Werfels* Bibelspiel „Der Weg der Verheißung". In: Gesammelte Werke. Dramen 2. Hg. von A. D. Klarmann. Frankfurt a. M. 1959, 91-177.

[63] Christa Peikert-Flaspöhler: Batseba spricht. In: Dies.: Niemals mehr wollen wir sprachlos sein. Limburg 1993, 59-68.

[64] Vgl. George Forestier: Der Urias-Brief. In: Ders.: Biblische Gedichte. München/Esslingen 1968, 32; Weil (Anm. 46). Das Drama von Stefan Zweig „Das Lamm des Armen" (1929). Frankfurt 1984 erinnert an die Fabel des Nathan, zitiert jedoch nur Mt 13, 12 parr, und hat mit der Batseba-Geschichte nichts zu tun.

[65] Weil (Anm. 46), 232.

[66] Vgl. Dorothee Sölle: Salomos Mutter, Ahnfrau Christi. In: Große Frauen der Bibel (Anm. 4), 188.

[67] Inge Merkel: Sie kam zu König Salomo. Roman. Salzburg 2001.

gezogener, lippenloser, verbissener Strichmund", „auffallend blanke Augen von ungebrochen jugendlicher Wachheit und dem erschreckenden Ausdruck einer unverhüllten Bosheit" (133) – all das lässt die Besucherin erschauern. Nachdem Batseba dann ihre Beziehung zu David und all ihre Machenschaften bis zur Inthronisation Salomos kurz kundgetan hat, kommentiert der Erzähler die Reaktion der Zuhörerin als Verwunderung „über deren [Batsebas] unverblümten Stolz auf ihre Intrigen" (115). Mittels eines besonderen Kunstgriffs wird die Meinung der Erzählerin über Batseba deutlich: Sie lässt die Königin von Saba im Bericht an Salomo nochmals eine Charakterisierung Batsebas geben (118f.). Was bei der ersten Vorstellung scheinbar real als unerbittlich hart anmutet, wird nun ironisch kommentiert und lächerlich gemacht.

Auch *Stefan Heym* entwirft in seinem Roman „Der König David Bericht"[68] ein negatives Bild dieser Frau. David ist nur ein williges Werkzeug in den Händen Batsebas: „Aber es ist zumeist Bath-shebas Schuld, ich weiß nicht wie und ich weiß nicht warum, ich bin wie Ton in den Händen dieses Weibes." (139), hat er der Überlieferung nach geäußert. Da der Erzähler sich einerseits der Wahrheit verpflichtet fühlt und andererseits das Missfallen seines Auftraggebers fürchtet, wenn er über dessen Eltern etwas Negatives berichtet, fällt es ihm außerordentlich schwer, sich Batseba zuzuwenden; denn er fürchtet ihren Ehrgeiz und ihr Ränkespiel:

> Der Gedanke, mich mit der Geschichte der Bath-sheba befassen zu müssen, bedrückte mich schon lange. Denn diese war noch schwieriger zu behandeln als das Hängen der sieben überlebenden Söhne und Enkel König Sauls, betraf sie doch den Weisesten der Könige, Salomo, unmittelbar; außerdem ist die Königsmutter Bath-sheba noch sehr lebendig. (129)

Während alle Frauen als Opfer auf dem Weg zur Macht eingestuft werden, ist diese Frau – nach Heyms Deutung – die Handelnde und die Gewinnerin. Selbst David wird nach den Erinnerungen des alten Propheten Natan als Antwort auf Batsebas Eröffnung „Ich kriege ein Kind" (133) die Vermutung in den Mund gelegt: „GOTT tue mir dies und das, Nathan, ich glaube fast, sie hat das geplant" (133). Und Ethans Anmerkungen gehen in die gleiche Richtung, wenn er notiert: „(`Doch warum verhielt sich der König schwächlich und gab der Dame Bath-sheba nach in allem, was sie forderte?` fragte ich. [...])" (138). Heym benutzt in diesem Roman eine große Anzahl von Erzählstilen und bringt seine Parteinahme für die eine oder andere Frau auch in seiner Erzählweise zum Ausdruck. Während er von Michal und Tamar zum Beispiel sachlich und verständnisvoll spricht, sind die Passagen über Batseba allesamt in einem ironischen Erzählton gehalten. Schon der erste Satz über sie weckt keine Sympathie: „Königsmutter Bath-sheba saß träge in ihre Polster gelehnt; nur die Augen zwischen den Schleiern waren wach und belauerten abwechselnd

---

[68] Heym (Anm. 43)

Nathan und mich." (143) Im Bewusstsein solch negativer Sicht müht sich der Erzähler um Ausgewogenheit und Verständnis:

> [...] war sie nichts weiter gewesen als das hilflose Weib eines Soldaten, das man gezwungen hatte, das Feuer in den königlichen Eingeweiden zu löschen, oder war sie Ursprung und Triebkraft all der Verbrechen, die auf die erste Sünde folgten, [...] daß nun ihr Sohn auf dem Thron saß – nicht Amnon, nicht Absalom, nicht Adonia, [...] – sondern ihr Salomo, der Spätling, Sohn einer minderen Frau. (143)

Besonders dieser letzte Satz könnte für einen marxistisch eingestellten Autor des 20. Jahrhunderts eine Legitimation sein, diese Frau aufzuwerten. Aber das versagt sich der Erzähler. Er kommt nach Ermittlung aller Fakten zu einem vernichtenden Urteil über sie: „Da war sie wieder, Bath-sheba, die Frau des Uria: kein Wässerchen könnte sie trüben, aber auf der Spitze ihrer Zunge saß der Tod." (154) Die Wahrheit wiegt außerdem so schwer, weil solche Erkenntnisse im Bericht den Erzähler Ethan seine Existenz kosten. König Salomo kann solche Urteile über seinen Vater und seine Mutter nicht ertragen; er müsste sich nämlich dazu stellen, dass der Thron mit dem Blut zahlreicher Geschwister und Erbberechtigter aus dem Hause Sauls sowie mit dem Leben vieler namenloser Gefolgsleute erkauft wurde. So steht es auch in der Bibel, mit dem Unterschied, dass dort dies alles mit dem Beistand und Willen Gottes begründet wird. Hier bleibt nur der nackte Machtkampf.
Abschließend sei auf den Roman „Bathseba" des schwedischen Autors *Torgny Lindgren*[69] verwiesen, der – ähnlich wie Grete Weil dies mit Michal macht – Batsebas Geschichte zum Anlass nimmt, die blutrünstige und komplexe Machtgeschichte am Hof Davids zu erzählen. Dabei schreibt er ihr eine Entwicklung von der scheuen, sprachlosen, Männer abhängigen zur selbstbewussten sprachgewandten Frau zu. Er entwickelt diese Figur vom unmündigen Objekt der Begierde – „Was befiehlst du, daß [!] ich sagen soll?" (9) – zum selbstbewussten, freien Subjekt, lässt sie mit Diplomatie und Intrigen die Geschehnisse am Hof steuern und stilisiert sie schließlich zu einer Stellvertreterin Gottes. Als David sie am Ende seines Lebens erneut fragt „Wie ist der Herr?" antwortet sie: „Er ist wie ich. Er ist genau wie ich." (235)
Unter dem Stichwort „Blickwechsel" arbeitet *Ilse Müller* die Beziehung Batseba – David heraus. Was in den biblischen Büchern in der Schwebe bleibt, die Gewichtung von Davids Machtkalkül und seinem erotischen Begehren, sieht die Autorin in den Romanen am Ende des 20. Jahrhunderts von Heym, Lindgren und Weil verlagert auf eine Art romantischer Liebe, die Ausschließlichkeit fordert. Unter Blickwechsel versteht sie zum einen den visuellen Kontakt zweier Liebender, zum anderen den des männlichen Begehrens, der

---

[69] Torgny Lindgren: Bathseba. Roman. Aus dem Schwedischen von Verena Reichel. München/ Wien 1987.

von der Frau aufgenommen und auf ihre eigene Körperlichkeit bezogen wird. „Frauen lernen, sich selbst als betrachtete zu betrachten."[70]
Neben diesen doppelgesichtigen Frauengestalten Michal und Batseba sind Abigajil, Abischag und Tamar viel eindeutiger festgelegt. Ihre kurze Erwähnung in der Bibel lässt zwar Ausschmückungen zu, doch halten sich die Autoren fast alle an die Vorgabe.

3.6 Abischag aus Schunem

Abischag ist das junge Mädchen, das als unberührte Jungfrau dem alten König David ins Bett gelegt wird, damit er warm werde (1 Kön 1). Doch nicht genug damit, dass sie ungefragt in Dienst genommen wird, als „Bettgenossin" des Königs darf sie auch keiner mehr berühren, da sie durch diese Stellung als eine von des Königs Frauen gilt, so dass ein mit ihr gezeugtes Kind (Sohn) ein erbfolgeberechtigter Nachkomme des Königs wäre, selbst wenn das Kind von einem anderen Mann stammte. Dieses Recht sucht nach 1 Kön 2, 13-25 Davids Sohn Adonija für sich zu erwerben, was von Salomo auf Hinweis von Batseba gewaltsam unterbunden wird.

Das Schicksal der jungen Abischag hat viele Autoren bewegt. Mal stellen sie ihre Erwählung für den kranken König, mal ihre geopferte Jugend, mal ihre Liebe zu Adonija in den Mittelpunkt. *Fritz Rosenthal* deutet schon durch den Titel „Abisag vor David"[71] und durch den Text, den er Abischag in den Mund legt, an, dass es ihm vornehmlich um das Schicksal der jungen Frau geht, und zeigt eine souveräne, wissende, aber auch sehnsuchtsvolle Frau, die sich nach einer erfüllten Liebesstunde mit diesem König sehnt. Sie stellt ihm sein Leben, seine Dienste bei König Saul, seine Erfolge im Kampf, seinen Aufstieg zur Macht, seine Liebesnächte mit den anderen Frauen vor Augen und glaubt, dass Gott ihn, „den Größten", und sie, „die Vergeßne", für einander bestimmt hat.
Agnes Miegel folgt in ihrer Ballade „Abisag von Sunem"[72] der biblischen Vorlage, sie fügt nichts hinzu, sondern spürt der psychischen Verfassung dieses Mädchens nach. Hervorstechend in ihrem Text sind der scharfe Gegensatz zwischen Alter und Jugend sowie die Betonung der Unfreiwilligkeit ihres Tuns. Auch Miegel lässt Abischag selbst ihr Schicksal beklagen, das von dem unerbittlichen „Ich muß" geprägt ist:

> Ich muß in der Säle Dämmerschein
> Meine jungen Tage verbringen,
> Ich muß den alten König beim Wein
> Wie ein Kind in Schlummer singen.

---

[70] Ilse Müller: Blickwechsel: Batseba und David in Romanen des 20. Jahrhunderts. In: Biblical Interpretation 6, 3/4, Leiden 1989, 348-366, 352.
[71] Fritz Rosenthal (Ben-Chorin): Abisag vor David. In: Ders. (Anm. 8), 13f.
[72] Agnes Miegel: Abisag von Sunem. In: Dies.: Wie Bernstein leuchtend auf der Lebenswaage. Gesammelte Balladen. München 1988, 244f.

Ich muß ihn wärmen in meinem Schoß
Und die dünnen Locken ihm streicheln,
Und mein Blut ist heiß, und mein Haß ist groß,
Mir graut vor seinem Schmeicheln.

Über den König hinweg sehnt sich die Ich-Sprecherin nach dessen Sohn, nach dessen Haar, Haut, Mund. Aber die Vorstellung einer möglichen Vereinigung wird durch die Formulierung im Konjunktiv II ins Irreale geschoben:

Ihn hielte jauchzend das Weib im Arm
Vom Stamme der Sunemiten.

In *Franz Theodor Csokors* Ballade „David und Abisag"[73] ist David der Sprecher, was sich schon im Titel in der Reihenfolge der Namen andeutet:

Ruft sie herbei! Mich friert! Die braune Decke
des hagern Leibes legt mir auf! Mich friert!
Ihr Haar verberge mich wie eine Hecke
vor einem, der mich immerdar umgiert,
höhnisch und siegessicher . . . Abisag,
schließ Deine Glieder fest um mich, Gazelle,
Ich will nichts sehen bis zum fahlen Tag,
als Deiner Augen unerfaßte Quelle;
Dich will ich, Dich! – Und kann Dir doch nichts geben.
Die Frucht strotzt unversehrt, die man mir bot.
Und dennoch bleibst nur Du! – Mein andres Leben
ist ein Sekundenzählen auf den Tod
und eine Qual: Wer kommt, wenn ich Dich lasse?
Du schweigst und rankst Dich fest an mich, wie Reben
an dürres Holz ... Weißt Du, – daß ich Dich hasse?

Der Textblock von fünfzehn Versen setzt ohne äußere Gliederung Befehl an Befehl. In Davids Forderung wird die totale Ich-Bezogenheit und Unmenschlichkeit dieses Begehrens deutlich. Die Reihung der Befehle mündet endlich in dem Stichwort „auf den Tod", dann muss er sie lassen. Csokor gelingt es in diesem Gedicht – wenn auch mit zeitbedingtem Pathos –, die Situation eindringlich darzustellen. Wie Peitschenhiebe schlage die Sätze ein. Nur der König spricht, nur sein Begehren, sein Unbehagen und seine Schwäche interessiert ihn. Was das Mädchen denkt oder fühlt, wird wie in der biblischen Vorlage mit deinem Wort gesagt, kann nur aus den beiden letzten Versen erschlossen werden. Sie schweigt, nutzt aber die Situation für den eigenen Reifeprozess aus, an ihm sich orientierend wie ein Rebzweig an der Stütze. Die Auslassungspunkte symbolisieren die vergehende Zeit und den Raum für Reflexion. Da spürt der König, dass dann ein anderer kommen wird, und es

---

[73] Franz Theodor Csokor: David und Abisag (1912). In: Ders.: Ewiger Aufbruch. Gesammelte Balladen. Leipzig 1926, 26.

keimt Hass gegen sie in ihm auf: „Weißt Du, – daß ich Dich hasse?" Er hasst ihre Jugend, er hasst sein Alter, er hasst seinen Nachfolger.

Neben diesen von Leidenschaft, sei es Liebe, sei es Hass, sprechenden Texten ist *Rainer Maria Rilkes* zweiteiliges Gedicht „Abisag"[74] ein ganz stilles:

I

Sie lag. Und ihre Kinderarme waren
von Dienern um den Welkenden gebunden,
auf dem sie lag die süßen langen Stunden,
ein wenig bang vor seinen vielen Jahren.

Und manchmal wandte sie in seinem Barte
ihr Angesicht, wenn eine Eule schrie;
und alles, was die Nacht war, kam und scharte
mit Bangen und Verlangen sich um sie.

Die Sterne zitterten wie ihresgleichen,
ein Duft ging suchend durch das Schlafgemach,
der Vorhang rührte sich und gab ein Zeichen,
und leise ging ihr Blick dem Zeichen nach – .

Aber sie hielt sich an dem dunkeln Alten
und, von der Nacht der Nächte nicht erreicht,
lag sie auf seinem fürstlichen Erkalten
jungfräulich und wie eine Seele leicht.

II

Der König saß und sann den leeren Tag
getaner Taten, ungefühlter Lüste
und seiner Lieblingshündin, der er pflag – .
Aber am Abend wölbte Abisag
sich über ihm. Sein wirres Leben lag
verlassen wie verrufne Meeresküste
unter dem Sternbild ihrer stillen Brüste.

Und manchmal, als ein Kundiger der Frauen,
erkannte er durch seine Augenbrauen
den unbewegten, küsselosen Mund;
und sah: ihres Gefühles grüne Rute
neigte sich nicht herab zu seinem Grund.
Ihn fröstelte. Er horchte wie ein Hund
und suchte sich in seinem letzten Blute.

---

[74] Rainer Maria Rilke: Abisag (1905/06). In: Ders. (Anm. 28), Bd. 1, 454.

Der erste Teil des Gedichts ist aus der Perspektive Abisags, der zweite aus der des Königs gesprochen. Schon die jeweils ersten Worte „Sie lag ..." und „Der König saß und sann ..." zeugen von der ruhigen gedämpften Grundstimmung, die das Gedicht insgesamt durchzieht. Der lyrische Sprecher scheint das junge Mädchen zu beobachten, das sich bang dem Ritus fügt, aber durch eine Ahnung auf ein echtes Liebeserlebnis aufmerksam wird, und den König, der am Lebensende zwischen Erinnerung und Sehnsucht verharrt.

Die vier regelmäßig gebauten Strophen des ersten Teils mit dem fünfhebigen Jambus und dem üblichen Wechsel von klingenden und stumpfen Kadenzen sowie gelegentlichen Enjambements unterstreichen den ruhigen Fluss der „langen Stunden". Als Kunstmittel auffallend ist die Klanggestaltung: zum einen die Häufung des Langvokals >a:<, dessen Breite und Dauer die Stimmung des Aushaltens, des Wartens und des ungestillten Verlangens untermalen, zum anderen das akustische Signal von „schrie" und „sie" (2. Str.), dass das Aufschrecken der Frau aus ihrer Ergebung hörbar macht. Wie bei Rilke üblich werden die entscheidenden Strophen, die von einer möglichen Veränderung sprechen, mit „Und manchmal" eingeleitet. Abisags Aufschwung, ihre Ahnung von einem echten Liebeserlebnis – hier in unprätentiösen Bildern angedeutet (3. Str.) – geht jedoch ins Leere, wie der Gedankenstrich am Ende der dritten Strophe zeigt. Was folgt ist die Schilderung ihrer Ergebung in die ihr zugewiesenen Aufgabe, die sie an den alten Mann – im wahren Sinne des Wortes (1. Str.) – bindet. Die sich anschließenden zwei dem König gewidmeten Strophen greifen den Ton zwar auf, sind aber düsterer und schriller; in ihnen überwiegen die Vokale >e< und >i< sowie der Umlaut >ü<. Auch hier folgt im Anschluss an die bildhafte Darstellung der inhaltslosen Tage und des Aufflackerns alter Liebeslust („Und manchmal") nur noch der Abgesang: Erinnerung und Entsagung.

Rilke hält sich ganz an die biblische Vorlage; er versucht nur auszudeuten, was die Bibel verschweigt: die Gefühle der beteiligten Personen in dieser außerordentlichen Situation.

Alle Autoren fügen ihre Texte so, dass eine zumindest heimliche Parteinahme für Abischag herauszulesen ist. In dem Roman von *Theodor Heinrich Mayer* „David findet Abisag"[75] wird die Frau zu einem mystischen Wesen hochstilisiert. Der Erzähler lässt dieses Mädchen von Kind an auf diese Rolle zuwachsen, schildert sie als eine Jungfrau, die in Einheit mit der Natur und Schöpfung lebt, Blumen pflegt und Tiere hegt. Diese Frau wird dem König zur Heilung seiner qualvollen Altersdepression und nach einem erneuten Kampf um seine Herrschaft, die ihm sein Sohn Abschalom entreißen wollte, zugeführt. In ihr erkennt David alle Frauen seines bewegten Lebens wieder und wird von ihr – nach zweimaliger Zurückweisung – in einen Liebesakt versetzt, in der auch er die Einheit mit sich selbst, mit der Geliebten und mit der gesamten Schöpfung wie in Ekstase erfährt. Nach Mayer findet David durch Abischag

---

[75] Mayer (Anm. 45). Vgl. auch Rainer Maria Rilke: Abisag (1905/06). In: Ders. (Anm. 28), Bd. 1, 454.

zur echten Liebe und zur Vereinigung mit der Welt. Obwohl der Roman ob seiner blumigen, sentimentalen Erzählweise dem heutigen Leser viel Geduld bei der Lektüre abverlangt, ist doch die ihm zugrundeliegende Idee von der Rolle der Frau im Leben dieses Königs höchst bedenkenswert. Zudem wird Abischag – in Abänderung der biblischen Vorlage – zu einer Urahne der Mutter des Messias, da Mayer sie nach „Nazareth" versetzt (243), wo sie ein Kind zur Welt bringt, das die Leute ahnungsvoll bestaunen: „Was wird aus dem Geschlecht werden, das mit diesem Kindlein beginnt" (243).

3.7 Tamar

Tamar, die Tochter Maachas und Davids, Schwester von Abschalom, erhält nach 2 Sam 13f. ihre Funktion einzig als Begründung für den Zwist zwischen den Halbbrüdern Amnon und Abschalom.
Davids ältester Sohn Amnon entbrennt in Liebe zu Tamar, ruft sie mittels einer List zu sich, vergewaltigt sie und verleumdet sie schließlich als Urheberin seiner Begierde. Tamar versinkt danach in Schweigen. Der Bruder rächt die Schwester, tötet den Halbbruder und Thronfolger und gewinnt dadurch ein Anrecht auf die Erbfolge, was aber durch weitere Fehde verhindert wird (2 Sam 13).
Hinter diesen knappen Worten verbirgt sich eine Frauentragödie, die bis heute nichts an Brisanz verloren hat; denn nach wie vor werden Mädchen und Frauen von Männern aller Gesellschaftsschichten zur Befriedigung ihrer Bedürfnisse, Begierden und Machtgelüste in Anspruch genommen, ja vielfach missbraucht oder auf subtile Weise in ihrer persönlichen Würde als ausschließlich dienstbare Wesen herabgesetzt – die Folgen hat die Frau in jedem Fall zu tragen.
Auf eine geheime Solidarisierung seitens der Autoren und eine stillschweigende Anerkennung der männlichen Ansprüche seitens der Autorinnen mag es zurückzuführen sein, dass Tamars ergreifende Geschichte – außer als Unterkapitel in Dramen und Romanen um David – in der Literatur kaum einmal als eigenständige Geschichte behandelt wird.
Neben den Tamar-Passagen in *Stefan Heyms* Roman gibt es jedoch eine bemerkenswerte, höchst eigenwillige Adaption des Stoffes von *Franz Fühmann*, die 1982 parallel zu dem Essay „Meine Bibel" entstandene Erzählung „Amnon und Tamar"[76]. Fühmann verlagert die Erbfolgegeschichte ganz auf die Erotik, die in der Bibel eher Mittel zum Zweck ist, und schildert ein Geflecht von Liebe, Begierde, Sexualität und deren Sublimierung unter den beteiligten Personen: Es liebt die Schwester Tamar den Bruder Abschalom, dieser die Schwester; es begehren die Schwester Tamar der Halbbruder Amnon und der Vetter Jodabab; Tamar selbst erliegt – nach Fühmann – der Verführung durch Amnon im Rahmen der Vergewaltigung; auch der vergebliche Versuch des

---

[76] Franz Fühmann: Amnon und Tamar. Erzählung. In: Ders.: Die Schatten. Hamburg 1986, 52-65.

Königs, durch eine Jungfrau von seiner Kälte befreit zu werden, gehört als Notiz in diesen Zusammenhang.

Obwohl der Autor sich in den Grundzügen an den biblischen Text hält, gelingt es ihm, eine neue, höchst erregende Geschichte zu erzählen, indem er die psychische Verfassung der Personen, ihre Gefühle, ihre Begierden, ihre Sühne und ihre Strafe durch Symbole und durch die Erzählstruktur (Dreierrhythmus) gestalterisch auslotet. Der Erzähler schildert das geheime inzestuöse Liebesspiel zwischen Abschalom und Tamar im Bild der Tamariske, daneben die sexuelle Begierde Amnons und deren Steigerung durch dessen mehrfachen Versuch, Tamar mit allen Mitteln zu gewinnen: durch Eindringen in ihr Haus, durch Scheinlegitimation als zukünftiger König und damit als über dem Gesetz (der Geschwisterliebe) Stehender sowie durch List und Gewaltanwendung, sodann die Anfälligkeit der Frau gegenüber der Verführung und die darauf folgende Schmähung durch Amnon, Jonadab und die Mägde, schließlich Tamars vergebliches Warten auf den Geliebten und Rächer:

> Sie wartete so lange, bis ihr Herz grau war, und sie wußte nicht, wieviel Jahre das war. – Es waren nicht sehr viele Jahre. – Auch ihr Haar wurde grau, ihre Haut zerriß, und die Risse wurden hornig, und als die letzte Hoffnung verbraucht war, kam ein Heer aus dem Süden herauf, und ihr Bruder Absalom führte es an. (63)

Abschalom kommt wie umweht von einem grünen Schleier, „das Immergrün des Baumes" (63), „strahlend wie der Mond im Maiwind" (63) zurück und übersieht die zerstörte Schwester. Doch sie wird – nach Fühmann – sein Verhängnis: Als die Brüder, „ein Doppelstern des Hasses" (64), sich im Kampf gegenüberstehen, wird Abschalom durch Tamars Schrei „Bruder" (64) abgelenkt und kommt durch Amnons Angriff zu Tode.

Der Erzähler schließt seine Geschichte mit dem Ausblick auf Amnons Schicksal, seinen Tod auf Geheiß des Vaters, und auf Tamars stumpfsinniges Leben als Magd bei Jonadab. Der letzte Satz der Erzählung: „Die Tamariske grünt heute noch."(65) hebt die symbolische Bedeutung dieses Baumes im Rahmen der Geschichte hervor. Dieser Baum – der Sage nach pflanzte Abraham zu Beerscheba eine Tamariske als Zeichen des Friedens mit Abimelech und zum Dank für Gottes Hilfe – wird von Fühmann aufgrund seines immergrünen, im Licht silbern schimmernden Laubs und wegen der Namengleichheit mit der Hauptfigur gewählt und zum Liebesbaum stilisiert, bei dessen Anblick sich die Liebenden im Geiste vereinen. Er wird überdies im weiteren Verlauf der Erzählung mehrfach erwähnt: als Baum der Versuchung für Amnon und Jonadab, der Erkenntnis für Tamar nach der Nacht mit Amnon und schließlich als Todesbaum, an dem Tamars Selbstmordversuch scheitert und Abschaloms Tod sich ereignet, als er sich auf der Flucht vor Amnon mit seinem Helmbusch dort verfängt und durch den Bruder getötet wird.

Wenn der Titel auch auf zwei Hauptpersonen hindeutet, so dreht sich doch alles um Tamar. Alle Handlungselemente gehen von ihr aus oder sind auf sie ausgerichtet. Sie ist zunächst das Objekt der Liebe und der Begierde aller beteiligter Personen, später trifft sie der Hass aller, alle Schmach und alle Verwünschung bis zum Todesurteil durch den eigenen königlichen Vater. So heiß sie begehrt wird, so schmählich wird sie fallen gelassen. Ihre Versuche, sich nach der Verunreinigung des Bettes durch ihr Wasser mit der Erklärung der „Notdurft" (vgl. 59f.) zu verteidigen und sich durch dreimaliges Lachen (spöttisch, höhnisch, dämonisch) zu befreien, haben gegen die Übermacht der Männer, Thronfolger, König, Arzt, keine Chance der Rechtfertigung. Selbst ein erlösender Tod durch die Hunde, durch Steinigung oder durch eigene Hand ist ihr versagt.

Fühmanns kunstvoll gebaute Erzählung scheint auf mehreres abzuzielen: Zum einen zeigt der Autor, wie sich die Mächtigen über alle Gesetze, auch der Natur (hier Inzest), hinwegsetzen, um ihre Gelüste, Begierden und Machtansprüche zu befriedigen (was der politischen Situation in Fühmanns Umfeld auch entsprach). Sodann führt die Erzählung in der Figur des Jonadab vor, wie kleine schmierige Beamte die Situation für sich selbst ausnutzen. Schließlich – und das ist in diesem Kontext besonders wichtig – wie eine Frau als Spielball der Männer in Liebe, Begierde und Hass missbraucht und von der hoch geschätzten Geliebten und Jungfrau zur „Hündin", „Hexe", „Hure", „Vettel" abgewertet wird. Mag ihre aktuelle Bereitschaft in der Vergewaltigung durch Amnon auch kreatürlich gegeben sein, im geistig-seelischen Gefühl bleibt sie Abschalom und damit sich selber treu. – Was Fühmann selbst zu seiner Erzählung notierte, mag abschließend als Wertungskriterium auch für alle anderen Adaptionen biblischer Stoffe in der Literatur gelten:

> [...] ich glaub', die Geschichte ist gut. Ich fange jetzt an, Einiges zu begreifen: sich nicht kommentieren; etwas hinstellen und nicht zerreden, und sich vor Versuchungen hüten, die gerade bei der Geschichte drängen: so zurückhaltend wie möglich, allerdings in der Sache gnadenlos.[77]

4. Die Königin von Saba

Die Königin von Saba, die nach 1 Kön 10,1-13 bzw. 2 Chr 9,1-12, König Salomo besuchte, um seine Weisheit mit Rätselfragen zu erkunden, ist für das Alte Testament nur eine Episode. Dort ist sie namenlos, der Legende nach wird sie Bilkis genannt und kommt aus Äthiopien. Es hat nur wenige Autoren gereizt, diese Episode im einzelnen zu behandeln (s. Tabelle), zu undramatisch ist der überlieferte prachtvolle Aufmarsch. Der eignet sich eher für eine Oper oder ein Gemälde.

Beachtenswert in diesem Kontext, wenn auch nicht herausragend, ist einer der jüngsten Romane „Sie kam zu König Salomo"[78] von *Inge Merkel*. Die Autorin

---

[77] Zit. nach Ingrid Prignitz: Nachbemerkungen zu Franz Fühmann: Das Ohr des Dionysios. Rostock 1985, 153.
[78] Merkel (Anm. 67).

138

hält sich der Handlungsführung nach ganz an die biblische Vorlage und auch die Intention der Königin, Salomo zu treffen, stimmt mit der im ersten Buch der Könige formulierten überein. Der Reiz des schmalen, knapp zweihundert Seiten starken Romans liegt in der ironischen Darstellung, mit der die Erzählerin die Handlung kommentierend begleitet. Sie holt die beiden Herrschergestalten aus der Märchenatmosphäre ins reale Leben, entkleidet sie – im letzten Kapitel wortwörtlich – aller erhabenen Insignien und lässt die wie Mann und Frau ein geistvolles Liebesspiel treiben: von der konventionellen ersten Begegnung über vorsichtige Annäherungsversuche, scheue oder versteckte Anspielungen, kleine Geheimnistuereien und Eifersüchteleien bis zur verschämt glückseligen Vereinigung. Fast alles wird – wie es die Intention der Königin nahelegt – mittels Dialoge sozusagen in Szene gesetzt.

Merkel wählt dieses Paar sicherlich nicht, um eine biblische Geschichte zu paraphrasieren oder zu aktualisieren, sondern um an diesem Paar die wachsende Zuneigung und Liebe alternder Menschen zu legitimieren. Sie wählt ein hoch gestelltes Vorbild, um so von vornherein jegliche Komik auszuschalten. Hinzu kommt, dass durch die sprichwörtliche Weisheit des Mannes und die verbriefte Klugheit der Frau ihre ganz menschlichen Bedürfnisse respektvoll akzeptiert werden. Für die hier vorliegende Untersuchung ist außerdem bemerkenswert, dass bei allen Aktivitäten die Königin die treibende Kraft darstellt (das liegt bereits im Titel begründet), ferner in der Initiative, die ihr zu Beginn zugeschrieben wird, und schließlich in der letzten Bemerkung über den Abschied, wenn der Erzähler schreibt: „Jetzt, zum ersten Mal seit ihrer Ankunft, weinte die Königin. Tränenlos. Mit trockenen Augen, deren Lider brannten." (197)

5. Schlussbemerkungen

Ähnlich wie bei den Patriarchen spielen auch bei den bekannten israelitischen Königen Frauen eine maßgebliche Rolle, deren Wert zunehmend erkannt und von Autoren und Autorinnen des 20. Jahrhunderts in eigenwilliger Weise umgesetzt wird. Literarisch überzeugend sind jedoch nur wenige Werke: einige Gedichte von *Rainer Maria Rilke*, *Else Lasker-Schüler*, *Gertrud Kolmar* und *Paul Celan*, daneben die Romane von *Stefan Heym*, *Torgny Lindgren* und mit Einschränkung *Grete Weil* und *Inge Merkel*. Das Drama von *Richard Beer-Hofmann* mag zwar als weihevolles Bibelspiel für gläubige jüdische Kreise einen gewissen Reiz haben, doch ist das Pathos für den Zeitgenossen kaum mehr akzeptabel. Mit wenigen Ausnahmen sind die Autoren fast alle jüdischer Herkunft, was in diesem Zusammenhang nicht weiter verwunderlich ist, da das davidische Königtum das historische Fundament jüdischer Identität darstellt.

V. Frauen im Umkreis der Propheten

Unter diesem sehr weit gefassten Titel werden Frauengestalten in den Blick genommen, die auf die eine oder andere Weise im Leben der Propheten eine Rolle gespielt haben. Zu den meisten, auch wenn sie für die Theologie oder Pastoral von großer Bedeutung sind, wie **Hanna**, die Mutter des Propheten Samuel, oder **Hulda**, die Prophetin, liegen keine literarischen Adaptionen vor. Deshalb werden sie nicht eigens behandelt. Auch die durch das Wirken des Elija als **Witwe von Sarepta** bekannt gewordene Frau (1 Kön 17,8-24) und entsprechend dazu bei Elischa die Witwe sowie die **Frau aus Schunem** (2 Kön 4,1-37) bleiben namenlos und haben keinen Niederschlag in der Literatur gefunden. In *Martin Bubers* Mysterienspiel „Elija"[1] wird zwar in der sechsten Szene die Episode mit der Witwe dargestellt, sie dient aber nur dazu, Elija zum Handeln zu bewegen und Gottes Gnade an ihr zu erweisen; ein Eigenwert wird ihr nicht zugestanden.

1. Isebel

Etwas günstiger, da von dramatischer Relevanz, ist die Lage bei Isebel, der Gegenspielerin des Elija. Sie ist Phönizierin und mit Achab, dem König des Nordreichs, verheiratet. Traurige Berühmtheit erlangt sie zum einen dadurch, dass sie in Israel den Baalskult einführen will und alle Propheten des Landes ermorden lässt, zum anderen, dass aufgrund ihrer Intrige der Weinbergbesitzer Nabot zum Tode verurteilt wird, damit Achab sich dessen Besitz zu eigen machen kann. Elija prophezeit deshalb dem Königspaar ein Strafgericht; Isebel soll an der Mauer von Jesreel von Hunden gefressen werden (1 Kön 16,29-31;21,1-29).

Im oben genannten Drama von *Martin Buber* wird in drei Szenen die Episode um den Kauf des Weinbergs dargestellt. Obwohl Nabot gute Gründe für den Erhalt seines Eigentums vorbringt, gelingt es Isebel in scheinheiliger Rede, die Ältesten von Jesreel anzustiften, Nabot wegen Königsschmähung zu verurteilen und zu steinigen. Nicht sie verurteilt den Bürger, sondern sie sät Feindschaft.

Ganz im biblischen Gewand, aber in höchster Aktualisierung präsentiert *Franz Fühmann*, der bereits durch andere gelungene Erzählungen in dieser Untersuchung hervorstach, die Geschichte in „Der Mund des Propheten"[2]. Er erzählt die Vorlage nicht einfach nach, sondern inszeniert das Drama um Macht und Untergang auf eindringliche Weise. Wie der Titel verrät, geht es ihm vornehmlich um das Prophetentum – „Prophet ist, wer nicht anders kann!"[3] –, hier um

---

[1] Martin Buber: Elija. Mysterienspiel. In: Ders.: Werke. Bd. 2. München 1964.
[2] Franz Fühmann: Der Mund des Propheten. Späte Erzählungen. Berlin 1991, 145-155.
[3] Franz Fühmann: Meine Bibel. In: Ders.: Die Schatten. Hamburg 1986, 139.

einen Propheten, der gegen vierhundert Schönredner die Stimme zur Verkündung der Wahrheit erhebt, der Achab und Isebel anklagt, den Untergang des Reiches prophezeit und den beiden einen schmachvollen Tod vorhersagt.

> Als Achab und die Jezebel über Israel herrschten, waren es ihrer vierhundert, die solcherart um sie scharwenzten und ihnen, die einen Krieg vorbereiteten, die Vernichtung des Erzfeinds prophezeiten; ein einziger wagte zu widersprechen und vom Feldzug abzuraten, da wurde ihm ins Gesicht geschlagen, und sein Ort war das Verlies, und seine Nahrung Brot und Wasser. – Achab aber wurde besiegt und getötet, und das Fleisch Jezebels fraßen die Hunde.[4]

So fasst der Autor die Vorlage zusammen. Aus seiner Verarbeitung des Stoffs geht deutlich hervor, dass Isebel die Drahtzieherin ist. Nach einer kurzen Einleitung über Achabs dreifachen Machtanspruch: Er will den Weinberg des Nabots besitzen, das Südreich erobern und sich den Mund des einen Propheten, der die Wahrheit spricht, gefügig machen, folgt lapidar in einem frei stehenden Satz die Vorstellung der Zentralfigur: „Das Weib, das Achab freite, hieß Jezebel." (145). Damit wird die Darstellung der Intrigen und Gräueltaten dieser Frau eingeleitet. Mittels scharfsinniger Dialoge inszeniert Fühmann die Befriedigung von Achabs Machtgelüsten. Immer ist Isebel die Initiatorin, immer ist sie die Gegnerin des Propheten.

Gegen Ende der Erzählung, wenn kurz berichtet wird, dass der siegreiche König des Südreichs dasselbe Machtspiel in Gang setzen will, verlässt der Erzähler die Rolle des Chronisten und wird zum „Propheten"; er verkündet das Ende dieses und eines weiteren Reichs bis zur Vision eines Friedensreichs, in dem Schwerter zu Pflugscharen und Lanzen zu Winzermessern umgeschmiedet werden (vgl. Jes 2,4; Joël 4,10; Mich 4,3).[5] Doch darf ein Prophet, der solches vorhersagt, nach dem Machtkalkül der Herrscher nicht leben; aber seine Verheißung wirkt über seinen Tod hinaus. Das Wort wird bewahrt, auch wenn er – „wir nennen ihn Micha", so der Erzähler – nicht mehr ist, dann werden andere das Wort – „sie sind immer der eine Mund" (155) – weitergeben.

Obwohl der Handlungsverlauf ganz der biblischen Vorlage folgt, lassen die dem Propheten in den Mund gelegten Worte unschwer die Aktualisierung im Hinblick auf die Realität der ehemaligen DDR erkennen. Besonders wichtig war Fühmann zur Zeit der Abfassung das Prophetische, sah er doch eine unmittelbare Ähnlichkeit zu den Künstlern und Regimekritikern[6], die seinem Staat unlieb waren.

---

[4] Fühmann (Anm. 3), 139.

[5] Die Idee zu dieser Erzählung entstand nach der Berliner Konferenz zur Friedensförderung im Dezember 1981, zu der Wissenschaftler aus Ost und West zusammengekommen waren, und liest sich wie eine Antwort auf die Forderungen der Friedensbewegung, die dieses Bibelwort stets anführte.

[6] *Franz Fühmann* schrieb die Erzählung 1982, als er sich bereits seit Jahren von diesem Partei-Staat distanziert hatte. Zu der Zeit arbeitete er auch an seinem großen Bibel-Essay, der als Nachwort zur „Luther-Bibel" im Lutherjahr 1993 herauskam. Sowohl in diesem Essay als auch gedanklich beschäftigten ihn die Propheten besonders. In einem Brief vom 25.8.1982 schreibt

Im Gedicht eines weitgehend unbekannten 1943 geborenen Autors *Rolf Dermietzel* „Jesebel und meine Väter"[7] steht die Königin als Symbolfigur für entsetzliches Unrecht. Hier findet, wie die Verse „Jesebel, diese Hure/die am Freitag Fisch ißt" vermuten lassen, eine Vermischung der Überlieferung von zwei Frauen gleichen Namens statt. Die zitierten Verse deuten sowohl auf die Königin des Nordreichs hin, wie der Ruf nach dem Rächer Jehu, der sie aus dem Fenster stürzen möge (2 Kön 9,30-37), und die Hunde, die „Jesebels Knochen" nicht fressen, als auch auf die Prophetin aus der Offenbarung (2,20-23). Der hier geschilderten Frau ist nicht beizukommen. Vergeblich verhallt der Ruf nach den Propheten, die ein Machtwort sprechen könnten; sie sind tot: „Tot ist Elia!" – „Tot ist Hiob!", was so viel besagt wie, der Glaube an ihre Prophetie, an eine gerechte Strafe ist erloschen.

> Meine Väter bedecken ihr Haupt mit Unschuld
> und streuen sich Asche ins Bier,
> die Asche Elias
> die Asche Hiobs
> ihre eigene Asche.

Der Bußritus ist zur Farce verkommen: Es zeigt sich kein Schuldbewusstsein mehr, der Brauch des Büßenden sich Asche aufs Haupt zu streuen, wird der Lächerlichkeit preisgegeben, die Asche wird ins Bier gestreut. Das in den sechziger Jahren publizierte Gedicht, deutet auf die Gräueltaten des Naziregimes und auf den Mangel an Schuldbewusstsein, dessen sich nicht wenige Bürger am Stammtisch brüsteten und das von vielen jungen Leuten als Lebenslüge kommentiert wurde.

2. Susanna

Im Anhang des Buches Daniel (13. Kap.) wird die Geschichte der Susanna erzählt, die ob ihres delikaten Inhalts und der sich immer wiederholenden Situation einen hohen Bekanntheitsgrad erreicht hat. Dabei spielt es für die Popularität der Geschichte keine Rolle, dass Susanna die rein literarische Figur einer spätexilischen Lehrzählung ist. Im Rahmen der genannten Schrift hat die Episode mehrere Funktionen: Sie soll die Erzählung und Sendung des Propheten Daniel bestätigen und Gottes Recht verkünden, außerdem die von babylonischer Gesetzlosigkeit infizierte jüdische Oberschicht, hier die Ältesten

---

er: „Diese Propheten, das ist was Grandioses! Die werden mich nicht mehr los lassen." Zit. nach Ingrid Prignitz: Editorische Nachbemerkung zu Franz Fühmann. In: Ders.: Die Schatten. Hamburg 1986, 211.
[7] Rolf Dermietzel: Jesebel und meine Väter. In: Die Bibel in deutschen Gedichten. Hg. von Hermann Hakel. München 1968, 168.

und Richter, in ihrer Verderbtheit brandmarken, schließlich die unerschütterliche Tugend einer Jüdin und Gottes Beistand dokumentieren.[8]

Susanna, die schöne Tochter Hilkijas, ist mit dem wohlhabenden und angesehenen Juden Jojakim verheiratet, in dessen Haus die Richter ihre Versammlungen abhalten. Zwei Älteste aus dem Volk finden Gefallen an Susanna und beschließen unabhängig voneinander, sie zu verführen und warten auf eine günstige Gelegenheit. Als sie sie beim Baden in ihrem Garten allein finden, bedrängen sie Susanna, sich ihnen hinzugeben, was die gottesfürchtige Frau hilferufend verweigert, obwohl die Ältesten damit drohen, sie des Ehebruchs mit einem jüngeren Mann anzuklagen. In der Gerichtsverhandlung bringen die Männer ihre Falschaussage vor, und die Frau soll gesteinigt werden. Doch ihr Gebet wird erhört: Daniel, ein junger Mann, entlarvt mit einer geschickten Frage nach dem genauen Ort der Tat die Lügen der Ältesten.

Die Bedeutung dieser Erzählung ist unbeschadet ihres biblischen Kontextes auch für die Gegenwart höchst aktuell, wenn man an die Scharia in fundamentalistisch regierten islamischen Staaten[9], aber auch an „Berichte von sexuellen Übergriffen katholischer Priester auf Ordensfrauen vor allem aus Afrika"[10] denkt. *Dorothee Sölle* legt in ihrer Meditation[11] dar, dass es bei den „Susannen" weniger um den Ehebruch als vielmehr um den Verlust der Würde dieser Frauen geht, die vor aller Augen erniedrigt werden. Wie sie sich auch in Konfrontation mit den Richtern verhalten, immer werden sie verlieren.

Trotz dieser Brisanz des Konflikts ist die Ausbeute in der neueren Literatur gering.[12] Das Motiv wurde zwar vielfach wegen der delikaten Situation gemalt, wohl auch gelegentlich dramatisch paraphrasiert, aber kaum einmal literarisch so verarbeitet, dass das Produkt mehr als einen Achtungserfolg hervorrief.[13]

---

[8] Vgl. Ernst Haag: Daniel. Echter Kommentar. Würzburg 1993. Der Text ist nur noch in zwei griechischen Fassungen (G) und (Th) überliefert, die unterschiedliche Schwerpunkte setzen, was aber für die literarische Rezeption unbedeutend ist. Zudem ist das Buch nicht in die hebräische Bibel aufgenommen, und der Name Susanna kommt in der jüdischen Bibel nicht vor. Vgl. Große Frauen der Bibel in Bild und Text. Hg. von Herbert Haag/Joe H. Kirchberger/Dorothee Sölle. Freiburg/Basel/Wien 1993, bes. 234-243.

[9] So werden z.B. die Frauen bei Anklage von Unzucht oder vorehelichen Verkehrs nach den strengen Gesetzen der Scharia abgeurteilt und mit dem Tod bestraft, während die Männer selbst bei Vergewaltigung nicht nur straffrei bleiben, sondern durch Falschaussagen oft noch erheblich zur Verurteilung der Frauen und Mädchen beitragen.

[10] Vgl. Johannes Röser. In: Christ in der Gegenwart, 14/01, 112.

[11] Vgl. Dorothee Sölle: Der Mut zum Nein. In: Große Frauen der Bibel (Anm 8), 238.

[12] Das liegt nicht zuletzt daran, dass der Susanna-Stoff Ähnlichkeit mit dem der Batseba aufweist, der durch die Folgegeschichte weitaus dankbarer zur dramatischen oder epischen Gestaltung ist. Zudem fehlt bei Susanna der Bezug zur jüdischen Tradition, s.o. Anm. 8.

[13] Was die Transfiguration angeht, so gibt es zahlreiche Dramen und Romane zum Motiv Verführung – Diskriminierung – Bestrafung, jedoch ohne ausdrücklichen Bezug zur biblischen Vorlage. Auch die Dramen- und Romanfiguren mit dem Namen Susanna, z.B. von *E. Langgässer, B. Strauß, H. Achterbusch, J. Giraudoux*, haben mit der biblischen Figur nichts zu tun. Es ist nicht uninteressant, wenn auch zeitlich weit hergeholt, *Beaumarchais'/Mozarts* „Figaro" einmal unter diesem Gesichtspunkt zu betrachten: Susanna (!) widersteht den Verführungskünsten des Grafen aus Liebe zu Figaro, muss dies jedoch durch ständigen Aufschub der

Das Schauspiel in einem Aufzug „Susanna im Bade"[14] von *Hugo Salus* variiert die Vorlage, indem David anfangs als fremder Jüngling auftritt, der von der Schönheit Susannas fasziniert ist, die hier als Witwe des Joakim vorgestellt wird, so dass nach moderner Auffassung Ehebruch als Motiv ausfällt. Gegen Ende jedoch verhilft er getreu der biblischen Vorlage der Wahrheit zum Sieg und entdeckt sich selbst als Prophet. Seine Anklage wider die Richter lautet auf lüsterne Beobachtung, sie „schändeten das Weib mit ihren Blicken" (50). Salus versucht, die beiden Richter zu differenzieren: den jüngeren als die treibende Kraft, den älteren als den Zauderer darzustellen. Um die Rechtlosigkeit von Frauen noch zu verstärken, lässt Salus vier Vertreterinnen aus dem Dorf auftreten, die Susanna gegenüber höchst positiv eingestellt sind, deren Zeugnis aber durch den Ruf eines Mannes aus dem Volk „Das möchte ich sehen, wie Weiber zeugen!" (36f.) angezweifelt wird.

George Forestier schuf mit „Susanna im Bad"[15] eine lyrische Reflexion. Er lässt nicht ohne Sympathie für die beiden anonymen Beobachter – die Richter? – Susanna beobachten und aus ihrer Perspektive die Qualen des Verzichten-müssens im Alter schildern:

Alleinsein und verzichten müssen
Ist schwer und gnadenlos

Zu oft, wenn sie die Welt umarmt
Mit ihrem Arm, ihren Händen

Stockt uns der Atem.
Unsere Lippen werden weiß.

Die beiden Voyeure glauben zu spüren, dass Susanna sich von ihren zärtlichen Blicken gestreichelt fühlt und dies genießt:

Sicher hat sie uns längst erkannt.
Sie genießt stumm unsere Dreisamkeit,

bis einer kommt, der jünger ist als wir
und der sie mitnimmt zu den Palmen.

Forestier ergreift nicht Partei, sondern schildert die mögliche Realität: Susanna wäre verführbar, wenn der Richtige käme. Dann würde sie die Alten, die sich ihres Fehlverhaltens durchaus bewusst sind, „den Häschern" überstellen und sich selbst reinwaschen lassen (der Wortsinn dieser Redewendung scheint hier besonders angebracht). In schlichten reimlosen Zweizeilern wird die Episode

---

Hochzeit büßen, bis die Gräfin als Richterin und Vollstreckerin des Urteils dem ein Ende setzt, indem sie den Graf öffentlich bloßstellt.

[14] Hugo Salus: Susanna im Bade. Schauspiel in einem Aufzug. München 1901.

[15] George Forestier: Susanna im Bad. In: Ders.: Biblische Gedichte. München/Esslingen 1968, 35f.

erzählt. Einzig die Schilderung von Susannas Erregung wird durch einen Dreizeiler ausgeweitet:

> Ihr Leib biegt sich zurück,
> als spürte sie die Zärtlichkeit,
> mit der sie unsre Blicke streicheln.

Forestiers Gedicht ist kein Kunstwerk, vermag aber die Einseitigkeit der Verführung etwas zu differenzieren und verändert die biblische Vorlage dahingehend, dass Susanna die Alten zwar abweist, einem jungen Verführer aber durchaus nachgeben könnte. In einer solchen Interpretation ist für einen Propheten Daniel als Arm Gottes kein Platz mehr.

Im Rahmen einer modernen „Daniel"-Adaption, in *Herbert Rosendorfers* und *Paul Engels* Oper „Daniel"[16], beginnt die Handlung nach dem Prolog, der Zwiesprache Daniels mit Gott, mit der Susanna-Episode. Beide Szenen werden durch das Stichwort vom „Klippdachs"[17] miteinander verknüpft: Gott, der im Dialog mit Daniel sich selbst leugnet, aber als Sprechpartner präsent ist, möchte gelegentlich den Klippdachs dem „Ungeziefer" Mensch vorziehen, so dass Daniel nach einer Erklärung verlangt, was ein Klippdachs sei. Auch Susanna fragt nach dessen Wesensart und entwirft eine Vorstellung von diesem seltenen, einsam lebenden, spröden Tier, in dem sie sich selbst sieht. Ihre Worte werden von den beiden Richtern, ihren Verführern und Verleumdern, kontrapunktisch variiert. Wie in vielen Komödien oder komödiantischen Drameneinlagen treten diese als Paar auf und werden als lächerliche Figuren durch Dialoge und Regieanweisungen charakterisiert. In exakter Anlehnung an die biblische Vorlage wird die Szene entfaltet und mit Worten der Alltagssprache zu Ende geführt: Daniel als der „schlaue Jude" (2. Bild) nimmt die beiden Ankläger ins Kreuzverhör, die die bekannten Antworten geben und daraufhin in der Versenkung verschwinden.

Rosendorfers Libretto, eine „Biblische Komödie", hat wegen ihres schwankhaften, komödiantischen Charakters – der Zuschauer fühlt sich an F. Dürrenmatt erinnert – nicht nur positive Kritik hervorgerufen. Die Rettung geschieht nicht durch das Eingreifen Gottes, sondern durch den klaren Verstand Daniels und dessen sachliche Fragen. Ein naiver Gottesglaube hinsichtlich Gott als Problemlöser wird abgewiesen. Rosendorfer lässt Gott selbst dazu diese Erklärung geben:[18]

Daniel:	Herr, darf ich dich um etwas bitten: tue ein Wunder! Laß mich den Traum des Königs erraten.
Gott:	Ich denke nicht daran. Wie immer in solchen Fällen werde ich auch hier nicht eingreifen. Schlagt euch doch

---

[16] Herbert Rosendorfer/Paul Engel: Daniel. Biblische Komödie für Musik in zwei Akten. München 1994.
[17] Der Klippdachs gehört nach Lev 11,5 zu den unreinen Tieren.
[18] Die Zwiesprache Gott – Daniel durchzieht die gesamte Oper; die Regieanweisungen verlangen „Leere Bühne", also bloße Stimmen, wobei die Gottes als Sprechrolle durch das Schalten eines Mikrophons hörbar ein- bzw. abgeschaltet werden soll.

endlich diese blindgläubigen Albernheiten aus dem Kopf. Das einzige Mal, wo ich wirklich eingegriffen habe, war beim Urknall. Alles andere ist dann von selber gelaufen. Und [...] wird auch weiterhin ohne mein Eingreifen laufen.

Daniel: Dann sind wir verloren.

Gott: Man wird sehen. (4. Bild, o.S.)

Diese Wahrheit wird neben anderen vor allem durch die Susanna-Episode bestätigt. Was Rosendorfer noch nicht vermochte, ist zu zeigen, dass Susanna sich selbst rettet, wie dies *George Tabori* der „Sünderin" (s.u.) zugesteht.

Wenn auch Susanna für die Rezeption heute von untergeordneter Bedeutung ist, so könnte sich dies vor dem Hintergrund der oben skizzierten Problematik doch ändern. Außerdem greifen die wenigen Beispiele interessante Aspekte auf, die eine kurze Besprechung hier rechtfertigen. Schließlich gehört diese Figur zu denen, die durch die spektakuläre Episode vielen Lesern als „keusche Susanna" bekannt ist.

3. Gomer

In der Reihe der „Zwölf Propheten" taucht im Buch „Hosea" eine interessante Frauengestalt auf. Der Prophet Hosea[19] heiratet im Auftrag des Herrn Gomer, eine Kultdirne[20], und zeugt mit ihr drei Kinder, denen er auf Jahwes Geheiß Namen gibt, die für Israel als Drohzeichen gemeint sind (vgl. Hos 1). Aus dem vierzehn Kapitel umfassenden Buch sind hier vor allem die drei ersten von Bedeutung, die von Hoseas Ehe und Familie berichten. Während die beiden ersten einem Erzähler in den Mund gelegt sind, berichtet im dritten Kapitel der Prophet selbst vom Ehebruch Gomers und der erneuten Anweisung des Herrn, sie wieder zu sich zu nehmen und sie zu lieben.[21] Mit dieser Ehe will Jahwe ein Zeichen setzen für das Verhältnis zwischen ihm und Israel, das einem Ehebund gleicht, den Israel durch Götzendienst (Abfall zum Baalskult) und Blutschuld entweiht hat (vgl. Hos 2)[22] Jahwe wird Israel zwar hart strafen, doch auch wieder begnadigen. Verse vom Treueversprechen des Herrn (2,18-25) „Ich traue mich dir an auf ewig; [...] um den Brautpreis von Gerechtigkeit und Recht, von Liebe und Erbarmen" (2,21) sind zudem bibeltheologisch von

---

[19] Hoseas Wirken wird in die Zeit des Königs Jerobeam II. datiert (782-747 v.Chr.).

[20] Nach Alfred Deissler: Zwölf Propheten: Hosea, Joël, Amos. Würzburg 1981, bes. 8ff., ist eine solche keine bezahlte Dirne, sondern eine Frau, „die sich dem orgiastischen Baalsdienst verschrieben hat, sei es, um sich durch das Opfer ihrer Jungfrauschaft am Kultort vermeintlich einen großen Kindersegen zu verschaffen, sei es, um sich dort zeitweise als 'Qedesche' (Weihe- und Kultdirne) dem Fruchtbarkeitsgott und seinem Kult zu verdingen" (9).

[21] Auf die textkritischen Untersuchungen wird hier nicht eingegangen. Vgl. dazu: Deissler (Anm. 20).

[22] Die ersten Kapitel wurden und werden ob ihrer Skandalosität meist allegorisch ausgelegt. Dies stellt *Alfred Deissler* (Anm. 20) allerdings in Frage, da nirgendwo im Text ein Hinweis auf eine Form der Allegorie zu finden sei.

Bedeutung, denn sie dienen nicht nur als Grundlage für den Liebesbund zwischen Gott und Menschen, sondern auch als Weisung für die eheliche Gemeinschaft und für das Ordensgelübde.

Gomer wird nur in den genannten Kapiteln und ausschließlich in ihrer Funktion für Hosea und die Gesamtaussage erwähnt, ein Eigenleben gesteht ihr der biblische Verfasser nicht zu. Deshalb sucht man ihren Namen in den meisten Nachschlagewerken vergeblich. Das gilt auch für die Wirkungsgeschichte in Kunst und Literatur. Neben zwei Titeln aus dem hebräischen Sprachraum (s. Tabelle) verdienen zwei Transfigurationen erwähnt zu werden: „The Magic Barrel" („Das Zauberfaß"), eine der bedeutendsten amerikanischen Kurzgeschichten von *Bernard Malamud*, und „Der Tanz des Gehorsams oder Die Strohmatte", ein Gedichtzyklus der Schweizer Autorin und Ordensfrau *Silja Walter*.

Bernard Malamud[23] verlegt das Geschehen ins New York der fünfziger Jahre und verwandelt die kargen Angaben der ersten Kapitel des Buchs Hosea zu einer sensiblen Geschichte von der Suche nach dem eigenen Ich, nach Liebe, nach Gott. Leo Finkle, ein junger Rabbinerstudent, soll sich, bevor er seine erste Stelle antritt, verheiraten. Da er, wie er sich später eingestehen muss, nicht fähig ist, sich selbst eine Frau zu suchen, geht er zu Pinye Salzman, einem Heiratsvermittler, ein in jüdischen Kreisen durchaus normaler Vorgang. Dieser bewahrt die Karten mit den Angaben seiner heiratswilligen Kunden in einem Fass auf. Es erweist sich aber für Leo, dass keine der Frauen zu ihm passen will: Entweder sind sie zu alt, behindert, geistlos, oder er kann seinerseits deren Erwartungen nicht erfüllen. Doch führt ihn diese Suche zu einer vertieften Erkenntnis menschlicher Einsamkeit und seiner eigenen Bedürftigkeit: „... he had never loved anyone [...] It seemed to Leo that his whole life stood starkly revealed and he saw himself for the first time as he truly was – unloved and loveless." (180). Hinzu kommt, dass er sich auch seiner Beziehung zu Gott nicht mehr sicher ist: „I think [...] that I came to God not because I loved Him, but because I did not." (179) – sagt er zu einer der Frauen. Zudem erkennt er klar: „I want to be in love with the one I marry." (181). Obwohl Salzman wegen seines Geschäfts weiter insistiert und ihm ein Paket mit Fotos aufnötigt, will Leo aufgeben. Als er einen Monat später die Fotos durchstöbert, findet er das Bild eines leidvoll aussehenden Mädchens, das ihn tief berührt. Diese Frau will er sehen – „Her he desired" (183) –, denn er entdeckt in ihrem Gesicht Leben und Leid, das er nicht kennt. Sie ist die missratene Tochter Stella des Heiratsvermittlers, „a wild one – wild without shame" (186), sagt der Vater. In Leo vollzieht sich eine Wandlung; denn zum ersten Mal hat Zuneigung ihn ergriffen: „love has at last come to my heart" (187), so dass er hofft, sie und sich zu Gott zu bekehren. Bei der ersten Verabredung unter einer Laterne „erwartet die Prostituierte den angehenden Priester, die Repräsentanten der Sünde und der Gottgefälligkeit treffen aufeinander"[24].

---

[23] Bernard Malamud: The Magic Barrel (1958). In: Ders.: The Stories. New York 1983.
[24] Peter Freese: Bernard Malamud. In: Die amerikanische Kurzgeschichte nach 1945. Frankfurt a. M. 1974, 221.

Sie erscheint nicht wie erwartet in Rot, sondern in Weiß mit roten Schuhen, er mit einem kleinen Blumenstrauß von Veilchen und Rosenknospen. Von weitem sieht er in ihren Augen „desperate innocence" (187). Anders als bei den vorhergehenden Treffen lässt der Erzähler beide schweigen; er entwirft eine Szene nach Art eines Hochzeitsbilds: „Violins and lit candles revolved in the sky." (188). Dennoch wird der operettenhaft rührende Ton am Ende wieder zurückgenommen, wenn es heißt, dass Vater Salman von weitem an einer Mauer lehnt und das Kaddisch, das Totengebet, spricht. Es bleibt offen für wen. *Peter Freese* schreibt dazu:

> Es ist unmöglich festzustellen, ob seine Worte ihm selbst und seinem Versagen als Vater, der sinnlosen Vergangenheit oder der leidvollen Zukunft Leos oder der Verworfenheit seiner Tochter gelten, denn alle haben gefehlt, aber sie alle können auch erlöst werden.[25].

Durch Liebe verwandelt – in Liebe angenommen: wie bei Hosea werden Gottesmann und Dirne zusammengeführt. Giles B. Gunn bringt die Parallele auf den Punkt „a latter-day Hosea, who must marry a prostitute to learn the meaning of agape."[26]

Wie die Ausführungen zeigen, ist es Malamud gelungen, die biblische Vorlage zu aktualisieren, auch wenn die Gestalt der Stella/Gomer, ähnlich wie bei Hosea, im Hintergrund bleibt. Ihre Gefühle kann der Leser nur aus der Bemerkung über ihren Auftritt erschließen.

Auch das zweite Beispiel von *Silja Walter*[27] transfiguriert die Personen des Prophetenbuchs ins Heute. Die Autorin schildert in der Figur einer Nonne, die sie programmatisch Gomer nennt, den Weg von deren erster Berufung über die Einübung in den monastischen Alltag bis zur vollen Zustimmung in die „Gotteshochzeit" (154). Das einzig auf Gott ausgerichtete Leben ist wie der Tanz auf einem Seil, der Wagemut, Angstbewältigung und Ausdauer voraussetzt:

Seiltänzerin

Es ist bloß
noch ein schmales
dreifarbenes Band
bloß noch ein Seil

---

[25] Freese (Anm. 24), 223.

[26] Giles B. Gunn: Bernard Mulamud and the High Cost of Living, zit. nach Freese (Anm.24), 219. *Peter Freese* macht in dem Zusammenhang auf die russische Tradition der „heiligen Prostituierten" aufmerksam (221), sein Hinweis auf die Maria Magdalena-Gestalt trifft nur die anfechtbare Tradition der bekehrten Sünderin.

[27] Silja Walter: Der Tanz des Gehorsams oder Die Strohmatte. Zürich 1970. In ihrem Roman „Schwester Alle und das Nichtstier" geht *Silja Walter* auch auf Hosea und Gomer ein. Hier wählt sie diese Frau als Beispiel für einen Hocker, eine Frau, die sich nicht bewegen lässt, „die nicht in die Wüste will", zit. nach dies.: Voll singenden Feuers. Eine Auswahl aus ihren Werken. Hg. von Elisabeth Antkowiak. Leipzig 1990, 86.

worauf Gomer geht
Daneben ist nichts mehr
als Tiefe
und Absturz zu Tode.
Eine Nonne ist eine Tänzerin
auf dem Seil
eine Seiltänzerin.
Wer ahnt je, wie bange ihr ist. (68)

Wie Hoseas Frau fühlt sich Gomer von Gott in Dienst genommen, verpflichtet dem Dreiklang von Armut, Keuschheit, Gehorsam; wie jene muss sie sich von ihrem bisherigen Leben lösen, stets angefochten, wieder auszubrechen. Aber stets kehrt sie wieder zurück. Im Rahmen von acht Kapiteln, denen jeweils ein Zitat aus dem Prophetenbuch vorangestellt ist und deren Anzahl (acht) eine vollendete Entwicklung andeutet, meditiert ein lyrisches Ich – vielleicht die sich aus Distanz betrachtende „Gomer" selbst – die Höhen und Tiefen auf dem Weg zu einer gehorsamen Nonne. Die Verfasserin sieht darin auch ein Bild für die Heimkehr des modernen Christen zu Gott, auch er ist Gomer.

Gomer ist alle
Alle sind Gomer
ich bin auch Gomer
Diblajims Tochter
eine Nonne ist immer Gomer.
Gomer muß ja doch
zurückkehren
zu ihrem ersten Mann
Eine Nonne kehrt immer
heim. (12)

Walters Gedichtzyklus ist von tiefer Glaubensgewissheit getragen. Es gelingt ihr, mystische Erfahrungen in einfache Sprache und Bilder zu fassen, wie das folgende von der absoluten Selbsterkenntnis und der Gnade:

Seither

Seit Gomer aber weiß
wie schlecht
Gomer ist
seither ist sie gut.
Sie weiß nicht
wie schön schwarzes Licht
einen Menschen macht
den es sachte zerlöchert. (111)

Das Büchlein ist sicherlich nicht für eine große Leserschaft gedacht, aber es holt die alte Prophetie von Gottes Erbarmen mit der sündigen Menschheit, wie sie bei Hosea im Bild von Dirne, Ehebruch, Heimkehr und Verzeihung beschrieben ist, auf eine eigenwillige Weise in unsere Zeit und verdient es, wegen seiner poetischen Struktur beachtet zu werden.

VI. Literarische Figuren und Sagengestalten

Bevor mit den umfangreichen Kapiteln zu Ester und Judit Höhepunkte literarischer Adaptionen vorgestellt werden, seien der Vollständigkeit halber noch Frauengestalten erwähnt, die nicht historisch zu belegen sind, sondern als literarische Figuren einen besonderen symbolischen Wert haben: Sara, die Frau des Tobias und die Schwiegertochter Tobits; die Frau des Ijob und Schulammit, die Geliebte im Hohenlied. Diese Frauen kommen in der Literatur nur gelegentlich vor, selbst das „Lexikon der biblischen Personen" nennt nicht einmal mit Verweis auf die Männer ihre Namen.

1. Sara

Die Geschichte der Sara ist eingebettet in die der Familie des Tobit aus dem gleichnamigen Buch des Alten Testaments.

Sara, die einzige Tochter von Raguël und Edna, war siebenmal verheiratet, doch der Dämon Aschmodai hatte alle sieben Männer noch vor dem Ehevollzug getötet. In ihrer Verzweiflung wendet sie sich wie der alte blinde Tobit an Gott. Beider Gebet wird erhört, in Gestalt seines Engels Rafael gewährt Gott den beiden Geschlagenen Hilfe.

Das Buch „Tobit" gilt als ein frommes Lehrstück[1], das zeigt, dass der Gottesfürchtige zwar vieles erdulden muss, sich aber gute Werke letztlich auszahlen. Das Schicksal der Sara interessiert den Verfasser des Büchleins nur als Beispiel für unbedingtes Vertrauen in Gott. Dass er dazu das alte Motiv der Verderben bringenden Frau, das in Märchen und Mythen eine vielfältige Ausprägung erfahren hat[2], wählt, verleiht der Geschichte eine hohe dramatische Spannung. Da die Bibel jedoch das Verhängnis einem „bösen Dämon Aschmodai" zuschreibt und nicht von einer „dämonischen Frau"[3] spricht, entmythologisiert sie den Vorgang. Dazu tragen auch die Heilmittel bei, die Innereien des Fisches, den der Sohn Tobias während der Wanderung auf Anraten des Reisebegleiters Rafael gefangen und ausgeweidet hat und die im orientalischen Raum als Heilmittel bekannt waren.

---

[1] Vgl. Heinrich Groß: Tobit. Judit. Die Neue Echter Bibel. Bd.19. Würzburg 1987.

[2] Vgl. Karl Simrock: Der gute Gerhard und die dankbaren Toten. Bonn 1856.

[3] Vgl. Die dämonische Verführerin. In: Elisabeth Frenzel: Motive der Weltliteratur. Ein Lexikon dichtungsgeschichtlicher Längsschnitte. 3. Aufl. Stuttgart 1988. – Zu diesem Typ gehören die weiblichen Vampire ebenso wie Nixen und Loreleifiguren oder die Männer zugrunde richtenden Frauengestalten (Femme fatale) um die Jahrhundertwende (Lulu, Salome, Rosa Fröhlich u.a.), die allesamt ihren Ursprung wohl in der Urangst des Mannes vor den geheimnisvollen, unergründlichen Kräften und Verführungsmechanismen der Frau haben.

In dieser theologischen Relevanz wurde das Buch „Tobit" Jahrhunderte lang nacherzählt oder dramatisiert. Dabei blieb das Schicksal der Sara stets eingebunden in die Gesamtgeschichte.[4]

1962 erschien von *Marie Luise Kaschnitz* das Hörspiel „Tobias oder Das Ende der Angst"[5]. Die Autorin hält sich an das biblische Handlungsmuster und bearbeitet die Vorgabe in Richtung einer Adoleszenzgeschichte unter Einsatz Märchen typischer Elemente: Notsituation, Aufbruch, Weg, Fluss, Begleiter, Erlösung der Frau (Prinzessin), Heirat, Rückkehr zu den Eltern – all das wird im Sinne einer Ich-Findung des Tobias gestaltet, wobei Sara ganz funktional eingebunden ist, also kaum Eigenwert erhält. Das unbekannte Leben wagen, sich den Hindernissen stellen und dadurch die Lebensangst besiegen, ist die Aussage dieses Hörspiels, in dem der Fremde, also der Engel, so etwas wie ein Mentor oder Therapeut ist:[6]

> Wirf dich in den Fluß, Tobias, und töte den
> Fisch. Du wirst das andere Ufer erreichen. Du
> wirst den Fisch umarmen und seine toten
> Augen küssen. Du wirst die glücklichen Zeiten
> sehen. (185)

Was im Buch „Tobit" sich als Nebeneffekt einstellt, die Reifung des Tobias zum Mann, wird hier zur Hauptsache, allerdings durch die verkürzte Handlung wohl auch etwas simplifiziert. Das gilt für die einzige Szene, in der die junge Sara spricht (Garten, Brunnenrauschen, Puppenspiel mit eindeutigen symbolischen Puppenrollen) und für ihren Dialog mit Tobias, der allzu schnell zum Einverständnis und zum „Ende der Angst" (191) vor dem Fremden, der Langeweile, dem Anderen führt.

In der deutschsprachigen Literatur war ein weiterer Titel „Sara" nicht zu finden. Allerdings gibt es einen neueren französischen Roman von *Silvie Germain* „Sara in der Nacht"[7].

Die Autorin hält sich, besonders im zweiten Teil, an die biblische Vorlage, versucht aber das Geschehen zu aktualisieren und die Personen zu transfigurieren. Ähnlich wie im Buch „Tobit" geht es in Germains Roman um das bewegte Schicksal einer Familie, hier einer französisch-jüdischen. Tobias, Sohn von Théodore und Anna, der als kleines Kind auf tragische Weise seine Mutter verloren hat und wie der Vater seit diesem Schicksalsschlag traumatisiert ist, wird unter Anleitung eines Freundes Rafael, der sich als Engel des Herrn erweist, von seinen Ängsten befreit und findet die ebenfalls

[4] Vgl. Erika Schuster: Tobias – Daniel – Jona. Nachexilische Gestalten. In: Die Bibel in der deutschsprachigen Literatur der Gegenwart. Hg. von Heinrich Schmidinger. Mainz 1999, Bd. 2, 281-302.

[5] Marie Luise Kaschnitz: Tobias oder Das Ende der Angst. In: Dies.: Hörspiele. Hamburg 1982, 166-201.

[6] Vgl. Eugen Drewermann/J. Neuhaus: Voller Erbarmen rettet er uns. Die Tobit-Legende tiefenpsychologisch gedeutet. Freiburg 1985.

[7] Silvie Germain: Sara in der Nacht. Roman (1998). Aus dem Französischen von Christel Gersch. Berlin 2001.

erlösungsbedürftige Sara, die er am Ende heiratet. Alle Motive und Handlungsmuster der biblischen Vorlage sind mehr oder weniger auffällig eingearbeitet: die fremde Herkunft der jüdischen Familie, die Schicksalsschläge, die die Familie treffen, der Aufbruch des jungen Tobias aus der vertrauten Umgebung, die Begegnung mit Rafael, die den Männern Unglück bringende Sara und endlich die Erlösung und Heilung aller Personen.

Doch bleibt der Leseeindruck aus mehreren Gründen zwiespältig. So wird zu viel Stoff verarbeitet: Die große Anzahl der Berichte über höchst tragische Ereignisse im Leben von vier Generationen wirkt trivial, weniger wäre mehr. Auch die sprachliche Gestaltung lässt Wünsche offen: neben sehr subtil beschriebenen Details stehen pathetisch überhöhte Schilderungen, neben feinsinnigen Aussparungen inhaltsbezogener Darstellungen unbefriedigende Brüche in der Personenentwicklung. Zudem zeigt sich, dass eine zu große Nähe zur biblischen Vorlage einer zeitgemäßen Erzählung die Spannkraft nimmt. Germain sucht zwar zu aktualisieren, eine überzeugende Transfigurierung in Konzentration auf eine Figur aber ist ihr nicht gelungen. Die beste Gestalt ist denn auch eine nicht biblisch hergeleitete, sondern eine erfundene, die alte Urgroßmutter Deborah, in der sich die Traditionen mehrerer Völker und Kulturen vereinen und die das verstörte Kind Tobias bis zu seiner Reife begleitet.

2. Schulammit

Ein besonders kostbares Stück Weltliteratur ist „Das Hohelied" oder „Das Lieder der Lieder", eine Sammlung von Liebesliedern, die im Wechsel zweier Stimmen vorgetragen der Liebessehnsucht einer Frau und eines Mannes Ausdruck geben. Da der Geliebte „König" (1,4.12) und „Salomo" (3,7.9) genannt wird, hat man das Buch König Salomo zugeschrieben, zumal auch der Name der „Geliebten", Schulammit (7,1), mit Abischag aus Schunem (1 Kön 1,3.21f.) in Verbindung gebracht wurde. Die verschiedenen Deutungen, die das Buch im Laufe der Auslegungsgeschichte erfahren hat, sind hier nicht von Interesse,[8] wohl aber die Gestalt der Frau und die Grundstruktur des Wechselgesanges, die als Vorbild für Liebeslyrik vom Mittelalter bis zur Gegenwart gilt. Für die vorliegende Untersuchung ist bedeutsam, welche Selbständigkeit der Frau hier zugesprochen wird. Sie beginnt den Dialog, sie sucht den Geliebten, sie will ihn in das Haus ihrer Mutter (3,4) – im hebräischen Umfeld unüblich – holen, der Geliebte kommt zu ihr, beide treffen sich freizügig in der Natur. Auch wenn dies alles poetische Bilder für die freie Liebe sind, so ist doch bemerkenswert, dass der Frau hier eine große Freiheit zugestanden wird.

---

[8] Zur Exegese und Entstehungsgeschichte des Buches vgl. u.v.a. Gunter Krinetzki: Hoheslied. Würzburg 1980.

Infolge der allegorischen Auslegung des „Hohenlieds" als Sinnbild für die Liebe zwischen Gott und Mensch, Jahwe und seinem Volk, Christus und der Kirche wurde der Stoff nur selten profaniert und als Vorlage für Liebesromane oder Liebesdramen mit konkreten Personen genutzt. Im deutschsprachigen Bereich des 20. Jahrhunderts ist nichts Bemerkenswertes zu verzeichnen; einzig *Jean Giraudoux* hat in einem Einakter „Lied der Lieder" (Cantique des cantiques) von 1938 ausdrücklich Bezug auf die biblische Vorlage genommen und ein profanes Stück von der Liebe zwischen drei Menschen: einer jungen Frau zwischen einem alternden Freund und einem jungen Geliebten, geschrieben.

Zwischen 1913 und 1916 hat auch *Josef Weinheber* einen Gedichtzyklus „Das Hohe Lied"[9] verfasst, der sich ganz an die biblische Vorlage anschließt, diese sozusagen frei übersetzt und in gereimte metrische Form bringt. Im Wechsel der Stimmen „Su" (Sulamith) und „Sa" (Salomo) – Chor und Dichter fehlen – wird der Text vorgetragen.

Hingegen haben nicht wenige Autoren Metaphern und Wendungen aus dem „Hohenlied" übernommen, um in ihrer Liebeslyrik die nahezu unaussprechbaren Gefühle und Sehnsüchte Liebender in Worte zu kleiden. Allein die Nennung des Namens „Sulamit" oder „Schulammit" genügt, um eine innige Sehnsucht und eine besondere Schönheit punktuell zu beleuchten. Hier könnten viele Liebesgedichte des 20. Jahrhunderts zitiert werden, die aus dem Bilderschatz des „Hohenlieds" schöpfen. Es wird jedoch nur auf einige verwiesen, die sich im Titel ausdrücklich auf das biblische Buch beziehen.

Else Lasker-Schüler, eine ihr Leben lang sehnsüchtig Liebende, hat vor allem in der ersten Hälfte ihres literarischen Schaffens im Umkreis der „Hebräischen Balladen", mehrfach auf Motive aus dem „Hohenlied" zurückgegriffen, z.B. in den Gedichten „Ruth", „Boas", „Tibetteppich". Da letzteres seine Bilderwelt aus einem ganz anderen Kulturkreis entnimmt, ist es um so erstaunlicher, dass es Verse enthält, die unverkennbar der jüdischen Liebeslyrik zuzuordnen sind:

> Deine Seele, die die meine liebet,
> Ist verwirkt mit ihr imTeppichtibet.[10]

Noch deutlicher ist die Anspielung in „Sulamith"[11].

> Sulamith
>
> O, ich lernte an Deinem süssen Munde
> Zu viel der Seligkeiten kennen!
> Schon fühl' ich die Lippen Gabriels
>   Auf meinem Herzen brennen ...
> Und die Nachtwolke trinkt

---

[9] Josef Weinheber: Das Hohe Lied. In: Ders.: Sämtliche Werke, Bd. I. Salzburg 1953, 161-173.
[10] Else Lasker-Schüler: Ein alter Tibetteppich. In: Dies.: Sämtliche Gedichte. Hg. von Friedhelm Kemp. München 1966, 103.
[11] Else Lasker-Schüler: Sulamith. (1901) In: Dies. (Anm. 10), 25. Mit diesem Gedicht trat die Autorin erstmals an die Öffentlichkeit.

Meinen tiefen Cederntraum.
O, wie Dein Leben mir winkt!
Und ich vergehe
Mit blühendem Herzeleid
Und verwehe im Weltraum,
In Zeit,
In Ewigkeit,
Und meine Seele verglüht in den Abendfarben
Jerusalems.

Hier geben Titel, Namen und einzelne Bilder wie „an Deinem süssen Munde", „tiefen Cederntraum", „Abendfarben/Jerusalems" die Interpretationsrichtung an. Ausgehend von einer konkreten Situation erfährt das lyrische Ich im „Munde" des geliebten Du die „Lippen Gabriels", also eines überirdischen Wesens, des Erzengels des himmlischen Jerusalems und damit mehr an „Seligkeiten", als das Herz ertragen kann. So erwacht in ihm eine brennende Sehnsucht nach einer endgültigen Vereinigung, die nur durch Nacht und Traum, Leid und Tod („vergehe" – „verwehe" – „verglüht") zu erreichen ist und die Raum („Weltraum") und Zeit („Ewigkeit") übersteigt.[12] In „Jerusalem", dem irdischen und himmlischen Ziel der gläubigen Juden, liegt die Erlösung. Die heilige Stadt wird zur Metapher für die Vereinigung der Liebenden; umgekehrt aber auch die Suche Sulamiths und ihr Weg zu einem Sinnbild für den Weg der Juden in ihre endgültige Heimat. Es liegt also eine Verschränkung der Bildebenen vor: Die Autorin wählt einerseits die biblische Metapher als Ausdruck eines privaten Liebeserlebnisses, anderseits weitet sie dieses als Bild messianischer Hoffnung ihres Volks aus.[13]
Auch *Hugo Ball* hat ein Gedicht mit „Sulamith"[14] überschrieben.

Sulamith

Wenn sich die Tauben ängsten
Unter des Königs Schritt
Schön bist Du in den Gärten
Jubelnde Sulamith

Auf deinen Nachtpalästen
Knien die Seraphim
Und in dem Gold deiner Augen
Steht das Wort „Elohim"

---

[12] Vgl. Jakob Hessing: Else Lasker-Schüler. Biographie einer deutsch-jüdischen Dichterin. Karlsruhe 1985, 88-90.
[13] Vgl. Hessing (Anm. 12), 90. Auch *Sigrid Bauschinger* macht auf die „Hingabe der Sängerin Sulamith an das Grenzenlose, Unnennbare, nicht an den „Geliebten" im besagten Gedicht aufmerksam. In: Dies.: Else Lasker-Schüler. Ihr Werk und ihre Zeit. Heidelberg 1980, 170.
[14] Hugo Ball: Sulamith. (Aus dem Nachlass) In. Ders.: Gesammelte Gedichte. Zürich 1963, 43.

Mutter bist du der Stille
Und der Geheimnisse Braut,
Hohen Liedes Sybille
Schweigen und Zauberlaut.

Duftendes Rosengefälle
Ist deiner Brüste Gewand.
Über die Abendröte
Raget ein Stern, deine Hand.

Immer stehst du erwartend
Und in die Ferne gelehnt,
Winkend und leise versinkend,
Tränenüberströmt ...

Balls Gedicht lebt von Übersteigerungen und Gegensätzen: „Jubelnde
Sulamith" (1. Str.) – „Tränenüberströmt..." (letzte Strophe); „Mutter" – „Braut"
(3 Str.). In traditioneller Weise wird von einem bewegten männlichen Sprecher
ein hohes Lied auf die Geliebte, auf Sulamith, gesungen, wobei unbestimmt
bleibt, ob sich dahinter eine konkrete Person, die Verbildlichung einer allgemeinen Liebessehnsucht oder das Verlangen nach göttlicher Nähe verbirgt.
Deutlich ist allerdings, dass „Sulamith" ein Versprechen ist, das sich nicht
einlösen lässt (letzte Str.).

Unter dem Titel „Ein Hohes Lied" hat *Christa Piekert-Flaspöhler* [15] zwanzig
Gedichte in freirhythmischer Diktion auf die Lebens-, Liebes- und Leidens-
geschichte einer Frau verfasst. Rückschauend erinnert sich ein weibliches
lyrisches Ich an die Höhen und Tiefen seines Lebens mit dem Partner und
reflektiert in dem Hohenlied verwandten Bildern Liebe, Geburt des Kindes,
Entfremdung und Versöhnung.

Abschließend sei auf *Paul Celans* bekanntes Gedicht „Todesfuge"[16] hingewiesen, dass auf höchst kunstvolle Weise an die Schrecken des Holocausts
erinnert. Der Autor stellt zwei völlig unterschiedliche Welten vor, die des
deutschen Henkers in Geborgenheit („Haus") und die des preisgegebenen
Juden in der Heimatlosigkeit („Grab in den Lüften") und polarisiert diese
Welten durch zwei Namen: „Margarete" und „Sulamith". Beide Namen symbolisieren den Typ der Geliebten bei den verschiedenen Völkern: „Margarete"
(= die Perle) – zwar kein deutscher, aber ein eingedeutschter Name, als
Prototyp für klassische Liebespaare Hans und Grete, Heinrich und Gretchen
(„Faust"), Hänsel und Gretel – und „Sulamith", die Geliebte des Hohenlieds,
ein im deutschen Sprachgebrauch unüblicher Vorname als Hinweis auf eine
Jüdin. Zur Unterstreichung der gegensätzlichen Welten werden die Geliebten

---

[15] Christa Peikert-Flaspöhler: Ein Hohes Lied. In: Heute singe ich ein anderes Lied. Frauen
brechen ihr Schweigen. Luzern/Stuttgart 1992, 15-37.
[16] Paul Celan: Todesfuge. In: Ders.: Mohn und Gedächtnis. Stuttgart 1952, 18f. – Auf die hoch
kunstvolle Struktur und die Vielfalt der Chiffren dieses Gedichts kann hier nicht weiter eingegangen werden.

jeweils noch durch ihr Haar, dem Zeichen erotischer Ausstrahlung, charakterisiert: „goldenes", also glänzendes, Reiz ausübendes gegen „aschenes", fahles, stumpfes. In kunstvoller Weise spielt der Autor im Verlauf der „Fuge" mit dem Verspaar

> dein goldenes Haar Margarete
> dein aschenes Haar Sulamith

verschränkt es, *entzweit* die Einzelverse, bis er sie am Schluss gleichsam in paradoxer Weise wieder zusammenführt und die Parallelität in der Verschiedenheit betont. Zwei Liebesgeschichten also: die eine helle, lichte führt in die Geborgenheit, die andere zum Untergang. Dennoch: „Sulamith", der Toten, ist das Gedicht gewidmet, sie wird unmittelbar angesprochen, ihr Name ist der letzte *Ton* der „Todesfuge", er begleitet den Leser über das Gedicht hinaus.

3. Frau des Ijob

Wenn der Name Ijob auftaucht, denkt jeder an den gottesfürchtigen Mann, den Gott dem Satan zur Prüfung freigibt, damit dieser an ihm die Gottesfurcht testen kann.[17] Ijob wird von außerordentlichen Schicksalsschlägen heimgesucht, er verliert seinen gesamten Besitz, seine Kinder sterben, und er selbst wird von schwerer Krankheit befallen. In aller Not verliert er seinen Glauben nicht. Als er wider Gott rebelliert, wird er von diesem in einem großen Dialog über seine menschliche Unzulänglichkeit belehrt und neigt sich in Demut vor Gottes Größe. Am Ende segnet ihn Gott mit neuen Kindern und Gütern.

Von seiner Frau, nach jüdischem Glauben mit ihm „ein Fleisch", ist in dem umfangreichen Lehrbuch nur an zwei Stellen kurz die Rede: „Ijobs Frau sagt verbittert: Lästere Gott und stirb." (1,2) und „Ijob klagt: Mein Atem ist meiner Frau zuwider." (19,17). Die beiden anderen Stellen lassen sie nur als Gebärerin seiner Kinder vermuten: „Ijob wurden sieben Söhne und drei Töchter geboren." (1,2) und „Ijob [...] bekommt erneut zehn Kinder" (42,12-15). Ihren Einwand lässt der biblische Verfasser durch Ijob brüsk zurückweisen: „Er aber sprach zu ihr: Wie eine Törin redet, so redest du." (2,10) Im alttestamentlichen Kontext ist Torheit keine psychologische Kategorie, sondern eine ethische. Die Frau wird damit der Sünde, des Abfalls von Gott bezichtigt.[18]

Diese Frau, von der das Buch Ijob nur wie beiläufig spricht und der anders als den Freunden nicht einmal ein Name zugestanden wird, ist aber genau so mit Unglück geschlagen wie der Mann, sie ist die Hausherrin, die Mutter der verstorbenen Kinder und müsste, auch von der Logik der Geschichte her, einen anderen Status haben. Wenn sie ihrem Mann rät, er möge diesem Gott, der so mit ihm spielt, abschwören und dann sterben, so zeigt sie darin nur gesunden

---

[17] Vgl. zu Ijob u.v.a. Heinrich Groß: Ijob. Würzburg 1986. Zu den zahlreichen literarischen Adaptionen siehe Georg Langenhorst: Hiob unser Zeitgenosse. Die literarische Hiob-Rezeption im 20. Jahrhundert als theologische Herausforderung. Mainz ²1995.
[18] Vgl. Groß (Anm. 17), z.St.

Menschenverstand. Doch wie so oft: Die Bibel ist an der Frau nicht interessiert.[19] Erst in neuerer Zeit unter dem Einfluss einer feministisch ausgerichteten Exegese wird sie als „Leidtragende, nicht Randfigur"[20] betrachtet. Denn wie *Gertrude Deninger-Polzer* ausführt, geht die Nichtbeachtung der Frau möglicherweise auf die Endredaktion des Buches nach dem Babylonischen Exil um 200 v.Chr. zurück, als sich die Strukturen patriarchalischen Denkens gefestigt hatten. Abgesehen von einer apokryphen hebräischen Schrift (1. Jh. v.Chr.) „Das Testament des Job", in der Jobad (= Ijob) mit seiner Frau Sitidos (hier hat sie einen Namen!) voll Verständnis und Mitgefühl spricht,[21] gestaltet auch die Septuaginta den Vers 2,9f. weiter aus, wenn der Frau eine längere Klage in den Mund gelegt wird:

> [...] Denn siehe, dein Gedächtnis ist von der Erde vertilgt, Söhne und Töchter meines Leibes Wehen und Mühen, die ich umsonst mit Seufzern trug. Du selbst sitzest in Fäulnis und Würmern, unter freiem Himmel nächtigend. Und ich, Umherirrende und Dienerin, wandere von Ort zu Ort und von Haus zu Haus, auf die Sonne harrend, wann sie untergeht, damit ich Ruhe habe von den Seufzern und den Schmerzen, die mich beschäftigen. Wohlan, sage ein Wort gegen den Herrn und stirb![22]

Hier wird also genau das ausgesprochen, was man im kanonisierten Text vermisst: die Klage über den Verlust ihrer Kinder.

Auf dem kanonisierten, total von Männern geprägten und auf Männer ausgerichteten Lehrbuch fußt auch die literarische Rezeption. Es gibt zahlreiche paraphrasierende und interpretierende Werke, wohl auch einige, in denen die Frau erwähnt wird, wie zum Beispiel in *Joseph Roths* Roman „Hiob" Mendel Singers Frau Deborah oder in *Ernst Wiecherts* „Spiel vom deutschen Bettelmann", eine Art Jedermann-Spiel um einen großmannssüchtigen Deutschen, der durch Krieg und Inflation total verarmt und heimatlos mit Frau und Kind im Kerker landet bis zur mystischen Vereinigung mit dem Heer der Kriegsgefallenen, die „für das Kind von Nazareth"[23] fechten wollen. Die Frau hat hier die Funktion, Ijobs Leid zu verstärken, da er mit Frau und Kind als Bettlerfamilie durch Land ziehen muss. Mit dem Ijob der Bibel hat der Wiechertsche Ijob nur Namen und Armut gemeinsam. Letztere ist im Gegensatz zu der des biblischen Ijob durch Hochmut selbst verschuldet. Die Gottesfrage wird hier nicht gestellt.

---

[19] Man könnte gegen diese Kritik einwenden, im Buch Ijob sei der Mensch allgemein und nicht der Mann gemeint. Das mag zutreffen. Doch wird dieser als Familienvater und Ehemann vorgestellt, so dass die Frage nach Frau (und Kindern) logischerweise berechtigt bleibt.
[20] Gertrude Deninger-Polzer: Hiobs Frau. Leidtragende, nicht Randfigur. In: Zwischen Ohnmacht und Befreiung. Biblische Frauengestalten. Hg. von Karin Walter. Freiburg/Basel/Wien 1988, 109-121.
[21] Vgl. Deninger-Polzer (Anm. 20), 117-120.
[22] Zit. nach Deninger-Polzer (Anm. 20), 117.
[23] Ernst Wiechert: Das Spiel vom deutschen Bettelmann. München 1933, 40.

In zwei nicht deutschsprachigen Werken wird hingegen der Frau ein gewichtiger Part zugestanden: So z.B. in *Archibald MacLeishs* „Spiel um Job"[24], in dem die Frau Sarah die ebenbürtige Kontrastfigur zu Job darstellt. Er verteidigt bis zuletzt sein Gottesbild vom gerechten Richter, sie aber kann dies nicht mit ihren Erfahrungen, vor allem dem Tod ihrer unschuldigen Kinder, vereinbaren. Als man ihr diese Nachricht bringt, begehrt sie auf:

> SARAH [...]
> Warum hat Er ihnen d a s getan?
> Was hatten sie I h m denn getan – die Kinder ...
> Was hatten sie Ihm getan ...
>   und wir –
> Was hatten wir getan? ...(215)

Als Job sie nötigt, ihm den Spruch der Ergebenheit nachzusprechen: „Der Herr hat es gegeben." – „Der Herr hat es genommen", schreit sie qualvoll: „Genommen!/Gemordet, mordet, mordet" (228) und kommt zu der Überzeugung: „Gott ist unser Feind" (237). Heftig revoltiert sie gegen des Mannes starres Gottesbild einer *ungerechten Gerechtigkeit*:

> SARAH *hysterisch*
> Wenn Gott gerecht ist,
> Dann waren unsre umgebrachten Kinder
> Verrottet und räudig vor Sünde!
> *Sie beherrscht sich mühsam, wendet sich ihm zu und streckt*
> *die Arme nach ihm aus, läßt sie wieder fallen.*
> O mein Lieber, mein Lieber, Lieber!
> Verlangt Gott, dass wir Ihn betrügen?
> Seine Unschuld mit unserer einkaufen?
> Müssen wir schuldig sein für Ihn?
> Die Bürde des Bösen auf uns nehmen
> Für Ihn, der die Welt schuf? (242)

Da Job an seiner Auffassung festhält und sich für schuldig erachtet, verlässt sie ihn, aus Liebe, wie sie sagt; denn sie kann ihm nicht mehr helfen. Aus Liebe kehrt sie auch am Ende wieder zu ihm zurück.

> SARAH Ich liebte dich. Ich konnte
>   Dir nicht mehr weiter helfen. Du
>   Wolltest Gerechtigkeit, und die gibt's nicht.
>   Bloß Liebe.
> JOB   Er liebt nicht. Er
>   Ist.
> SARAH Aber wir tun's. Das ist das Wunder. (270)

---

[24] Archibald MacLeish: Das Spiel um Job. (1958) Aus dem Englischen von Eva Hesse. In: Homo viator. Modernes christliches Theater. Bd. 2. Köln/Olten 1963, 165-271. Vgl. dazu Langenhorst (Anm. 17), 278-299, der Struktur, Figurengestaltung, und Sinngehalt ausführlich darlegt.

Der blühende Forsythienzweig, den sie aus der Asche aufblühen sah und mitbringt, ist Symbol für den Neuanfang.

MacLeish legt seine Interpretation des Ijob-Buchs in die Person der Sarah. Der Name *Sarah* steht für Aufbruch und Neuanfang (vgl. Genesis). Während er in Job den Menschen zeigt, der unverbrüchlich am strafenden, rächenden Gott festhält, der keine Gnade kennt und in Katastrophen keinen Halt bietet, bringt er in Sarah die Liebe ins Spiel, allerdings nicht in Bezug auf Gott, sondern auf das irdische menschliche Miteinander.

> SARAH Du wolltest Gerechtigkeit, nicht wahr?
> Nun es gibt keine. Gibt nur die Welt ...
> [...]
> Rufe nach Recht, und die Sterne
> Stieren herab, bis deine Augen brennen.
> Weine – ungeheure Winde
> Dreschen aufs Wasser. Rufe im Schlaf
> Nach deinen verlorenen Kindern,
> Und Schnee fällt ...
> Schnee fällt ... (270)

Mit anderen Worten: Es gibt kein höheres Wesen, das sich liebend sorgt. Die Natur geht ihren Gang, unerbittlich, unbeteiligt über menschliches Weh hinweg. Obwohl Frauen, wie Schrift und Erfahrung lehren, einen leichteren natürlichen Zugang zur Transzendenz finden als Männer (vgl. Kaschnitz), bleibt diese Frau diesseits bezogen, denn sie ist durch den Tod ihrer Kinder aufs Schmerzlichste verwundet. Dennoch kehrt sie aus Liebe zu ihrem Mann zurück und vertraut dem zwischenmenschlichen Miteinander. Dass MacLeish für seine Aussage Sarah wählt, ist plausibel; denn da sie im Buch Ijob nur eine Randfigur ist, konnte er sie für seine Intention trefflich nutzen. Bleibt nur zu fragen, warum er sie nicht in den Titel aufgenommen hat.

Das hat *Andrée Chedid*, eine aus Ägypten stammende, jetzt in Paris lebende Autorin, in ihrer kleinen Erzählung „Die Frau des Ijob"[25] getan. Sie stellt – beginnend mit dem Satz „Die Frau schaut ihren Mann an" (7) die Frau in den Mittelpunkt des Geschehens und verarbeitet aus deren Perspektive die biblische Vorlage. Alle Prüfungen des Mannes erleidet sie mit. Vom ersten Abschnitt an wird die Einheit von Mann und Frau beschworen, wenn der Erzähler sagt:

> Die Frau betrachtet Ijob so lange, bis sie sich in ihm wiederentdeckt; nicht als sein Abbild, sondern als sein Gegenbild, von denselben Jahren verbraucht, denselben Kämpfen zermürbt, demselben Unglück getroffen. [...] Sie halten sich bei den Händen, einer wird zum anderen, so nah in Not und Verwundung [...]. (7)

---

[25] Andrée Chedid: Die Frau des Ijob. Erzählung. Aus dem Französischen von Sigrid Köppen. Limburg 1995.

Genau dies ist es, was der Leser im alttestamentlichen Buch vermisst. Im Folgenden wird erzählt, wie sich beide wechselseitig stützen, ihren Schmerz unterdrücken, verstummen. Als der Bote die Nachricht vom Verlust ihrer Habe und ihrer Kinder bringt, reagiert die Frau als Mutter: „Den Verlust ihrer Güter nahm sie hin, sie würden nun den Ärmsten nahestehen. Den Gedanken an den Tod der Ihren jedoch wies sie beharrlich von sich." (8)

Auf die Eingangsszene, die gleichsam präsentisch (vgl. Präsens) das geprüfte Paar zeigt, folgen die Nachricht des Boten über das Unheil, ein Rückblick auf die Anfangsjahre ihrer Liebe und der Familiengründung sowie die Darstellung ihres unterschiedlichen Gottesbildes, das sie aber nicht entzweit: Ijob ist davon überzeugt, „die Erwartung des Ewigen" zu kennen und „sein Verlangen" (15) zu erfüllen; die Frau misstraut z.B. den Riten der Entsühnung von Sünden, die nicht offenkundig, nicht bekannt sind, und will alles Gott überlassen. Ausführlich wird im weiteren Fortgang geschildert, wie sie alt werden, wie unterschiedlich sie damit umgehen, wie Ijob krank wird und seine Widerstandskraft schwindet. In dieser Situation greift die Erzählerin die bekannten Worte auf „'Wie? Hältst du immer noch fest an deiner Frömmigkeit und Rechtschaffenheit? Sage Gott ab und stirb!` – 'Du redest wie eine Törin!`" (23); Ijobs Urteil lässt die Frau zwar zutiefst erschrecken, führt sie aber auch zu einem verstärkten Mitleid mit dem Mann und zu größerer Skepsis seinem Gottesbild gegenüber:

> Sie glaubte, Glück sei nicht abhängig von Rechtschaffenheit, ebensowenig wie Unglück von Boshaftigkeit. Die Vorstellung von einem grausamen Rachegott lehnte sie ab, sie hätte sich nur einem liebenden Gott, einem Gott des Mitleids überlassen wollen [...] Aber gab es diesen Gott?! (29)

Chedid gestaltet in Ijobs Frau einen modernen Menschen, dem das fest gefügte Gottesbild der angeblich Wissenden suspekt ist, und schafft damit ein lesenswertes Zeugnis über Gottesbetrachtung heute. Hinzu kommt die Geschichte einer anrührenden ehelichen Treue. Die Frau hält zu ihrem Mann, sucht alle Mittel, seine Schmerzen zu lindern, ihn zu stärken, ihm beizustehen: „Sie wurde Ijobs Frau. Sie war es, sie ist es, sie wird es immer sein. Keinen anderen Namen besitzt sie. Keinen anderen will sie." (33). Damit wird hier ihre Namenlosigkeit begründet; eine totale Selbständigkeit gesteht ihr auch Chedid nicht zu.

Wie im biblischen Text haben die Freunde die Funktion, Ijob auf den Weg der Gotteserkenntnis zu bringen. Doch anders als dort ist er bei Chedid nicht allein, sondern im Einvernehmen mit seiner Frau. Sie steht mit ihm die Nacht der Verlassenheit durch, entlarvt den letzten Schönredner durch ihren „schneidenden Blick" (63) und verhilft Ijob zum Lachen, zum „Lachen Gottes" (63), also letztlich dazu zu erkennen, „daß Gott Mysterium ist und daß das gut ist" (67). Ijobs Leiden münden in Gottes Anfragen an ihn, die hier als Fragen des modernen Menschen nach dem Ursprung des Lichts, dem Antrieb des Blutkreislaufs, der Unfähigkeit der Menschen zum Frieden, der Entstehung einer Träne, der

Kraft der Liebe u.a. formuliert sind, und die letztlich in die Erkenntnis münden: „Es gibt keinen Schlüssel [...], Gottes Pläne sind unerforschlich" (75), und in die Lebensmaxime: „nur die Liebe ..." (74). Logischer als in der biblischen Vorlage wendet sich das Schicksal: Die Kinder leben, sie sind dem Tod entronnen. Aber die Kräfte der Frau sind aufgezehrt, nun steht Ijob ihr bei bis zuletzt, er pflegt sie, ermutigt sie mit Liebesworten und tanzt für sie.

Trotz des guten Ansatzes ist es Chedid nicht ganz gelungen, sie als eigenständige Person zu profilieren. Die Frau bleibt bei aller Eigenständigkeit im Denken und aller Freiheit im Handeln noch die ganz auf den Mann bezogene, eben die Frau des Ijob (Titel).

Abschließend sei noch kurz auf einen Roman der schottischen Autorin *Muriel Spark* „Hiob – das einzige Problem"[26] hingewiesen, in dem ein Wissenschaftler Harvey Gotham während seiner Studien zu einem Ijob-Kommentar auf ein Bild von *Georges de La Tour* „Job visité par sa femme" stößt, das ihn sehr beschäftigt. Der Erzähler lässt ihn in einem Gespräch mit seiner Schwägerin Ruth das Schicksal der Frau des Ijob thematisieren und von Ruth mit Anteilnahme kommentieren. Das Bild des Malers bestätigt die Ansicht der beiden, dass der in der Bibel wiedergegebene kurze Dialog zwischen Ijob und seiner Frau ihre wahre Beziehung nicht wiedergibt.

Das erwähnte Bild zeigt das Paar: Ijob nackt, nur mit einem Lendenschurz bekleidet, sitzt auf einem Hocker und schaut empor zum Gesicht seiner Frau. Sie nimmt die gesamte linke Bildhälfte ein, überragt den Mann und neigt sich ihm zu. Im Gegensatz zu ihm ist sie ganz in ein weites rotes Kleid gehüllt, das sie mantelförmig umschließt. Die Szene wird erhellt vom Licht einer Kerze, die die Frau in der rechten Hand hält und deren Licht die Personen wie von innen zum Leuchten bringt (Kennzeichen der Bilder dieses Malers). Die Komposition verdeutlicht die innige Beziehung der Beiden: Die Linie des rechten Arms der Frau verlängert sich über ihre Hand zur Hand des Mannes und führt über dessen linken Arm zum Kopf und seinen Augen, die in direkter Linie des Blicks den Kontakt zu den Augen der Frau aufnehmen. Diese imaginäre Linie wird durch den hinweisenden Gestus des linken Arms der Frau unterstützt. Auf diese Weise entsteht ein Kreis, in dem beide aufgehoben sind. Die Autorin lässt ihren Protagonisten Harvey die Frage stellen: „Was versucht die Frau ihm zu sagen? Was erbittet er, der Geschlagene, so gelassen in seinem Glauben, so gewandt im Streitgespräch?" (66) Dass der Maler hier kein Solches im Sinn hatte, verrät die Komposition und das leuchtend warme Rot, das das Bild beherrscht, Zeichen für die liebende, tröstliche Zuwendung der Frau.

So haben also bereits vor dreihundert Jahren Leser des Ijob-Buchs nach dem Schicksal der Frau gefragt und den Mangel in der Personengestaltung dieses viel gepriesenen biblischen Buchs festgestellt. Das Drama von *MacLeish* und die Erzählung von *Andrée Chedid* versuchen diese Leerstelle aufzuarbeiten und

---

[26] Muriel Spark: Hiob – das einzige Problem. Roman. Aus dem Englischen von Otto Bayer. Zürich 1985, bes. 64-67.

auf unspektakuläre Weise die biblische Vorlage mit den Fragen des Menschen von heute zu verbinden.

4. Judit

Der Name Judit verweist von Anfang an auf den prototypischen Charakter dieser Frau, der ähnlich wie den Frauen Rut und Ester ein eigenständiges[27] biblisches Buch gewidmet ist. Es wird von der Forschung in die spätnachexilische Zeit datiert und der historische Befund in einen eher sagenhaft legendären Bereich verwiesen.[28]

Im hebräischen Buch „Judit" wird erzählt, dass der Assyrerkönig Nebukadnezar das kleine Betulia in den samaritischen Bergen durch seinen Feldherrn Holofernes belagern lässt und ihm die Wasserversorgung abschneidet. Nur Gott kann helfen. Die Witwe Judit erkennt die Not, erfleht sich durch Gebet und Fasten Gottes Hilfe und geht, geschmückt und aufrecht, mit ihrer Dienerin in das feindliche Lager. Aufgrund ihrer Schönheit lässt man sie bis zum Feldherrn vordringen, dem sie ihren Übertritt zum Feind und damit Hilfe bei der Einnahme Jerusalems verspricht. Holofernes glaubt ihr und nach drei Tagen allgemeiner Gastfreundschaft, bei der Judit aber nur die von ihr mitgebrachten koscheren Speisen verzehrt und jede Nacht zum rituellen Bad und Gebet in die Schlucht von Betulia hinausgeht, lädt er sie zum Gastmahl ein. Dabei erhofft sich Holofernes ein erotisches Abenteuer und schickt alle Anwesenden hinaus. Doch infolge übermäßigen Weingenusses schläft er ein, und Judit schlägt ihm, nachdem sie Gott um Kraft gebeten hat, mit seinem eigenen Schwert den Kopf ab. Diesen trägt sie als Siegestrophäe in einem Sack aus dem Lager und lässt ihn zur Abschreckung der Feinde an die Zinne der Stadtmauer von Betulia hängen, was seine Wirkung beim Feind auch nicht verfehlt, denn sie fliehen in großer Verwirrung, verfolgt von den Israeliten. Judit wird als Retterin und Heldin gefeiert, gibt aber ähnlich wie Mirjam (Ex 15) und Debora (Ri 5) Gott allein die Ehre und stimmt einen Lobgesang an. Danach verbringt sie ihr weiteres Leben in Stille und Gottergebenheit.

Die Apokryphen und jüdischen Sagen fügen dem biblischen Text nichts Wesentliches hinzu, betonen nur, dass Judit weniger als selbständig Handelnde, sondern einzig als Werkzeug Gottes[29] ihre Tat vollbringt.

In der Geschichte der Judit sehen die Exegeten das Schicksal des Volkes Israel in seiner Bedrohung und die Rettung durch Jahwe mittels der heroischen Tat

---

[27] Das Buch Judit gehört nicht zur jüdischen Bibel und wurde von Martin Luther zu den Apokryphen gezählt.

[28] Vgl. u.v.a. Groß (Anm. 1), 57-120, bis 57ff.

[29] Vgl. Micha Josef bin Gorion: Der Born Judas. Legenden, Märchen und Erzählungen. Frankfurt 1959, 134-136. Bemerkenswert ist vielleicht noch, dass in der Sage nicht die unbekannte Stadt Betulia, sondern die Hauptstadt Jerusalem belagert wird, Judit nicht den Feldherrn, sondern den König selbst überwältigt, und ihre Mission nicht als Verrat begründet, sondern den König um Gnade bittet (135) – alles typische Steigerungen legendärer Ausschmückung.

eines Einzelnen, hier einer Frau. Damit wird sie, wenn auch nicht ausdrücklich, in die Reihe der außerordentlichen Frauen ihres Volkes, die sieben Prophetinnen: Sara, Mirjam, Debora, Hanna, Abigajil, Hulda, Ester, gestellt.[30] Dabei spielt es keine Rolle, dass die Geschichte sich kaum historisch begründen lässt, sie vielmehr als eine Art „Legende mit Zügen der Heldensage" oder weniger prägnant als eine „freie, beispielhafte, theologisch begründete Geschichtsschau" gesehen wird.[31]

Die Adaptionen des Buches Judit stehen angefangen von den ältesten germanischen Balladen im 10. Jahrhundert bis zur Neuzeit in der biblischen Tradition einer hohen Verehrung Judits als Retterin ihres Volkes, indem sie mal mehr als selbständige Heroin, mal mehr als Werkzeug Gottes darstellen. Seit dem Barock wird das Motiv der Liebe besonders beachtet, zum einen die Liebe der Judit als einer kinderlosen Witwe oder einer von Holofernes faszinierten Frau, zum anderen das Begehren des Holofernes zur schönen Feindin. Im Mittelpunkt der meisten neuzeitlichen Dramen steht Judits Konflikt zwischen Liebe und Verrat; Frauenrolle und Kriegshandlung.[32]

Da der Judit-Stoff alle Elemente, die sich zur dramatischen Präsentation eignen, enthält, ist er fast nur von Dramatikern oder Librettisten für Opern adaptiert worden.[33] Das gilt auch für das 20. Jahrhundert. Neben vereinzelten Prosawerken, gibt es einige Gedichte, die Judits Gedanken und Reflexionen vor und nach der Tat ausgestalten und damit die Leerstellen mit psychologischen Erklärungen füllen, über die die Bibel schweigt. So wird z.B. Judits Witwenschaft und Kinderlosigkeit, ein herbes Schicksal für eine hebräische Frau, thematisiert. Etliche Autoren stellen ihre erotische Ausstrahlung und ihre sexuellen Begierden besonders, heraus, und fast alle gestalten als Höhepunkt die Begegnung der schönen Frau mit dem großen Feldherrn, aber auch Judits

---

[30] Vgl. Monika Hellmann: Judit – eine Frau im Spannungsfeld von Autonomie und göttlicher Führung. Frankfurt/Bern 1992, bes. 102.

[31] Groß (Anm. 1), 59. Das Buch als „Roman" zu bezeichnen, deckt sich wenig mit der Intention dieser Schrift, die eindeutig Gottes machtvolles Handeln zur Rettung seines Volkes und nicht Judits Entwicklung und Schicksal darstellen will. Dazu fügt sich gut, dass als Mittlerin eine Frau erwählt ist, die den Feind mit erotischem Charme und weiblicher List überwältigt. Vgl. Erich Zenger: Das Buch Judit. Gütersloh 1981, 436-439; ferner ders.: Der Juditroman als Traditionsmodell des Jahweglaubens. In: Th Z 1974, 65-80.

[32] Neben diesen ausdrücklich auf das Judit-Buch bezogenen Texten sind noch die aufschlussreich, in denen eine Hauptfigur den Namen Judit trägt. Bekanntlich wählt ein Autor mit dem Namen in der Regel auch eine Charakterisierung oder ein Programm. Deutlich wird dies zum Beispiel in „Der grüne Heinrich" von *Gottfried Keller*, „Judith" von *Marie Luise Kaschnitz*, „Der kurze Brief zum langen Abschied" von *Peter Handke* oder „Judiths Liebe" von *Meir Shalev*, die allesamt selbständige, kämpferische Frauen mit starker erotischer Ausstrahlung darstellen.

[33] Vgl. Jürgen Hein: Aktualisierungen des Judit-Stoffes von Hebbel bis Brecht. In: Hebbel-Jahrbuch 1971/72, 63-92, 63f. Auf die zahlreichen Interpretationen des Hebbel-Dramas wird hier nicht eingegangen; viele Titel sind bei *Hein* und *Kreuzer* genannt. Letzterer stellt das Drama in den Kontext anderer Werke um streitbare Frauen. Vgl. Helmut Kreuzer: Die Jungfrau in Waffen. Hebbels Judith und ihre Geschwister von Schiller bis Sartre. (1973). In: Ders.: Aufklärung über Literatur. Bd. 2: Autoren und Texte: Ausgewählte Aufsätze. Hg. von Wolfgang Dorst/Christian/W. Thomsen. Heidelberg 1993, 92-111.

Umgang mit der Tat, die sie ähnlich wie Jaël an Sisera (Ri 4) – anders als Salome (Mt 14,3-11; Mk 6,17-28) und Debora (Ri 4,12ff.) – als Frau selbst vollzieht. Deshalb steht auch in den Bearbeitungen fast ausnahmslos die Rechtfertigung des Mords im Mittelpunkt, also die Fragestellung: Ist Judit als Retterin ihres Volkes eine Heldin oder eine Terroristin, die sich für eine vermeintlich gute Sache unter einem Vorwand ins Haus des Feindes einschleicht, um ihn zu töten?

Der heutige Rezipient fragt sich zudem, was der Judit-Stoff bietet, dass er bis in die jüngste Gegenwart adaptiert wird. Zum einen fasziniert nach wie vor die außerordentliche Situation der biblischen Geschichte: dass eine ausweglose kriegerische Auseinandersetzung durch den Kampf zwischen Mann und Frau entschieden wird und das „schwache" Geschlecht seine Stärke beweist, wie dies einige Autoren (*Hebbel, Kaiser, Giraudoux*) eindeutig exemplarisch vorführen. Zum anderen ergibt sich eine interessante dramatische Situation aus dem Zusammenstoß politisch und weltanschaulich feindlicher Lager, die nur in Diplomatie oder in Verrat einen Ausweg sehen. Vor allem letztere Sicht gewinnt in den neuesten Bearbeitungen bei *Brecht, Frisch, Hochhuth* und *Driest* an Bedeutung. Schließlich gilt das Interesse einer Frau, die liebt und tötet, genießt und bereut, dient und gefeiert wird.

Da die meisten Werke diese Problemstellungen bündeln, wird das Material hier unter formalen Aspekten gegliedert: Biblische Adaptionen (1), Lyrische Reflexionen (2) und Aktualisierungen und Transfigurationen (3).

4.1 Biblische Adaptionen

Da sich die meisten Autoren im ersten Drittel des 20. Jahrhunderts in irgendeiner Art auf *Friedrich Hebbels* Tragödie „Judith"[34] beziehen und da mit diesem Drama nach einhelliger Meinung der Forscher etwas qualitativ Neues in der Bearbeitung dieses Stoffs beginnt, wird einleitend das Besondere dieses Dramas, auch wenn es aus dem 19. Jahrhundert stammt, kurz herausgestellt.

Der Autor folgt zwar im Handlungsablauf der biblischen Vorlage, setzt aber durch seine psychologische Interpretation eigene Akzente. Bereits in Judiths erstem Auftritt und Monolog zeigt sie sich als eine Frau, die zwar auf Gottes Zeichen hofft, aber unsicher ist, ob sie diese Zeichen richtig erkennt. Die Not ihres Volkes, dem der Feind mit dem Wasser die Lebensgrundlage[35] genommen hat, weckt in ihr sowohl Mitleid als auch Tatkraft. Letztere entzündet sich vor allem im Gespräch mit Ephraim, der um sie wirbt, ihr jedoch nicht gewachsen ist; denn ihre Forderung „Geh hin und töte den Holofernes!" (26) weist er, der versprach, für sie zu sterben, voll Angst von sich. Damit erstirbt in Judith die Hoffnung, in ihm einen ihr ebenbürtigen Partner zu gewinnen, und es

---

[34] Friedrich Hebbel: Judith. Eine Tragödie in fünf Akten. (1841). In: Ders.: Werke. Hg. von Gerhard Fricke/Werner Keller/Karl Pörnbacher. Darmstadt 1963, Bd. 1, 7-75.

[35] Es wäre eine Analyse wert, die Paradigmen ʻWasserʼ und ʻTrockenheitʼ, ʻLebenʼ und ʻTodʼ, ʻLiebeʼ und ʻRauschʼ (bes. des 4. Akts) zusammenzustellen und die Syntagmen zu bestimmen.

verlockt sie der Gedanke, sich dem gefürchteten, kühnen Holofernes zu stellen. Es ist von der Hebbelschen Psychologie seiner Figuren her höchst sinnvoll, dass über das Gespräch mit dem schwachen Ephraim in Judith der Wunsch sich Holofernes zu stellen geweckt wird, nämlich dem Mann, der ihrer Vorstellung von der Beziehung der Geschlechter entspricht, wie sie ihrer Dienerin und Vertrauten Mirza gesteht.

> JUDITH. [...] Jedes Weib hat ein Recht von jedem Mann zu verlangen, daß er ein Held sei. Ist dir nicht, wenn du einen siehst, als sähest du, was du sein möchtest, sein wolltest? Ein Mann mag dem anderen seine Feigheit vergeben, nimmer ein Weib. Verzeihst du's der Stütze, daß sie bricht? Kannst du verzeihen, daß du der Stütze bedarfst! (30)

Damit ist der Tenor dieser Adaption angeschlagen: Hebbel wählt den Stoff nicht, um Gottes Eingreifen durch Judiths Tat zu demonstrieren, sondern um den leidenschaftlichen Kampf der Geschlechter zu veranschaulichen. Von Gott ist zwar im gesamten Drama viel die Rede, aber er ist kein echter Handlungspartner oder innerer Motor der Akteure; diese werden vielmehr von ihren eigenen Trieben und ihrem persönlichen Begehren geleitet, was sich Judith auch mehrfach eingesteht: „Und doch kann ich nichts denken als mich selbst." (68) oder „[...] – nichts trieb mich, als der Gedanke an mich selbst."(69).

Hebbel stilisiert Judith zu einer schönen, begehrenswerten und durch einen starken Mann erweckten Frau und Holofernes zu einem tyrannischen, wilden Macho, den er im großen Monolog (5. Akt) – für heutige Leser/innen unerträglich – in Szene setzt:

> HOLOFERNES. [...] führt mir das Weib her. Es ist eine Schande, daß sie unberührt unter uns Assyriern einhergeht! – [...] Weib ist Weib, und doch bildet man sich ein, es sei ein Unterschied. Freilich fühlt ein Mann nirgends so sehr, wieviel er wert ist als an Weibesbrust. Wenn sie seiner Umarmung entgegenzittern, im Kampf zwischen Wollust und Schamgefühl; wenn sie Miene machen, als ob sie fliehen wollten, und dann mit einmal, von ihrer Natur übermannt, an seinen Hals fliegen [...] ja, das ist Leben, da erfährt man's, warum die Götter sich die Mühe gaben, Menschen zu machen, da hat man ein Genügen, ein überfließendes Maß! [...] Auch diese Judith – zwar ist ihr Blick freundlich, und ihre Wangen lächeln, wie Sonnenschein; aber in ihrem Herzen wohnt niemand, als ihr Gott, und den will ich jetzt vertreiben! (56)

Nach dem Hebbelschen Konzept wird es Holofernes gelingen, sich Judith in diesem Sinne willfährig zu machen. Er wird die Frau mit ihren Waffen, der Verführungskunst, schlagen. Doch wird sich dies im entscheidenden Punkt auch für ihn tödlich auswirken; Judith wird auch ihn mit seinen Waffen, seinem eigenen Schwert, zu Fall bringen. Denn Hebbel stellt ihm in Judith eine Frau gegenüber, die ihm zwar erliegt, ihn aber dennoch durchschaut, verachtet und überwältigt:

JUDITH. Du bist groß und andere sind klein. (Leise.) Gott meiner Väter, schütze mich vor mir selbst, daß ich nicht verehren muß, was ich verabscheue! Er ist ein Mann. (60)

So wird aus ihrem ursprünglich altruistischen Rachemotiv „Ich will die Toten rächen und die Lebendigen beschirmen" (43) eine persönliche, aus verletztem Frauenstolz erwachsene Vergeltungstat.

Damit gestaltet der Autor eine Frau, die einerseits eine große Selbständigkeit für sich beansprucht, anderseits den Verführungskünsten des Mannes erliegt und dadurch ihrer eigentlichen Aufgabe untreu wird. Es ist ein Frauentyp, wie ihn die moderne Frauenforschung als verbogen, vom Mann geprägt kritisiert.

In diesem Zusammenhang ist vor allem Judiths Traum besonders aufschlussreich; denn hier liegt zum einen der Schlüssel zu Judiths Verhalten, zum anderen ein Musterbeispiel psychologischer Personendeutung, wie sie Freud fünfzig Jahre später an literarischen Figuren in seinen Psychoanalysen vornahm. Dieser Traum enthält in nuce das gesamte folgende Drama und enthüllt die verschiedensten Strebungen dieser Frau: „ihre Sehnsucht nach einem Ideal, ihr erotisches Verlangen sowie ihre Angst vor der Nichtigkeit ihres Daseins"[36]. Hier versucht Judith aus der Verstrickung in Vorurteile und Normen herauszukommen, aber sie findet kein Gegenüber, das sie tragen kann und das ihr ernsthaft antwortet.

Trotz aller Kunstfertigkeit sind Hebbels Figuren keine realistischen Personen, sondern eher Modelle für ein psychologisches Lehrbuch. Das ergibt sich nicht nur aus der blutrünstigen Handlung, sondern vor allem aus dem theatralischen Gestus und der pathetischen, archaisierenden Sprache, was in der Folge etliche Parodisten auf den Plan rief, allen voran *Johann Nestroy* mit seiner glänzenden Travestie „Judith und Holofernes"[37], die das Pathos der Vorlage auf den Boden des Komödiantischen holt.[38]

In Anlehnung an Hebbels „Judith" führen *Georg Kaiser* und *Jean Giraudoux* die Aktualisierung des Stoffs weiter fort. Ihr Interesse liegt vor allem auf Judit als einer Frau, die „sich den Konventionen, Zwängen und Erwartungen ihrer

---

[36] Helmut Bachmeier: Nachwort. In: Friedrich Hebbel: Judith. Stuttgart 1984 (Reclam 3161), 80-87, 85.

[37] Johann Nepomuk Nestroy: Judith und Holofernes. In: Ders.: Werke. München 1962, 715-743. - *Adalbert Stifter* nannte den Holofernes von Hebbel den „größten Theaterhanswurst", der ihm je begegnet sei, ein Urteil, das nicht nur durch die zwischen ihm und Hebbel bestehenden Rivalität, sondern durch die Übersteigerung der Hebbelschen Charaktere hervorgerufen ist (Adalbert Stifters Brief vom 21. 08. 1847. In: Ders.: Sämtliche Werke. Bd. 17: Briefwechsel I. Hg. von Gustav Wilhelm. Reichenberg ²1929, 248), und *Franz Grillparzer* bezeichnete Holofernes nach einer Aufführung als „das Fratzenhafteste, das man sich denken kann" (Franz Grillparzers Ansichten über Literatur, Bühne und Leben. Aus Unterredungen mit Adolf Foglar, Wien 1872, 42).

[38] Nach *Hein* ist Nestroys Komödie aber nicht nur als Parodie auf Hebbels Tragödie zu lesen, sondern durchaus als selbständige Verarbeitung des Judit-Stoffs mit politischer Tendenz zu verstehen. Vgl. Hein (Anm. 33), 58.

Zeit entzieht"[39] und damit einer emanzipierten Frau der Moderne näher steht als dem biblischen oder auch dem Hebbelschen Muster.

Georg Kaiser stellt z.B. seine „Biblische Komödie" unter das Nietzsche-Wort „O, meine Brüder, zerbrecht mir die alten Tafeln!"[40] und gibt damit den Tenor der aktualisierenden Adaption an. Seine Judith wehrt sich mit allen Mitteln gegen die ihr auferlegte Rolle, als gehorsames Mädchen von zwölf Jahren den alten Manasse heiraten und nach seinem Tod als jungfräuliche Witwe leben zu müssen und am Ende auch noch als Nationalheilige verehrt zu werden.

Kunstvoll komponiert der Autor die fünf Akte: Erster und fünfter zeigen spiegelbildlich Judiths Weigerung, einer ungewollten Ehe zuzustimmen bzw. sich als Nationalheilige und Priesterin verehren zu lassen. Beide Akte spielen vor und im Tempel und kritisieren religiös begründete unmenschliche Normen. Zweiter und vierter Akt zeugen von ihrer vergeblichen Mühe, einen ihr ebenbürtigen Mann zu bekommen. Im zweiten sucht sie ihren läppischen, senilen Ehemann Manasse aufzureizen, den sie schließlich *versehentlich* mit einem Kissen erstickt.

Im dritten Akt verbindet Hebbel Judiths Verlangen nach einem Mann mit der Not der belagerten Stadt: Nach Judiths Auffassung hat sich Gott von der Stadt abgewendet, weil diese große Schuld auf sich lud, als man Judith durch die Heirat mit dem impotenten Manasse um ihre Würde als Frau betrog.

Da weder der Schriftgelehrte Isaschar noch die Stadtobersten Chabri und Charmi in der Lage oder Willens sind, Judith trotz ihrer Verführungsreden Genugtuung zu leisten, nimmt sie ihr Recht selbst in die Hand, um sich und damit die Stadt zu erlösen. Als Knabe verkleidet geht sie ins feindliche Lager, weil sie hier kräftige, aktive Männer zu finden hofft und solche in Holofernes und im König Nebukadnezar, die die verschiedenen Seiten männlicher Existenz verkörpern, auch gefunden zu haben glaubt. Als Holofernes versucht, sie zu vergewaltigen, wehrt sie sich und tötet ihn mit seinem Schwert. Daraufhin rennt der König vor Entsetzen fort, so dass Judiths Bemühen um einen Mann vergeblich war.

Obwohl Kaiser viele biblische Motive verarbeitet hat, ist sein „Bühnenspiel" weit von der biblischen Tradition entfernt. Seine Adaption hat mit der biblischen Überlieferung und der gläubigen Interpretation der Judit-Geschichte nichts mehr zu tun; denn seine Judith handelt ausschließlich aufgrund egoistischer, Trieb bedingter Gefühle.[41]

Auch *Jean Giraudoux*` „Judith" (1931)[42] knüpft im weitesten Sinn an Hebbels Drama an. Er stellt in Judith ein junges unverheiratetes Mädchen in den Mittelpunkt, das sich gegen jede Instrumentalisierung, sei es durch Konvention, Volk oder Gott, vehement wehrt und aus eigenem Entschluss handeln und nicht als

---

[39] Hein (Anm. 33), 64.

[40] Georg Kaiser: Die jüdische Witwe. Bühnenspiel in fünf Akten. In: Ders: Werke. Hg. von Walter Huder. Bd. 1: Stücke 1895-1917. Frankfurt/Berlin/Wien 1971, 117-198, 117.

[41] Vgl. Klaus Ziegler: Georg Kaiser und das moderne Drama. In: Hebbel-Jahrbuch 1952, 47ff.

[42] Jean Giraudoux: Judith. Tragödie in drei Akten. Aus dem Französischen von Hans Feist und Otto F. Best. In: Ders.: Dramen. Hg. von Otto F. Best. Frankfurt 1961, 181-270.

willfähriges Objekt benutzt werden will. Ähnliches gilt für Holofernes. In ihm hat Giraudoux eine Figur geschaffen, die sich einer solchen Freiheit rühmt und ohne Bindung an Gott seine Entscheidungen trifft. So weist er z.B. höchst selbstbewusst Judiths Einwand „Kraft gibt es nur in Gott." (241) zurück. Damit ist ein Aspekt eingebracht, der das Selbstbewusstsein des modernen Menschen, besonders der Frau betont.

Giraudoux führt also hier zwei Menschen zusammen, die sich im Liebes- begehren und in ihrer Auffassung von der Freiheit ebenbürtig sind und im Liebesakt schließlich ihre Erfüllung finden. Danach ist es psychologisch und dramaturgisch nur konsequent, dass Judith den tötet, den sie liebt und mit dem sie sich eins weiß, denn nur so kann sie nach ihrer Erfahrung diese Liebes- erfahrung vor der Banalität des Alltags retten, was sich im Schlaf des Holo- fernes bereits andeutet. Der Mord geschieht also weder aus Sendungsbewusst- sein (wie nach der Tradition der Bibel) noch aus Rachegefühl (wie bei Hebbels Judith), noch aus Abwehr (wie in Kaisers „Jüdischer Witwe").

Im Unterschied zum biblischen Buch wird Judith hier von außen her in die Rolle der Heilsbringerin gedrängt. Joachim, der Hohepriester, sucht sie mit allen Überredungskünsten zum Handeln zu bewegen. Er spricht von Gottes Auftrag, Judith aber erkennt ihrerseits keinen Auftrag Gottes, sondern beruft sich auf ihre eigene innere Stimme. Die kriegerische Auseinandersetzung und die sich daraus ergebende Notsituation für die Juden wird nur am Rande erwähnt; das Motiv zur Tat liegt – ähnlich wie bei Kaiser – mehr im Innern der Frau, hier im tiefen Bewusstsein von der Einheit von Liebe und Tod, Eros und Tanatos, so dass ihre Inthronisation als Retterin und Heilige absurd ist.

Auch die religiös heilsgeschichtliche Ebene ist eliminiert. Der Glaube an Gottes Wirken wird zurückgewiesen, die Motivation zum Handeln fast aus- schließlich vom Selbstbewusstsein des modernen Menschen bestimmt, wie dies Judith auf dem Höhepunkt ihrer Auseinandersetzung mit Susanne formuliert:

> JUDITH Ich kenne ihn besser als du! Gott beschäftigt sich mit der Gesamtheit und ihrem Schein, nicht mit den Einzelheiten. Gott verlangt, daß unser Werk das Kleid des Opfers trage, aber unter diesem weiten Gewand läßt er uns frei, unsern eigenen Neigungen zu dienen, auch den niedrigsten. (238)

Giraudoux geht jedoch nicht nur mit der stofflichen Vorgabe eigenwillig um, auch dramaturgisch und sprachlich schafft er höchst reizvolle Situationen, die das Stück auch für heutige Zuschauer annehmbar machen. So verfügen die Figuren über eine ironische Distanz zu ihren Rollen, sie spielen und zitieren sozusagen die biblische Vorlage und deren Bearbeitungen, ja sie wissen genau, ob sie sich konform oder konträr verhalten:

> JUDITH: Seht mich an, wenn Ihr die wahre Judith nachahmen wollt! Glaubt nicht, daß ich hinüber gehe als williges Opfer. [...] Gewiß, ich vereinige heute alle Variationen von Judith in mir. Ich gehe hinüber als unwissendes Mädchen, das sich zu einem Wüstling begibt, als listige junge Frau zu einem zügellosen Feldherrn, als Abgesandte einer Stadt

vor einen Sieger. Aber ich gehe vor allem wie das Kind in den Tempel, um auf eine Frage zu antworten, auf eine Reihe von Fragen, die ich nicht kenne, für die einzig meine Worte den Schlüssel schon kennen. [...]. (211f.)[43]

Der Autor nutzt also den Judit-Stoff, um „an ihm eine moderne Problematik zu demonstrieren: den Kampf um Autonomie und um Befreiung aus – auch sexueller – Isolation."[44] Das tragische Element liegt darin, dass Judith einerseits dem geliebten Holofernes, der sie zu sich selbst erlöst, tötet, weil sie für diese Liebe keine Zukunft sieht, anderseits, dass sie durch eine Vision (Michael in der Gestalt eines trunkenen Wachsoldaten) wieder in die Rolle gezwungen wird, die sie überwunden glaubte: als Instrument Gottes ihrem Volk als Heilige zu dienen.

Die anderen in der Tabelle aufgeführten Titel schreiben die biblische Tradition fort wie *Bartholomaeus Ponholzer* in „Judith, die Heldin von Israel, biblisches Schauspiel mit Gesang in zwei Akten" (1907) oder *Catharina Gondlach* „Judith, eine Erzählung aus vorchristlicher Zeit" (1918), oder sie aktualisieren sie wie *Otto Burchard* in „Judith und Holofernes. Ein patriotisches Schauspiel in fünf Aufzügen" (1915) oder sie führen die parodistischen Adaptionen weiter wie *Thomas Pollmann* in „Judiths Sieg. Schwank" (1911-14). Erwähnenswert ist, dass zwei Dramatisierungen ausschließlich für Frauenrollen geschrieben wurden, z.B. zwischen 1911 und 1914 für *Radermachers* Damenbühne „Judith (in drei Akten)" und von *Rosemarie Menschick* „Judith. Biblisches Schauspiel in vier Aufzügen mit nur weiblichen Rollen" (1921).

4.2 Lyrisch-dramatische Reflexionen

Fast alle Autoren lyrischer Texte (außer Erich Fried und Lioba Happel) lassen Judit selbst zu Wort kommen und ihre psychische Verfassung ergründen.
Franz Theodor Csokor zeigt in „Judith und Holofernes"[45] eine unverkennbare Verwandtschaft der Frau mit der Hebbelschen Figur. In der Form eines Sonetts, das durch Reime die Strophen und gewichtige Aussagen Sinn bezogen miteinander verbindet, gibt Csokor ein Psychogramm der Judith. In den beiden ersten Strophen lässt er Judith aus der Rückschau Holofernes als einen harten und kalten Mann schildern, der sie wie eine Ware behandelt hat.

> Er kam zu mir, so stark wie sieben Männer
> mit Erz um seine Füße, einen Mund
> glühkohlenrot, Haar gleich dem Berberrenner
> und grauen Augen, eisig, ohne Grund.

---

[43] Vgl. dazu auch Hein (Anm. 33), 82.
[44] Hein (Anm. 33), 82.
[45] Franz Theodor Csokor: Judith und Holofernes. In: Ders.: Ewiger Aufbruch. Gesammelte Balladen. Leipzig, 1926, 25.

> Die buhlten nicht. Sie waren kühle Kenner
> und prüften mich als einen Warenbund.
> Ich hieb die Faust an seinem Herzen wund.
> Er aber kam so stark wie sieben Männer.

Umrahmt wird diese Schilderung von dem Vers „Er kann zu mir, so stark wie sieben Männer", der nüchtern und gewichtig (vgl. die Wiederholung) Auskunft über die Stärke dieses Mannes gibt. Wenn Judith diesen Vers am Ende der zweiten Strophe in leichter Abwandlung wiederholt, so gesteht sie durch das „aber" und die veränderte grammatische Konstruktion bewundernd ein, dass er mit einer Leidenschaft wie von sieben Männern über sie gekommen ist. Im Folgenden erzählt sie von ihrer Reaktion: Sie tötete ihn, um die Schmach, die er in ihr dem ganzen Volk Israel antat, zu rächen. Den Bericht über ihre Tat schließt sie mit Nachdruck, wie einen Ausruf, was durch die Reimbindung der Wörter „Gewalt" und „Basalt" noch unterstrichen wird.

> Und nun? – Der Meinen Jubel trifft mich kalt.
> Wo bleibt sein harter Arm, daß er mich schlüge?

Doch die Folgerung aus der Tat ist nicht Jubel oder Stolz, sondern Ratlosigkeit und Leere. Judith kann sich an dem Siegestaumel der Ihrigen nicht beteiligen. Er hat sie – sie nennt Holofernes nie mit Namen! – durch seine Männlichkeit so für sich eingenommen, dass sie sich nach seiner blutigen Rache oder brutalen Umarmung sehnt.

Der Leser heute tut sich schwer, dieser Ballade etwas Positives abzugewinnen, zu pathetisch ist die Sprache, zu blutrünstig der Inhalt, zu fremd für viele die Darstellung der perversen sexuellen Leidenschaft. Csokor zeigt – ähnlich wie Hebbel – eine Judit, die zwar wie ihr biblisches Vorbild zu Holofernes ins Lager geht, aber dann von dessen Leidenschaft derartig überwältigt wird (in des Wortes doppelter Bedeutung), dass sie sich nach dieser Brutalität sehnt. Von göttlichem Auftrag ist nicht mehr die Rede, nur von der Verführbarkeit der Frau durch Gewalt. Dadurch wird das biblische Muster völlig seiner ursprünglichen Aussageabsicht entfremdet; Holofernes und Judit sind nur noch der Stoff, an dem sich ein nahezu perverser Kampf der Geschlechter darstellen lässt.

Rainer Maria Rilkes Gedicht „Judith's Rückkehr"[46] gleicht durch den Untertitel „(Vor Tag, aus dem Lager kommend)", einer Art Regieanweisung, dem Monolog aus einem Drama:

> Schläfer, schwarz ist das Naß noch an meinen Füßen, ungenau.
> Tau, sagen sie.
> Ach, daß ich Judith bin, herkomme von ihm aus dem Zelt, aus dem
> > Bett,

---

[46] Rainer Maria Rilke: Judith's Rückkehr. (1911) In: Ders.: Werke. Kommentierte Ausgabe in vier Bänden. Hg. von Manfred Engel/Ulrich Fülleborn/Horst Nalewski/August Stahl. Frankfurt a. M. 1996, Bd. 2, 16.

austriefend sein Haupt, dreifach trunkenes Blut,
weintrunken, trunken von Räucherwerk, trunken von mir –
und jetzt nüchtern wie Tau.
[...]
Liebende, die ich bin. Schrecken trieben in mir alle
Wonnen zusammen,
an mir sind alle Stellen
Herz, mein berühmtes Herz
schlag an den Gegenwind: wie ich geh, wie ich geh –
und schneller die Stimme in mir: meine, die rufen wird,
Vogelruf vor der Not-Stadt.

Dem Leser steht das Bild der hoheitsvoll schreitenden Frau, wie er es von vielen Gemälden kennt, von Augen steht. Judith kommt vor Morgengrauen aus dem Lager, erhobenen Hauptes, wachen Sinnes, und schildert den Schläfern ihre Tat und ihren Zustand, den Kopf des geliebten Feindes an der ausgestreckten Hand haltend und ihn ausbluten lassend, bis er leer ist, leer auch von den Bildern der Liebesnacht. Dann aber spricht sie von ihren widerstrebenden Gefühlen, die von Anfang an unter dem Wort tiefsten Bedauerns stehen: „Ach, daß ich Judith bin". Damit fügt sie sich in die ihr von der Tradition zugewiesene Rolle, als der Frau, die nicht anders konnte, als ihre bedrängte Heimat zu retten. Zu ihr ist sie unterwegs, um ihr eilends die Botschaft der Befreiung zu bringen. Sie aber – trotz der mutigen Tat – leidet als Liebende. In Korrespondenz zu ihrer Selbstvorstellung „Ach, daß ich Judith bin" steht „Liebende, die ich bin". Sie bekennt, dass sie nur noch „Herz" (dreimal) ist, dass dieses aufgrund des Schreckens über die Tat die geballte Wonne ertragen muss, die sie wie ein Motor zur Verkündigung der Befreiung treibt.
In frei rhythmischen Versen, gleichsam im Takt des Schreitens, und in gegensätzlichen Bildern, lässt Rilke Judith die polaren Erfahrungen dieser Begegnung zusammenfassen. Damit gibt er auf begrenztem Raum ein Psychogramm dieser Frau, die sich zwar zu ihrer Aufgabe bekennt, aber als eine von der Liebe Getroffene unter der Durchführung schmerzlich leidet. Das aus dem Nachlass publizierte Gedicht gehört sicherlich nicht zu Rilkes Meisterwerken, aber es gibt ein Bild vom Widerstreit in Judith, die nach der Tradition Frau *und* Mörderin sein muss.
Etwa ein halbes Jahrhundert später schreibt *Erich Fried* in völlig anderem Ton ein Gedicht „Judith"[47].

Als man den Kopf vor ihr trug
und sie als Retterin ausrief
und alle Männer ihr huldigten
lächelte sie

---

[47] Erich Fried: Judit. In: Ders.: Gesammelte Werke. Gedichte 3, Berlin 1993, 175ff.

und konnte sich nicht entsinnen
ob dieser Tote
sie wirklich zuvor noch
erkannt hatte oder nicht
Seit jener Nacht
wurde sie in ihrem Traum
umarmt und bezwungen
von starken geköpften Männern

Nicht die im Titel genannte Frau spricht über die Situation nach der Tat, sondern ein anonymes Ich aus deren Perspektive. In der ersten Strophe wird so etwas wie das Bild eines Triumphzugs vor dem inneren Auge des Lesers entworfen: Judith „lächelte", was zweierlei besagen kann: Sie ist glücklich oder sie amüsiert sich über die Reaktion des Volkes, besonders der Männer. Fried scheint seiner Judith die mehr als zweitausendjährige Bearbeitung des Judit-Stoffs ins Bewusstsein zu legen. Ihn bewegt die Frage: „Wie hat sich die Begegnung der beiden Kontrahenten abgespielt? Er beantwortet sie nicht, sondern lässt in seiner Judith das Erlebte sich vernebeln und hebt mit der Wahl des biblischen Begriffs „erkannte" für den Geschlechtsakt das Geschehen in eine vom Alltäglichen abgehobene Sphäre. Im Gegensatz zu den zahlreichen Bearbeitungen des Stoffs, in denen Judit, aus welchen Gründen auch immer, stets als die Leidtragende dargestellt wird, lässt Fried den Schluss offen: Der Traum (vgl. Hebbel) kann als Alptraum oder als Wunschtraum verstanden werden.

Die bisher zitierten Werke sind alle von Männern verfasst. So ergibt sich die Frage: Wie gehen Frauen mit dem biblischen Muster um? Abgesehen von zwei unbedeutenden dramatischen Adaptionen konnte die Verfasserin drei Gedichte von Autorinnen ausmachen.

Das Judit-Gedicht der Lyrikerin jüdischer Herkunft *Gertrud Kolmar* stammt aus einer Zeit, als die Autorin sich ihrer selbst bewusst wurde und ihren eigenen Weg als Frau suchen musste. Zwiespalt der Gefühle, Gewissensbisse, Angst vor Verfolgung, Grauen plagen die Sprecherin in Gertrud Kolmars expressionistischem Gedicht „Judith"[48]:

Wo ist Tau? Wo ist Sand? Wo der Mond? Wo ein Stern?
Wo sind meine Diener, meine Gesellen?
Ich werf ihnen Schreie, die irr vergellen;
Sie suchten all einen andern Gefährten und Herrn.

---

[48] Gertrud Kolmar: Judith. In: Dies.: Das lyrische Werk. München 1960, 70-72. Es kann wegen seiner Länge (13 Strophen) nur auszugsweise zitiert werden. – Kolmar erwähnt in ihren Briefen vom 27.1. und 9.3. 1941 einen „kleinen Zyklus" biblischer Gedichte: Thamar und Juda; Esther; Mose im Kästchen; Dagon spricht zur Lade, die wahrscheinlich alle erst 1937 entstanden sind (vgl. Marbacher Magazin: Gertrud Kolmar. Hg. von Johanna Woltmann. Deutsche Schiller-Gesellschaft. Marbach 1932, 180); sie unterscheiden sich in Ton und Sprachgestus deutlich von dem frühen Judit-Gedicht.

Meine Füße tappen zwischen Skorpionen hin;
Finsternis quillt aus den Zehen.
Sie waren wie weiße Lämmer zu sehen
Und sind die Füße der Mörderin.

Wo schaute ich noch meines Volkes Abendrot?
Es leuchtete blutig, doch hab ichs verloren;
Im Sack blieb ein Haupt mit Schläfen und Ohren.
Das Haupt ist tot.

Hier ist nichts von Triumph, nichts von Liebe zu finden. Diese Judith, nach eigenem Urteil eine Mörderin, ist am Ende. Sie hat alles verloren, beklagt den Verlust ihrer Unbefangenheit im Umgang mit der Natur, dem Kosmos, den Menschen. Wie ein Hammer fällt der Satz „Das Haupt ist tot" in ihr Bewusstsein, bringt es doch nach ihrer Vorstellung nur weiteres Unheil über ihr Volk: Der Tote („das Haupt") wird Israels Städte mit Fluch und Hass verfolgen.

Und Drohung ist über mir.
Die Drohung wird über Israel lagern
Gleich Flügeln von Raben, krächzenden, magern,
Und plump vor ihm stehn als ein horniger Stier.

Das Haupt wird wieder und wieder sein.
Mit greisen Flüchen, in roten Jahren,
Blondsträhnig oder mit düsteren Haaren
Wird es Haß und Zerstörung gen meine Städte spein.

Und sie ist die Urheberin dieses Unheils, denn sie hat den Ahnungslosen aus Stolz hingerichtet. Zwar erinnert sie sich auch des Auftrags die Not des Volks, vor allem der Kinder, Mütter und Alten, zu lindern, doch trägt dieser Trost sie nicht, weil sie eigensüchtig ihrer Begierde nachgab, den Mann zu umarmen („Lächeln der Wollust"). Und obwohl sie sich mit dem Schwert in des Volkes Herz eingeschnitten hat, wird sie zur Strafe für ihre egoistische Tat heimatlos umherirren.

Und ob du gepflanzt mit dem Schwerte bist,
Dir sind schon die Wurzeln vom Erdreich gerissen:
Du magst einmal wandern und nicht mehr wissen,
Wo dein Vaterland ist.

Diese Reflexion trägt das lyrische Ich in fortschreitender Analyse der Tat und der eigenen Psyche vor, Punkt für Punkt, jeder Passus als ein in sich geschlossener Block (Strophe) vom nächsten durch Punkt oder Fragezeichen und Leerzeile getrennt. Auch die Einzelaussagen in jeder Strophe stehen wie isoliert, fast ausnahmslos decken sich Sinnzeilen und Verse. Verstärkt wird der hermetische Charakter der Einzelstrophen noch durch die Reimbindungen abba, die weder eine Kettenbindung noch ein Ausgreifen zum nächsten erlauben.

Kolmars Judith ist eine unglückliche Frau, der mit dem Auftrag eine für sie schier unerträgliche Last auferlegt wurde. Sie leidet in zweifacher Hinsicht: wegen ihres Verrats am Schlafenden und wegen der Rache ob ihrer Tat an ihrem Volk. Mit der strahlenden Siegerin der biblischen Vorlage hat Kolmars Judith nichts mehr zu tun.

Dagmar Nick reduziert in ihrem Gedicht „Judith"[49] die biblische Erzählung ganz auf die Beziehung einer Frau zu einem begehrten Mann, der die Worte in den Mund gelegt sind: „Komm zu mir, komm." Doch wird die Aufforderung begleitet von ausschließlich lebensbedrohenden, gewalttätigen Drohungen: Gift („Fingerhut"), Tod („barbarisches Rot", „Eisen im Nacken", „Mündungs-feuer") und Kälte („Eisblumen"). Die Autorin entmythologisiert damit das traditionelle Judit-Bild der Bibel und bringt sie mit dämonischen, Männer ver-derbenden Frauen in der Literatur um die Jahrhundertwende (1900) in Beziehung.

Auch im jüngsten Beispiel „Judith"[50] von *Liboa Happel* geht es um die außer-ordentliche Liebesbeziehung zwischen „Ihm" und der „Frau".

Jetzt hat er Sehnsucht nach ihr bekommen
Jetzt hat er ihr seinen Zeremonienmeister geschickt

Jetzt ist er vor ihre Tür getreten
Jetzt hat er an die Tür geschlagen mit seinem Stock

[...]

Gewaltig ist er ein König des Erinnerns
Ihrer Lust

Ihm in sein schreckliches Gesicht zu sehen
Jetzt ihm die Tür zu öffnen

Ihn zu lieben

Ihm sein Haupt herabzuschlagen
Seht der Tyrann enthauptet vor ihr einer Frau

Aus verschiedenen Perspektiven drängen die beiden Protagonisten aufeinander zu: Er in vehementem Begehren voll Ungeduld „Jetzt" (7x), sie aus der Erinne-rung an die Lust und Mord vereinigende Tat. Happel gestaltet am Judit-Motiv das Zueinander-Drängen und das Einander-Verfallen-Sein der Geschlechter, deren Lust durch Gewalttätigkeit erhöht wird, wie dies Psychologie, moderne

---

[49] Dagmar Nick: Judith. In: Dies.: Zeugnis und Zeichen. München 1968, 25. – Vgl. dazu auch Georg Langenhorst: Gedichte zur Bibel. Texte – Interpretationen – Methoden. Ein Werkbuch für Schule und Gemeinde. München 2001, 127f.
[50] Liboa Happel: Judith. In: Dies.: Der Schlaf überm Eis. Gedichte. Frankfurt 1995, 18f. – Vgl. dazu auch Langenhorst (Anm. 49), 128-130.

Literatur und Film immer wieder thematisieren. Das Gedicht endet mit der Vision der Frau „Ihn zu lieben" und „Ihm sein Haupt herabzuschlagen" – nach Freud ein „symbolischer Ersatz für Kastration" –, so dass er, „der Tyrann", entmachtet, kopflos (=geistlos?) vor ihr steht.[51] Ist vielleicht mit diesem Vollzug eine weibliche Umwidmung der vom Mann geprägten sozialen, politischen, gesellschaftlichen, kulturellen und sexuellen Welt gemeint, der Sieg der Frau über den Mann?

4.3 Aktualisierende Transfigurationen

Die Geschichte der Judit hat die Interpreten nicht nur aus religiösen Motiven (Gott rettet sein Volk) oder aus psychologischen (Wie kann eine Frau morden?) beschäftigt, sondern sie wurde auch als Modell für den politischen Mord bzw. das politisch motivierte Attentat durch eine Frau aktualisiert. In dieser Intention übertragen die Autoren das Geschehen meist in eine konkrete politische Situation. Wie in Transfigurationen üblich wird dabei der Schwerpunkt der Aussage auf *einen* Aspekt der Vorlage gelegt.
Max Krell verlegt z.B. in „Judith in Saragossa"[52] das Geschehen in die spanische Stadt Saragossa während der Napoleonkriege. Hier versucht der Ingenieuroberst Lacoste den Starrsinn der Bevölkerung zu brechen, was ihm aber trotz Einsatz der schärfsten Mittel nicht gelingt. Die Stadt widersteht unter der Führung von Palafox, der den Feind mit immer neuen Attacken hinhält. Letztlich aber kann aber auch er die Entscheidung für Saragossa nicht erwirken, so dass die Söhne und Enkel der Familie Benito Burati, „das eigentliche Gehirn der Stadt" (9), auf Abhilfe sinnen. Krell schildert die Familie als eine Gemeinschaft männlicher Kämpfer, deren Ehen schicksalhaft nur von kurzer Dauer sind und die, bis auf die einzige Tochter Manuela, nur Söhne hervorbrachten. In der entscheidenden Kriegsberatung ist die siebzehnjährige Manuela anwesend und wird durch ihre Schönheit und Sanftmut für die Männer zu einem Symbol.

> Sie war der Funke Anmut zwischen diesen Rittern, sie war Süßigkeit und Musik, es ging niemals hitzig zu, solange Manuela dabei war. Das hatte mit der Höflichkeit gar nichts zu tun. Alle waren froh, kamen sie aus der Schlacht, den gelben Schein ihres Kleides zu sehen. Sie wurden förmlich leicht davon, sie mäßigten ihre Flüche, damit dieser Schein nicht weggescheucht werde. Manuela – das hieß Erholung, Friede, Andacht. Zugleich hieß es: Schatz, Kostbarkeit, höchster Sinn, für den man sich schlug. Diese Leute, die sich keine Gedanken machten über das, was hinter den Dingen schlummert, sahen plötzlich ein Symbol. (10f.)

---

[51] Das erste Wort der letzten Zeile „Seht" stimmt mit der Druckvorlage des Buches überein, dabei könnte es sich um eine Anrede, allerdings die einzige, an den Leser handeln, eher aber noch um einen Druckfehler: Sinngemäß müsste es heißen „Steht", vgl. „vor ihr", nicht *von* ihr.
[52] Max Krell: Judith in Saragossa. Gold in Peru. Regensburg/Leipzig 1924.

Im sich anschließenden Gespräch über die Gefährlichkeit des Lacoste kommen die Männer zu dem Schluss, dass sie sich nur befreien können, wenn sie den „Kopf" treffen: „Also geradeaus auf den Kopf zu! Wie, das könnt ihr unter euch ausmachen!" (13) Hier wird der Leser, angeregt durch den Titel, bereits auf die Doppeldeutigkeit des Wortes *Kopf* aufmerksam, was wenig später auch durch den direkten Hinweis auf Holofernes bestätigt wird. Diese Worte des alten Benito schlagen das Motiv an, das die lauschende Manuela zum Handeln ermuntert:

> „Das mit Judith", sagte sie, – „natürlich, ich glaube, daß es richtig ist. Manuela – geht zu Lacoste, bringt ihm einen Brief von euch, daß ihr euch ergeben werdet – ja?" (14)

Die Männer vergessen alle Rücksicht auf ihrer Schwester Jugend und Geschlecht und senden sie bewaffnet mit einem Dolch und geschützt durch ein altes Medaillon ins feindliche Lager, den verräterischen Brief zu überbringen. Novellistisch, zügig auf das Ereignis ausgerichtet, schildert Krell die Begegnung zwischen Lacoste und Manuela. Das Mädchen trifft auf einen ungeschützten Feind, einen Mann ohne kriegerische Attidüde, was sie völlig verwirrt und in ihr Zuneigung weckt. Um Zeit zu gewinnen, fragt sie nach seinen Träumen und erhält eine Antwort, die sie vollends aus dem Gleichgewicht bringt:

> „Später könnte ich einmal von Ihnen träumen, weil es gut war, aus Rauch und Mord Sie heraustreten zu sehen, ohne daß es um den Tod ging. [...] Ein Mädchen im gelben Kleid, mit schwarzem Haar, das die Arme hob, quer durch die Schlacht, mir einen Brief zu bringen." (22)

Krell führt hier keinen furchterregenden Feind vor, keinen triebhaften Verführer, keinen kalten Machtmenschen, sondern eine gespaltene Persönlichkeit, der einerseits seine Soldaten befehligen muss, sich aber andererseits lieber mit „Paul und Virginie" und „Don Quichote"[53] in sein Zelt zurückzieht und in Manuela den Hass „ganz ausstreichen" (24) möchte: „Ich möchte Ihnen ein Geschenk machen, damit Sie nie wieder diesen Hass in Ihre Augen und in Ihr Herz zurücklassen." (24) In Bewunderung ihres Muts will er Abstand nehmen von seinen Eroberungsplänen und Manuela mit den Gefangenen frei abziehen lassen. Auch der verräterische Brief, der nichts anderes ist als ein weißes Blatt, und der Dolch, mit dem sie anstelle des Mannes den Brief durchbohrt, ändern nicht Lacostes Gesinnung. Diese Großherzigkeit überfordern Manuela, so dass sie ihn bittet, sie zu töten. Denn, da sie zu ihm in verräterischer Absicht kam und zudem ihrem Auftrag untreu wurde, fühlt sie sich beiden Parteien gegenüber schuldig. Der Höhepunkt der Erzählung liegt in der Nachgeschichte: Weil sie den Feind leben ließ, wird Manuela von ihrer Sippe zum Tode verurteilt.

---

[53] „Paul und Virginie", franz. Roman von Jaques-Henri Bernadin de Saint-Pierre (1788); „Don Quijote", span. Roman von Miguel de Cervantes (1605-15); beide Bücher zeigen Helden, die auf je verschiedene Weise der Wirklichkeit entfliehen und charakterisieren Lacostes Interesse.

Für ihr Geständnis „Ich liebe" (29) haben die Männer nur Verachtung. Benito, der Vater, lässt sie von den Brüdern lebendig einmauern.

Krell wählt also das Motiv der jungfräulichen Vermittlerin, die sich ähnlich wie Hebbels und Giraudoux' Judit in den Feind verliebt und der Liebe wert erscheint. Im Widerstreit der Gefühle entscheiden sich die Krellschen Personen für das Opfer: Lacoste auf den Verzicht seiner Macht, Manuela auf den Mord aus Rache. Im Bild der Familie Burati zeigt Krell jedoch eine auf Machtgier und Kampfeslust versessene Position, der es nicht auf Beilegung eines Konflikts, sondern einzig auf Demütigung und Vernichtung des Feinds ankommt.

Krells Aktualisierung ist keine Prosa von Rang, sondern eine ohne jegliche literarische Ironie geschriebene Erzählung im Stil des 19. Jahrhunderts. Überdeutlich, besonders durch die Namenwahl, wird der Bezug zur biblischen Erzählung herstellt und dem Leser nicht zugetraut, dass er selbst das Motiv erkennt. Dennoch fügt die kleine Geschichte dem Judit-Motiv eine bemerkenswerte Nuance hinzu, erkennt der Leser doch in der Reaktion der Familie Burati das widersinnige Machtstreben und das unmenschliche Rachebedürfnis kriegerischer Aktionen aller Zeiten bis in die Gegenwart.

Auch *Peter Dörfler* verlegt in seinem Roman „Judith Finsterwalderin"[54] von 1916 das Geschehen in eine greifbare historische Vergangenheit: ins schwäbische Voralpenland zur Zeit des Dreißigjährigen Kriegs, und zeigt eine Bevölkerung, die in Angst, Glaube und Aberglaube gegen das Unheil von Krieg und todbringenden Krankheiten (Pest, Blattern, Cholera und Syphilis) anzukämpfen versucht. Im Mittelpunkt der Handlung steht Judith, deren Lebensweg der Autor nach Romanmanier von der Geburt bis in den Tod schildert. Er stattet sie mit allen Eigenschaften aus, die zu einem unkonventionellen Leben gehören und dem biblischen Vorbild nahe kommen: Schönheit, Klugheit, Wissensdurst, Selbständigkeit bis zum Eigensinn, aber auch Frömmigkeit, Gottergebenheit und Hingabebereitschaft. Er lässt sie – für eine Frau der damaligen Zeit ungewöhnlich – höchst selbständig auftreten, so schlägt sie z.B. die Übernahme des väterlichen Geschäfts aus, wählt ihren Umgang mit anderen frei von fremden Vorurteilen, beschließt nicht zu heiraten. Während der Belagerung der Stadt durch französische Truppen kann sie durch eine mutige Tat das Unheil von dieser Stadt fernhalten und besiegt die als Verhängnis bewerteten Krankheiten durch Realitätssinn und aufopfernde Pflege. Schließlich pflegt sie unter Aufbietung aller Kräfte den an Blattern und Syphilis erkrankten wilden Giacomos, der nach Meinung der Bewohner vom Teufel besessen und Urheber allen Unheils ist und ihr nachstellt, und stirbt in seinem Haus qualvoll an der Krankheit, die sie bei den Bürgern erfolgreich bekämpft hat.

Immer wieder wird auf die biblische Geschichte der Judit angespielt, vor allem durch ein Deckengemälde in der Pfarrkirche mit der biblischen Judit-Geschichte, das der Erzähler vor entscheidenden Situationen stets ins Spiel bringt. So lässt er auf dem Höhepunkt des Konflikts Judith angesichts dieses Bildes mit sich ringen, ob sie in das Haus des wilden Giacomos gehen soll oder nicht.

---

[54] Peter Dörfler: Judith Finsterwalderin. Roman. München 1955.

Wie im Schlusskapitel des biblischen Judit-Buchs erfolgt auch bei Dörfler die Erhöhung der Heldin, jedoch nicht in einem Triumphzug, sondern in stiller Verehrung ihrer Christusähnlichkeit, hat sie sich doch bis in ein würdeloses Sterben hinein für die Pestkranken und für Giacomo aufgeopfert wie Jesus für die Ärmsten und Sünder.

Der Leser von heute wird auch diesem Roman, der über weite Passagen hinweg trockene, religiöse Belehrungen und inakzeptable kirchliche Praktiken darlegt, nichts mehr abgewinnen. Dennoch zeigt der Priester und Pädagoge Dörfler, ein im katholischen Milieu vormals viel gelesener Romanschriftsteller, an dieser der jüdischen Judit im weitesten Sinne verwandten Figur, wie eine schöne und intelligente Frau durchdrungen von Gottes Auftrag ihren Weg konsequent, trotz aller Widerstände geht.

Das Dramen-Fragment „Die Bibel" von *Bertolt Brecht*[55], das dieser als fünfzehnjähriger Schüler unter dem Pseudonym Berthold Eugen verfasste, spielt literarisch kaum eine Rolle, doch ist nicht uninteressant zu konstatieren, dass der junge Brecht für sein Vorhaben das Judit-Motiv aus der Bibel wählte und wie er es abwandelte. Er verlegt das Geschehen in die Niederlande während der Religionskriege: Katholiken belagern eine protestantische Stadt. Durch das Fehlen von Eigennamen wird jedoch die Allgemeingültigkeit der Situation angedeutet. In dieser Stadt lebt das Mädchen mit Großvater, Vater, Bruder, also nur von Männern umgeben. In eine als „behagliche Wohnstube eines Hauses am Markt" beschriebene Atmosphäre bürgerlicher Wohlhabenheit bricht das Unheil ein. Während der Großvater die Passion liest, ahnt das Mädchen voll Angst die kommende Katastrophe (Wörter wie „schwül", „Angst", „Sturm", „opfern uns" sagen es deutlich) und weist des Großvaters Bibeltrost vehement zurück: „Deine Bibel ist kalt." (3032)

Im weiteren Verlauf und in einem stark emotional gefärbten Dialog berichten der Vater, als der Bürgermeister der Stadt, und der Bruder vom Ansinnen des Feindes, die Stadt zu schonen, wenn sie katholisch werde und ein Mädchen dem feindlichen Feldherrn für eine Nacht zu willens sei. Der Vater trägt mit Blick auf die Tochter das Ansinnen vor und zeigt durch Schweigen seine Unentschlossenheit, der Bruder drängt die Schwester mit allen Mitteln einzuwilligen, und der Großvater versucht sie mit der Beschwörung von Gottes Gebot und der Rettung ihrer Seele von dem Vorhaben abzuhalten und verflucht den Vater, seinen Sohn. Auch das Mädchen wehrt sich mit Entschiedenheit. So prallen die total gegensätzlichen Auffassungen aufeinander, was dem Mädchen voll bewusst wird. Angesichts des drohenden Feuers erinnert es sich der Güte seines Vaters und wendet sich vom gottgefälligen Großvater und seinem Hinweis auf Gott ab.

Brecht übernimmt also aus der Bibel das Motiv der Frau, die durch den Einsatz ihrer weiblichen Reize, den Feind befriedigen und die Stadt retten soll, wandelt es aber ab, indem seine Judit einerseits das Ansinnen von Vater und Bruder als

---

[55] Bertolt Brecht: Die Bibel. Fragment. (1914). In: Ders.: Gesammelte Werke in 20 Bänden. Stücke 7. Frankfurt 1967, 3029-3038.

gottloses zurückweist, anderseits die alleinige Berufung auf Bibel und Gott durch den Großvater auch heftig kritisiert.

Einen wichtigen Beitrag zum Judit-Motiv hat *Max Frisch* in seinem wenig bekannten Nachkriegsdrama „Als der Krieg zu Ende war" (1947)/1948)[56] geliefert. Er will zeigen, wie verfeindete Gruppen miteinander umgehen, Sieger und Besiegte, Verfolger und Verfolgte. Kurz nach Kriegsende kommen in einem Haus in Berlin zusammen: Horst, der von seiner Truppe desertierte und die Gefangennahme fürchtende Deutsche und der Besitzer des Hauses, in das sich ein russischer Oberst, Stepan Iwanow, mit seiner jiddisch sprechenden Ordonanz, dem Juden Jehuda, und drei Offizieren einquartiert hat, und Agnes, die Frau von Horst und die Geliebte des russischen Oberst.

Frisch koppelt hier sein Zentralthema von der Versündigung am Nächsten, wenn der Mensch sich ein Bild von anderen macht, mit dem Judit-Motiv, ohne auf letzteres ausdrücklich Bezug zu nehmen. Um ihren im Keller versteckten Mann zu schützen, geht Agnes, schön geschmückt, Abend für Abend zu den Russen hinauf, zunächst in psychischer Überwindung, dann aber aus Zuneigung zu Stepan Iwanow. Als ihr Mann Horst eines Tages bei den beiden erscheint und von dem jüdischen Adjutanten als Wehrmachtsoffizier der Massaker im Warschauer Ghetto erkannt wird, wendet sich Stepan enttäuscht ab und verlässt für immer das Haus. Agnes bleibt ratlos zurück.[57]

Wenn das Drama auch literarisch und atmosphärisch nicht zu Frischs stärksten Stücken gehört, so ist es doch im Rahmen der Judit-Adaptionen bedenkenswert. Gerade weil die Anlehnung an das biblische Vorbild nur zu erahnen ist, wirkt sie überzeugend: Eine Frau will nicht eine ganze Stadt, sondern ihren Ehemann vor der Entdeckung und Hinrichtung retten und geht zum Feind, ihn milde zu stimmen. In Fortsetzung der Judit-Adaptionen lässt auch Frisch die Frau in Liebe zum Feind entbrennen, nicht weil er eine unerfüllte in eine leidenschaftlich liebende Frau verwandeln, sondern weil er das Feindbild zwischen den Völkern und Rassen aufheben will. Eben das aber erweist sich als Illusion; den deutschen Hauptmann holt seine Vergangenheit als deutscher Wehrmachtsangehöriger und Täter ein, so dass die Liebe zerstört wird.

Der Judit-Stoff beschäftigt die Autoren bis in unsere Tage. Erst jüngst erschien eine Erzählung von *Norbert Johannimloh* „Die zweite Judith", eine Geschichte aus der Zeit der Wiedertäufer. Auch hier versucht eine Frau die Belagerung der Stadt Münster durch den Bischof mittels weiblicher List zu beenden. Aber die Verhältnisse kehren sich um gegen sie. Sie wird belauscht, verraten, gefoltert und enthauptet.

---

[56] Max Frisch: Als der Krieg zu Ende war. Schauspiel. In: Ders.: Stücke. Band 1. Frankfurt 1962, 247-299.
[57] Bei der Uraufführung 1948 hatte das Stück noch einen dritten Akt, diesen hat *Frisch* bei der Neufassung 1965 gestrichen. Nach dieser Fassung nimmt sich Agnes das Leben. Eine Variante für das Judit-Motiv.

Sehr viel aktueller ist das Theaterstück „Judit oder Der kurze Tag des Hasan Nergisz"[58], das *Burkhard Driest* 1997 im Zusammenhang mit den Anschlägen auf Asylantenheime herausbrachte. Der Autor gibt seiner weiblichen Hauptrolle den Namen Judit und ihrem Kontrahenten, dem Türken Hasan, den Übernamen Holger Hostein (Holo), damit die Beziehung zum Alten Testament andeutend. Dieser Holo, obwohl selbst Ausländer, hasst die Fremden, da seine Schwester von einem Schwarzen vergewaltigt wurde. Er hat sich den „Goten" angeschlossen und ist bei ihnen zum Führer avanciert. Mit ihnen zusammen legt der den Brand im Asylantenheim und ermordet den Schwarzen aus persönlicher Rache. Der Kern des Stückes liegt in der Judit-Holo-Handlung, die nach dem biblischen Vorbild gestaltet ist. Judit sucht das Kind ihrer rumänischen Freundin und vermutet es zu recht in den Händen der Goten-Horde, deren Anführer Holo ist. So macht sie sich an ihn heran und in einer spannenden Konfrontation werden beide hin und her gerissen von Liebe und Hass: im intellektuellen Disput, im Genuss kitschiger Operettenmusik, im üppigen Mahl und im sexuellen Akt. Als Judit in der abgeschlagenen Hand des Kindes ein Beweis für die Brutalität der Goten überbracht wird, tötet sie wie in der biblischen Vorlage den von allem Genuss Erschöpften aus Rache und Abscheu vor sich selbst.

Das Stück greift tagespolitisches Geschehen auf und verfolgt damit beste Theatertradition. Ob es in seiner reportageartigen Machart die aktuelle Situation überdauert, ist fraglich.

Das gilt auch für „Judith"[59] von *Rolf Hochhuth*, der nach der für ihn typischen Art einen hochbrisanten Stoff in ein gewaltiges Lesedrama mit Spielszenen verarbeitete: die Ermordung des amerikanischen Präsidenten (ohne Namen) durch eine Frau, der er den Namen *Judith* gibt. Sie ist die Schwester eines durch Nervengift schwer behinderten Vietnamkämpfers und fühlt sich durch den Erlass des Präsidenten (1984) den Produktionsstop von weiterem Nervengift zu beenden zu ihrer Tat veranlasst.

In diese Story ist eine weitere verwoben, die von dem historisch verbürgten Attentat auf den deutschen Generalkommissar in Minsk 1943 durch die russische Partisanin, die Jüdin Jelena. Diese hatte als Dienstmädchen Zugang zu den Privaträumen des G. K. und seiner Frau und konnte ihm eine britische Tellermine unter die Matratze schmuggeln, die auch explodierte. Ähnlich schmuggelt sich die amerikanische Judith vierzig Jahre später in den Wohnbereich des Präsidenten ein und tötet diesen mit Giftgas. Die Ermordung des Präsidenten wird nicht vorgeführt, sondern nur berichtet (übers Radio).

In endlosen Dialogen zur Rechtfertigung des Attentats mit allen Argumenten für und gegen Tyrannenmord schleppt sich die Handlung hin. Von Anfang an lässt der Autor durch die Namengebung seiner Protagonistin sowie die direkte Anspielung auf die biblische Geschichte und das Drama von *Hebbel* keinen

---

[58] Vgl. Burkhard Driest: Judit oder der kurze Tag des Hasan Nergisz. Schauspiel. In: Theater heute, 6/97, 49-50.
[59] Rolf Hochhuth: Judith. Mit einem Essays von Margarete Mitscherlich-Nielsen und einem Gespräch mit Jost Nolte. Reinbek bei Hamburg 1984 (rororo-Tb 5866).

181

Zweifel an der Motivation seiner Frauengestalten Jelena und Judith, die nach Hochhuths Empfehlung von derselben Schauspielerin dargestellt werden sollten. So wird z.b. im Prolog Hebbels „Judith" ausdrücklich genannt, wenn das Aufführungsverbot von Schillers „Wilhelm Tell" (Tyrannenmord) bei gleichzeitiger Duldung einer Aufführung von Hebbels „Judith" erörtert wird. Letzteres sei das weitaus heimtückischere Stück, da die Partisanin „erstens ein W e i b und zweitens J ü d i n " viel raffinierter, „weil schamlos" sei (22). Hochhuths Attentäterinnen handeln nicht aus gekränkter Ehre (Hebbel), nicht aus Liebeswahn (Giraudoux), nicht aus Versehen (Kaiser), sondern aus rein politischen Motiven. Zwar stellt der Generalkommissar der schönen Witwe nach, doch weiß diese ihn abzuwehren.

4.4 Schlussbemerkungen

Der kurze Überblick hat gezeigt, wie die Autoren – in der Überzahl Männer – seit dem 19. Jahrhundert mit dem Judit-Stoff umgegangen sind. Er ist neben dem der anderen Frauen mit spektakulären Taten (Batseba, Ester, Eva, Salome, Maria von Magdala) der am häufigsten bearbeitete. Fast alle suchen die Motivation Judits zu der außerordentlichen Tat zu ergründen und die Leerstellen aufzufüllen, über die die Bibel schweigt: Das sind einmal die *Vorgeschichte*: Judits Kindheit, Ehe, Witwenschaft, Kinderlosigkeit, dann Judits *Beweggründe* zur Tat: Verteidigung, Hass, Rache, Abwehr, Liebe, ferner ihre *Gefühle* für Holofernes als Frau, Partnerin, Witwe, Jüdin, Feindin und das *Zusammentreffen* der beiden Kontrahenten in Gespräch, Verführung, Beischlaf, Vergewaltigung, schließlich *ihre Reaktion* nach der Tat: Freude, Genugtuung, Reue, Scham, sowie ihre Erhöhung oder Erniedrigung durch das Volk. Immer wieder, besonders in der Lyrik und in Monologen, wird die Psyche dieser Frau durchleuchtet, nie die des Mannes.
Hochhuths Protagonistinnen töten aus altruistischen Gründen, um die Gesellschaft vor Schlimmerem zu bewahren, und leben weiter. Sie stehen damit der biblischen Judit am nächsten. Eindeutiger Mord aus persönlichen Motiven liegt z.B. bei *Hebbel, Kaiser, Giraudoux* und *Driest* vor; bei *Krell* wird Manuela bestraft, da sie ihren Auftrag nicht erfüllt hat; *Frischs* Agnes begeht aus Scham Selbstmord (vgl. 1. Fassung); *Dörflers* Judith stirbt einen Opfertod. Das von *Max Frisch* angeschlagene Motiv, dass eine Frau, um etwas Positives für ihre Kinder, ihre Familie, ihren Geliebten oder Ehemann zu erwirken, sich ähnlich wie Judit einem Herausforderer oder Feind hingibt bzw. hingeben zu müssen glaubt, wird vielfach, vor allem in der Trivialliteratur und im Film genutzt und rührselig ausgemalt, z.B. in „Die Reise" von *Anatole Litvak* nach einem Roman von *George Tabori* (1958), „Casablanca" von *Michael Curtis* (1943) und ins Groteske gewendet in „To Be or not to Be" von *Ernst Lubitsch* (1942).
Wie alle diese Transfigurationen zeigen, hat die Juditgeschichte bis ins 20. Jahrhundert nichts an Aktualität eingebüßt. Das liegt nicht zuletzt daran, dass die in der Bibel erzählten Ereignisse besonders, was menschliche Motive be-

treffen, nach wie vor einen hohen Realitätsgrad besitzen. So war es z.B. in der deutschen Terroristenszene der siebziger Jahre Susanne Albrecht, eine Frau, die sich als gute Bekannte mit einem Blumenstrauß beim Bankdirektor Ponto, dem Vertreter des verhassten Establishments, meldete, um den Mördern den Weg zu dessen Ermordung zu bahnen. Auch der Fall Nora Astora, der Judith von Managua, in deren Schlafzimmer der General Vega, den sie gekidnappt hatte, 1984 ermordet wurde, gehört in diesen Zusammenhang. Schließlich mag dem Leser hier auch die Clinton-Lewinski-Affäre in den Sinn kommen, die zwar unblutig zu Ende geführt wurde, deren Konstellation (Gegner setzen eine Frau ein, um den Präsidenten zu stürzen) der der Juditgeschichte nicht so unähnlich ist.

Wie immer man die Tat einer Judit bewertet, ob man die Frau als Verführerin, Terroristin oder Retterin betrachtet, hängt in jedem Fall vom Glauben bzw. der Ideologie der Gruppe ihrer – modern gesprochen – Sympathisantinnen ab. Beispiele, die in die Literatur eingehen könnten, gibt es genug. Was die Bibel als Heilstat, ja als Eingreifen Gottes durch den Arm einer tugendhaften Frau feiert, wird im Laufe der Jahrhunderte immer mehr dahingehend abgewandelt, Judit als Leidende oder Handelnde, als Mörderin, Selbstmörderin, Attentäterin oder Terroristin darzustellen. Damit entfernen sich die Autoren von der gläubigen Interpretation der biblischen Schriftsteller.

5. Ester

Das Buch „Ester"[60] gehört wie „Rut" und „Judit" zu den Büchern, deren Heldin, eine Frau, bereits im Titel namentlich genannt ist. Wie die Bücher „Rut", „Hoheslied", „Kohelet" und die „Klagelieder" zählt es außerdem zu den „Rollen", die an den großen jüdischen Festen gelesen werden. Je nach Bewertung der zugrunde liegenden Fakten und Stilelemente wird es als Novelle oder als Roman bezeichnet.[61] Es erzählt in Verbindung mehrerer Erzähltraditionen anschaulich und spannend die Geschichte des babylonischen Königs Ahasvers/ Artaxerxes und seines Ministers Haman sowie des jüdischen Hofdieners Mardochai/Mordechai und dessen Pflegetochter Esther/Ester. Ester ist die Zentralgestalt dieser Erzählung von der wunderbaren Rettung der Juden aus der

---

[60] Vgl. zu folgendem Werner Dommershausen: Ester. Würzburg 1980, 5ff. Karl Jaros: Esther. Geschichte und Legende. Mainz 1996. Neben den vielen vor allem in den letzten Jahrzehnten geschriebenen Kommentaren und Meditationen zu Frauen der Bibel und auch zu Ester sei auf eine eigenwillige christliche Betrachtung des französischen Dichters *Paul Claudel* verwiesen „Das Buch Esther". In: Texte zur Religion. Mit einem Nachwort von Robert Grosche. Einsiedeln/Zürich/Köln 1962, 506-529. Claudel sieht im Buch Ester eine gewaltige Inszenierung des Dramas zwischen Gott und Luzifer, geistlicher Macht und staatlicher Gewalt; er belegt seine Deutung mit Zitaten der gesamten Bibel, AT und NT von der Genesis bis zur Apokalypse.

[61] Vgl. Dommershausen (Anm. 60), 6.

Hand der Babylonier im fünften Jahrhundert vor Christus.[62] Die meisten Autoren lehnen sich in der Handlungsführung an die im Folgenden zusammengefasste biblische Vorlage an:

Nachdem der König Artaxerxes seine Gemahlin Waschti wegen ihrer Weigerung, sich als schönste Frau bei einem Männergelage zur Schau stellen zu lassen, verstoßen hat, sucht er eine Nachfolgerin. Er lässt schöne junge Mädchen, darunter auch die Jüdin Ester, vorbereiten und wählt aus ihnen schließlich diese zur Königin. Sie verheimlicht ihm aber, auf Rat ihres Pflegevaters Mordechai, ihre Abstammung. Haman, der hochrangige Fürst am königlichen Hof, hasst Mordechai, weil dieser ihm nicht die beanspruchte Huldigung durch Niederwerfen zuteil werden lässt. Sein Hass wird so groß, dass er das gesamte Volk der Juden vernichten will. Der König lässt ihm freie Hand. Mordechai jedoch veranlasst Ester zum König zu gehen, um ihn um Gnade für ihr Volk anzuflehen. Nach Fasten und Beten wagt sie voll Angst den Bittgang, denn jeder, der ungerufen vor dem König erscheint, ist des Todes. Prächtig geschmückt, aber bleich vor Angst tritt sie vor den König und verliert die Sinne. Der König, von Liebe und Sorge erfüllt, fängt sie auf und nimmt ihre Einladung zum Festmahl, zu dem auch Haman geladen ist, an. Hier entdeckt sie ihm ihre wahre Identität und erfleht Rettung für sich und ihr Volk. Inzwischen hat der König Kenntnis genommen von Mordechais Verdiensten und Hamans Intrigen, so dass er der Bitte Esters nachkommt. Er straft Haman und erhebt den Pflegevater Mordechai an dessen Stelle zum königlichen Verwalter. Dann verkündet er einen Erlass zugunsten der Juden, der ihnen gestattet, sich zu verteidigen bzw. zu rächen, was in Folge auch geschieht. Der Erlass soll am nämlichen Tag in Kraft treten, an dem Haman die Vernichtung verkünden wollte, dem 13. Tag im zwölften Monat. Dieser wird in der Tradition der Juden das Datum des Purimfest.[63]

Nach *Joe H. Kirchberger*[64] u.a. sind die historische Fundierung, die Zeitangaben sowie die Namengebungen höchst fragwürdig: Doch tun diese Unstimmigkeiten der Bedeutung der Hauptfigur des biblischen Buchs keinen Abbruch, im Gegenteil, sie stellen ihren Wert nur klarer heraus. Ester wird als Retterin des Volkes gefeiert. In Treue zum Glauben ihrer Väter hat sie ihre Schönheit und

---

[62] Das Buch entstand zwischen 300 und 100 v.Chr. und dient im Sinne einer Ursprungssage als Grundlage (Festtagslesung) für die Feier des Purimfestes der Juden Ende Februar/Anfang März. Die Herkunft des Namens "Purim" ist umstritten. Im Buch selbst wird ‚pur‘ mit ‚Los‘ in Verbindung gebracht. Die Feinde der Juden hatten das Los geworfen, um zu ermitteln, welches Datum für den Erlass zur Vernichtung der Juden am günstigsten sei. Es fiel auf den 13. Tag des zwölften Monats (Adar). Durch die rettende Tat Esters wurde das Datum zur Feier des Sieges der Juden über die Feinde.

[63] Die heutige Textfassung ergibt sich aus einem hebräischen Urtext und sechs deuterokanonischen Zusätzen (vgl. hierzu bes. Dommershausen [Anm. 60], 5f.), die der Ausgestaltung der Handlung, vor allem aber der religiösen Vertiefung (vgl. das Gebet Mordechais, 4,17a-17i, sowie das Gebet Esters, 4,17k-17z) und der Psychologisierung der Personen (vgl. Esters Audienz beim König, 5,1a-1f. 2a-2b) dienen. Besonders letztere sind für die hier vorgenommenen Textbetrachtungen von Bedeutung.

[64] Joe H. Kirchberger: Ester – die Bitte einer Königin. In: Große Frauen der Bibel in Bild und Text. Hg. Herbert Haag/Joe H. Kirchberger/Dorothee Sölle. Freiburg/Basel/Wien 1993, 220.

ihre Klugheit eingesetzt und unter Lebensgefahr ihr Volk vor der Vernichtung bewahrt. Gerade das unterstreichen die Einschübe nach alten semitischen Vorlagen, z.B. das ihr in den Mund gelegte Gebet.

Während das Schicksal Esters ausführlich dargestellt ist, wird die aus heutiger Sicht mutige Weigerung der Königin Waschti, der Sage nach Tochter des Belschazzars und Enkelin Nebukadnezzars, sich vor der Männergesellschaft zur Schau zu stellen,[65] in der biblischen Tradition mit keinem Wort weiter erwähnt und findet auch in der Rezeptionsgeschichte wenig Beachtung, und wenn, dann ausschließlich im Hinblick auf mögliche Racheaktionen. Das ist zum einen auf die Gesamtintention des Esterbuchs, den Lobpreis auf die Königin Ester und die historische und ideelle Begründung des Purimfests, zum anderen auf die patriarchalische Interpretation der biblischen Texte zurückzuführen. Denn dass eine Frau wie Königin Waschti entgegen den Forderungen des Mannes ihre Würde verteidigt, wurde nicht hingenommen; eine solche Haltung wäre möglicherweise ein Vorbild für alle Frauen, sich den Anordnungen ihrer Männer zu widersetzen (vgl. Est 1,13-22). Auch wenn es sich bei dieser Geschichte um das Schicksal einer Heidin handelt, ist es für den heutigen Leser befremdlich, dass weder die jüdischen Redaktoren noch die christlichen Interpreten Anstoß an dieser frauenfeindlichen Handlung des Königs und der weisen Gesetzeslehrer nehmen.

5.1 Grundsätzliches zu den literarischen Adaptionen

Je nach Interessenlage wurde die Geschichte der Ester und ihres Volkes von der Literatur unter verschiedenem Schwerpunkt adaptiert.[66] Dabei standen einmal ihre Schönheit und ihr Mut, ein andermal ihre Demut und ihr Gott-

---

[65] Mit Blick auf die Geschichte von Gyges und Kandaules bei *Herodot* ist zu vermuten, dass sich Waschti zur Belustigung der trunkenen Männer nackt zeigen sollte. Die Bibel übergeht diese Forderung, da sie nur an der Folgegeschichte interessiert ist. Die jüdische Sage hingegen greift eine solche Begründung, allerdings ganz zugunsten des Mannes formuliert, auf, wenn es heißt: „Gefiele ich deinen Höflingen nicht, würden sie dich auslachen; gefiele ich ihnen aber, würden sie dich töten, um mich zu besitzen." Micha Josef Bin Gorion: Die Sagen der Juden. Frankfurt 1969, 753. – *Paul Claudel* (Anm. 60) deutet die Weigerung der Königin als eine Anwandlung von luziferischem Stolz: "Non serviam (ich diene nicht). Sie behält alles für sich. Der Stolz hat sich mit dem Geiz verbunden, um das erste Nein auszusprechen."(507f.) – *Dorothee Sölle* hingegen setzt sich im positiven Sinn mit der Gestalt meditativ auseinander, vgl. dies.: Im Angesicht von Hamans Galgen. In: Große Frauen der Bibel (Anm. 64), 225.
Einige Dramatiker greifen in Ester-Dramen das Schicksal dieser Königin auf, um aus einer möglichen Rachsucht oder Machtbesessenheit einen dramatischen Konflikt zu entwickeln. Im Fragment „Esther, Kaiserin von Persien" (1914) von *Franz Werfel* wendet sie sich im Zorn über ihre Entehrung Hilfe suchend an Mordechai. Als Titelfigur taucht die Königin in einem parodistischen Purimspiel „Die stolze Vashti" (1797) von *F. W. Gotter* und im 20. Jahrhundert nur bei *Maria Poggel-Degenhardt*: Königin Vasthi. Roman (1927) auf; im „Lexikon der biblischen Personen" wird sie nur unter dem Stichwort „Ester" als die verstoßene Vorgängerin erwähnt.
[66] Vgl. Tabelle und die im Zweiten Teil, Kap. I, angeführten Nachschlagewerke.

vertrauen, in der Neuzeit aber auch ihre Herkunftslüge und ihr Betrug und damit der Zwiespalt in ihrer Beziehung zum König im Mittelpunkt. Vor allem letzteres machte es neueren Autoren schwer, eine psychologisch überzeugende Esterfigur zu konzipieren, die zum einen dem König ihre Herkunft verschweigt, um selbst zu Ansehen zu gelangen, zum andern ihr Volk retten will. Auch andere Brüche und Unstimmigkeiten[67] in der biblischen Vorlage suchten die Autoren in ihren literarischen Werken zu glätten, z.b. Hamans blinden Hass, Esters Befehl zur Tötung der zehn Söhne Hamans sowie die Ermordung von 75000 Persern durch eine jüdische Minderheit, den Triumph der Gewalt u.a. Solches gelingt jedoch nur, wenn die Autoren die biblische Vorlage verändern, was sie aber bis in die Neuzeit hinein selten wagten.

Der von *Hans Mayer*[68] zusammengestellten Liste kann man entnehmen, dass sich das Buch Ester im 16.–18. Jahrhundert nicht nur bei jüdischen Schriftstellern einer enormen Beliebtheit erfreute. Stand im Mittelalter die wunderbare Rettung des Volkes aus Feindeshand im Mittelpunkt der Handlung, so wurden im Zeitalter der Reformation und des Humanismus (z.B. bei H. Sachs und G. Mauricius) einerseits Parallelen zur Situation der Protestanten gezogen, andererseits (etwa im Jesuitendrama) die Tugenden wie Gehorsam, Demut, Gottvertrauen[69] betont. Im 20. Jahrhundert wurde der Stoff wiederum fast ausschließlich von Autoren/Autorinnen jüdischer Herkunft adaptiert und der außerordentliche Mut der Frau samt deren Befreiungstat herausgestellt, was in der historischen Situation der Judenverfolgung und des Holocausts seinen Grund hat. Die Beliebtheit des Buchs „Ester" dokumentiert sich in der Fülle der Adaptionen und die Ungereimtheiten belegen die nicht immer gelungenen Beispielen.

Erst *Franz Grillparzer* versuchte in seinem Dramenfragment „Esther" (1837) die Charaktere zu vertiefen und die tragische Komponente im Charakter der Ester herauszuarbeiten. Er legt den Schwerpunkt auf die Liebe zwischen Ester und dem König, die jedoch dadurch belastet ist, daß Ester ihm ihre Herkunft verschweigt. Als sie durch die äußeren Umstände gezwungen ist, ihre Identität preiszugeben, ist es zu spät. Ähnliches plante *Lion Feuchtwanger* für seine Ester-Adaption, doch auch ihm gelang es nicht, die Widersprüche aufzulösen, so blieb auch sein Versuch Fragment. Seine Charakterisierung der biblischen Schrift sowie seine kritischen Bemerkungen zu den Unstimmigkeiten belegen die außerordentliche Wirkung des Buchs „Ester" auf die Literaten, aber auch

---

[67] Vgl. dazu auch die zahlreichen Verweise in den Interpretationen sowohl zu den Entwürfen eines Ester-Romans als auch zum Roman „Die Jüdin von Toledo" von *Lion Feuchtwanger* bei Tanja Kinkel „Naemi, Ester, Raquel und Ja'ala. Väter, Töchter, Machtmenschen und Judentum bei Lion Feuchtwanger". Bonn 1998.

[68] Hans Mayer: Chronologisches Verzeichnis der Estherdramen, ihre dramaturgische Entwicklung und ihre Bühnengeschichte von der Renaissance bis zur Gegenwart. Diss. Wien 1955. Einen instruktiven Überblick über die literarischen Großformen zum Ester-Stoff hat Kinkel (Anm. 67), bes. 66-71, vorgelegt.

[69] Auf dieser Linie liegen die Dramen von *Racine* und *Lope de Vega*, über deren Werke *L. Feuchtwanger* zu seinem Stoff kam (s.u.).

auf die Schwierigkeiten, die eine romanhafte oder dramatische Bearbeitung erschweren.[70]
Eine komödiantische Linie verfolgen die englischen Wanderbühnen, die im 16. Jahrhundert Spielvorlagen für das Purimfest aufs Festland brachten und die Ester-Haman-Handlung ins Komisch-Burleske transformierten. In dieser Nachfolge stehen *Johann Wolfgang Goethes* „Das Jahrmarktsfest zu Plundersweilern" (1774) und dessen aktualisierte Fassung von *Peter Hacks* (1975).
Gattungspoetisch betrachtet bietet die Ester-Geschichte – anders als die der Judit – weder genügend dramatische Spannung für ein Theaterstück, wie die Versuche von *Franz Grillparzer* und *Franz Werfel* bezeugen, noch eignet sie sich für eine Transfiguration, es sei denn ein bedeutender Erzähler wie *Lion Feuchtwanger* nimmt sich des Stoffes ohne Rücksicht auf die biblische Vorlage an.[71]
Im Folgenden werden in jeweils chronologischer Reihenfolge einzelne sich weitgehend an die biblische Vorlage anlehnende Dramen der ersten Hälfte des 20. Jahrhunderts (1), dann einige lyrische Reflexionen (2) und schließlich freie Übertragungen (3) betrachtet.

5.2 Dramatische Adaptionen

Wie bereits erwähnt lehnen sich die Ester-Dramen bis ins 19. Jahrhundert fast ausschließlich an die biblische Vorlage an und verarbeiten den Stoff in gläubiger Intention. Dabei werden die Ungereimtheiten und Grausamkeiten entweder übergangen oder bibelgetreu wiedergegeben. Da der Konflikt der Ester – anders als der der Judit – sich im Inneren der Personen abspielt, fehlt der Fabel bekanntlich der dramatische Höhepunkt. Erst mit Aufkommen vertieft psychologischer Darstellungen gewann die Beziehung zwischen Ester und dem König an Brisanz.
Franz Grillparzer, dessen Werk wegen der modernen Sicht hier beachtet werden soll, bleibt in seinem „Esther. Fragment"[72] der biblischen Vorlage zwar noch verhaftet, konzentriert den Stoff jedoch ganz auf die Hauptperson. Die nur wenigen fertig gestellten Auftritte zeigen Esther als eine kluge, besonnene Frau, die ganz aus ihrer Herzensmitte heraus handelt. Ähnlich wie Hero in „Des Meeres und der Liebe Wellen" vertritt sie gegenüber ihrem ideologisch gebundenen Oheim, dem Juden Mardochai, eine persönliche freiheitliche Position. Der Dialog zwischen Esther und Mardochai im 1. Akt zeigt dies sehr

---

[70] Vgl. Lion Feuchtwanger: Nachwort zu „Die Jüdin von Toledo". Berlin 1955, Neuausgabe: Ders.: Die Jüdin von Toledo. Roman. Berlin 2000, 463-465.
[71] In diesem Zusammenhang ist die Oper von *Darius Milhaud* „Esther in Carpentras" (1971) zu erwähnen, die sich auf ein lokales Ereignis, einen vom dortigen Bischof angeordneten missglückten Zwangsbekehrungsversuch, bezieht. Das Libretto dieser Oper kann hier nicht besprochen werden, da es der Verf. bis zur Drucklegung nicht zur Verfügung stand.
[72] Franz Grillparzer: Esther. Fragment. In: Grillparzers Werke. Hg. von Rudolf Franz: Leipzig/ Wien 1903, Bd. 3, 113-164. Zur Schreibweise der Namen der Dramenfiguren s. Einleitung.

deutlich: Mardochai beruft sich auf die Schrift und sucht Esther auf die Tradition Israels zu verpflichten, indem er ihr Debora, Jaël und Judit als Vorbilder vor Augen stellt. Esther hingegen weist diese Tradition für sich zurück, diese Frauen des Schwertes können ihren Weg nicht bestimmen. Sie bezieht ihre Einsicht aus dem Leben, der Onkel aus der Schrift; sie spricht sich für Milde, dieser für das Schwert aus; sie setzt auf die Kraft der einzelnen Person, dieser auf das große Ganze des Volks (132f.). So rät sie dem König denn auch, die verstoßene Königin Vasthi zurückzuholen (145f.). Ihre moralische Stärke beruht jedoch nicht auf Frömmigkeit, sondern auf ihrer aufgeklärten freiheitlichen Gesinnung sowie auf der Sicherheit intuitiver Entscheidungen.

Im Gegensatz zu diesen positiven Eigenschaften steht ihr Verhalten dem König gegenüber. Zwar erkennt sie – wie er seinerseits ihr gegenüber – traumsicher die Seelenverwandtschaft (150) mit diesem Mann, doch verschweigt sie ihm ihre Herkunft, obwohl sie gerade diese im Gespräch mit Mardochai als schwerwiegendes Hindernis für die Brautwerbung genannt hat; mehr noch, sie verleugnet auch den Onkel, als sie dem König dessen Nachricht vom Hochverrat der Königin Vasthi übermittelt. Grillparzer hat also die ersten Akte so angelegt, dass sich im Folgenden der Konflikt aus Esthers Fehlverhalten und der Hofintrige ergeben musste.

Zu welchem Schluss Grillparzer das Drama wohl geführt hätte, darüber gibt es nur Spekulationen aufgrund mündlicher Äußerungen des Autors. Nach seinen Schaffensgesetzen, wie sie sich bei anderen Frauengestalten seiner Trauerspiele zeigen, wäre ein tragisches Ende auch hier unvermeidlich. Es ist zu bedauern, dass Grillparzer dieses Stück nicht vollendet hat, denn das Fragment weist, besonders im Vergleich mit den folgenden Dramen des 20. Jahrhunderts, z.B. von *Felix Braun, Franz Werfel* oder *Max Brod*, bereits ein hohes Maß an poetischer und dramatischer Kraft auf, an die die Nachgestalter nicht herankommen, wo diese sich breit und redundant über einen Gedanken oder ein Thema auslassen, genügen jenem wenige prägnante Worte, um eine Situation auf den Punkt zu bringen. Deshalb werden auch die weiteren Stücke nur kurz vorgestellt, besonders, da sie kaum eine Bedeutung für die Gegenwart haben.

Felix Braun hat sein „Schauspiel in fünf Aufzügen: Esther"[73] „Dem Gedächtnis Franz Grillparzers" gewidmet. Bereits die Widmungsverse verraten viel über die stilistisch-poetische Schwäche dieses Autors (vgl. die Wortverstümmelungen), der zwischen 1911 und 1925 an dem umfangreichen Werk (172 Seiten!) arbeitete:

> So zaub'risch, wie Dein Geist dies Spiel ersann,
> Vollbrächten's nie des Spät'ren schwäch're Hände.
> Doch fügt' ein Dämon, daß er's neu begann,
> Und gab ein Genius, daß er's fast vollende.

Das Personenverzeichnis weist 49 Rollen aus, ohne die Gruppen: Hofherren, Sklaven, Wachen, Mägde etc. Dementsprechend ist auch die Durchführung

---

[73] Felix Braun: Esther. Schauspiel in fünf Aufzügen. [1911-1925] Wien o. J.

höchst ausladend und unübersichtlich. Im Rückgriff auf die biblische Tradition werden fast alle dramatischen Details mit großem Aufwand breit ausgestaltet. So sinkt Esther beim entscheidenden Gang vor den König ihrer Magd Dina nicht nur einmal ohnmächtig in die Arme, sondern zweimal (132f.). Anders als in der biblischen Vorlage und bei *Grillparzer* ist sich Esther von Anfang an ihrer Erwählung bewusst und geht aus eigenem Entschluss – nicht auf Geheiß des Oheims – festlich geschmückt zur Brautwerbung in den Königspalast und verweist selbst im Gespräch mit Eliazar, einem jungen Hebräer, der um sie wirbt, auf die Erlösung ihres Volkes durch Frauen:

Ich heiße Esther – das bedeutet Stern.
(leiser, erregt)
Gestirntes Schicksal wartet über mir.
Dies weiß ich tief (27).

Das gesamte Schauspiel ist durchzogen von Anspielungen auf den Messias, mal sieht sich Esther als dessen „Mutter", mal sieht sie im König den zukünftigen Retter. Braun weitet diesen Gedanken extrem aus, indem er laut Regieanweisungen das Kreuz[74] für die Hinrichtung von Mardochai durch Haman vor Esthers Fenster errichten (18ff.), vom Tod als „Rettung" (86f.) sprechen und Esther des Königs Macht wie folgt relativieren lässt und im Zuschauer/Leser die Vision einer christlichen Präfiguration weckt:

Der höchste Fürst der Welt wird nicht von Gold,
Von Dornen wird er eine Krone tragen (62).

Gegen Ende lösen sich alle Konflikte: Haman wird als Intrigant entlarvt, tötet sich selbst und wird zur Warnung vor Nachahmern ans Kreuz geheftet; Vasthi, die sich durch den Sturz des Königs rächen wollte, bittet um Verzeihung und wird begnadigt; Esther wird ihre Herkunftslüge vergeben und darf ungestraft zu ihrem Onkel zurückkehren, der König schließlich zieht begeistert (man beachte das historische Datum der Abfassung des Dramas!) in den Krieg gegen Kyros, seinen Bruder. Um so befremdlicher, wenn auch durch vielerlei Anspielungen vorbereitet, wirkt danach der Schluss mit dem Hinweis auf den „Liebesstern" (171), der „im Osten" entbrennt, und den am Kreuz hängenden Haman. Der König fordert den Hohepriester auf zu sprechen; dieser aber vermag nur sein Entsetzen mit dem Wort „Gott!" (171) auszudrücken, was der König wie folgt kommentiert:

Gott? – Wir aber sind
Menschen. Zu fern ist Gott. Wenn jener Stern
Aufgeht, so sollte Gott in uns zugleich
Aufgeh'n und nie mehr untergeh'n. Doch hier
Errettet Euch ein Tod. Blickt auf dies Kreuz,
Auf diesen Toten blickt und Euren Gott –
Verehrt ihn künftig denn in diesem Bilde!

---

[74] Die Kreuzigung war die persische Art der Hinrichtung.

Braun hat versucht, in seinem Drama alle möglichen Konflikte, die das Esterbuch aufweist, zu verknüpfen: Perser – Juden, Waschti – Ester, Haman – König, Kyros – König, Juden – Messias/Christus. Er durchsetzt die Dialoge mit zahlreichen vieldeutigen Sprüchen, z.b. Zukunftsverheißungen durch die Magier und den Boten aus Delphi (78ff.), Wächterrufe und viele mehrdeutige Reden der Personen, so dass das Ganze den Charakter eines Weihespiels erhält, das aber vom Publikum der Nachkriegszeit nicht honoriert wurde.

Auch *Franz Werfels* 1914 in Prag begonnenes Fragment „Esther, Kaiserin von Persien"[75] ist auf ein großes Theaterspiel hin angelegt, umfasst der erste Akt doch allein 20 Seiten und benennt das Personenverzeichnis neben mehr als zwanzig Einzelrollen weitere Gruppen von erheblichem Umfang, z.b. *Volk* von den einhundertsiebenundzwanzig Völkerschaften u.a. Nach einer Notiz seines Vaters Rudolf an *Max Reinhardt*, für dessen Theater es vorgesehen war, plante Werfel aus dem Ester-Stoff eine „große politische Kostüm-Komödie"[76] zu gestalten, die aber nie abgeschlossen wurde. Ganz im Sinne der biblischen Vorlage und zeitgeschichtlicher Bezüge entwirft der Autor in den wenigen ausgearbeiteten Szenen ein Bild der drohenden Judenverfolgung und Esters Erwählung und Sendungsbewusstsein. Letzteres wird zum einen durch Zitate, z.B. die ausladende Erzählung der Mosegeschichte, die Mardochai in den Ausspruch Gottes münden lässt: „Und Gott weinte und sprach: ´Wer erhebt sich für mich gegen die Bösen? Wer steht für mich gegen die Übeltäter?`" (352), zum anderen durch Regieanweisungen: „Esther erscheint auf der Treppe. Sie trägt ein weißes Gewand und in der Hand den mehrarmigen Leuchter. Sie bleibt oben wie im Traum stehen. Eine liebliche Musik hebt an." (363) und schließlich durch Reden der Esther fast kitschig in Szene gesetzt:

ESTHER   Es rief nach mir.

EINE ÜBERSCHWENGLICHE STIMME
                              O Esther, leichter Stern von Silber!

ESTHER   Ja doch! ich komme. Sie beginnt einige Stufen
                              niederzusteigen.

DIE MENGE   Esther – Esther –! (363)

Esther selbst wird also hier ein hohes Sendungsbewusstsein zugeschrieben, das von Mardochai nicht forciert, eher gedämpft wird. Vom zweiten Akt sind nur wenige Szenen fertig gestellt; angedeutet werden noch der Hochmut und der Machtanspruch Hamans, die Schwäche und die Verantwortungslosigkeit des Königs sowie der Konflikt zwischen Haman und Mardochai. Zudem ist aus den ersten Szenen zu entnehmen, dass Werfel der verstoßenen Kaiserin Vasthi einen wichtigen Part zugedacht hatte: Er lässt sie einen Rachefeldzug gegen den Kaiser planen, der sie „beleidigt, ehrlos gemacht, verhöhnt, zur Seite ge-

---

[75] Franz Werfels: Esther, Kaiserin von Persien. Dramatisches Gedicht. In: Ders.: Gesammelte Werke. Die Dramen. Frankfurt 1959, Bd. 2, 343-378.
[76] Werfel: Anmerkungen (Anm. 75), 514.

stoßen" (358) hat. – Insgesamt ist dieses Fragment für die weitere Literatur- und Adaptionsgeschichte von geringer Bedeutung.

An dieser Stelle sei, gleichsam als Exkurs, *Maria Poggel-Degenhardts* Roman „Königin Vasthi"[77] kurz vorgestellt, der nicht wegen seiner literarischen Qualität, sondern wegen seiner Intention, der verstoßenen Königin Gerechtigkeit widerfahren zu lassen, Beachtung verdient. Das Personal, die Handlung, die Charaktere der Personen, Zeit, Räume und Kostüme entsprechen der biblischen Vorlage, mit dem Unterschied, dass Königin Vasthi hier im Mittelpunkt steht und eine andere Beurteilung als im Buch Ester oder in den Adaptionen jüdischer Autoren erhält. Die Autorin charakterisiert sie als große Liebende, die heimlich zum unsichtbaren Gott der Hebräer betet und aus Liebe dem Befehl des Königs vor der Männergesellschaft zu erscheinen nicht Folge leistet. Auch der König liebt nur sie. Der tragische Konflikt ergibt sich daraus, dass auf Befehlsverweigerung dem König gegenüber der Tod steht. Vasthi verdankt ihr weiteres Leben Gad, einem treuen Vasallen des Königs, der bei diesem einen Wunsch frei hat, weil er ihm im Krieg das Leben rettete. Er bittet um Gnade für die Königin ohne Rücksicht auf sein eigenes Glück. Entsprechend der biblischen Vorlage wird die Erhöhung Esthers zur Königin vollzogen und Hamans Intrige durchgeführt, der mit Vasthis Rachsucht rechnet und ihr anbietet, für sie um den Thron zu kämpfen. Da sie jedoch als Idealfigur entworfen ist, die zwar in Zwiespalt gerät und unter der Verbannung und dem scheinbaren Vergessen des Königs schwer leidet, widersteht sie aus Liebe, der Versuchung ihn zu stürzen:

> „Verruchter", warf Vasthi ihm [Haman] entgegen, „hebe dich fort von der Stelle und wage es nicht, deine verkehrten Reden noch länger hier verhallen zu lassen." (134)

Poggel-Degenhardt geht in ihrer Interpretation des Stoffes noch weiter und konzipiert einen König, der auch seine erste Königin nicht vergessen kann, sondern die neue, Esther, stets an jener misst, was wiederum diese in Traurigkeit und Eifersucht stürzt. Doch auch sie ist hier wie in der Vorlage die edle Frau, die ihre Eifersucht bewältigt und nur das Wohl des Königs im Sinn hat. Nach Poggel-Degenhardt tritt sie den schweren Gang zum König an, nicht um für ihr Volk zu bitten, sondern um ihn vor seinen Feinden zu warnen. Damit wird aus dem Ester-Stoff eine heroische Liebesgeschichte zweier Frauen zu einem geliebten Mann. Esther legt zwar Fürsprache für ihr Volk ein und ihre Bitte wird auch gewährt, aber das Herz des Königs gewinnt sie nicht. Als der König Vasthi an den Hof zurückholen will, findet er eine Sterbende. Nach ihrem Tod stürzt er sich, den eigenen Tod suchend, in einen neuen Krieg; Esther bleibt verwundet zurück. In fast allen Werken wird Königin Waschti als Intrigantin und Rebellin dargestellt, nur bei dieser unbekannten Autorin gewinnt sie sympathische Züge.

---

[77] Maria Poggel-Degenhardt: Königin Vasthi. Roman aus der Zeit Esthers. Hildesheim 1927.

Max Brod setzt in „Eine Königin Esther"[78] höchst eigenwillige Akzente. In einem romantischen, märchenähnlichen Vorspiel führt er die Personen ein: Esther, als die ihrem Volk „Entlaufene" (29), lebt in einer Blockhütte im „Urwald" bei Köhlersleuten, wohin sich ein Jäger (Haman) und ein Fremder (König) verirrt haben und gastlich aufgenommen werden. Die Kulisse (Wald, Blockhütte, Kaminfeuer, Tisch), die Requisiten (Ring, Scheidebrief, Becher), das Personal (Köhler, Jäger, König, fremdes Mädchen) die Handlungsebenen (Realität, Vision, Traum, Zauber), das Vokabular und die Diktion (guter Engel, böser Engel, Königreich, Hexe), vor allem die gesamte Situation des traumwandlerischen Aufeinanderzugehens von Esther und König und die eindeutig klaren Charaktere unterstreichen das Märchentypische dieses Vorspiels.

Das sich anschließende Drama weist nach Regieanweisungen und Kostümen keinen direkten Bezug zur biblischen Vorgabe auf. Alle drei Akte spielen im Freien in der Umgebung des königlichen Jagdschlosses, und die genannten Örtlichkeiten haben wie im Märchen symbolische Bedeutung, z.B. Garten, Teich, Grotte, Schlucht, Schloss, Felsbank u.a. Ähnliches gilt für die meteorologischen Vorgaben: sonniger Tag, kühles Dunkel, Abenddämmerung, Morgendämmerung, Nebel.

Auf diese Weise wird der Ester-Stoff in eine überzeitliche Bedeutung übertragen, denn es geht Brod letztlich darum, den sittlichen Beitrag der Juden für eine menschenfreundliche Welt zu betonen, in der Herz und Verstand gleichermaßen regieren. Er stellt Esther in den Konflikt zwischen Haman und den König, die beide eine je andere Lebensphilosophie verkörpern: Der König sucht anfangs nur sein persönliches Glück, er ist in seiner Tugend erstarrt und lässt keine Gefühle zu. Er ist zwar gut, kennt aber die Welt nicht.[79] Seine erste Frau Vasthi hat er aus Kalkül geheiratet, um sein Volk zu befriedigen, dann aber verstoßen, weil er ohne Liebe nicht mehr mit ihr leben wollte. Esther ist dazu bestimmt, ihn zum vollen Leben zu erlösen. Durch ihren Einfluss ändert er sein Leben so radikal, dass er ins andere Extrem verfällt. Er lernt Milde und Barmherzigkeit und hilft allen Bittstellern ausnahmslos (13). Das jedoch kann auch nicht gut gehen, denn nun er lebt in einer Traumwelt, ohne gut und böse zu unterscheiden, und schließt das wahre Leben mit allen Zweifeln aus. Dieses verkörpert Haman, die eigentliche Hauptperson des Dramas. Er hasst das Volk der Juden, da es nach seiner Meinung kalt und nur vom Verstand gesteuert auch dem vollen Leben nicht gerecht wird. Es folgt Gesetzen und Riten, ohne diese in Frage zu stellen. Deshalb will er die Juden vernichten und wird so zu Esthers Gegner. Doch auch ihn, der ihr innerlich sehr nahe steht, will sie heilen (77). In einem entscheidenden Dialog, in dem Haman selbst sich als Jude zu erkennen gibt, wird deutlich, dass beide seit Jahrtausenden (107f.) in einem erbitterten Kampf um dieses Volk ringen: Haman, um es zu vernichten, Esther, um es zu schützen (108). Da es Haman nicht gelingt, Esther von seiner Auffassung zu überzeugen, erbittet er von ihr den Tod. Esther erdolcht ihn

---

[78] Max Brod: Eine Königin Esther. Drama in einem Vorspiel und drei Akten. Leipzig 1918.
[79] Vgl. das etwa um die gleiche Zeit entstandene Märchen und Opernlibretto von *Hugo von Hofmannsthal/Richard Strauss* „Die Frau ohne Schatten".

(vgl. Judit-Motiv). Anders als in der Bibel übernimmt sie hier aktiv die Verteidigung ihres Volkes. Sie selbst fällt der Rache Vasthis zum Opfer, die ihr die Gunst des Königs nicht verzeiht. In tragischer Ironie der Ereignisse stirbt Esther langsam an einer Vergiftung durch den Schal, den ihr die eifersüchtige Vasthi geschenkt hat und den sie in Verkennung der wahren Absicht als Zeichen der Versöhnung als Kopfschmuck „immer im Haar tragen" will. Sterbend ermutigt sie den König , sich endlich für sein Volk einzusetzen, und zwar in realistischer Einschätzung der Lage, weder wie vordem in kühler Berechnung noch wie im Zusammenleben mit ihr in unbekümmertem Vertrauen. Erschüttert steht der König am Ende da, ratlos, wie er Vasthis Rache, den Tod Hamans, das langsame Absterben Esthers, die er tief liebt, begreifen soll:

> Esther: Es gibt Dinge, die wir nicht verstehn.
>
> König: Dann rufe ich wiederum und rufe es laut: Was für ein Gott ist das, der solch eine Welt geschaffen hat? Eine Welt, in der das, was man mit gutem Gewissen tut, hinach in Schuld verwandelt wird. Eine Welt, in der man nur allmählich besser werden kann, in der man nur mühsam zu Einsichten kommt und in der man zum Schluß unrettbar an Vergangenes gefesselt bleibt, das man längst überwunden hat. In der man schuldig wird, wenn man sich losreißt, schuldig, wenn man gebunden bleibt. Schuldig, was man auch tun mag, schuldig, auch wenn man nichts tut. Was für eine Welt ist das, die du geschaffen hast, Gott! (124f.)

Dieses Zitat macht deutlich, dass Brod die Estergeschichte nutzte, um ein existentielles Drama um Liebe und Engagement, Macht und Fremdenhass, Schuld und Vergebung, letzlich um wahre Menschwerdung, zu schreiben.
Fritz Hochwälder, der durch interessante Stücke zu politisch brisanten Themen[80] bekannt wurde, hat 1940 in „Esther. Ein altes Märchen, neu in dramatische Form gebracht"[81] und versucht, die mörderische Situation der Juden im Dritten Reich am Beispiel des Ester-Stoffs zu gestalten. Machtkämpfe am Hof, Königsverrat, Herrschsucht, Geldgier, verrottetes, verschuldetes Staatswesen, Propaganda, Kalkül, Juden-Pogrom – all das zeigt der Autor an dieser alten Geschichte. Bereits der Untertitel verweist auf diese Aktualisierung. Das Stichwort „altes Märchen" ist ambivalent, einerseits schafft es eine größtmögliche Distanz und Realitätsferne, andererseits erinnert es, vor allem durch dem Zusatz an die immer gültige Wahrheit der Märchen und ihre stetige Aktualität. Ähnliches lässt sich vom Attribut „dramatische" sagen. Die Vorlage ist ein Epos, der Stoff hat einen dramatischen Kern, das bedeutet eine zugespitzte Konfliktsituation. Diese gilt es hervorzuheben, was Hochwälder auch in fünf

---

[80] Vgl. „Das heilige Experiment", 1941/42.
[81] Fritz Hochwälder: Esther. Ein altes Märchen, neu in dramatische Form gebracht. Geschrieben 1940. Keine Aufführung. In. Ders.: Dramen I. Vgl. zur Deutung von Handlung und Figuren: Georg Langenhorst: „Überall blickt Gott auf Esther". Literarische Deutungen der biblischen Figur in unserer Zeit. In: Kirche und Israel 9 (1994), 150-167, bes. 161-163.

prägnant inszenierten Akten gelingt. Das Personal, Mordechai – Bigtan und Teresch – Haman – Der König – Esther, und dessen Handlungsziele entnimmt der Autor der biblischen Vorlage, Strategien, Sprache, Psychologie der Figuren, von denen jeweils eine im Mittelpunkt eines Aktes steht, jedoch entsprechen der Art, wie Menschen – auch Herrscher und Untergebene – im 20. Jahrhundert miteinander umgehen. So hat der König nichts mehr von der gottähnlichen Unnahbarkeit der alten Schriften. Die Achtung, die er bei Hochwälder fordert, entspringt ausschließlich seiner Herrschergewalt, er ist voll in das Ränkespiel mit einbezogen, ein mieser menschlicher Machthaber, vor dem keiner mehr erzittert, es sei denn vor den von ihm gedungenen Henkern. Die Juden interessieren ihn nicht. Er nutzt nur ihr Geld und die Schönheit Esters aus. So kann Mordechais Plan, durch Esthers Stellung das Volk zu retten, nicht gelingen. Deren einzige Aufgabe ist es, dem König in seinem Machtkalkül dienen und Haman zu Fall zu bringen: „König: In deiner [Mordechai] Hand liegt jetzt mein Schicksal und das meines Reichs!" (75). Haman durchschaut die Situation und droht: „Du wirst bald sehen, Jude – daß nicht du es bist, der gesiegt hat." (77), dienlich zu sein. Zwar will der König am Ende die schöne Esther zur Königin machen, aber ihre Herkunft muss sie weiter verschweigen, was soviel besagt wie, die Juden bleiben geächtet.

In einem entscheidenden Punkt weicht Hochwälders Drama von der Vorlage ab und erweist sich damit als aktuelle Vergegenwärtigung: Als Mordechai erkennt, dass der König die Situation nur für sich ausnutzt und Hamans Anschlag auf seine Herrschaft nur um seiner selbst willen ahndet, ihn aber das Schicksal der Juden nicht berührt, zerreißt er die Urkunde, die ihn in den Adelsstand erheben soll. In einem großen Monolog gibt Hochwälder dem Mordechai Gelegenheit, einerseits die Würde der Juden, anderseits die ihnen seit Jahrhunderten angetanen Schmähungen komprimiert vorzutragen.

Mordechai: (nimmt das Diplom, dreht sich um und betrachtet eine Weile schweigend und in innerer Erregung alle Anwesenden. Dann zerreißt er die Urkunde)

König: Aber von Sternfeld – was fällt Ihnen ein?!

Mordechai: Was mir einfällt? – All das was mich bedrängt und schreit so laut aus meinem Herzen. Da – da! hast du, König, Deinen Adelstitel! (er streut das zerrissene Diplom vor den König hin) – Ich tret jetzt hin vor dich und klage an! –: Noch immer wagt in deinem Land jeder Gassenbub zu nennen uns Juden: Schmarotzer, Ausbeuter, Parasiten! Wie? – Wir, die wir geprägt als erste die Tafeln des Sittengesetzes – wir sind die Schmarotzer? – Wir, die wir seit eh und je von unseren Peinigern getrieben worden sind von einem Land ins andere; die man hat verschleppt und immer wieder geholt, wenn da zu tun war eine Arbeit, die andern zu schmutzig und zu niedrig war – und die man unbarmherzig wieder hat verbannt, wenn geleistet war die Fron! – Wir, die wir ausgesaugt worden sind durch Leibzoll, Kopfsteuer, Schutz- und Lösegeld; von denen man hat genommen Stangen Goldes fürs

Privileg, Handwerk zu treiben oder fürs Recht, zu bleiben an einem Ort auf Gottes Erde; wir, die man hat ausgepresst und übervorteilt, geplündert und betrogen; die man – wie oft! verschachert hat aus purer Goldgier als Sklaven von Volk zu Volk, von Provinz zu Provinz ... – Wir, – wir sollten sein die Ausbeuter? – Wir, die wir fremden Völkern geschenkt haben unsere großen Männer: Erfinder, Denker und Künstler – welche bekommen haben als Dank zu spüren Hass und Verachtung, Abstreitung ihres Werts – wir sollten sein die Parasiten? – Wie wär es König, wenn ich jetzt wollt zusammentragen und in Rechnung stellen das Schuldkonto deines Landes seit Generationen; wenn ich wollt aneinanderreihn die tausend Judenzölle, – berechnen die Ausplünderung meines Volkes seit Jahrhunderten? Wer käm da auf als Schuldner? wer als Ausbeuter? wer als Parasit? (82f.)

In drei Schritten weist Mordechai den Vorwurf, die Juden seien „Schmarotzer, Ausbeuter, Parasiten" ab und beschreibt, wie sie im Laufe der Geschichte immer das Gegenteil lebten: Sie waren nicht „Schmarotzer", sondern Übermittler des allgemein gültigen Sittengesetzes, nicht „Ausbeuter", sondern als Sklaven und als gern gesehene Geldgeber Ausgebeutete, nicht „Parasiten", sondern als kreative Menschen in Wissenschaft und Kunst Mitgestalter der Kultur. – Eine solche Apologie liegt ganz auf der Linie der Verteidigung, wie sie viele Juden im Dritten Reich vorbrachten, hoffend, die Nazis würden in Achtung vor der Geschichte ihre Leistungen anerkennen. Aber wie in der realen Geschichte so antwortet auch hier der König zynisch auf Mordechais Anklage:

König: (steigt zu Mordechai herab; freundschaftlich) Mein lieber Freund, auf deine Klage kann man nur wenig antworten, und dieses wenige kann man zusammenfassen in dem einzigen Satz: Du bist im Recht!

Mordechai: Oh allerhöchste Majestät – – ich hab es ja gewusst: es gibt Gerechtigkeit!

König: Doch was die Forderung anlangt aus deinem Recht: die große, die entscheidende Sache, die du von mir verlangst: Auslieferung der Frevler, – das, guter Freund, ist etwas, das zu diesem Recht in schroffem Widerspruch steht: Das ist Macht! (84)

Der König will Mordechai zwar persönlich schützen, aber für das Volk nichts tun. Ein solches Ansinnen kann der Jude nur empört von sich weisen. Mehr noch, er erkennt die Sinnlosigkeit alles Tuns, Denkens und Hoffens seines Volks und bricht zusammen. Esther, die alles schweigend mit angehört hat, entscheidet sich, bei ihrem Onkel und Volk zu bleiben, sie verlässt den König und führt Mordechai „behutsam" (85) fort.

An Hochwälders Stück wird besonders deutlich, wie schwach die Ester-Figur im Grunde ist. Sie bleibt trotz Anmut, Schönheit und Erwählung nur ein Objekt im politischen Spiel der Mächte. Sie steht letztlich immer dazwischen und muss sich fügen, selbst dann, wenn ihr wie bei *M. Brod* eine größere Selbständigkeit zugestanden wird.

Schließlich sei noch auf die Entwürfe zu einem Ester-Roman von *Lion Feuchtwanger* aufmerksam gemacht.[82] Der Autor verwendet zunächst die biblischen Namen, später greift er auf historisch plausiblere, z.b. den Perserkönig Darius und Königin Atossa zurück. Im Entwurf von 1942 geht es ihm weniger um die Judenverfolgung durch die Antisemiten, als vielmehr um das Problem der Diasporajuden, ihrer Ansiedlung in Israel und die Notwendigkeit der Gründung eines israelischen Staates.

Die jüngste bemerkenswerte Adaption „Das Jahrmarktsfest zu Plundersweilern" stammt von *Peter Hacks*, der es bestens versteht, die politische Brisanz solcher Vorlagen[83] auszunützen. Er parodiert ein Stück von Goethe, das bereits eine Satire auf die Praxis der Wanderbühnenpraktiken war. Hacks Stück ist also die Adaption einer Adaption, ein höchst reizvoller Umgang mit der Grundvorlage. Dabei gelingt ihm, insbesondere in den frivolen Liedern des Marmotte sowie in den parodistisch verwendeten Alexandrinern im Ester-Drama ein satirisches Spiel mit Versformen und Sprache.[84] Esther ist hier eine gewitzte Frau, die mittels ihrer Reize Haman geschickt aussticht, so dass der sich seiner Qualitäten wohl bewusste Mardochai in dessen Machtposition springt. Die letzte Szene – endlich sind Ahasveros und Esther zum Techtelmechtel allein – gibt einen trefflichen Eindruck vom Charakter der Personen und vom Sprachwitz des Autors:

Ahasveros	Was! noch ein Störer sucht, daß mein Gesetz ihn treffe?
Mardochai	Ei gelt, da freust du dich, mein lieber Schwiegerneffe.
	Der Haman schwebet schon. Recht klug: du straftest ihn.
	Noch klüger war, daß du mir seine Macht verliehn.
Ahasveros	Nein, tat ich das?
Mardochai	Wie, nicht? du hörtest sie nicht flehen?
Ahasveros	Hierum? ich glaube nicht.
Mardochai	Wir wollens übersehen.

---

[82] Vgl. Kinkel (Anm. 67), 130-182. Kinkel hat sich eingehend mit den Texten auseinandergesetzt, die Feinheiten der Personenkonzeption und deren Verwandtschaft zu anderen Frauengestalten bei Feuchtwanger erörtert, so dass das Fragment hier, da es überdies für die Rezeption heute nur wenig Bedeutung hat, nicht weiter behandelt wird.

[83] Peter Hacks: Das Jahrmarktsfest zu Plundersweilern. Nach J. W. von Goethe. Berlin und Weimar 1976; hier zitiert nach dtv neue reihe 6329. Vgl. „Adam und Eva", „Jona" und andere Bearbeitungen antiker und historischer Stücke. – *Hacks* und *Goethe* parodieren die Aufführungen fahrender Theaterleute, die anlässlich von Jahrmärkten, Kirchweih-/Kirmesfeiern oder dem genannten Purimfest die Leute mit schaurig schönen, frivolen und kriminalistischen Stücken unterhielten. Vgl. Christoph Daxelmüller: Ester und die Ministerkrisen: Wandlungen des Esterstoffes in jüdischdeutschen und jiddischen Purimspielen. In: Paradeigmata. Literarische Typologie des Alten Testaments. Erster Teil: Von den Anfängen bis zum 19. Jahrhundert. Hg. von Franz Link. Berlin 1989, 431-463.

[84] Ein eingehender Vergleich solcher Purimspiele unter besonderer Berücksichtigung der Parodien von *Goethe* und *Hacks* wäre zwar eine lohnende Aufgabe, würde aber den hier gesetzten Rahmen sprengen.

	Sie ist ein junges Ding, das nicht an alles denkt.

Sie ist ein junges Ding, das nicht an alles denkt.
Doch hätt sie?

Ahasveros   Hätt ich dir gewiß sein Amt geschenkt.

Mardochai   Ich nehm es an. Du magst nun Himmelswollust spüren,
Indes ich geh, dem Reich die Zügel straff zu führen.

Ahasveros   Ha nun! das fehlte . . .

Esther   Still!

Mardochai   Das fehlte deinem Hof.

Es herrscht der Unsinn ja, wo nicht ein Philosoph.
Doch hoch beglückt das Land, wo Macht sich selbst
                                 entgleitet,
Von Liebe eingelullt, von Weltweisheit geleitet. (57f.)

Das Ganze ist eingebettet in einen Spielspaß, der auf drei Ebenen läuft: einem Potpourri von Gaukler- und Jahrmarktssängern, einem Diskurs über künstlerische und politische Dogmen der Gemeindevertreter und dem Paradigma der Ester-Haman-Ahasveros-Geschichte, die sich alle drei wechselweise spiegeln und ergänzen. Was also als Parodie daherkommt, entpuppt sich im Spiel als ernsthafte Auseinandersetzung.

5.3 Lyrische Innenschau

Die folgenden Gedichte aus dem 20. Jahrhundert meditieren alle die biblische Erzählung in historisierender Weise und setzen die Kenntnis des Ester-Buchs voraus.
Rainer Maria Rilke wählt zum Beispiel in „Esther"[85] die zentralste Stelle der Geschichte, das Wagnis dieser Frau, sich dem Mächtigen entgegenzustellen, und gestaltet sie zu einer großen, theatralischen Szene.

Die Dienerinnen kämmten sieben Tage
Die Asche ihres Grams und ihrer Plage
Neige und Niederschlag aus ihrem Haar,
und trugen es und sonnten es im Freien
und speisten es mit reinen Spezereien
noch diesen Tag und den: dann aber war

die Zeit gekommen, da sie, ungeboten,
zu keiner Frist, wie eine von den Toten
den drohend offenen Palast betrat,
um gleich, gelegt auf ihre Kammerfrauen,
am Ende ihres Weges *Den* zu schauen,
an dem man stirbt, wenn man ihm naht.

---

[85] Rainer Maria Rilke: Esther. In: Ders. (Anm. 46), Bd. 1, 524.

Er glänzte so, daß sie die Kronrubine
aufflammen fühlte, die sie an sich trug;
sie füllte sich ganz rasch mit seiner Miene
wie ein Gefäß und war schon voll genug

und floß schon über von des Königs Macht,
bevor sie noch den dritten Saal durchschritt,
der sie mit seiner Wände Malachit
grün überlief. Sie hatte nicht gedacht,

so langen Gang zu tun mit allen Steinen,
die schwerer wurden von des Königs Scheinen
und kalt von ihrer Angst. Sie ging und ging –

Und als sie endlich, fast von nahe, ihn,
aufruhend auf dem Thron von Turmalin,
sich türmen sah, so wirklich wie ein Ding:

empfing die rechte von den Dienerinnen
die Schwindende und hielt sie zu dem Sitze.
Er rührte sie mit seines Szepters Spitze:
. . . und sie begriff es ohne Sinne, innen.

In dem 1908 verfassten Gedicht präsentiert Rilke die biblische Erzählung ganz im Stil seiner Zeit mit opulenten Bildern. Einzig der Titel deutet auf den biblischen Stoff, die beteiligten Personen hingegen werden im ganzen Gedicht nur mit Personalpronomen bezeichnet, und die Hoheit des Königs wird gleich der eines Gottes mit dem kursiv geschriebenen Demonstrativpronomen „*Den*" dargestellt. Wie viele andere Lyriker fokussiert auch Rilke, die Vorgeschichte voraussetzend, das gesamte Geschehen auf Esters Auftritt vor dem König und ihre Bitte für das Volk der Juden, die aber an keiner Stelle zur Sprache kommt.

Was das Gedicht vor allem auszeichnet, ist die kunstvolle Form: Auf zwei einleitend erzählende Strophen à sechs Versen, die dem Leser die Umstände und die Vorbereitungen Esters für den Gang zum König vor Augen führen, folgt eine Art Sonett, in dem ganz aus der Perspektive Esters die außerordentliche Begegnung mit dem König ausgemalt wird. Die abschließende vierzeilige Strophe bringt das Ergebnis: Der König begnadet und adelt die Frau („Szepters Spitze"), und sie versteht in der Ohnmacht seine Gunst.

Nicht nur die Struktur auch zwei Metaphern stechen als besonders markant hervor: „Haar" und „Steine". Sie dienen vor allem dazu, die seelische Verfassung der Frau und das Wagnis ihres Vorhabens auszugestalten. Das Haar (pars pro toto), Symbol ihres Selbst, das voll „Asche" oder gepflegt mit „Spezereien" dient als Zeichen sowohl ihrer Erniedrigung und ihres Leids als auch ihrer Schönheit und Erhöhung. Daneben führt Rilke in Ausfaltung der biblischen Notiz von den Edelsteinen an Thron und Prunkgewändern des Königs (Est 5,1c) dem Leser eine Palette von Steinen: Rubin, Malachit,

Turmalin, vor Augen, die allesamt die Würde und den inneren Zustand der Protagonistin spiegeln, die Schönheit ihres Schmucks, die Bürde ihres Bittgangs, die Kälte des Raums, die Unnahbarkeit des Herrschers. Ester geht ihren Weg bis zu seinem Thron aus Turmalin, dem in vielen Farben schillernden, die Unwägbarkeit der möglichen königlichen Reaktion zum Ausdruck bringenden Stein, denn von diesem Thron kann sowohl Vernichtung als auch Gnade ausgehen. Beim metaphorischen Einsatz von Edelsteinen mag sich der Leser die hohe Bedeutung, die die Bibel ihnen zuspricht, ins Gedächtnis rufen. Sie werden als kostbarste Gaben zum Beispiel von der Königin von Saba genannt, als Schmuck des hohenpriesterlichen Brustschildes, als Fundamente des himmlischen Jerusalems, als höchster Vergleich mit Gottes Weisheit und Wort.

All das spielt hier mit, vor allem dann, wenn man – wie Langenhorst zu recht herausstellt[86] – eine tiefere Bedeutungsebene in den Blick nimmt: Rilke gestaltet in der Begegnung Esters mit dem König die Gotteserfahrung eines Menschen, denn er wählt zur Charakterisierung der königlichen Majestät und der Reaktion des Menschen ausschließlich Bilder und Sprachmittel, die in der Bibel im Zusammenhang mit Gottesbegegnungen gebraucht werden. Davon zeugt nicht nur das demonstrative *Den,* sondern die Darstellung von Pracht und Würde des Königs, seine Unnahbarkeit sowie der lange Weg zu ihm hin und die Angst des Menschen, vor seinem Angesicht zu vergehen. Das abschließende Bild der ohnmächtigen, nach innen horchenden Ester entspricht einer Gotteserfahrung. Sie weiß: Er hilft – Gott im König.

Das Gedicht mag als Vergegenwärtigung eines Ereignisses von Interesse oder als Demonstration des Machtkampfs zwischen dem Starken und der Schwachen, dem Mann und der Frau, dem König und seiner Untergebenen von Bedeutung oder als Darstellung einer würdevollen, mutigen Tat verständlich sein, seinen tieferen Sinn erhält es durch die genannte Doppelbödigkeit von göttlichem Beistand in menschlicher Huld – eine Interpretation von Geschichte, wie sie den Juden seit ihren Anfängen zu eigen ist. Dem scheint sich Rilke hier angeschlossen zu haben.

Im Rahmen ihrer „Hebräischen Balladen" hat *Else Lasker-Schüler* bekanntlich auf viele große Gestalten des Alten Testaments – darunter vier Frauen – Gedichte verfasst, eine davon ist Ester. Im Rahmen mancherlei Studien zu dieser Autorin und zu biblischen Adaptionen hat das Gedicht bereits etliche Interpretationen erfahren, deshalb seien hier nur ein paar Bemerkungen notiert.

Esther

Esther ist schlank wie die Feldpalme,
Nach ihren Lippen duften die Weizenhalme
Und die Feiertage, die in Juda fallen.

Nachts ruht ihr Herz auf einem Psalme
Die Götzen lauschen in den Hallen.

---

[86] Vgl. Langenhorst (Anm. 49), 121f.

Der König lächelt ihrem Nahen entgegen –
Denn überall blickt Gott auf Esther.

Die jungen Juden dichten Lieder an die Schwester,
Die sie in Säulen ihres Vorraums prägen.[87]

Die Dichterin setzt voraus, dass die Leser Esters Geschichte kennen und will die überzeitliche Bedeutung dieser Frau für das Judentum herausstellen. So abstrahiert sie von allem äußeren Geschehen und präsentiert wie Farbtupfer auf einer Leinwand Vers um Vers in sprechenden Bildern ihre Schönheit, ihre erotische Ausstrahlung, ihre Treue zum jüdischen Volk, ihre Frömmigkeit, ihre positive Wirkung auf die Andersgläubigen und ihren Erfolg beim König – all das als Zeichen ihrer Erwählung durch Gott. Hier ist nicht von Angst und Macht, von Gefahr und Mut die Rede, sondern einzig von der Wirkung dieser Frau in Erscheinung und Tat.

Dem gemäß ist der Aufbau: Die erste und letzte Strophe verweisen auf die Wirkung ihrer Tat in Geschichte und Gegenwart, die beiden mittleren vergegenwärtigen (vgl. Präsens) auf knappstem Raum Esters Tat. Die Einzelaussagen werden durch unaufdringliche Endreime, die kunstvoll auf das ganze Gedicht verteilt sind, zusammengehalten. Nur an einer Stelle wird das Gleichmaß unterbrochen durch einen Ausblick auf das Geschehen: „Der König lächelt ihrem Nahen entgegen – ". Der Gedankenstrich steht für all das, was sich nach der Tradition ereignete; gesagt wird nichts. Nur der gute Ausgang ist angedeutet: Gottes Wohlgefallen und der Nachruhm, den die jungen Juden ihr angedeihen lassen. Das Gedicht schließt mit dem fortdauernden Lobpreis auf ihr Sein und ihr Tun. Die jungen Juden sehen in ihr das schwesterliche Vorbild, die Heldin, die sie verehren, an die sie jedoch nicht heranreichen.

Auch der jüdische Autor *Fritz Rosenthal* schildert in „Esther vor dem König"[88] in fünf gleich gebauten vierversigen Strophen nur den entscheidenden Bittgang der Königin und die Begegnung mit dem König, alles andere muss der Leser ergänzen. Ähnlich wie bei Rilke, dessen Vorbild der Leser unschwer erkennt, stehen auch hier die Gegensätze Steine und Haar, also Starres und Geschmeidiges, Machtfülle und Ohnmacht im Mittelpunkt des Geschehens. Aber anders als bei Rilke erinnert der jüdische Autor ausdrücklich an die Jüdin Ester, deren Anderssein der König an ihrem Haar und vollends an ihren Worten erkennt:

Noch im Falle ihrer dunklen Haare
Sah er, daß sie nicht wie irgendeine
Von den Frauen war: das Wunderbare
Lag auf ihren Schultern und das Ungemeine

---

[87] Else Lasker-Schüler: Esther. (1913/14) In: Dies. (Anm. 10), 180.
[88] Fritz Rosenthal: Esther vor dem König: In: Ders.: Die Lieder des ewigen Brunnens. Wien/ Leipzig 1934, 15.

Sprach aus jedem ihrer heißen Worte. –
Da erkannte er und stieß herab
Von des Herrschers hochgetürmten Orte
Und gewährte – und vergab.

Zudem legt der Autor besonderes Gewicht auf die Darstellung des herablassenden Gestus des Königs, der den Thron verlässt, sich der Frau zuneigt und Gnade für ihr Volk gewährt. Nach einem bedeutungsschweren Gedankenstrich folgt das Wort von der Vergebung. Hier greift der Autor Esters Betrug auf, da sie als *Jüdin* ohne ihre Identität preiszugeben um die Gunst des Königs geworben hatte und als Königin erwählt wurde.

Im Gedicht „Mordechai" von *Uriel Birnbaum*[89] steht, wie der Titel sagt, Esters Onkel im Mittelpunkt des Geschehens. Diese wird zwar genannt, doch nur als Werkzeug für den weitsichtigen Juden, der auch nach dem Sieg – „Die Drohung ging vorbei" – als Sohn seines Volks auf der Hut und misstrauisch bleibt. Das Gedicht „Esther" von *Gertrud Kolmar* [90] beginnt kraftvoll wie mit einem Paukenschlag:

Das aber war nicht Liebe. Die in Abendländern spricht
Und scherzt, auf Wiesen summt, mit süßen Veilchen tändelt,
Die Lämmlein, Hündlein maiengrün und kirschenfarb bebändelt:
Von dieser wußte keins. Sie nicht, der König nicht.

Dann werden verschiedene Weisen liebenden Verhaltens gegenübergestellt: leicht und unbeschwert die der abendländischen Jugend, ernst und geschichtsbewusst die der biblisch orientalischen Menschen. So macht die Autorin von vornherein klar, dass das, was sich hier abspielt, nicht mit abendländischem Empfinden und Handeln verglichen werden kann. Um das zu betonen und auszumalen füllt sie eine Strophe. Über zwei weitere Strophen hinweg schildert sie die Rolle von Mann und Frau, König und Hetäre in üppigen, alle Sinne ansprechenden Bildern. Die Passage greift noch über die Mitte des Gedichts hinaus in die vierte Strophe und endet in einem Gedankenstrich, der dem Leser Zeit gönnt, sich die orientalischen Verhältnisse in Gedanken auszumalen. Dann aber – ähnlich wie der Eingangssatz – die lapidare Feststellung: „Und Esther kam":

Ein Glimmen schwamm und schwand, vom Jauchzen noch, vom Sieg.
Vom Frühruf, vom Geleucht und Glück der Sonnentage.
Sie aber trug die Qual, die ewige Niederlage
Als Last, als Krone, und sie schwieg.

---

[89] Uriel Birnbaum: Mordechai. In: Ders.: Eine Auswahl. Gedichte. Amsterdam 1957, 592.
[90] Gertrud Kolmar: Esther. In: Dies. (Anm. 48), 73. Das Gedicht entstand 1937, als die Jüdin Gertrud Kolmar ihr Volk in Bedrängnis sah, und gehört zu den fünf Gedichten, die sie biblischen Stoffen entnahm, wovon sie drei herausragenden Frauen der jüdischen Geschichte widmete: „Thamar", „Judith", „Esther" – Frauen, die durch eine außerordentliche Tat ihr Recht erstritten bzw. ihr Volk vor dem Untergang bewahrten. –Vgl. auch Langenhorst (Anm. 49) 122-126.

So fern den andern, ihrem Prunk aus Funkeln, Klang und Macht
Begann sie und entdeckte langsam dem Beschauer
Die Lande Juda, Benjamin mit ihrer Völker Trauer
Und die gestirnte große Nacht.

Sie ist zwar geschmückt wie die anderen Frauen, aber sie tritt anders auf: Ihr Blick und ihre Gedanken verraten ein Geheimnis („sie schwieg"). Erst in der Absonderung wagt sie es, dem König („dem Beschauer") ihr Geheimnis preiszugeben: Sie tritt für ihr Volk ein. Mit „Juda" ist die Geschlechterfolge genannt, die die Verheißung trägt, mit „Benjamin" der Stamm, dem sie (und Mordechai) angehört, mit „ihrer Völker Trauer" die Bedrängnis der Juden unter der Perserherrschaft, vornehmlich unter der des makedonischen Groß-wesirs Haman, und mit „die gestirnte große Nacht" wird an die Verheißung erinnert, die Gott dem Abraham gab.

Die Autorin singt hier nicht ein Preislied auf die schöne Retterin ihres Volkes, sondern schildert in beredten Worten und starken Bildern deren Anders-artigkeit. Ester ist anders als die abendländischen Frauen, anders als die Mäd-chen, die mit ihr für das Begehren des Königs vorbereitet werden, anders in ihrer Reaktion auf ihren Sieg. Vordergründig gestaltet Kolmar damit den Zwiespalt Esters, ihre Herkunft dem ihr gewogenen König verschweigen zu müssen bzw. verschwiegen zu haben, aktuell aber die historische Situation der Juden, diese Andersartigkeit als „die ewige Niederlage/Als Last" bis in die Gegenwart tragen zu müssen. So fehlt denn auch diesem Gedicht alles Triumphale, es endet mit den Vokabeln „Trauer" und „Nacht".

Johannes Bobrowski wählt in „Eszther" [91] die Form des Rollengedichts: Ester selbst spricht und stellt nacheinander ihr Volk (1. Str.), den König (2. Str.), ihr Vorhaben und das Ergebnis ihres Einsatzes (3. Str.) dar. Vor dem Hintergrund der biblischen Vorgabe und der jüdischen Tradition erschließen sich unge-wöhnliche Bilder.

Das ist
mein Volk.
Das sich zerstreut
unter die Völker
und sitzt im Tor.

Mit der ersten Aussage distanziert sich Ester von ihrer Herkunftslüge und bekennt sich zum Volk der Juden. Prototyp eines Gott getreuen Juden ist nach dem Ester-Buch Mordechai, von dem es heißt, dass er als königlicher Beamter, also in totaler Abhängigkeit, „im Tor" des Königshofs (vgl. Est 2,19-21) sitzt. Hier wird die Situation von Heimatlosigkeit und Abhängigkeit auf das ganze Volk der Juden übertragen.[92] Auch dieses lebt zerstreut unter fremdem Volk „im Tor", also, nicht drinnen, nicht draußen, sondern dazwischen, stets ange-

---

[91] Johannes Bobrowski: Eszther. In: Ders.: Wetterzeichen. Gedichte. Berlin 1967, 111.
[92] Vgl. dazu Sigrid Mühlberger/Margarete Schmid: Gegenwart des Wortes. Biblische Themen in moderner Literatur. Wien/München 1986, 34-38, bes. 36.

wiesen auf die Gunst der Mächtigen, fürchtend verjagt zu werden oder hoffend geduldet zu sein.

Im zweiten Abschnitt schildert Ester ihre Begegnung mit dem König. Auch hier die Anspielung auf den kostbaren Thron aus Edelstein und auf die Urkraft des Herrschers. Es ist das alte Bild von der einschüchternden Macht der Herrscher, bei dessen Anblick gewöhnliche Sterbliche vergehen. Aber er hört sie. Mit Bibel nahen Metaphern wird im dritten Abschnitt Esters Mutprobe dargestellt:

Komme ich um,
so komme ich um, ich erschrak,
deine Herrlichkeit mit
Blitzen jagt durch den Himmel,
das springende Blut
der Trompeten
baut mein Haus.

Der erste Vers lehnt sich wörtlich an die biblische Vorlage an: Ester ist sich zwar der Gefahr voll bewusst („Herrlichkeit", „Blitzen", „Blut"), aber dennoch entschlossen, den Bittgang zum König zu unternehmen. Auch die folgenden Zeilen greifen den Text der Bibel auf und sprechen von Esters Erschrecken vor der Majestät des Königs (Est 5,2a). Dann aber wird in einem einzigen Ausspruch – über drei Zeilen hinweg – der gute Ausgang ihrer Mission in ein Bild gefasst. Das „springende Blut/der Trompeten" erinnert sowohl an die Boten, die den rettenden Erlass verbreiten, als auch an die Juden, die nach dem rächenden Blutbad die Siegestrompete schmettern. Die Anspielung auf die Trompeten – sie haben seit der Landnahme (Jericho) eine Tradition als Signale der Rettung – und die schlichte Aussage „baut mein Haus" erinnern an das Zugeständnis des Königs, dass die Juden sich verteidigen, beim Klang der Trompeten sich erheben dürfen. Der Fortbestand des jüdischen Volkes „mein Haus" ist gesichert.

Das jüngste Beispiel „Im Weltblut der Unschuld" stammt von *Drutmar Cremer*[93]. Aus Distanz von Jahrtausenden wendet sich ein anonymer Sprecher an Ester und vergegenwärtigt sich ihr Schicksal:

[...]
bewohnbare Erde
ist dir entglitten
im Staubkleid der Angst

Wer wußte auch

Du Abrahams Tochter

---

[93] Drutmar Cremer: Im Weltblut der Unschuld. In: Ders.: Dein Atemzug holt Zeiten heim. Limburg 1983, 92-96

ob du
das Herztor des Königs
durchschrittest

In unregelmäßig gebauten Abschnitten reiht der Sprecher Bild an Bild und folgt den Geschehnissen der Erzählung durch Meditation und Reflexion, durch Frage und Lobpreis. Doch ohne Kenntnis der biblischen Vorlage bleiben die Aussagen unverständlich; denn an keiner Stelle fällt Esters Name. Er ist einzig aus den höchst ungewöhnlichen Bildern zu erschließen: „Herkunft [...]/ verschwiegen"; „Königsschönheit"; „Staubkleid der Angst"; „Abrahams Tochter"; „Dein Mut" [...] u.a. Die ersten drei Abschnitte schildern Esters Schönheit und ihre wagemutige Tat. „Weltblut der Unschuld" und „Staubkleid der Angst" umfassen die ganze Spanne ihres Einsatzes. Sie nutzt ihre Schönheit nicht eitel aus, sondern bereitet sich unter Fasten und Beten auf den schweren Gang zum König vor. Wenn sie auch großes Vertrauen in Gottes Führung hegt, so ist sie dennoch von Angst beherrscht. Durch „Wüstentore" ist sie geschritten, ob sie jedoch auch „das Herztor des Königs" zu durchschreiten oder die tödliche Bedrohung „zum Tanz/der Freiheit" zu wenden vermag, bleibt ungewiss. An dieser Stelle reflektiert der Sprecher die Situation der Juden; „Sehnsucht", „Tränen", „Tod" beherrschen deren Lage, aber auch die unverbrüchliche Treue zu ihrem Gott, dem bildlosen, der mit Harmonie und Heimkehr („Abendmusik") in Zusammenhang gebracht wird. Abschließend greift der Sprecher die Geschehnisse wieder auf, preist Esters Mut und nennt den guten Ausgang, der dem Volk eine neue Weltzeit gebracht hat. Ihr Erfolg wird schlicht zusammengefasst:

Dein Mut
du Schöne – ungebeugt
vor Königsmacht hat
die Uhrzeit deines Volkes neu
auf Seligkeit gestimmt

Die abschließende Anrede in Form der Frage „Wie kann/ dein Volk/ je dich/ vergessen –" deutet auf die fortdauernde Gegenwärtigsetzung der Ereignisse in der Feier des Purimfestes hin, aber sie enthält auch den Hinweis auf die während Heimatlosigkeit mit der Hoffnung auf ein weiteres Tor, das zu durchschreiten ist, „zum Sterntor/ins Morgen" einer neuen Weltzeit.

5.4 Transfigurationen

Wie in der Einleitung erwähnt, verrät die Namengebung einer Dramenperson oder einer Romanfigur vieles von der Absicht, die ein Autor mit seiner Figur bezweckt. Das gilt nicht nur für Namen aus bekannten Werken berühmter Autoren, sondern auch für die biblischen.

Von den Transfigurationen sollen hier zwei kurz erwähnt werden, die durch ihre literarische Qualität „Die Jüdin von Toledo" oder durch ihre Aktualität „Wie wird Beton zu Gras" herausragen.

Lion Feuchtwanger hat in seinem 1955 erschienenen Roman „Die Jüdin von Toledo" den aus der spanischen Tradition bekannten Stoff „La Fermosa (Die Schöne)" mit dem Motiv der Ester gekoppelt, ohne dieses idealistisch zu übernehmen. Beiden Stoffen ist gemeinsam, dass eine schöne Jüdin, Rahel oder Raquel, das Gefallen oder die Begierde des spanischen Königs Alfonso III. von Kastilien erregt und seine Geliebte wird, gleichzeitig aber als Fürsprecherin, Agentin oder Retterin ihres Volkes fungiert. In der Tradition wird Rahel mal mehr in die Nähe des Judit-, mal des Ester-Stoffs gerückt. Zudem ist es für die Geschichte des Motivs nicht unbedeutend, dass Rahels Versuch, sich für die Juden einzusetzen, bis ins 19. Jahrhundert hinein nicht nur positiv bewertet wurde.[94]

Die Ähnlichkeiten von Feuchtwangers Roman mit dem Buch „Ester" liegen auf der Hand. Auffallend sind: die Gettosituation der Juden, als ein im fremden Land geduldetes Volk, das ob seiner Klugheit und seiner Wohlhabenheit den Neid der ansässigen Bevölkerung erregt und stets auf der Hut sein muss, deren Hass zu erregen und als Sündenbock in Krisenzeiten geopfert zu werden; ferner die Personenkonstellation: kluger, reicher Jude und schöne Tochter/Nichte, die von diesem aus Ehrgeiz oder Kalkül dem Machthaber als Geliebte angeboten oder überlassen wird; schließlich der Konflikt zwischen der rechtmäßigen Königin und der schönen Geliebten, den – wie bereits erwähnt – die meisten Autoren zur Darstellung kriegerischer Auseinandersetzungen nutzen. Außerdem lässt der Autor noch Don Jehuda beim Purimfest das Ester-Buch ausdrücklich zitieren.

Daneben sind die Unterschiede auch unübersehbar. So ist Don Jehuda nicht zwangsweise in Kastilien, sondern auf ausdrücklichen Wunsch des Königs mit dem Auftrag betraut, die Staatsfinanzen in Ordnung zu bringen und Geld für einen Kreuzzug, das heißt für einen Krieg, zu erwirtschaften. Eine tragische Situation entsteht dadurch, dass Don Jehuda verfolgten Juden aus Frankreich in Kastilien eine sichere Bleibe zu erwirken sucht, die glücklich Angesiedelten jedoch durch sein und seiner Tochter Schicksal mit in den Tod gerissen werden. Besonderen Wert legt Feuchtwanger auf das innige Verhältnis von Vater und Tochter, die sich durchgehend als Jüdin begreift und dies auch vor dem König, ihrem Geliebten, verteidigt, was sich in der Frage der möglichen Religionszugehörigkeit ihres gemeinsamen Sohnes dramatisch zuspitzt. Die sogenannte Herkunftslüge spielt also in diesem Roman keine Rolle. Auch Don Jehuda begreift – anders als Mardochai –, dass er seine Tochter letztlich opfert.[95] Der gravierendste Unterschied liegt jedoch im Romanausgang: Es gelingt Raquel nicht, den König von seinen Kriegsgelüsten abzulenken, so dass

---

[94] In *G. K Pfeffels* Drama „Alfonso und Rahel" von 1809 wird sie z.B. als Werkzeug des Teufels selbst, der König und Königin entzweien will", dargestellt (vgl. Kinkel [Anm. 67], 88).

[95] Hier bringt der Autor noch das Motiv des Kindesopfer mit ins Spiel das er im Roman „Jefta und seine Tochter" von 1957 eigens behandelt hat.

er zum Kreuzzug gegen die „Ungläubigen" aufbricht und sie und ihren Vater dem Hass Dona Leonor aussetzt. Kinkel glaubt in deren Grausamkeit eine Parallele zu Esters Grausamkeit (Est 9,11-14) zu entdecken. Wie diese Autorin ferner glaubhaft darlegt, geht es Feuchtwanger in seinem Roman um den Frieden. Die Sehnsucht danach durchzieht in der Tat das ganze Werk wie ein roter Faden und wird in allen Variationen vor allem von den Juden, Raquel, Don Jehuda, Musa, und Don Rodrigo immer wieder verhandelt. Der christliche König läutert sich durch seine Liebe zur Jüdin Raquel und durch deren Opfertod zum „Friedensmenschen".[96] Hierin liegt die besondere Bedeutung dieser kunstvollen Transfiguration, die mehr als die meisten wörtlichen Adaptionen den Leser auch fünfzig Jahre nach der Erstveröffentlichung noch beeindrucken kann.

In Bezug auf das dahinterstehende Frauenbild lässt der Roman für den heutigen Leser noch Wünsche offen, lebt er doch noch ganz aus der patriarchalischen Geschlechtertradition: Raquel bleibt die den Vater verehrende, demütig gehorsame Tochter und in ihrer Beziehung zum König eine zwar kluge und in ihrer Religion selbstbewusste, aber anschmiegsame Liebende, ohne jemals mit ihrem Schicksal zu hadern. Ihre beharrliche Weigerung Christin zu werden und ihr mutiger Schritt den Sohn zu verstecken, erwachsen nicht ihrem Selbstbewusstsein als Frau oder Mensch, sondern aus ihrer innigen Beziehung zum Vater der sie gelehrt hat als Jüdin stolz zu sein und aus ihrer Abhängigkeit von dessen Entscheidungen.

Ein solches Selbstbewusstsein legt die Estergestalt in *Otto F. Walters* Roman „Wie wird Beton zu Gras"[97] an den Tag. Die Verwandtschaft zur biblischen Ester scheint vielleicht etwas weit hergeholt, lässt sich aber begründen. Die Namenwahl der Protagonistin „Esther" ist sicherlich nicht ohne Hintersinn getroffen, verbirgt sich doch hinter dem achtzehnjährigen Mädchen der Prototyp eines Menschen, der sich von allen Konventionen befreit und für ein Ideal eintritt: Mit einem alten Armeepanzer fährt sie demonstrativ durch die Schweiz und zerstört das Redaktionsbüro der Presse, dem Tageblatt, das ihren Bruder Nik nach dessen Teilnahme an einer Anti-AKW-Demonstration durch ein Foto als „Rädelsführer" diffamiert hat, so dass er fürchtet, infolge dieser Darstellung seine Lehrerstelle zu verlieren. So weit der faktische Anlass zu ihrer Tat. Im tieferen Sinn geht es jedoch um die Verwirklichung der Ideale Jugendlicher: Wie im Buch Ester die Juden als die Fremdartigen, die sich nicht einordnen wollen, bekämpft werden, so stehen sich auch hier zwei Lager gegenüber, die Jugend und die nach traditionellen Mustern agierende mächtige Gesellschaft. Das Aufbegehren der jungen Leute, das Natürliche („Gras") zu retten, wird als verwerfliches Anliegen diffamiert. Dagegen kämpft Esther an. Ihr Lösungsversuch mündet in einer Utopie, wenn Bürger und Aussteiger am Ende gemeinsam feiern.

---

[96] Vgl. Kinkel (Anm. 67), 96.
[97] Otto F.Walter: Wie wird Beton zu Gras. Fast eine Liebesgeschichte. Hamburg 1979.

Der trotz bester Absicht in der Durchführung nur wenig befriedigende Roman lebt ganz aus dem Geist der siebziger Jahre. Er ist hier als Beispiel einer entfernten Transfiguration angeführt, um zu zeigen, dass deine Figur wie die der Ester bis in die jüngste Vergangenheit hinein als Vorbild für selbst bestimmtes, mutiges Auftreten gewählt wird.

5.5 Schlussbemerkungen

Viele Beispiele, viele Zugänge: Die dramatischen Umsetzungen lehnen sich weitgehend an die biblische Vorlage an, suchen aber die Charaktere zu vertiefen und die Widersprüche des Urtextes aufzulösen. Die meisten Autoren intensivieren den Konflikt der Herkunftslüge (*F. Grillparzer, F. Braun*). Andere sehen in Haman einen geeigneten Widerpart für die dramatische Handlung, sei es, dass er der Bösewicht schlechthin ist *(F. Braun)*, dass er als Gegenpart des Königs um Ester wirbt (*M. Brod*). *M. Brod* und *F. Hochwälder* schließlich führen die Handlung vom Privaten weg ins Allgemeine; der eine, um die Rolle der Juden in der Menschheitsgeschichte, der andere, um das am jüdischen Volk begangene Unrecht herauszustellen. Fast ausnahmslos wird Ester als eine sich ihrer hohen Sendung bewusste, mutige Frau dargestellt. Damit nähert sie sich einem Frauenideal, das gegen Ende des 20. Jahrhunderts die meisten Leser und Leserinnen begrüßten. Dieser Frauentyp wird bei *Feuchtwanger* zwar nicht durchgehalten, doch besticht sein Roman durch eine höchst plausible Entwicklung der Figuren, ein präzises Geschichtsbild und eine überzeugende Vision vom kulturellen Wert der drei großen Buchreligionen: Islam, Judentum und Christentum. Die Lyrikerinnen und Lyriker präzisieren vor allem die psychische Verfassung der Helden. *E. Lasker-Schülers* Verse wissen nichts von der Angst und Bedrohung, sie nur sprechen von Mut und Tatkraft der jungen Frau und preisen ihre Schönheit und ihre Gunst beim König. Einzig der Hinweis auf ihren Nachruhm und die Feiertage deuten auf besondere Geschehnisse. – *G. Kolmar* hingegen thematisiert Fremdheit und Überzeugungskraft dieser Botin ihres Glaubens. Sie stilisiert sie nahezu zu einer Missionarin (wenn auch den Juden der Missionarsgedanke fremd ist). – *J. Bobrowski* preist die Heldin ihres Volkes, deren Lebenseinsatz in einem dramatischem Geschehen zum Sieg führt. – *D. Cremer* schließlich erfindet ein meditatives Zwiegespräch mit der Heldin und stellt ihre angstvoll menschlichen Regungen heraus; zugleich aber sieht er sie im Licht der Gesamtheit des jüdischen Volks und seiner einmaligen Beziehung „zum bildlos Einen".
Was an dieser jüdischen Königin – bei aller Fremdheit – den Leser oder die Leserin auch heute noch bestickt, sind vielleicht die Kühnheit und der Mut, die dieses Mädchen beseelen und die es befähigen, eine schier aussichtslose Aufgabe zu bewältigen, und zwar nicht zuletzt mit den Mitteln einer Frau, mit Schönheit und Anmut.

VII. Frauen des Neuen Testaments

Wie die Tabelle (s.u.) zeigt und in der Auswertung dargelegt wird, spielen die Frauen des Neuen Testaments in den literarischen Produktionen eine kümmerliche Rolle. Wenn man sie in den Blick nimmt, so sind dies vor allem die namenlosen Jüngerinnen, die Verwandten Jesu, des Täufers, des Lazarus und der Apostel, die Einzelfrauen, die Jesu geheilt hat, literarische Figuren aus Gleichnissen oder Parabeln und die legendären Frauen der Passionsgeschichte; namentlich hervorstechend allein Maria, Maria und Marta, Salome, Maria aus Magdala. Die meisten werden zwar in Großformen, z.B. in Jesus-, Johannes-, Lazarus- und Paulusromanen an den entsprechenden Stellen erwähnt, haben aber auch dort nur die Funktion, Jesu Wirken zu bestätigen oder den Männern zu dienen.

Das gilt sowohl für die in den Evangelien ausdrücklich genannten Frauen wie die Mutter des Jünglings von Nain, die blutflüssige Frau, die kanaanäische Frau, Salome, die Mutter der Zebedäussöhne, sowie für die zahlreichen Frauen in der Apostelgeschichte und in den Briefen, z.B. Aphia, Chloë, Klaudia, Evodia und Syntyche, Lydia, Nympha, Phöbe, Priska, Tabita, die mit ihrem geistigen und pekunären Vermögen zur Gründung der jungen Gemeinden entscheidend beitrugen, als auch für die literarischen Figuren aus den Gleichnissen und Parabeln, z.B. die zehn Jungfrauen oder die Besitzerin der verlorenen Drachme. Das Desinteresse am Schicksal dieser Frauen liegt in der Erzählintention der neutestamentlichen Verfasser begründet und hat sich auf die Rezeptionsgeschichte übertragen. Ähnlich wie viele Frauen im Alten Testament fallen auch im Neuen die meisten eben nicht durch spektakuläre Taten oder provozierende Verhaltensweisen auf, es sei denn, sie wären wie im Falle der Salome oder der Maria von Magdala aus Apokryphen und Legenden hinzugedichtet. Dennoch gäbe die eine oder andere Lebens- und Glaubensgeschichte einen interessanten Stoff für eine Erzählung ab, z.B. die der Elisabet, der Prophetin Hanna, der Hausherrin Marta oder der Samariterin am Jakobsbrunnen.

Mit **Elisabet** setzt sich z.B. die Reihe der israelitischen Mütter wie Sara und Hanna oder der Mutter des Simson fort, denen der Kindersegen versagt bleibt und denen durch eine besondere Offenbarung Gottes im hohen Alter noch ein Sohn geschenkt wird. Doch so beeindruckend Elisabets Glaube und Schwangerschaft auch von Lukas dargestellt sind, es hat bisher keine Autorin oder keinen Autor bewogen, ihrem Schicksal einmal nachzugehen. Dabei enthält der Stoff eine Reihe dramatischer Höhepunkte: langes Hoffen und Bangen, endlich das Glück der Schwangerschaft, Verstummen des Mannes Zacharias, der Besuch der jungen Verwandten Maria, die ein ähnliches Erlebnis zu verarbeiten hat, dann das Außenseiterdasein des Sohnes, sein öffentliches Auftreten, sein dramatischer Tod. All das realistisch aus der Perspektive einer Mutter darzustellen dürfte eine reizvolle Aufgabe sein. Jedoch war kein selbständiger

Text zu Elisabet zu finden, ja selbst in den Werken zu Johannes wird die Mutter höchstens am Rande als Gebärerin erwähnt, gewinnt aber kein Eigengewicht. Einzig in *Rainer Maria Rilkes* Gedicht „Magnificat"[1] wird sie als „hohe tragende Matrone", die Maria „ernst und stolz" entgegentritt „und alles wußte ohne ihr Vertrauen", bezeichnet, mehr nicht.

Ähnlich ergeht es der alten **Prophetin Hanna**. Sie ist die erste Frau im Leben Jesu, die die Sendung dieses Kindes gläubig verkündet, aber nicht einmal ein Gedicht befasst sich mit ihr, die ein langes Leben mit Höhen und Tiefen hinter sich hat (Lk 2,36-38).[2]

Auch **Marta**, der – nach einhelliger Auffassung der Exegeten – im Evangelium nach Johannes *das* Glaubensbekenntnis in den Mund gelegt wird (Joh 11,27), das nach den Synoptikern Petrus bei Cäsarea Philippi gesprochen hat (Mt 16,16 par), wird, wenn überhaupt, nur als fleißige Hausfrau oder Patronin der Dienstmädchen dargestellt.

Selbst die Wiedergabe des spannenden Lehrgesprächs Jesu mit einer Frau, der **Samariterin am Jakobsbrunnen**, hat bisher keine Resonanz gefunden (Joh 4,1-26), obwohl die Episode die bekannten Brunnengeschichten (Hagar, Rebecca, Rahel, Zippora) fortsetzt. Der Verfasser des vierten Evangeliums scheut sich nicht, Frauen einen gewichtigen Part in der Lehre und in der Verkündigung zuzusprechen, wie Jesu Auftrag an Maria von Magdala nach der Auferstehung (Joh 20,11-18) beweist. Aber die Literaten haben seinen Anstoß nicht fortgeführt.

Das Neue Testament enthält zwar keine so spannungsgeladenen Geschichten wie das Alte, dennoch bietet es für psychologische Reflexionen in lyrischen Bildern eine Fülle an Anregungen. Welchen Mut mussten etwa die Frauen aufbringen, um Jesus bis zur Schädelstätte – wenn auch nur von ferne – zu begleiten! Wenn nämlich etwas eine historische Basis in den Evangelien oder in der Apostelgeschichte hat, so gewiss die Passagen, in denen Frauen tätig werden. Die biblischen Verfasser konnten nicht umhin, vom Mut der Frauen zu erzählen, selbst wenn dadurch das Verhalten der Männer abgewertet wurde; denn die mündliche Tradition dieser Episoden war zur Zeit der Abfassung der Evangelien und der Apostelgeschichte noch höchst lebendig, das heißt, die Faktizität der Ereignisse konnte überprüft werden. Aber die androzentrische Geschichtsdeutung rückte die positiven Aussagen über die Frauen nach und nach immer mehr in den Hintergrund.[3] Für die literarische Rezeption dürfte zudem gelten, dass die Autoren profaner Werke bezüglich des Neuen Testaments noch mehr als beim Alten eine gewisse Scheu hatten, über den

---

[1] Rainer Maria Rilke: Magnifikat. (1908) In: Ders.: Werke. Kommentierte Ausgabe in vier Bänden. Hg. von Manfred Engel/Ulrich Fülleborn/Horst Nalewski/August Stahl. Frankfurt a. M. 1996, Bd. 1, 535.

[2] Vgl. Alicia Craig Faxon: Die Prophetin Hanna. In: Jesus – Ein kritisches Lesebuch. Hg. von Holger Wolandt. München 1993 (Knaur-TB 77088), 200-205.

[3] Das geht so weit, dass der Part der Salbenträgerinnen und der Marias von Magdala in der Ostersequenz und in den Osterspielen wie im profanen Theaterspiel ausschließlich von einem männlichen Sänger (Diakon) vorgetragen wurde.

wortwörtlichen Sinn der dokumentierten Ereignisse hinauszugehen und Gefühle, Gedanken oder Reden der beteiligten Personen zu erfinden. Jedenfalls
scheint das für die Frauen zu gelten, die Romane über Jesus, Johannes,
Lazarus, Judas, Pilatus u.a. wurden sehr viel unbekümmerter mit fiktiven
Reden und Gesprächen ausgestattet.

1. Maria, die Mutter Jesu

Die Rezeptionsgeschichte von Maria, der Mutter Jesu, geht ganz eigene Wege.
Das liegt bereits in den Evangelien begründet, die diese Frau – außer im
Sondergut der matthäischen und lukanischen Kindheitsevangelien – nur
dreimal mit ihrem Eigennamen *Maria* (Mt 13,55; Mk 6,3; Apg 1,14), sonst
ausschließlich als „Mutter" und in den Briefen einmal als „Gebärerin" (Gal
4,4) bezeichnen. Damit wird sie zur Randfigur bzw. reinen Funktionsträgerin
ohne Eigenleben. Diese Linie gewinnt durch die Dogmatisierungen und die
kirchliche Tradition eine solche Bedeutung, dass ihr personales Sein völlig in
den Hintergrund tritt und sie zur „Göttin" stilisiert (vgl. die Ikonen) erscheint.
Je abgehobener von aller Realität sie durch die ekklesiale Verehrung wird,
desto irrealer wird ihre „Biographie". Die Ausschmückungen in den
Apokryphen und Legenden tun ein Übriges, Maria ganz aus dem Kreis der
vitalen Personen zu eliminieren.

> Das Bild Mariens ist von einem siebenfachen Schleier umhüllt. Ihr
> Antlitz ist dicht verhangen, wie das der orientalischen Frauen, die sich
> noch heute im Lande Mariens, in Israel, oft tief verschleiert durch die
> Straßen bewegen. Die sieben Schleier Mariens sind gewebt von
> Tradition, Dogma, Liturgie, Legende, Kunst, Dichtung und Musik.[4]

So wird sie denn auch in der geistlichen und profanen Literatur gleichermaßen
entweder als nicht zu erreichendes Ideal oder als himmlische Erscheinung
eingebracht. Erst in jüngster Zeit suchen einzelne Autoren sie aus dieser
Isolation zu befreien und sie den ans Irdische gebundenen Menschen mit all
deren Anfechtungen anzunähern.
Damit verschiebt sich der Untersuchungsaspekt: Die Werke zur Gestalt Marias
erschließen sich nicht aus der biblischen Vorlage, es sei denn aus den knappen
Angaben in den Kindheits- und Passionsgeschichten, sondern aus der Wirkungsgeschichte der *Heiligen*. Das ist eine andere Ausgangslage als bei den
übrigen Frauen. Bei Maria von Magdala wird sich ein ähnlicher Prozess, nur
unter anderem Vorzeichen zeigen.
Von den ersten Sequenzen, Hymnen und Litaneien an werden bis ins 20. Jahrhundert hinein in der **Lyrik** ausschließlich Marias heiligmäßige Qualitäten
gepriesen: Jungfräulichkeit, Mutterschaft, Demut, Gehorsam, Leidensbereit-

---

[4] Schalom Ben-Chorin: Mutter Mirjam. Maria in jüdischer Sicht. München 1971, 11. Der
Autor versucht auf distanziert respektvolle Weise, Marias Wurzeln im jüdischen Alltagsleben
freizulegen und die religionsgeschichtlichen Zusammenhänge ihrer Überhöhung zu ergründen.

schaft. Ähnliches gilt für die **Prosa**, die ihren Stoff aus Apokryphen und Legenden bezieht. Wenn Maria in **Dramen** vorkommt, z.B. in Krippen- oder Passionsspielen, so in der üblichen demütigen und fügsamen Rolle, die sich aus der kirchlichen Verehrung ergibt. Diese Linie hält sich bis ins 20. Jahrhundert hinein, wie Karl-Josef Kuschel[5] an zahlreichen Gedichten über die verehrungswürdige zarte Jungfrau, an Klagegesängen zur schmerzhaften Mutter, an Geschichten um legendäre Visionen und Erscheinungen und Bitten an die Himmelskönigin, z.B. von *Rainer Maria Rilke, Stefan George, Alfred Döblin, Hermann Hesse, Heinrich Böll, Günter Grass* u.a. treffend dargelegt hat. Fast alle Werke betreffen den Marienkult, die personifizierte Idee, das Idol Madonna, nicht das Mädchen oder die Frau Maria.[6]

Auch in den spärlichen Versuchen das Leben Marias darzustellen, wie dies in den erbaulichen Werken von *Leo Weismantel* und *Leonhard Frank* oder in den Jugendbüchern von *Lene Mayer-Skumanz* und *Barbara Bartos-Höppner* geschieht, überwiegt der dogmatische Hintergrund. Maria ist und bleibt die hohe Frau, die Miterlöserin, die Himmelskönigin, die Mutter der Barmherzigkeit, die Schutzmantelmadonna.[7] In diesem Rahmen ist „Das kleine Adventsspiel" von *Silja Walter*[8] beachtenswert, weil die Autorin hier Maria im Anschluss an den Besuch des Engels auf dem Weg zu Elisabet auf die biblischen Urmütter Eva, Hagar, Sara, Rebekka, Rahel, Rut treffen lässt, die alle auf das Schicksal ihrer Söhne und auf ihre Leiden als Mütter verweisen. Die Idee solche Begegnungen zu konzipieren ist reizvoll, doch gelangt die Durchführung über eine statuarische Deklamation ohne Widerhaken nicht hinaus. Maria und die Urmütter bleiben völlig ihren angestammten Rollen verhaftet.

Das ändert sich auch kaum durch aktualisierende Szenerie.[9] Das literarisch und sprachlich höchst anspruchsvolle Mysterienspiel von *Paul Claudel*

---

[5] Karl-Josef Kuschel: Maria in der deutschen Literatur des 20. Jahrhunderts. In: Handbuch der Marienkunde. Hg. von Wolfgang Beinert/Heinrich Petri. Regensburg ²1997, Bd. 2, 215-269; zur „Diskrepanz zwischen der wirklichen Geschichte und der Wirkungsgeschichte", s. bes. 268; außerdem ders.: Maria. In: Die Bibel in der deutsch-sprachigen Literatur des 20. Jahrhunderts. Hg. von Heinrich Schmidinger. Mainz 1999, Bd. 2., 413-434; ferner ders.: Und Maria trat aus ihren Bildern. Literarische Texte. Freiburg 1990. Der letzte Titel macht bereits auf die Wandlung in der Einschätzung der Marienverehrung aufmerksam.
[6] Auf die von *Kuschel* untersuchten Texte (s. Anm. 5) wird hier nicht eingegangen, zum einen, weil sie, wie oben gesagt, zum großen Teil weniger die Person Marias als die Rezeption der Marienverehrung thematisieren, zum anderen, weil die Verfasserin den Deutungen des Kollegen nichts entgegenzusetzen hat.
[7] Vgl. Alfred Döblin: Maria Empfängnis. Erz. und Die Flucht aus dem Himmel. Erz. In: Ders.: Die Ermordung einer Butterblume. Ausgewählte Erzählungen 1910-1950. Freiburg 1962, 22-24; 25-30.
[8] Silja Walter: Kleines Adventsspiel. (1950) In: Dies.: Gesammelte Spiele. Zürich 1963, 225-230; vgl auch dies.: Maria und ihr Gärtnersmann. Ged. (1944) und Es singt die heil'ge Mitternacht. Zürich 1956, ein Oratorientext um die biblischen Gestalten Maria, Elisabeth, Zacharias. In: Dies.: Gesamtausgabe. Bd 1: Frühe Gedichte, Texte, Erzählungen und Spiele. Hg. von Ulrike Wolitz. Freiburg/Schweiz 1999.
[9] Z.B. in *Stefan Heyms* Weihnachtsgeschichte „Mary" (1954). In: Literarische Auslese. Hg. von Wolfgang Erk. Stuttgart 1989, 434-435; *Wolfgang Borcherts* „Die drei dunklen Könige" (1947). In: Ders.: Das Gesamtwerk. Reinbek bei Hamburg 1949; *Peter Turrinis* „Josef und

„L'Annonce Faite à Maria"[10] bewegt sich ganz auf der Ebene einer dramatisierten Mariologie. Das Mädchen Violaine, eine Transfiguration der Maria, nimmt die Leiden, Krankheiten und Irrwege ihrer Familie und Freunde auf sich, um sie am eigenen Leib sühnend zum Heil für die anderen umzuwandeln. In mystischem Vollzug schenkt sie als „jungfräuliche Mutter" dem toten Kind ihrer glaubenslosen Schwester Mara neues Leben.

Während Claudel in Violaine eine jungfräuliche Mädchen-Mutter konzipiert, sucht *Lily Braun* in „Mutter Maria"[11] eine Transfiguration der Gesamtverhältnisse. Sie gestaltet – wenn auch auf literarisch geringerem Niveau als Claudel – eine Mutter, die sich für das Seelenheil ihres Kindes opfert. Dieses durchaus nicht seltene Motiv erhält seine Nähe zur Geschichte Marias zum einen durch die Namengebung der Personen: Maria, die Mutter, Angelo, der Sohn, Guiseppe, der Vater, zum anderen durch das Arrangement der Handlung: Angelo ist der uneheliche Sohn des Herzogs Guiliano dei Medici, dem er sich verbunden fühlt, Guiseppe, der alte Ziehvater und Zimmermann, will dem Jungen einen soliden Beruf beibringen, und Maria fühlt sich in Liebe und Dankbarkeit dem alten Mann gegenüber, der sie und ihr uneheliches Kind vor der Schande gerettet und aufgenommen hat, verpflichtet. Angelo verlässt aufgrund der freigeistigen Ideen am Hof die Familie und sucht das Volk zum Aufstand gegen die enge kirchliche von Savonarola begründete Herrschaft zu bewegen. Er wird als Rebell gejagt und der Inquisition überstellt. So bleibt Maria nur die mystische Verbindung zu ihrem Sohn und stellvertretende Sühne, indem sie an seiner Statt sterbend Gott verflucht. Das Drama zeigt sehr deutlich, dass der biblische Stoff kaum zu transfigurieren ist, es sei denn, der Künstler verließe die Basis der gläubigen Verehrung und bürstete ihn gegen den Strich.

Auf diese Art verehrender Darstellung oder Nachahmung wird hier nicht weiter eingegangen. Eine Gesamtübersicht würde ohnehin den Rahmen sprengen, ohne dem Motiv Maria Entscheidendes hinzuzufügen. Dagegen scheint es angebracht, „vor der kanonisierten Kosmetik"[12] zu fliehen und noch einige realistische, kritische oder satirische Beiträge kurz vorzustellen, die Maria vom Sockel einer unreflektierten Verehrung herunter holen, so wie es der polnische Priesterdichter, der sicherlich nicht in Verdacht einer die Mutter Jesu herabsetzenden Kritik steht, Maria selbst in den Mund legt[13]:

Maria. Volksstück." In: Ders.: Das Gegenteil ist wahr. Lesebuch 2. Hg. von Silke Hassler und Klaus Siblewski. München 1999, 7-65. Die Personen in Turrinis Stück heißen zwar Josef und Maria und die Umstände ihres Lebens lassen sie am Heiligen Abend wie heimatlos die Nacht in einem leeren Kaufhaus miteinander verbringen, doch ist ein direkter Bezug zu den biblischen Gestalten nicht auszumachen.

[10] Paul Claudel: L'Annonce Faite à Maria. (1911) / Maria Verkündigung. (1912) Geistliches Spiel in vier Akten. In: Ders.: Gesammelte Werke, Bd.3. Heidelberg/Zürich 1958, 7-122.

[11] Lily Braun: Mutter Maria. Eine Tragödie in fünf Akten. (1913) In: Dies.: Gesammelte Werke in fünf Bänden, Bd. 4. Berlin o.J. [1923].

[12] Jan Twardowski: Ich fliehe. (1970) In: Ders.: Ich bitte um Prosa. Aus dem Polnischen von Alfred Loepfe. Einsiedeln 1973, 75.

[13] Jan Twardowski: Maria und ihre Anthologie. In: Ders. (Anm. 12), 74.

Sie umkreisen mich auf den hohen Absätzen der Metaphern,
auf meinen Bildern quietschen sie tränenselig,
bringen mir auf vorgestreckter Hand ihre Lyrik,
          als wär's ein gebratenes Hähnchen
dann knien sie sogar auf den Schreibmaschinen sozusagen.

Ich bitte um Prosa.
[...]
damit ich nicht frieren muß
          in einer Anthologie von
          Gedichten auf mich.

Das Gedicht trifft exakt den hier skizzierten Sachverhalt; das lyrische Ich, hinter dem sich Maria verbirgt, sagt den „frommen" Dichtern, dass sie sich an ihren Produkten selbst mehr erbauen als sie die Wirklichkeit der Frau und Mutter Maria treffen.

Doch gab es bereits im nicht katholischen Milieu der 20er Jahre des vergangenen Jahrhunderts Beispiele mit solch kritischer Intention, etwa in den frühen Gedichten von *Bertolt Brecht*. In „Maria"[14] sucht der Autor die Idylle der Weihnacht aufzubrechen und die Geburt des Kindes realistisch zu betrachten:

Die Nacht ihrer ersten Geburt war
Kalt gewesen. In späteren Jahren aber
Vergaß sie gänzlich
Den Frost in den Kummerbalken und rauchenden Ofen.
Und das Würgen der Nachgeburt gegen Morgen zu.
Aber vor allem vergaß sie die bittere Scham
Nicht allein zu sein
Die den Armen eigen ist.
[...]

Mit prägnanten Worten, ohne Bilder und lyrische Klangelemente lässt Brecht in der Form der Erlebten Rede Maria „Die Nacht ihrer ersten Geburt" und was daraus wurde Revue passieren. Mit Verwunderung nimmt sie zur Kenntnis, was spätere Interpreten aus ihrer Geschichte gemacht haben. Für sie hat alles in Not, Kälte und Scham begonnen, aber durch das Gebaren ihres Sohnes geriet dies in Vergessenheit, ja mehr noch: es wurde umgedeutet und ins Glanzvoll-Herrliche stilisiert:

Alles dies
Kam vom Gesicht ihres Sohnes, der leicht war
Gesang liebte

---

[14] Bertolt Brecht: Maria. (1922) In: Ders.: Gesammelte Werke, Bd. 8. Frankfurt 1967, 122. *Brechts* Provokation ist vergleichsweise harmlos gegen die vier Jahre später auf einem Gemälde von *Max Ernst* gezeigte „Die Jungfrau züchtigt das Jesuskind vor drei Zeugen", das auf drastische Weise die von christlichen Pädagogen empfohlenen und vollzogenen Erziehungsmethoden anprangert.

Arme zu sich lud
Und die Gewohnheit hatte, unter Königen zu leben
Und einen Stern über sich zu sehen zur Nachtzeit.

In diesem freirhythmischen Text, in dem die Verslänge sich ganz dem Gedanken fügt, laufen die Aussagen auf „Alles dies" hinaus, leitmotivisch angedeutet durch das Stichwort in „späteren Jahren". Marias Geschichte geht in der ihres Sohnes auf, der eine Vision („Gesicht") hat und sich als Erwählten („ein Stern über sich") sieht. Sicherlich haben auch Lyriker vor Brecht die kalte Winternacht, sie unwirtliche Umgebung oder den armen Stall besungen, aber immer mündete ihr Lied in Bewunderung für die jungfräuliche Mutter, in Erklärungen zur Linderung der Not durch den Hauch der Tiere und die Gaben der Hirten, vor allem aber in die Vorstellung vom Trost des Engelsgesangs und des unangefochtenen Glaubens. Brecht jedoch sucht die Begebenheiten psychologisch zu erklären und hält sich nicht an dogmatische Festlegungen. Nach seiner Aussage ist Jesus ein liebenswürdiger Spinner, dessen Lebensstil Marias dunkle Erinnerungen zu geheimnisvollen Zeichen verklärt.

Etwa 40 Jahre später greift auch *Paul Konrad Kurz* in seinem Gedicht „Das Bündel Gottes"[15] die herbe Situation der Geburtsnacht auf und lenkt den Blick auf die reale Situation der Menschwerdung – Fleischwerdung, Joh 1,14 –, allerdings aus gläubiger Sicht:

Ein bißchen Fleisch
Wie Menschenfleisch
und rohes Kinderfleisch
Kaum anzufassen
Die Augen noch geschlossen
Das bißchen Brust zerbrechlich
und eingepackt in Schlaf
Ein Nacktes
wie lämmernackt
und sperlingsnackt im Nest
Ein Wurm zum Wickeln
für eine Mädchenmutter
die kniet und wieder kniet
und ihre Sinne martert
und nicht begreifen kann
das Bündel Gottes

Der Autor entwirft die Szene mit der knienden Maria, die verwundert, staunend, ängstlich das Neugeborene vor sich sieht: keinen „holden Knabe im lockigen Haar", sondern einen nackten, zerbrechlichen, hilfsbedürftigen Säugling. Fast schockierend wirken die einhämmernden Wiederholungen von „Fleisch" und „nackt", lieferte nicht die Schrift selbst die Berechtigung zu

---

[15] Paul Konrad Kurz: Das Bündel Gottes. (1963) In: Wem gehört die Erde. Neue religiöse Gedichte. Hg. von Paul Konrad Kurz. Mainz 1984, 113.

einer solch konkreten Darstellung der Menschwerdung: „Und das Wort ist Fleisch geworden" (Joh 1,14). Auf der gleichen Ebene liegt die Häufung der Tiermetaphern (Lamm, Sperling, Wurm); handelt es sich doch um Tiere, die im Neuen Testament im Zusammenhang mit Erniedrigung und Passion genannt werden. Hier nehmen sie den Leidensweg dieses Kindes andeutungsweise vorweg. Dass der Text einer gläubigen Haltung entspringt und von Ehrfurcht getragen ist, verrät besonders der letzte Teil, wo von der „Mädchenmutter" (eine geglückte Bezeichnung für das klischeehafte ´Jungfrau`) die Rede ist, „die kniet und wieder kniet" und angesichts dieses Bündels um den Glauben ringt (vgl. Lk 2,19).

Die andere Situation, die Autoren zu einer kritischen Reflexion veranlasst, ist die der Schmerzhaften Mutter. Jahrhunderte lang wurde sie als die fraglos Mitleidende, niemals Aufbegehrende, still Duldende verehrt; im 20. Jahrhundert aber wird sie vermehrt als wirklich betroffene Mutter mit den Leiden aller Mütter und Liebenden in der Welt in Verbindung gebracht. Aus jüngster Zeit sind drei Texte zu nennen.

In *Helma Cardauns* „Marienklage"[16] wird dem Leser das Lebensgesetz stellvertretenden Leidens und Tods vor Augen geführt; einer stirbt, damit ein anderer lebt, eine Situation die in Krieg, Forschung, Organverpflanzung gegenwärtig ist. Hier spricht ein lyrisches Ich, vielleicht eine Mutter mit ihrem toten Kind im Schoß, ihre Not vor Maria aus:

> Daß ich es weiß durch dich:
> Immer nur lebt eines
> durch eines anderen Leiden,
> die bethlehemitischen Kinder
> und das ertanzte Haupt
> gaben dir Aufschub –
>
> bis Golgotha.

Dass Leben nur durch den Tod zu haben ist, bleibt als bittere Erkenntnis – als Trost? – mehr nicht.

Ähnlich verfährt *Michael Bartoszek.* 1986 hat er in der Berliner Samaritanerkirche nach einer Aufführung des „Stabat mater" von Pergolesi die ergriffenen Hörer mit einem aktuellen Gegengedicht schockiert. Zur Überraschung aller trug er unaufgefordert zehn Gegengesänge[17] zu der alten Sequenz vor:

> der erste gesang
> du stehst mutter voller schmerzen
> unter dem kreuz
> durch die jahrhunderte

---

[16] Helma Cardauns: Marienklage. In: Heller kann kein Himmel sein. Ausgewählte Gedichte aus dem Wettbewerb für Christliche Literatur. Lyrik 1983. Graz 1984, 27.
[17] Michael Bartoszek: stabat mater. zehn gesänge. (1986) In: Türklinken zum Leben. Vorstellungen. Hg. von Elisabeth Antkowiak. Leipzig 1990, 225-232.

ist dieses stumme bild geblieben
tränen
demutsvoll
dulderin
aber nie
hörte ich deinen schrei

Indem der Autor in den weiteren Gesängen die Gräuel der modernen Welt beschreibt, beschwört er Maria immer wieder mit den Worten: „schrei mutter schrei". Dieser Gesang macht wiederum deutlich, dass das marianische Ideal-bild immer mehr kritisch in Frage gestellt wird.

Eine das traditionsgebundene Publikum provozierende Darstellung hat *Andreas Erdmann* in seinem Theaterstück „Schädelstätte oder Die Bekehrung der heiligen Maria"[18] geboten. Dieser Autor nimmt eine „wütende Demontage der Marienfigur im Stile eines Dario Fo" vor, die „eine ganz eigene Abrechnung mit einer Form von Mütterlichkeit" durchspielt, „bei der eine tiefe Verständnis- und Fühllosigkeit die Kehrseite der inneren Verbundenheit mit dem eigenen Kind sein kann" (16). Maria ist eine ganz irdische Mutter, die einen grotesken Monolog mit ihrem gekreuzigten Sohn aufnimmt, völlig verständnislos seinem Leben gegenübersteht und mit allen Mitteln versucht, ihn von den Todesqualen zu befreien. Das Stück bringt genau die Revolte zum Ausdruck, die viele Christen angesichts der demütigen Duldergestalt Mariens ergreift. Dass dies von manchen Zuschauern als blasphemisch empfunden wird, ändert nichts an der ernstzunehmenden Zielsetzung.[19]

Neben diesen Beispielen, die Einzelereignisse im Leben Marias betrachten, gibt es inzwischen etliche, die das Gesamtbild hinterfragen: Vor allem *Paul Konrad Kurz* hat sich in den letzten Jahren mehrfach mit der Mutter Jesu aus-einandergesetzt. Neben der punktuellen Beleuchtung einzelner Episoden lässt er z.B. in einem Zyklus von neun Gedichten „Maria sprach"[20] diese Frau eine lyrische Rede als Antwort auf eine fiktive Frage: Wie war das mit dir? halten und gibt ihr Gelegenheit, über ihre bescheidene Herkunft, ihren Mangel an Selbstbewusstsein, das Erlebnis ihrer Schwanger- und Mutterschaft sowie ihre Teilnahme an der Passion des Sohnes zu sprechen. Der Text läuft darauf

---

[18] Andreas Erdmann: Schädelstätte oder Die Bekehrung der heiligen Maria. Schauspiel für besondere Anlässe. Kölner Theater *der keller* 2000, zit. nach Spielplan 2000/01, 16.

[19] Eine solche war dem Theaterstück „Das Liebeskonzil. Eine Himmels-Tragödie" von *Oskar Panizza* (Zürich 1895) eher abzusprechen. Dieses Stück setzt sich satirisch spöttisch mit dem frivolen Liebesleben des Borgia-Papstes Alexander VI. mit seinen Frauen, seinen neun Kindern und Mätressen auseinander und zeigt eine ans Blasphemische angrenzende Himmels-gesellschaft, die gegen diesen Sündenpfuhl nichts Gescheites mehr bewirken kann. Maria, hier „in hochmütig-stolzer Haltung", „ausschließlich mit Herrichtung ihrer Toilette, Benutzung eines kleinen Spiegels, sowie Selbst-Besprengung mit wohlriechenden Wässern beschäftigt" (15), treibt den greisen Gott in die Enge „Wer macht dann die Menschen?" (21), verbündet sich mit dem Teufel, um diesen mit Beelzebub auszutreiben.

[20] Paul Konrad Kurz: Maria sprach. In: Der Christ in der Gegenwart. 12/1990. Vgl. auch: Ders.: Maria Maria. Gespräche und Gesänge. Kevelaer 2002. Ähnlich sind auch die Gedichte von *Rudolf Hagelstange* und *Kurt Marti*.

hinaus, zu zeigen was sie erlebt hat und was daraus wurde, geht also genau in die Richtung der hier angemahnten Betrachtung.

Auch andere Autoren und Autorinnen gehen heute diesen Weg. Vielen Lesern ist der Monolog von *Christine Brückner* „Wo hast du deine Sprache verloren, Maria? Gebet der Maria in der jüdischen Wüste" bekannt. Bei *Kurt Marti* „Deiner gedenke ich, Maria" und *Christa Peikert-Flaspöhler* „Maria, ich nenne dich Schwester" wendet sich jeweils ein lyrisches Ich in direkter Ansprache an Maria, sie zur Stellungnahme herausfordernd. Die genannten Autoren argumentieren aus gläubiger Absicht und wollen das abstrakte Marienbild menschlich machen und vom Ballast des Traditionskitschs befreien. Allerdings leidet die poetische Qualität vielfach unter der allzu offenkundigen apologetischen, deklamatorischen Redeweise, die sich in bildfreier Diktion sowie in inhaltlichen und grammatischen Wiederholungen erschöpft.

In die Reihe der Versuche, Maria gegenwärtig zu machen, fallen auch die Transfigurationen, etwa im Rahmen der Weihnachtsgeschichte, z.B. in *Wolfgang Borcherts* Kurzgeschichte „Die drei dunklen Könige", *Marie Luise Kaschnitz'* „Alle Jahre wieder", *Stefan Heyms* „Mary" u.a.

Trotz dieser Versuche in jüngster Vergangenheit fehlt ein Werk von weltliterarischem Rang, in dem Maria als irdische Person ganz ernst genommen und die schwierige Beziehung zu ihrem Sohn aufgearbeitet wird. Ansätze dazu bietet der Roman des Portugiesen *José Saramagos* „Das Evangelium nach Jesus Christus"[21]; hier sind breite Passagen der Familiengeschichte von Maria, Josef, Jesus und seinen Geschwistern gewidmet; hier wird Maria realistisch dargestellt, vom Augenblick der Zeugung des Kindes durch Josef bis zum Weggang Jesu. – Aber die Intention des Romans gilt der Geschichte Jesu und nicht der Mariens.

So zeigt sich bei Maria wie bei vielen Frauen des Alten Testaments, dass ihre heilsgeschichtliche Bedeutung für Bühne und Roman weniger interessant ist als die spektakuläre Tat einzelner Frauen, etwa der Delila oder der Salome, auch wenn diese für die Glaubensgeschichte von Juden und Christen von untergeordnetem Wert sind.

2. Herodias und Salome

Herodias und ihre Tochter, nach Josephus Salome genannt, nehmen eine Sonderstellung ein. Sie gehören in die Überlieferung um Johannes den Täufer und sein prophetisches Wirken. So wie Johannes den Übergang vom Alten Testament zum Neuen Testament darstellt, so gehören auch diese beiden Frauen in diesen Grenzbereich. Der biblischen Tradition zufolge sind sie verantwortlich für den Tod des Täufers (vgl. Mt 14,3-12 parr). In ihrer Geschichte stehen zwei Welten im Widerstreit, die des strengen Judentums und die eines

---

[21] José Saramagos: Das Evangelium nach Jesus Christus. Roman. Deutsch von Andreas Klotsch. Reinbek bei Hamburg 1991.

genussvollen am römischen Hof orientierten Lebens. Herodes Antipas, Sohn von Herodes dem Großen, hat sich in zweiter Ehe mit Herodias, der Frau seines Halbbruders zusammengetan, was nach jüdischem Gesetz sowohl als Ehebruch als auch als Blutschande (Verwandtenehe) sittenwidrig war. Johannes tadelt deshalb Herodes und zieht sich den Hass der Herodias zu. Auf Veranlassung dieser Frau soll Johannes getötet werden, doch der König lässt Johannes aus Furcht vor dessen moralischer Integrität bzw. vor einem jüdischen Aufstand (Mt 14,5) zunächst ins Gefängnis werfen. Herodias aber betreibt weiter die Vernichtung ihres Gegners. Nachdem die Tochter beim Geburtstag des Königs vor einer Anzahl Gäste berückend getanzt hat[22] und Herodes dem Mädchen als Lohn alles zu geben bereit ist, was immer es sich wünscht, verlangt dieses auf Geheiß der Mutter den Kopf des Johannes. Der Wunsch wird ihr erfüllt.

Diese blutrünstige Legende[23] um den gewaltsamen Tod des Täufers hat die Rezipienten Jahrhunderte lang sehr beschäftigt. Mal stand mehr der asketische Johannes im Mittelpunkt des Geschehens, mal mehr die Intrige der Herodias, mal mehr die Erotik der Salome. Die eigentliche Drahtzieherin ist die Mutter, während Salome meist nur als Medium der Verführung eingesetzt wird. In fast allen Werken stehen sich die beiden Welten zwar unversöhnlich gegenüber, doch suchen manche Autoren, vor allem seit dem 18. Jahrhundert, eine Brücke zu schlagen und die Tat psychologisch durch Hass-Liebe der Herodias (z.B. bei *H. Heine* in „Atta Troll") oder der Salome (z.B. bei *O. Wilde*) zu begründen. Der Stoff regte die Produktion einer Reihe von Gedichten und Dramen *vor* 1900 vor allem in Frankreich an, die die Salome zum Prototyp der Femme fatale stilisierten[24]. Im 20. Jahrhundert versiegte das Interesse an Herodias und Salome.

In *Richard Schaukals* Gedichten klingt die französische Tradition noch nach. Er entwirft in „Herodias"[25] einen Auftritt dieser Frau, die durch Aufmachung (Kostüm, Schminke, Farbe, Schmuck), Begleiter (zwei Panther, ein Zwerg, 12 nackte Mädchen) und Gangart (mühsamer Schritt) die lüsterne und morbide Welt des Hofes zur Schau stellt. Wem ihr Auftritt gilt und was sie im Sinn hat, wird nicht gesagt, sondern kann nur aus der biblischen Vorlage bzw. aus den

---

[22] Anders als Waschti, vgl. Ester, Kap. VI.

[23] Auf die Fragen nach der Historizität dieser den Frauen angelasteten Mordgeschichte wird hier nicht eingegangen. Vgl. dazu u.a. Lissy Winterhoff: Ihre Pracht muß ein Abgrund sein, ihre Lüste ein Ozean. Die jüdische Prinzessin Salome als Femme fatale auf der Bühne der Jahrhundertwende. Würzburg 1998, bes. 11-19. Nach der Autorin spiegelt diese Geschichte das typisch frauenfeindliche, antijüdische und körperfeindliche (in Tanz und Schauspiel) Verhalten früh christlicher Kreise.

[24] In *Winterhoffs* Studie werden die Beispiele eingehend analysiert. Da sie fast alle vor 1900 verfasst, zum größten Teil nicht deutschsprachig sind und für die Rezeption der Bibel heute kaum Bedeutung haben, werden sie hier nicht eigens besprochen. Das gilt auch für die beiden deutschen Johannes-Dramen von *Hermann Sudermann* „Johannes" (1898) und von *Karl Weiser* „Jesus" mit dem zweiten Titel „Der Täufer" (1905).

[25] Richard Schaukal: Herodias. In: Ders.: Ausgewählte Gedichte. Frankfurt/Leipzig 1904, 107f.

auf Erotisierung angelegten Rezeptionen des 19. und 20. Jahrhunderts geschlossen werden.

Georg Britting konzentriert seine Ballade „Salome"[26] ausschließlich auf das sinnliche Element des Tanzes[27], dem Herodes erliegt. In acht Strophen malt Britting den Bibelvers: „Da kam die Tochter der Herodias und tanzte" (Mk 6,22) aus und sucht die Erregung, in die der König gerät, in Worte zu fassen. Durch die mehrfache Aufforderung „Tanze, mein Kind" wird der Wirbel gesteigert und durch das Wortfeld erotischer Elemente: „hüpfende Brust", „rauschte das Blut", „saß betäubt", „entblößte" [„sein Gebiß"], „keuchte" und „schnaufte", die schwüle Atmosphäre angeheizt. Von Herodias und Johannes ist im Gedicht nicht die Rede, wohl aber von den Juden, die des Königs „Messer" fürchten.

Einen nicht uninteressanten Aspekt bringt der Pole *Leszek Kolakowski* in seiner Salome-Interpretation[28] in die Rezeptionsgeschichte ein. Er legt im Rahmen einer Liebesgeschichte zwischen Salome und dem gefangenen Johannes den Schwerpunkt auf den philosophischen Disput der Beiden um „Leben und Tod" oder „alle Menschen sind sterblich". Erzählt wird, wie Johannes das Mädchen in die dialektische Fragestellung einführt, damit sie der Wahrheit über das Leben auf den Grund kommt, und wie Salome darüber ihr „Lächeln", das heißt ihre Unbekümmertheit, verliert. Die Erkenntnis über das Leben gipfelt darin, dass der Mensch dem Leben nur durch dessen Gegenteil, den Tod, widersprechen kann. Da das Leben im Kerker für Johannes keine Zukunft hat, erbittet er von Salome ihrer beider Tod. Die Geschichte nimmt den bekannten Verlauf, Johannes stirbt, aber Salome vermag es nicht, sich selbst zu töten, denn sie folgert, dass mit dem Tod von Johannes auch seine Erkenntnisse nicht mehr existieren und diese daher für sie auch nicht mehr bindend sind. Die Schlussfrage des Erzählers, inwieweit Salome am Tod des Johannes schuld sei, wird dialektisch verneint; denn sie hat „sich nach seinen eigenen Grundsätzen" gerichtet und mit ihm „in Übereinstimmung" (106) gehandelt. Ob sie aber unschuldig ist, lässt der Erzähler offen. Die Ambivalenz zwischen Schuld und Unschuld macht nach ihm unsere Welt nämlich nur erträglich. Wie bei allen Erzählungen dieses Autors (vgl. z.B. Sara, Lots Frau) handelt es sich auch hier um eine Parabel, die auf intellektuelle Weise Fragen der Gegenwart mittels alter Topoi abhandelt.

Aus der Reihe der jüngsten Romane über Jesus und seine Zeit sei der von *Gertrud Fussenegger* „Sie waren Zeitgenossen"[29] angeführt, in dem der erste von drei Teilen ganz „Jochanaan" gewidmet ist. Die Erzählung steigert sich

---

[26] Georg Britting: Salome. In: Das große Georg Britting-Buch. Hg. von Ingeborg Schuldt-Britting. Minden 1977; zit. nach Biblische Balladen. Gedichte zu Geschichten aus dem Alten und Neuen Testament. Hg. von Gero Kutzleb. Frankfurt a. M. 1985, 120f.

[27] *Winterhoff* legt in ihrer Studie dar, dass der Tanz im Christentum lange verboten war.

[28] Leszek Kolakowski: Salome – oder alle Menschen sind sterblich. In: Ders.: Der Himmelsschlüssel. Erbauliche Geschichten. (1963). Erweiterte Neuauflage 1981. München [6]1992, 100-107

[29] Gertrud Fussenegger: Sie waren Zeitgenossen. Roman. Stuttgart 1983.

vom sachlich distanzierten Bericht über seine Herkunft, seinen Glauben, seine Zugehörigkeit zu den Essenern von Qumran bis zur dramatischen Schilderung seines tragischen Tods durch den Hass der Herodias, die er „des Vierfürsten *Hure* geschimpft" (46) hat. Mit großer Detailkenntnis und aus der Sicht von fiktiven Personen schildert die Verfasserin die Zustände in Palästina zur Zeit Johannes' und Jesu. Im Mittelpunkt des Geschehens steht die Familie des Priesters Eljakim, eines Bruders des Kaiphas, besonders das Schicksal seines Sohnes Aristobul, ein Aussteigertyp, der einen Lebenssinn sucht und in den Bann des Täufers gerät. Als dieser auf bösartige Weise zu Tode kommt, schließt sich Aristobul den Revolutionären an[30].

Die Struktur des Romans ist einer historischen Darstellung angemessen; sie basiert auf verschiedenen Textsorten (z.B. Briefen, Notizen, Merkzettel, Eilnachrichten, Aufrufe, Vorschriften, Quittungen) und wechselnden Perspektiven. Damit zeigt die Autorin auf überzeugende Weise, wie vielschichtig und vieldeutig die angeblich historischen Geschehnisse zu interpretieren sind. Die meisten Passagen, vor allem die um den Tod des Johannes durch Herodias und Salome, werden z.B. von dem griechischen Arzt Antisthenes, einem Freund des Aristobul, vermittelt, das heißt von einem distanziert stehenden Beobachter, der als Außenstehender skeptisch und leidenschaftslos berichtet, ohne betroffen zu sein. Was die entscheidende Szene anlangt, so folgt die Autorin inhaltlich dem herkömmlichen Muster und schildert Herodias als abscheulichen, von Hass erfüllten „Koloß fettquellenden Fleisches" (66) und Salome als höchst graziles, helläugiges junges Mädchen, das so betörend tanzt, dass alle außer sich geraten, allen voran der betrunkene Herodes.

> Sie versinnbildlichte in diesem Augenblick alle Laster der Welt. Selbst gefühllos und unfähig, auch nur die geringste Lust zu empfinden, erinnert ihr Puppentanz alle Lüste, stellt alle Lüste in Aussicht. Wer ihr folgt, muß sich zu Tode bringen. Sie aber ist schon tot – und damit unsterblich. (72)

Fussenegger greift hier das Klischee der Salome aus der Jahrhundertwende auf, die in einem dämonischen Tanz die Männer um den Verstand bringt. Das Versprechen des Herodes und die Forderung der Herodias entsprechen der biblischen Vorlage, nur dass – sozusagen als retardierendes Moment – hier von einem längeren Widerstand der Tochter gegenüber dem Ansinnen der Mutter berichtet wird.

> Das Flüstern und Hetzen nahm kein Ende. Es schien, je länger es währte, auch gar nicht nach Salomes Sinn zu sein. Sie schüttelte den Kopf. Wich zurück. Wandte sich ab. Sie suchte sich den Fäusten der Feuerroten zu entwinden, doch immer heftiger drang diese auf sie ein. Preßte sie an sich, bedeckte sie mit Küssen, mit Liebkosungen, deren Gewalttätigkeit immer unverkennbarer wurde. Allmählich erlosch des

---

[30] Über Aristobul kommt auch noch Maria aus Med-schel (Magdala), als Schwester von Lazarus und Marta, ins Spiel.

Mädchens Widerstand. Ihr Kopf sank gegen der Mutter Brust. Schließlich, Tränen aus den Augen wischend, lachten sie beide einträchtig und verschworen. (74)

Es folgt ein dramatischer Dialog zwischen Salome und Herodes, in dem das Mädchen zunächst kaltblütig die Forderung der Mutter vertritt. Doch als der Henker schließlich mit Jochanaans Kopf auf der Schüssel in den Saal kommt und ihn ihr präsentiert, ergreift sie Entsetzen und sie weicht davor zurück. Es ist also bei Fussenegger ganz deutlich, dass Johannes nicht durch Salome, sondern durch Herodias zu Fall kommt und das Mädchen – wie andere Töchter im biblischen Kontext – nur Werkzeug in der Hand der Mächtigen ist.

Wie das Bild Evas, Batsebas, Magdalenas wird im letzten Drittel des 20. Jahrhunderts auch das der Salome als typisch männliche Inszenierung entlarvt, so im Monolog der „Salome" von *Christa Peikert-Flaspöhler*[31], der nicht wegen seiner literarischen Originalität, sondern wegen der inhaltlichen Korrektur der Überlieferung von Interesse ist. Danach geht die Bluttat an Johannes einzig auf die Ermordung durch Herodes zurück und wurde später der rachsüchtigen Herodias mit ihrer verführerischen Tochter zugeschrieben (73).

3. Maria und Marta

Ähnlich wie das Schwesternpaar Lea und Rahel im Alten nehmen im Neuen Testament die beiden Frauen Maria und Marta, die Schwestern des Lazarus, eine gewichtige Rolle ein. **Maria** wird als stille, aufmerksame und deshalb gepriesene Zuhörerin charakterisiert (Lk 10,38-42) und bei den Synoptikern als die Frau genannt, die Jesus vor seiner Passion die Füße salbt und mit ihren Haaren trocknet. In der Rezeptionsgeschichte verliert sie ihr Eigenleben und wird mit Maria von Magdala identifiziert (s.u.). **Marta**, in der gleichen Szene bei Lukas als die übereifrige, geschäftige Hausfrau bezeichnet, geht mit diesem Image in die Wirkungsgeschichte ein, ungeachtet dessen, dass ihr im Johannesevangelium bei der Erweckung des Lazarus (Joh 11,25-27) das Messias-Bekenntnis in den Mund gelegt ist, das die Synoptiker den Petrus sprechen lassen. Dennoch hat es Marta in der Wirkungsgeschichte nur bis zur „Patronin der Hausfrauen"[32] und Dienstmädchen gebracht.

So kommen die Schwestern in Darstellungen zum Leben Jesu oder Gedichten stets in den ihnen bei Lukas vorgezeichneten Rollen vor. Maria wird als hingebungsvolle Zuhörerin und Salbenspenderin gepriesen, etwa in den Texten von *Ernst Bertram* „Die Frau zu Bethanien", *Kurt Marti* „salbung in bethanien" und *Paul Konrad Kurz* „Mirjam von Bethanien". Marta hingegen unterliegt, wenn sie überhaupt erwähnt wird, meist dem Klischee der Geringbewertung

---

[31] Christa Peikert-Flaspöhler: Salome. In: Dies.: Niemals mehr wollen wir sprachlos sein. Frauen der Bibel – Frauen heute. Limburg 1993, 69-73.
[32] Martin Bocian: Lexikon der biblischen Personen. Stuttgart 1989, 361.

des tätigen Lebens[33], z.B. in *Sara Maitlands* Erzählung „Martas Liste", was allerdings in neueren Beiträgen in Frage gestellt und korrigiert wird, z.B. in *Christa Peikert-Flaspöhlers* „Marta von Betanien".
Wenn auch in diesem Kapitel keine Romane zum Leben Jesu herangezogen werden sollen, da sie insgesamt nur das biblische Muster der beiden Schwestern bestätigen, so wird mangels anderer Beispiele mit dem Roman „Die letzte Versuchung" von *Nikos Kazantzakis* eine Ausnahme gemacht.[34] Der Autor wählt einen Kunstgriff, um Jesu geheimste Wünsche offen zu legen. Im Augenblick der höchsten Not am Kreuz lässt er Jesus in Ohnmacht fallen und in diesem Zustand, von einem Engel begleitet, die Erfüllung seiner Sehnsucht erleben, nämlich zu sein wie andere. Er findet Magdalena, vereinigt sich mit ihr, muss aber erfahren, dass sie von den Juden als Hexe gesteinigt wird. Noch im Schmerz über ihren Verlust wird er vom Engel zu Maria und Marta nach Betanien geführt und mit den Worten getröstet:

> „Füge dich, gib die Hoffnung nicht auf. Es gibt nur eine Frau in der Welt, doch sie hat unzählige Gesichter, eines entschwindet, und ein anderes steigt herauf. Maria Magdalena ist tot, Maria, die Schwester des Lazarus, lebt. Sie erwartet uns, sie erwartet uns, sie erwartet dich, es ist die gleiche Magdalena, nur mit einem anderen Gesicht." (432)

Hier wird die traditionelle Verschmelzung der beiden Marien auf psychologische Weise gedeutet. Jesu Wunsch nach einer Familie, Geborgenheit im Haus, Zusammensein mit einer Frau und Kindern geht in Erfüllung. Marta lässt Maria den Vorrang. Auch hier begründet der Autor dies mit dem bekannten Muster:

> Martha wartete ruhig, bis Maria geendet hatte und begann: „Ich kann nichts als Brot backen, waschen und ´Ja` sagen. Eine andere Freude kenne ich nicht, Rabbi. Ich ahne als Frau, daß du meiner Schwester den Vorzug gibst, aber laß auch mich mit euch die Luft der Gemeinschaft atmen, laß mich für euch auftischen, euer Bett richten und die Arbeiten des Hauses verrichten." (437)

Dieser Passus ist typisch für die Dienerrolle, die man Frauen nach dem Vorbild „der heiligen Marta" Jahrhunderte hindurch aufoktroyierte. Kazantzakis lässt es allerdings nicht dabei bewenden, sondern Marta ihr Opfer kommentieren, und zwar so, dass sie sich auf andere Weise ihr Recht holen will. Dazu zitiert sie das Beispiel von Rut und Boas und handelt danach. Ähnlich wie die Schwestern Lea und Rahel wetteifern auch Maria und Marta, Jesus Kinder zu

---

[33] Dabei kehrt Jesus in das Haus der Marta ein, die offensichtlich die Hausherrin ist. – Nach Jacob Kremer (Lukasevangelium. Würzburg 1988, z.St.) geht es hier nicht darum, kontemplatives gegen tätiges Leben – im übrigen „eine freie allegorische Ausdeutung" (123) – auszuspielen, sondern den Blick auf die Gemeindesituation z.Zt. der Abfassung des Lukasevangeliums zu lenken und die Mahnung Jesu zu bedenken, die „den hohen Wert des Hörens auf die Predigt [...]" auch für Frauen betont (123).
[34] Nikos Kazantzakis: Die letzte Versuchung. Roman. (1955) Reinbek bei Hamburg 1984.

gebären. Alle sind glücklich. Doch bleibt dem Leser stets bewusst, dass diese Idylle zu dritt nur ein Traum ist.

Die biblische Vorlage wird vom Autor ausschließlich dazu benutzt, der Frauen Ergebenheit und Gebärfreudigkeit zu bekräftigen. Das geschieht nicht nur durch die Handlung oder durch die von Männern vorgebrachten Forderungen, sondern durch das unterwürfige Angebot der Frauen selbst zu dienen, ja sie verweigern geradezu „die Freuden der Ewigkeit" (448) um der begrenzten irdischen Erfüllung durch den Mann willen. Dabei spielt es keine Rolle, dass sich die ganze Episode nur in Jesu Ohnmachts-Traum abspielt; zeigt sie doch exemplarisch, wohin die Wünsche der Männer zielen und wie man Jahrhunderte lang die Bibel nutzte, um willfährige Vorbilder zur Disziplinierung der Frauen zu finden.

4. Die Tochter des Jairus

Ähnlich wie der Auferweckung des Lazarus wurde auch der der Tochter des Jairus immer wieder Aufmerksamkeit geschenkt, gehört sie doch zu den drei Totenerweckungen, die nach alter Katechismuslehre die Gottheit Jesu beweisen sollten. Zudem hat die bei Lukas (8,40-42.49-56) wiedergegebene Schilderung von der Sorge des Vaters um sein einziges Kind, der Jugend des zwölfjährigen Mädchens auf der Schwelle zur Frau, dem scheinbar unabwendbaren Tod sowie der liebevollen Zuwendung, Jesu mit dem Wort „Mädchen, steh auf" die Menschen stets angerührt. So ist es nicht verwunderlich, dass gefühlvolle, romanhafte Ausschmückungen die Szene erweiterten, so bei *Enrica Freiin von Handel-Manzetti*, einer zu Beginn des 20. Jahrhunderts in christlichen Kreisen viel gelesenen Autorin, und bei *Felix Braun*, der die Geschichte dramatisierte.

Felix Braun verlagert in seinem Drama „Die Tochter des Jairus"[35] das Geschehen in die Zeit von Jesu Passion und Tod und verknüpft es zum einen mit der Verzweiflungstat des Judas, der hier als „Fremder" auftritt, zum anderen mit dem Auftritt der Veronika mit dem wundermächtigen Schweißtuch. Die Erweckung der Tochter ist zur Zeit der Handlung schon einige Jahre her, und das Mädchen, das übrigens auch in dieser Dichtung keinen Namen hat, verzehrt sich in Sehnsucht nach dem Gesicht ihres Retters. Ihm allein hängt sie an, so dass sie den vom Vater als Bräutigam akzeptierten Joseph von sich weist. Dieser, von Braun als skeptischer Gegenpart ins Spiel gebracht, ist gewillt aufzugeben, als durch das Erscheinen Veronikas mit dem Schweißtuch alle außer dem Fremden, der sich im Garten erhängt hat, gläubig in die Knie sinken und die Tochter als Seine Braut wie alle anderen „Den neuen Morgen" (186) erwartet.

---

[35] Felix Braun: Die Tochter des Jairus. Ein Laienspiel in einem Akt. (1944) In: Ders.: Ausgewählte Dramen. Salzburg 1960, 155-186.

Das Stück hat nur mehr historischen Wert. Es liegt auf der Ebene der frommen Bibelspiele, die zwar inhaltlich eine nicht uninteressante Personenkonstellation bringen, die Einzelfiguren aber nicht entwickeln und in der Sprache nicht über gut gemeinte Deklamation hinauskommen.

Das stellt sich in dem Gedicht von *Gertrud Fussenegger* „Thalita kumi"[36] anders dar. Die Autorin setzt den entscheidenden Ausspruch Jesu bei der Erweckung als Titel und lässt damit eine Übertragung auch auf andere ausweglose Situationen zu.

> Thalita kumi (Mägdlein steh auf)
>
> Die schwarzen Zehen
> wie Raubtierkrallen gekrümmt
> die Klageweiber
> sie hocken auf ihren Fersen
> wiegen sich
> Gelächter
> wütend
> birst aus gespannten Kehlen
> „Das Mägdlein schläft nur?"
> Selbst die Mutter
> stößt es
> tränenblind
> „Das Mägdlein schläft nur?"
> Im Rasen glänzt der rote Ball.
>
> Thalita kumi
>
> Aber die kleine Nase
> so spitz und gelb
> im Augenwinkel
> sitzt schon die Fliege.
>
> Thalita kumi
>
> Wird denn der Gartenweg
> wieder zwitschern
> mit seinen Kieseln
> unter dem kleinen Fuß
> wird denn der Brunnen
> wieder klimpern
> selig daß er sie tränke?

---

[36] Gertrud Fussenegger: Thalita kumi (Mägdlein steh auf). In: Dies.: Widerstand gegen Wetterhähne. Lyrische Kürzel und andere Texte. Stuttgart 1974, zit. nach: Biblische Balladen. (Anm. 26), 130f.

Thalita kumi

Über den See
flieht ein Segel
von der Schwinge gescheucht
den der Kiel
in die glanzlose Fläche ritzt.

Thalita kumi

Er ist tot
der dich erweckte.
Der Ball
modert im Rasen
der Brunnen
vom Salz der Tränen
bitter geworden und Lauge
die Kiesel knirschen
unter dem Schritt der Spötter.

Thalita kumi

Ein junges Weib
häkelt ein Windelband
in allen Wesen
ist Er auferstanden.

In sechs ungleich langen frei rhythmisch gefügten Abschnitten, die immer wieder beschwörend durch den Kehrreim „Thalita kumi" getrennt werden, beschreibt die Autorin die Situation vom Tod des Mädchens bis zur Auferstehung Jesu und schlägt damit den Bogen von der Einzelepisode zur Zentralaussage dieser Begebenheit im Neuen Testament. Das Gedicht beginnt düster: Klage und schrilles Gelächter der Klageweiber, die hier wie Geier geschildert sind, und die von Trauer gezeichnete Mutter weisen Jesu Trost „Das Mädchen schläft nur" in einer wütenden bzw. „tränenblinden" rhetorischen Frage von sich. Im zweiten Abschnitt wird wie von einem neutralen Beobachter unter Hinweis auf die Physiognomie der Toten und auf die Fliege der Tod des Mädchens bestätigt. Im dritten Abschnitt hellt sich das Bild durch die Frage nach dem verwaisten Garten, dem Spiel- und Lebensbereich des Kindes („der rote Ball"; der Brunnen; das Geräusch ihrer Schritte auf den Kieseln), etwas auf und wird in der Vorstellung von fliehenden Todesengel (4. Abschnitt) Hoffnung angedeutet. Der Leser ahnt den guten Ausgang, der im Folgenden als Ergebnis bestätigt wird („der dich erweckte"). Allerdings geschieht dann das Unerwartete: Nicht die Freude der Eltern wird thematisiert, sondern der Tod des Erweckers. Mit den gleichen Bildern: Ball, Rasen, Brunnen, Kiesel, die zuvor als Metaphern der Hoffnung dienten, wird jetzt die Verzweiflung über den Tod des Helfers symbolisiert. Alle Gegenstände werden als der Verwesung preisgegeben beschrieben: der Ball „modert", das Wasser des Brunnens ist vom Salz der Tränen zur bitteren Lauge geworden, die Kiesel übertragen nicht mehr das Geräusch fröhlicher Schritte, sondern nur die der Spötter. Der letzte Abschnitt schildert zwar wieder im Bild der jungen Frau, die sich auf die Geburt eines Kindes vorbereitet („häkelt ein Windelband"), eine zukunftsträchtige Situation; aber die Auferstehung wird nicht personal auf Jesus bezogen, sondern auf das neue Leben in allen Wesen: „in allen Wesen/ist er auferstanden".

Fusseneggers Gedicht hebt sich wohltuend ab von den apologetischen Texten vieler Autoren, die seit etwa 30 Jahren die Wertschätzung der biblischen Frauen herausstellen wollen. Sie bleibt im Bild und vermag die gleichnishafte Episode ins Allgemeine zu heben.

5. Veronika, die Frau am Weg nach Golgota

Nur in Lk 23,27-30 ist von Frauen am Weg zur Kreuzigungsstätte die Rede. Es sind die Frauen, die traditionsgemäß die Totenklage (vgl. die klagenden Frauen bei der Erweckung der Tochter des Jairus) anstimmen. Die Legende hat diese Szene ausgeschmückt, aus ihr entstanden verschiedene Stationen des Kreuzwegs und rührende Szenen in Passionsspielen. Eine Frau wird stets besonders herausgestellt, mit dem Namen Veronika versehen und mit einer barmherzigen Tat der Liebe in Verbindung gebracht Sie reicht der Legende nach Jesus ein Tuch, damit er sich den Schweiß abtrocknen kann; als er es ihr zurückgibt, hinterlässt er darauf die Spuren seines Gesichts.[37]

Es gibt verschiedene romanhafte Ausschmückungen dieser Legende. Gelegentlich kommt Veronika in Erzählungen vor, die rund um den Kreuzweg angelegt sind und fiktive Erlebnisse von einzelnen Personen ausgestalten. So führt sie *Felix Braun* im oben genannten Drama „Die Tochter des Jairus"[38] – ganz im Legendenstil – als Überbringerin der Heilsbotschaft von Jesu Erlösung ein.

Die einzige interessante Transfiguration findet sich bei *Gertrud von Le Fort* in ihrem Roman „Das Schweißtuch der Veronika"[39]. Wie in der Legende das Schweißtuch, so spiegelt hier die Hauptfigur Veronika das Erbarmen Christi; denn sie will auf alle Tröstungen der Sakramente verzichten, um ihrem glaubenslosen Geliebten in seiner Gott-Ferne nahe zu sein. Ohne Wissen um die

---

[37] In den apokryphen Pilatusakten wird die Frau, die Jesus vom Blutfluss geheilt hat, ´Beronike` genannt und steht als Zeugin für Jesus vor Pilatus. Frühe Legenden wissen von einer Veronika, die Jesus ein Tuch übergab, damit ein Porträt von ihm gemalt würde; als sie es zurück erhielt, zeigte es den Abdruck von Jesu Gesicht. Dass eine Frau namens Veronika Jesus das Tuch auf dem Kreuzweg gereicht haben soll, steht erst in der Legenda aurea.

[38] Braun (Anm. 35).

[39] Gertrud von Le Fort: Das Schweißtuch der Veronika. Roman (1928) und: Der Kranz der Engel. Roman (1946) Einsiedeln/Köln 1947.

Zusammenhänge nennt er sie „Spiegelchen". Der Roman lebt ganz aus der katholischen Glaubenswelt und fand z.Zt. seines Erscheinens große Resonanz. Da Veronikas Verhalten dem der kirchlichen Lehre entgegen steht, drohte eine Indizierung des Buches, konnte aber wegen des gesamt gläubigen Tenors abgewendet werden.

6. Die Frau des Pilatus

Obwohl diese Frau nur in einem Nebensatz erwähnt wird und die Exegeten sich nur am Rande mit ihr befassen, hat die dieser heidnischen Frau in den Mund gelegte Bemerkung „Laß die Hände von diesem Mann, er ist unschuldig, ich hatte seinetwegen heute Nacht einen schrecklichen Traum" (Mt 27,19) die Literaten immer wieder beschäftigt. Die meisten Passionsspiele greifen diese Szene auf und gestalten sie legendenhaft aus. Doch es konnten immerhin drei Texte ausfindig gemacht werden, die diese Frau in den Mittelpunkt der Betrachtung stellen.

Sara Maitland erzählt in „Claudia Procula schreibt einen Brief"[40] von einer gelangweilten, mit sich und der Welt unzufriedenen Frau, die den Traum nur erfunden hat, um ihren abergläubischen, zaudernden Mann zum schnellen Handeln zu bewegen, dass er diesen Priestertyp schnell aus der Welt schafft und sich ihr vielleicht wieder mehr zuwendet.

Das schwer zu entschlüsselnde Gedicht von *Konrad Weiß* „Claudia Procla"[41] hingegen schildert aus tief gläubiger Haltung die Not der Frau, dass sie das an Jesus verübte Unrecht nicht hat verhindern können.

Aus einem ähnlichen Impuls heraus entwickelt auch *Gertrud von Le Fort* in ihrer Novelle „Die Frau des Pilatus"[42] die Hauptfigur. Wie Maitland wählt auch sie die Briefform: Praxedis, die ehemalige Sklavin und Dienerin der Frau des Prokurators, schreibt an Julia, die Gattin des Decius Gallicus, um sie über die Ereignisse in Jerusalem und die Folgen für ihre geschätzte Herrin Claudia Procula aufzuklären. Diese Geschichte entzündet sich der biblischen Vorlage gemäß an dem Traum, der die Frau des Pilatus erschreckt. Hier liegt wohl auch die reizvollste Stelle zur Ausgestaltung: Was hat die Frau geträumt? Le Fort beantwortet die Frage dahingehend, dass Claudia den Passus aus dem Credo „Cruxifixus etiam pro nobis sub Pontio Pilato, passus et sepultus est" (10) von vielen Menschenstimmen in den verschiedensten Räumen, die die Epochen des Kirchenbaus von der Antike bis zur Neuzeit symbolisieren, immer wieder hört, gesprochen, geflüstert, gesungen. Das erschreckt sie zutiefst, zumal sie ihren Mann herzlich liebt und ihn vor einer solchen Verurteilung die Zeiten hindurch bewahren möchte. Die Geschichte nimmt den bekannten Verlauf. Pilatus lässt

---

[40] Sara Maitland: Claudia Procula schreibt einen Brief. Aus dem Englischen von Angelika Brunner. In: Dies.: Ich und mein Engel. Würzburg 1998, 87-93.
[41] Konrad Weiß: Claudia Procla. Aus dem Nachlass. In: Ders.: Gedichte. Zweiter Teil. München 1943, 172f.
[42] Gertrud von Le Fort: Die Frau des Pilatus. Novelle. Frankfurt 1955.

sich in seinem Urteil nicht beirren. Danach wird Claudia immer ernster; denn sie fühlt sich als Frau des Verurteilers tief mitschuldig. Da sie sich ihrem Mann nicht erklären kann, sucht sie nach religiösem Trost und glaubt ihn in der jungen Christengemeinde zu finden. Aber auch hier bleibt sie einsam und unglücklich, eine Außenstehende, denn zur Taufe müsste sie ihre Identität preisgeben. Erst die Christenverfolgung lässt sie den letzten Schritt tun, sie geht wie die anderen in den Märtyrertod, ihr Leben als Sühne für die Schuld ihres Mannes opfernd.

Um alle Direktaussagen zu vermeiden, wählt die Autorin eine doppelte Distanz. Der Leser erfährt die Ereignisse nur aus der Rückschau über die Spiegelfigur Praxedis, die alles beobachtet hat und nur das wiedergibt, was ihre Außenansicht zulässt. Wenn auch die Sprache mehr den erbaulichen Stil traditioneller Legenden nachahmt als die der Prosa der Zeit nach dem Zweiten Weltkrieg, so ist der Autorin doch eine lesenswerte Deutung der Leerstelle gelungen. Wie in vielen ihrer Werke geht es ihr auch hier um den Konflikt zwischen Gerechtigkeit und Barmherzigkeit, um stellvertretende Sühne und Blindheit des Herzens.

7. Lydia und ihre Schwestern

Wenn auch zu den Frauen der jungen Kirche, z.B. Chloë, Tabita, Lydia, Phöbe, Priska, fast nichts an literarischen Werken zu finden ist, so soll doch zumindest durch den Titel eines Unterkapitels die Leerstelle deutlich werden. Wie bereits gesagt, werden zwar einzelne Frauen in Paulusromanen erwähnt, aber sie gewinnen kein Eigenleben, obwohl sie in den urchristlichen Gemeinden großen Einfluss hatten. Da die Zurückweisung von Frauen in Leitungsfunktionen seit der Urkirche immer mehr Platz griff, verschwand auch das Interesse, ihr Leben literarisch zu gestalten. Zwar fehlt es heute nicht an Versuchen, einzelnen Gestalten in feministisch apologetischen Schriften Recht zu verschaffen, doch hat es zu einer überzeugenden poetischen Gestaltung bisher nicht gereicht.

Für die Christianisierung Europas ist z.B. die Purpurhändlerin Lydia in Philippi von entscheidender Bedeutung (Apg 16,11-15). Sie hat sich aufgrund der Predigt des Paulus als erste mit ihrem ganzen Haus taufen lassen und die Gemeinde eingeladen, sich in ihrem Haus zu versammeln. In einem Gedicht von *Heinz Piontek* „Der Traum auf Troias Schutt"[43] wird ihrer und der aufmerksamen Zuhörerinnen bei der Predigt des Paulus gedacht. Der Autor malt die Szene am Fluss aus, schildert den eifrigen Prediger und die aufmerksamen Hörerinnen. Der Name ´Paulus` fällt nicht; die Identität des Wanderpredigers ist aus einzelnen Angaben, die der Bibel kundige Leser kennt („Zeltmacher", „vielleicht Epileptiker", „Makedonien", die winkende Gestalt), und aus dem

---

[43] Heinz Piontek: Der Traum auf Troias Schutt. In: Ders.: Werke in sechs Bänden. München 1980, Bd. 1, 320ff.

Namen „Lydia", der das Gedicht beschließt, zu entnehmen. Es gilt ferner zu bedenken, dass Piontek in seinem Gedicht von den Trümmern des alten „Troias" spricht, dessen Untergang vom Streit um eine Frau ausging. Auch der Aufbruch in eine neue Welt und in eine neue Zeit ist wiederum an das Schicksal einer Frau geknüpft.

Vergleicht man Anzahl und Qualität der Texte in diesem Kapitel zu den Frauen – allen! – im Neuen Testament mit manchen im Alten, z.B. zu Delila, Rut, Ester, Judit, so ist das Desinteresse offenkundig. Ein Grund für die geringe Beachtung liegt sicherlich darin, dass die Autoren jüdischer Herkunft ein intensiveres Verhältnis zu ihrer Geschichte haben als die Christen. Deren große Bezugsperson ist Jesus von Nazareth, daneben seine Mutter als Ideal einer Heiligen und Maria Magdalena als Prototyp einer Sünderin, Büßerin und Heiligen, also einer Frau, die für die lebenden Frauen Vorbildfunktion haben soll.

VIII. Maria von Magdala,
eine exemplarische Rezeptionsgeschichte

Im Gegensatz zu den meisten biblischen Frauengestalten ist die Legendenbildung und literarische Verarbeitung der **Maria von Magdala** besonders
umfangreich und höchst kontrovers. Das liegt daran, dass in ihrer Person
mehrere Traditionsstränge zusammenlaufen, die viel Stoff zu spannungsreicher
legendärer und literarischer Gestaltung bieten, sodann aber vor allem daran,
dass sich der Legende nach die polarsten Formen der Liebe, die käufliche und
die geistige, in dieser Frau vereinigen. Magdalena gilt als „Sünderin" par
excellence und wird zu einer „Erlösten", der sich Jesus besonders innig zuwendet. Zudem spann die Legende unzählige Geschichten um diese Frau, und die
christliche Kunst fand in ihr ein reizvolles unverwechselbares Sujet, weibliche
Schönheit (unbedeckte Haut, offenes Décolté, gelöstes Haar, prächtige Klei-
dung) und hingebungsvolle Haltung, also einen Hauch von Erotik, im sakralen
Raum darzustellen. Im nachkonziliaren Schott-Meßbuch wird sie wie folgt
charakterisiert:

> Maria von Magdala wird im Lukasevangelium (Lk 8,2) an erster Stelle
> unter den Frauen genannt, die Jesus geheilt hatte und die ihn dann be-
> gleiteten und unterstützten. Daß sie die Sünderin war, die Jesus im
> Haus des Pharisäers Simon die Füße wusch (Lk 7,36-50), und daß sie
> die Schwester der Marta und des Lazarus war (Lk 10,38-50); wird in
> der abendländischen Liturgie seit Papst Gregor dem Großen allgemein
> vorausgesetzt, ist jedoch nicht sicher. Dagegen wird klar berichtet, daß
> sie beim Kreuz Jesu stand (Mk 15,40-41), daß sie beim Begräbnis Jesu
> dabei war (Mk 15,47) und am Ostermorgen mit anderen Frauen zum
> Grab ging (Mk 16,1-8). Ihr ist der auferstandene Herr zuerst erschienen
> und hat sie mit der Osterbotschaft zu den Jüngern gesandt (Mk 16,9;
> Joh 20,14-18).[1]

Neben diesem biblischen Befund erfuhr Maria von Magdala zudem eine reiche
theologische Deutung als Symbolfigur.
In der geistlichen Schriftauslegung des frühen Mittelalters wird sie zum Beispiel als die **Braut des Hohenliedes** gesehen, die ohne Furcht unter dem Kreuz
bei ihrem Bräutigam ausharrt, ihn nächtens im Grabe sucht, die Wächter nach
ihm fragt und ihn schließlich als Gärtner findet. Damit wird sie zum **Sinnbild
der Kirche** und in der Folge zum **Vorbild der Seele**, „die Jesus, ihren Bräutigam sucht".[2] *Gregor* leitet diesen sinnbildlichen Charakter allerdings aus ihrer

---

[1] Schott-Meßbuch für die Wochentage II, Freiburg/Basel/Wien 1984, 1118.
[2] Ingrid Maisch: Maria Magdalena. Zwischen Verehrung und Verachtung. Das Bild einer Frau
im Spiegel der Jahrhunderte. Freiburg/Basel/Wien 1996, 38, und die dort angegebene Literatur.
Diese Deutung ist bis heute aktuell, wenn am Festtag der Heiligen im Messformular die

Bekehrung ab: Während nämlich die Pharisäer und Juden dem Herrn die Gefolgschaft verweigern, zeigen ihm die bekehrten Heiden ihre Zuneigung wie Magdalena. Bei *Odo von Cluny* werden dann aus den bekehrten Heiden die reuigen Sünder der Kirche, und in der Sequenz „Exsurgat totus almiphorus" des *Hermann von Reichenau* steht Magdalena als Bildkomplex für „die unerlöste Menschheit (=Babylon), die sich bekehrende alttestamentliche Gemeinde (=Sion) und die endzeitlich erhöhte Kirche (=himmlisches Jerusalem)".[3]

Eine weitere Bedeutung kommt der Heiligen im Anschluss an die Vorstellung einer Personalunion mit Maria, der Schwester von Marta und Lazarus, zu, danach sieht man in ihr das **Vorbild für ein kontemplatives Leben**. Beide Schwestern stehen als Bild für die Kirche, die sich in tätiger (Marta) und kontemplativer (Maria) Lebensweise dem Herrn weiht.[4] In frühester Zeit wird die Einheit der beiden betont, später – etwa seit *Papst Gregor* – wird jedoch der kontem-plativen Versenkung und damit dem klausurierten Mönchsleben der Vorrang gegeben, was Auswirkungen auf das religiöse Leben der Laien bis zur Mitte dieses Jahrhunderts hatte.[5] Magdalenas Heilung (Lk 8,2) wird zudem im Laufe der Zeit mit der Bekehrung der Sünderin (Lk 7,36-50) gleichgesetzt, so dass sie neben Petrus, Paulus, dem Zöllner Zachäus und dem Schächer am Kreuz zum **Prototyp einer Bekehrten** und damit zur Zeugin der göttlichen Barmherzig-keit wird.[6] Dieser Zug wird sich in der Folge so verselbständigen, dass von der Apostolin nichts mehr übrig bleibt.[7]

Andere Kirchenväter und Verfasser von Hymnen deuten Magdalena auch als **Gegenfigur zu Eva**: hier Botin des Lebens, dort Botin des Todes. Nach *Odo von Cluny* wollte Gott den Männern durch eine Frau das Evangelium der Auferstehung kundtun, nachdem sie durch eine Frau in die Fänge des Todes gera-

---

Lesungen aus dem Hohenlied 3,1ff. mit Joh 20,11ff. in Beziehung gesetzt werden. – Auf die gnostische Interpretation wird hier nicht eingegangen, da sie – außer in Schriften der feministischen Theologie – für die moderne Literatur kaum eine Rolle spielt (vgl. Maisch, 27-36). Vgl. dazu auch Elisabeth Gössmann: Maria Magdalena – Zu einem Bild der Frau in der christlichen Verkündigung. Freiburg 1990, 51-71.

[3] Maisch (Anm. 2), 39.

[4] Vgl. Maisch (Anm. 2), 41.

[5] Dass diese Ansicht immer wieder in Frage gestellt wurde, bezeugt z.B. die Rede eines weisen Abts im mittelhochdeutschen „Väterbuch" [...], der einem Gast das Abendessen vorenthält, nachdem dieser die praktische Arbeit zugunsten der Betrachtung geringschätzig bewertet hatte (vgl. Maisch, Anm. 2, 41).

[6] Vgl. Maisch (Anm. 2), 40; außerdem Hans Hansel: Zur Geschichte der Magdalenenverehrung in Deutschland. In: Forschungen und Fortschritte 10 (1936), 273.

[7] Hier ist auch noch zu erwähnen, dass in der Tradition der Armenbibel Magdalena zum einen durch die Prophetin Mirjam mit der Pauke präfiguriert wird: Beide sind Verkünderinnen der frohen Botschaft einer Rettung vom Tode, beide sprechen öffentlich, beide wurden aufgrund einer Versündigung geheilt [...]; zum anderen werden auch männliche Vorbilder des Alten Testaments mit der Heiligen in Zusammenhang gebracht, z.B. Ruben, der im leeren Brunnen den vermeintlich toten Josef sucht wie Magdalena Jesus im leeren Grab; König Kyros (Dan 12), der sich über den lebenden, den Löwen entkommenen Daniel freut wie Magdalena über den auferstandenen Jesus; schließlich David, der seine Sünde bereut wie Magdalena die ihrigen (vgl. Maisch, Anm. 2, 43f.).

ten waren.[8] Diese Linie vom Anfang und vom Ende wird auch in der Gegenüberstellung von Maria und Magdalena verfolgt, wenn Maria als Mutter des Anfangs und Magdalena als Apostola des Endes gedeutet werden.[9]

Der Titel **apostola apostolorum** (nicht nur Botin) wurde ihr bereits lange de facto zuerkannt, bevor er durch *Petrus Abaelard* vermutlich erstmals gebraucht wurde. *Odo von Cluny* lässt seine Predigt in diesen Ehrentitel gipfeln: „Wie die Jünger Apostel genannt werden, weil sie der Welt das Evangelium gebracht haben, so wird die selige Maria Magdalena vom selben Herrn zum Amt der Apostel ausersehen."[10] Diese Würde wird in vielen Predigten und Dichtungen des Mittelalters betont, doch blieb der Auftrag durch den Herrn in der Praxis fast zweitausend Jahre hindurch ohne Folgen, er erschöpfte sich in der Ausführung bei den Jüngern. Danach trat Magdalena zurück, und die männlichen Verkünder – Apostel und Bischöfe – übernahmen allein dieses Amt.[11]

Mehr noch: Maria Magdalena wurde über Jahrhunderte hinweg in ihrer Würdigung als erster Zeugin der Auferstehung beraubt und in der Vulgärtheologie und Volksfrömmigkeit zur heiligen Sünderin umgedeutet. So ist sie den meisten Lesern bekannt. Erst im letzten Drittel des vergangenen Jahrhunderts hat die Theologie – nicht nur die der Feministinnen – die Apostola neu entdeckt.

Als dritte Quelle zur Deutung dieser Gestalt in der Literatur des 20. Jahrhunderts sind noch die Apokryphen „Evangelium der Maria" und der ausladende Legendenkranz zu erwähnen, die sich um den biblischen Befund gerankt haben.

Aufgrund des wachsenden Interesses an historischen Daten und an Reliquienverehrung suchte man die biblischen Angaben nach dem Vorbild zeitgenössischer Viten von Adelsheiligen zu harmonisieren und auszuschmücken. *Odo von Cluny* gibt im 10. Jahrhundert den Anstoß dazu, Magdalena mit vornehmer Herkunft, Herkunftsort, Namen der Eltern, Familienbesitz (Magdala, Betanien, Jerusalem) auszustatten.[12] Später kommen noch die legendären Motive ihrer Schönheit, ihres Reichtums, ihrer Heirat, ihres Ehebruchs, ihrer Beziehung zu vornehmen Römern, ihres Dirnenlebens, ihrer Bekehrung und ihrer lebenslangen Buße hinzu.

---

[8] Vgl. Maisch (Anm. 2), 42.

[9] Diese Deutung findet sinnfälligen Ausdruck auf einem Bildteppich im Historischen Museum zu Basel, auf dem Maria bei der Darstellung des Herrn im Tempel und Magdalena bei der Begegnung mit dem Auferstandenen im Garten als gleiche Figur dargestellt sind.

[10] Odo von Cluny, Sermo II in veneratione sanctae Mariae Magdalenae, PL 133, 721; zit. nach Maisch (Anm. 2), 45.

[11] Vgl. Maisch (Anm. 2), 45.

[12] Vgl. Maisch (Anm. 2), 54ff; ferner Legenda aurea des Jacobus de Voragine, aus dem Lateinischen übersetzt von Richard Benz, Heidelberg o.J. [1925], 470-482; Friedrich Wilhelm: Deutsche Legenden und Legendare. Texte und Untersuchungen zu ihrer Geschichte im Mittelalter. Leipzig 1907; Victor Saxer/Ulrike Liebl: Art. Maria Magdalena. In: Lexikon des Mittelalters, Bd. 6. Hg. von Norbert Angermann u.a. München 1993, Sp. 282-284; Hans Hansel: Die Maria-Magdalena-Legende. Eine Quellenuntersuchung. Bottrop i.W. 1937; Susan Haskins: Die Jüngerin. Maria Magdalena und die Unterdrückung der Frau in der Kirche. Bergisch Gladbach 1994.

Eine weitere Legende verbindet Maria Magdalena mit Maria von Ägypten, einer Prostituierten, die nach ihrer Bekehrung 47 Jahre lang als Einsiedlerin östlich des Jordan gelebt haben soll.

Eine spätere Tradition greift die Verwandtschaft mit Marta und Lazarus auf und erzählt, dass die Geschwister in einem steuerlosen Schiff ohne Segel bis nach Südfrankreich (Marseille) getrieben wurden, dort an Land gingen und das Königspaar des Landes bekehrten. Ihre Gebeine sollen auf Geheiß *Karls des Großen* (8. Jh.) in Vézelay (Burgund) begraben worden sein.[13] Jüngere Traditionen sehen in ihr die Ehebrecherin (Joh 8), die verlassene Braut des Jüngers Johannes oder die von Judas begehrte Geliebte. In neueren Romanen und in Darstellungen zum Leben Jesu wird sie hingegen als dessen Freundin, Geliebte, Ehefrau dargestellt.[14]

Auch wenn man sich nur auf die Vorgabe des Neuen Testaments stützen will, so ist die Kenntnis dieser theologischen Deutungen und Legenden doch notwendig, um literarische Verarbeitungen zu verstehen; denn deren Autorinnen und Autoren schöpfen vielfach aus diesen Quellen, um ihre Werke durch teils dramatische, teils fromme Episoden anzureichern.

Die im Laufe der Jahrhunderte entstandenen, alle diese Bibelaussagen und Legenden paraphrasierenden Gedichte, Erzählungen, Romane und Dramen über und um diese Frau sind kaum zu zählen. Bereits die Osterlyrik des 9. Jahrhunderts „Audite omnes canticum" und „Hic est dies" sowie die Ostersequenz aus dem 11. Jahrhundert „Victimae paschali laudes" sprechen Maria Magdalena einen wichtigen Part zu. Auch in den Passions- und Osterspielen, in den Legenden und Romanen um Lazarus sowie in der Leben-Jesu-Literatur gehört sie stets zum innersten Personenkreis.

Im Folgenden werden anhand ausgewählter Beispiele vier Schwerpunkte der Magdalena-Rezeption im 20. Jahrhundert behandelt: 1. Magdalena – Mischgestalt aus Bibel und Legende; 2. Magdalena – Sünderin und Büßerin; 3. Magdalena – Apostola apostolorum; 4. Magdalena – Parodistin ihrer eigenen Wirkungsgeschichte.

Zu jedem Schwerpunkt werden Werke verschiedener Gattungen in chronologischer Abfolge herangezogen. Dass dabei oftmals auf Werke minderer Qualität einzugehen ist, liegt darin begründet, dass sich kaum Autoren oder Autorinnen von Rang mit biblischen Frauengestalten befasst haben. Auf den Wandel dieses Heiligenbildes in Theologie, Hagiographie und Volksfrömmigkeit wird nur kurz, soweit es zum Verständnis der Adaptionen notwendig ist, eingegangen; im übrigen wird dazu auf die einschlägigen neueren Publikationen verwiesen.[15]

---

[13] Vgl. Odo von Cluny (Anm. 10), 56.

[14] Vgl. Lexikon der biblischen Personen. Hg. von Martin Bocian: Stuttgart 1989, 350-354.

[15] Vgl. u.v.a. Maisch (Anm. 2); Maria Magdalena – die heilige Sünderin. Ein Lesebuch. Hg. von Heinz-Georg Held. Frankfurt a. M./Berlin 1988; Martin Hengel: Maria Magdalena und die Frauen als Zeugen: In: Abraham unser Vater. Hg. von Otto Betz/Martin Hengel/Peter Schmidt. Leiden und Köln 1963, 243-256; Luise Schottroff: Maria Magdalena. In: Befreiungserfahrungen. Studien zur Sozialgeschichte des Neuen Testaments. München 1990, 142-144;

1. Magdalena - Mischgestalt aus Bibel und Legende

Die legendäre Überlieferung der Maria von Magdala bot jahrhundertelang vielen Autoren Stoff zur dramatischen oder romanhaften Gestaltung, die um die Jahrhundertwende eine besondere Blüte erfuhr. Im Gefolge des Dramas von *Paul Heyse* „Maria von Magdala" (1899)[16] entstand eine Reihe von Dramen, Romanen und Erzählungen, die allesamt die Bekehrung der Maria/ Mirjam aus Magdala vom ausschweifenden Leben in Wohlstand und Genuss zur reumütigen Jüngerin Jesu darstellen. Da Heyses Drama auf die meisten der folgenden Adaptionen des Stoffes Einfluss hatte, sei es kurz in seinen wesentlichen Zügen vorgestellt.

Heyse führt Magdalena, eine überzeugte Vertreterin ihres jüdischen Volkes, in einen dramatischen Konflikt:

Maria (Magdalena) hat ihren Mann verlassen und lädt sich allabendlich vornehme Gäste, insbesondere Römer, in ihr luxuriöses Haus ein, um mit ihnen „bei Wein und Lautenspiel" (607) die Nacht zu verbringen; sechs entlässt sie um Mitternacht, den siebten aber erst am Morgen. Dieser siebte ist zur Zeit der Dramenhandlung Judas Ischarioth, dessen hohen Geist und kämpferischen Charakter sie schätzt. Der Römer Flavius, von Marias Schönheit bezaubert, möchte auch einmal der Siebte sein. Aber Maria weist ihn mit der Begründung ab: „Keine Gemeinschaft zwischen mir und einem deines Stammes!" (609); denn sie ist eine entschlossene Jüdin. Durch Flavius erfährt sie jedoch von Jesus, dem Propheten und Prediger aus Galiläa, dem „Messias, den ihr Juden erwartet als den Helfer und Heiland in all eurer Not" (610), und hört, dass Judas, ihr Liebhaber, bereits sein Gefolgsmann sei. Erzählungen von Römern, Mägden und Sklaven vervollständigen das Bild des demütigen Wundertäters. Maria will nun diesen Mann, „der nie ein Weib berührt hat" (615), unbedingt kennenlernen. Das Ansinnen Kajaphas an Maria, sich Jesus zu zeigen und ihn durch ihre Schönheit zur Sünde zu verführen, um „diesen Abgott zum Menschen zu machen" (626), misslingt: Maria wird von einer empörten Menge als „Weib von Magdala, die Ehebrecherin, die Dirne" (627) vorgeführt und zur Steinigung verurteilt. Wie in der biblischen Vorlage von der Ehebrecherin (Joh 8) wird Maria durch Jesu Wort gerettet, was in Maria zu einer totalen Umkehr, einem Bruch mit ihrem bisherigen Leben führt. In ihr wird eine tiefe Liebe zu diesem Herrn geweckt, „die rein ist wie das Sonnenlicht" und „nichts begehrt" (648): „[...] ich bin sein; er aber ist nicht mein" (648), sagt sie zu ihrer Dienerin Recha. Dann folgt der dramatische Konflikt: Ihr Freund Judas wendet sich in rasender Eifersucht, da er solche Liebe nicht versteht, von ihr und von seinem Herrn ab und leitet dessen Untergang ein; Flavius gibt vor, den Meister retten zu wollen, wenn Maria sich ihm hingibt. Nach langem Ringen glaubt

---

Helen Schüngel-Straumann: Maria von Magdala. Apostolin und erste Verkünderin der Osterbotschaft. In: Maria Magdalena – Zu einem Bild der Frau in der christlichen Verkündigung. Hg. von Dietmar Bader. München/Zürich 1990, 9-32.
[16] Paul Heyse: Maria von Magdala. Drama in fünf Akten. In: Ders.: Gesammelte Werke. Erste Reihe. Stuttgart/Berlin 1924, Bd. 5, 597-669.

Maria, Gott dieses Opfer ihres Leibes bringen zu müssen, um Jesus zu retten, will aber danach sterben, sich „retten in die ewige Nacht, die jede Schande begräbt und jeden Aufschrei der Verzweiflung erstickt. Dann gönne du diesem müden Herzen den Frieden!" (654). Im entscheidenden Augenblick öffnet sie jedoch Flavius nicht die Tür. Die Passion nimmt ihren bekannten Verlauf, den der Zuschauer jedoch nur aus den Reaktionen der beteiligten Personen erfährt: Judas, verzweifelt, richtet sich selbst (664); Flavius erkennt im Gekreuzigten den wahren Sieger im doppelten Sinne: im Werben um Maria und im Sieg der Gewaltlosigkeit über die Macht, und kehrt nach Rom zurück (665); Maria glaubt, durch ihre Weigerung, Flavius zu gehören, Jesu Tod verschuldet zu haben, und will in die Einsamkeit der Wüste fliehen, wird aber von Simon mit der Verheißung von Jesu Wiederkehr getröstet und folgt ihm, um den Herrn zu erwarten (666 ff.).

Heyse greift in seinem Drama nahezu alle Faktoren auf, die im Laufe der Jahrhunderte das Bild der Magdalena bestimmten, und zwar sowohl die legendären, wie reiche Herkunft, Schönheit, Stolz, Ehe, Dasein als Dirne, Beziehung zu Römern, Liebschaft mit Judas, Buße, Sehnsucht nach Wüste, als auch die biblischen, wie Besessenheit von sieben Dämonen, Identifizierung mit der Ehebrecherin, Jesu Zuwendung, ihre Heilung, Bekehrung und Gefolgschaft bis unter das Kreuz (hier: bis in den Tod), schließlich ihren Anschluß an die Gruppe der Jünger. Heyse versucht, den Stoff in einen dramatischen Konflikt zu verwandeln, was ihm auch im Ganzen gelingt. Mit Zustimmung ist zu vermerken, dass er der Gefahr entgeht, Jesus auftreten zu lassen, worin ihm Maeterlinck folgt, während andere in ihren epischen Werken ein fiktionales Bild von Jesus geben, das kaum befriedigt. Dennoch bringt Heyses Drama, abgesehen davon, dass der sprachliche Stil für den heutigen Leser nur mehr schwer zu ertragen ist, für die biblische Magdalena nichts Wesentliches.

Ähnliches gilt auch von den Nachfolgern. *Maurice Maeterlinck* bezieht sich expressis verbis auf Heyse, konzentriert aber den Stoff in seinem Drama „Maria Magdalena" (1909)[17] auf drei Akte und zeigt Magdalena in aufrichtiger Liebe zu dem römischen Kriegstribun Lucius, dessen Ansinnen, ihm um den Preis der Begnadigung Jesu für eine Nacht zu gehören, sie ausschlägt ob der geistigen Liebe zu Jesus und dessen Gebot der Reinheit willen.

Auf Heyses und Maeterlincks Linie liegt auch die Erzählung von *Johannes Schlaf* „Jesus und Mirjam" (1901)[18]. Schlaf legt den Schwerpunkt auf die sinnliche Liebe, zu der Mirjam Jesus „verführen" will. Jesus aber weist sie

---

[17] Maurice Maeterlinck: Maria Magdalena. Drama in drei Akten. Jena 1909. Auf den Streit zwischen *Heyse* und *Maeterlinck* wegen der Urheberrechte des Magdalenen-Stoffes wird hier nicht eingegangen; vgl. dazu Stefan Gross: Maurice Maeterlinck und die deutschsprachige Literatur. Eine Dokumentation. Mindelheim 1985. *Maeterlinck* wird als belgischer Autor hier einbezogen, weil er auf die Schriftsteller, z.B. *Johannes Schlaf* und *Rainer Maria Rilke* einen deutlichen Einfluss hatte, was *Hartmut Riemenschneider* in seiner Untersuchung „Der Einfluss Maurice Maeterlincks auf die deutsche Literatur bis zum Expressionismus" (Diss., Aachen 1969) darlegt; die Magdalena-Rezeption berücksichtigt er jedoch nicht.
[18] Johannes Schlaf: Jesus und Mirjam. Der Tod des Antichrist. Erzählungen. Minden 1901, 1-36.

liebevoll zurück und legt ihr die entsagende Liebe um des Himmelreiches willen nahe. Dennoch ist auch er im Innersten berührt und fühlt sich mit ihr „tief in seinem Herzen geeint" (32). Aber Mirjam erträgt die Zurückweisung nicht und wird liebeskrank. Schlaf beschreibt das als Besessenheit, was Jesus veranlasst, zu ihr zu kommen und sie von den Dämonen zu heilen. Die Heilung vollzieht sich in Anlehnung an die eucharistische Gemeinschaft beim Mahl. Dann folgt Mirjam Jesus bis unter das Kreuz; er liebt sie mehr als die Jünger und zeigt sich ihr als erster nach seiner Auferstehung. Danach harrt sie seiner Wiederkehr. – Ähnlich wie die genannten Dramenautoren verkürzt auch Schlaf die Gestalt der großen biblischen Frau auf den Liebesaspekt, und zwar in erotisch-sinnlicher Art, aber, weil die Vorlage es so will, in Entsagung.

Zu erwähnen ist das opulente Epos „Maria Magdalena. Die Geschichte einer Sünderin aus der Zeit Christi" (1902) von *Dietrich Vorwerk*[19], der in einer Mischung aus Legenden, Apokryphen und biblischer Überlieferung die Geschichte dieser Frau metrisch gefügt in ermüdenden Paarreimen und blumigen Worten ausladend (324 Seiten!) erzählt, der biblischen Gestalt aber keinen bemerkenswerten Aspekt abgewinnt.

Schließlich sei noch der zu seiner Zeit viel gelesene „Legendenroman" von *Anna von Krane* „Magna peccatrix. Die große Sünderin" (1908)[20] genannt. Hier spielen die legendären römischen Liebhaber eine ebenso große Rolle wie die biblischen Personen, auf die Magdalena nach ihrer Bekehrung trifft, z.B. Maria, die Mutter Jesu, ihre Geschwister, die strenge Marta und Lazarus, Petrus, Johannes, Judas und endlich auch Jesus, dem sie sich nur ehrfürchtig naht. Er schwebt gleichsam über dem Geschehen und wird – wie ein Gott – von allen mit Ehrfurcht behandelt. Krane schmückt Magdalenas Vita in Anlehnung an die Legende über den Tod Jesu hinaus phantasievoll aus bis zu den Märtyrern der jungen Gemeinde und ihrem Aufenthalt in der Höhle in Südfrankreich, wo sie stirbt und von Engeln begleitet zum „Hochzeitsmahl des Lammes" (258) getragen wird.

Auch *Georg Trakl* greift in einem Dialog aus der Textgruppe „Aus goldenem Kelch" mit dem Titel „Maria Magdalena"[21] den Stoff auf, führt ihn jedoch über die zeitgebundene legendäre, zum Teil kitschige Darstellung hinaus in eine existentiell-religiöse Reflexion über Glauben und Geheimnis. Trakl lässt zwei vornehme Römer Marcellus und Agathon auf dem Weg nach Jerusalem sich über die Schönheit und die Rätselhaftigkeit der Frauen, besonders der Jüdinnen austauschen. Agathon, der Jüngere, ist auf dem Weg zu seiner Geliebten Rahel, freut sich an allem Schönen und will das Leben auf epikureische Weise

---

[19] Dietrich Vorwerk: Maria Magdalena. Die Geschichte einer Sünderin aus der Zeit Christi. Stuttgart 1902.
[20] Anna Freiin von Krane: Magna peccatrix. Die große Sünderin. Legendenroman aus der Zeit Christi. Köln 1908. Der Roman erfuhr im ersten Drittel des 20. Jahrhunderts mehr als 30 Auflagen. Von derselben Autorin stammt auch ein Mysterienspiel „Die Sünderin" mit sechs Auflagen.
[21] Georg Trakl: Maria Magdalena. Ein Dialog (1906). In: Ders.: Dichtung und Briefe. Historisch-kritische Ausgabe. Hg. von Walther Killy und Szklenar. Salzburg 1969, Bd. 1, 195-198.

genießen. Damit löst er im älteren Marcellus die Erinnerung an eine schöne Frau aus, die ihm Zeit seines Lebens ein Rätsel geblieben ist; gemeint ist – wie der Titel ausweist – Maria Magdalena. Er erzählt von ihrem betörenden Tanz in der kleinen Schenke, von ihrem verführerischen Körper, von ihrer Hingabe an reiche und arme Männer. „Sie war die herrlichste Hetäre. Ihr Leib war ein köstliches Gefäß der Freude, wie es die Welt nicht schöner sah. Ihr Leben gehörte der Freude allein." (196) Unfassbar für Marcellus ist, dass sie, von einem einzigen Blick des seltsamen Propheten getroffen, alles aufgibt und diesem folgt:

> Und da kam einer, der ging vorbei, wortlos, ohne Geberde [!], und war gekleidet in ein härenes Gewand, und Staub war auf seinen Füßen. Der ging vorbei und sah sie an – und war vorüber. Sie aber blickte nach Ihm, erstarrte in ihrer Bewegung – und ging, ging, und folgte jenem seltsamen Propheten, der sie vielleicht mit den Augen gerufen hatte, folgte Seinem Ruf und sank zu Seinen Füßen nieder. Erniedrigte sich vor Ihm – und sah zu Ihm auf wie zu einem Gott; diente Ihm, wie Ihm die Männer dienten, die um Ihn waren. (196 f.)

Das Rätselhafte, das die Männer an dieser Frau fasziniert, geht über in das Rätsel ihrer Berufung und darüber hinaus in das Rätsel von Mensch und Gott allgemein. Jedoch mehr als eine Ahnung von den Geheimnissen jenseits der irdischen Erfahrung wird dem Menschen nicht zuteil, lässt Trakl Marcellus sagen:

> Alles das ist sehr verwirrend. Die Götter lieben es, uns Menschen unlösbare Rätsel aufzugeben. Die Erde aber rettet uns nicht vor der Arglist der Götter; denn auch sie ist voll des Sinnbetörenden. Mich verwirren die Dinge und die Menschen. Gewiß! Die Dinge sind sehr schweigsam! Und die Menschenseele gibt ihre Rätsel nicht preis. Wenn man fragt, so schweigt sie. (197)

Auf solche Fragen nach der Welt und ihrem Geheimnis gibt es zwei Antworten: Das Schöne genießen, „also leben und nicht fragen" (197), so die Antwort Agathons, der deshalb jedoch nicht auf tiefere Geheimnisse stößt, oder meditieren und sich erinnern, „Ich erinnere mich. Er hieß Jesus und war aus Nazareth" (198), wie Marcellus sagt, und dem Geheimnis vielleicht ein Stück näher kommen, was Trakl durch die Regieanweisung mit dem Hinweis auf die Sterne zum Ausdruck bringt: „Er geht langsam und gedankenvoll seiner Wege. Es ist Nacht geworden und am Himmel leuchten unzählige Sterne." (198)

Trakl führt in diesem kurzen Dialog drei Möglichkeiten vor, das Leben zu bestehen: in Magdalena die ganze Spanne von sinnenfroher Lust bis zur demütigen Hingabe im Geiste, im jungen Agathon den weltzugewandten, daseinsbejahenden Epikureer, im alten Marcellus schließlich den Zauderer, der über die Geheimnisse des Lebens zwar tief nachdenkt, sich aber nicht im Innersten erschüttern lassen will:

Seine Augen würden vielleicht zu mir gesprochen haben [...] Ich war auf dem Weg dahin [nach Golgatha]. Aber ich kehrte um. Denn ich fühlte, ich würde jene draußen treffen, auf den Knien vor dem Kreuz, zu Ihm beten [...] In Verzückung. (197)

Will er sich die Erinnerung an die sinnenfrohen, „dunklen Traumbilder" (196) nicht nehmen lassen? Liebt er diese Frau und schaut mit Eifersucht auf ihre Umkehr? Fühlt er sich durch die göttliche Verehrung eines Gekreuzigten abgestoßen? – der Text lässt die Fragen offen, wie sie auch für Marcellus unbeantwortbar bleiben.

Hier bei Trakl gewinnt der legendär-biblische Magdalena-Stoff eine neue Qualität. Zwar geht auch dieser Autor von dem bekannten Muster aus, doch wird ihm diese Gestalt zum Symbol für das Geheimnis des Lebens und des Glaubens: „Ich kannte eine, ich sah Dinge geschehen, die ich nie ergründen werde. Kein Mensch würde sie ergründen können. Wir schauen nie den Grund der Geschehnisse." (195)

Alles, was auf Trakls Interpretation noch folgte, ist unbedeutend oder wiederholt nur die bekannten Typisierungen. Nach einer langen Zeit des Desinteresses an diesem Stoff erschienen in den letzten zwanzig Jahren wieder etliche Werke, die die legendären Züge dieser Frauengestalt aufgreifen, aber der theologischen Bedeutung Maria von Magdalas Rechnung nur selten tragen.

Der Roman von *Regina Berlinghof* „Mirjam"[22] z.B. setzt der Kitschproduktion noch ein weiteres Beispiel hinzu. Die Autorin erzählt nach dem bekanntem Muster der Rückschau sowohl die dramatische Lebensgeschichte des Erzählers Yoram als auch die Liebesgeschichte zwischen Mirjam und Jesus bis zur Ehe mit gemeinsamem Sohn. Die Autorin begründet in einem Prolog mittels eines fiktiven Briefwechsels ihr Werk mit dem Fund eines neu entdeckten Evangeliums der Mirjam. Der naiv historisierende, völlig humor- oder witzlose Stil erinnert an die entsprechenden Produkte von *Vorwerk* oder von *von Krane*, nur dass er mit wissenschaftlich dokumentarischem Anspruch auftritt.

2. Magdalena – Sünderin und Büßerin

Inwiefern sich in Bibel und Theologie aus der mit höchster Symbolik belegten Gestalt die begnadete Sünderin und lebenslange Büßerin entwickelte, ist eine vielschichtige Geschichte und kann hier nur kurz skizziert und nicht im einzelnen nachgezeichnet werden.[23]

Der Weg führte von der Frau aus der Gruppe der Myrophoren, der Salbenträgerinnen am Ostermorgen, zur Individualgestalt mit persönlicher Lebensgeschichte. Zunächst vermischten sich unter vielerlei Einflüssen die biblischen Angaben von den salbenden Frauen (Mk 14; Lk 7; Joh 12) mit denen, die den Namen Maria tragen. Seit *Papst Gregor* setzte sich diese Einheitsgestalt durch,

---

[22] Regina Berlinghof: Mirjam. Maria Magdalena und Jesus. Eschborn bei Frankfurt a. M. 1997.
[23] Vgl. dazu bes. Maisch (Anm. 2), 51-87.

wobei je nach Anlass mehr „die Bekehrte, die Liebende, die Osterbotin"[24] betont wurde. Ausgehend von der konkreten Anfrage einer von Sündenangst geplagten Frau stellte Gregor dieser Magdalena als Erlöste vor Augen und schuf damit ein Vorbild, das dem mittelalterlichen Menschen in seiner existentiellen Angst vor Sünde und Gericht Trost spenden konnte. Es ging Gregor und seinen Nachfolgern – wie Maisch betont – nicht um die Abwertung dieser biblischen Frau als Sünderin, sondern allein um seelsorglichen Trost. Dass sich diese Richtung verselbständigte und die lichte Gestalt dieser Heiligen in Kunst und Volksfrömmigkeit trübte, ja nahezu verdrängte, ist nicht allein der Institution Kirche zuzuschreiben, sondern hängt nicht zuletzt mit einer Verlagerung der christlichen Botschaft auf Morallehre, besonders hinsichtlich der Sexualität, zusammen und gilt noch mehr für die Neuzeit in ihrer bürgerlichen und pietistischen Prüderie als für das viel gescholtene Mittelalter. Es kam den männlichen Interpreten allerdings kaum in den Sinn, dass unter „sieben Dämonen", von denen Jesus nach Lk 8 Maria aus Magdala befreit haben soll, auch etwas anderes als sexuelle Begierden, nämlich Lebensangst, Schwermut, Depressionen, Migräne oder dgl. gemeint sein könnten, und „sieben" als Maß der besonderen Intensität oder Stärke und nicht als Maßzahl der sieben Todsünden zu lesen ist. So wurde Maria Magdalena zur Patronin der gefallenen Mädchen, der Ordensgemeinschaften der „Büßerinnen von der heiligen Magdalena" und der Dirnen.[25] Aus dieser Tradition versteht sich der Hinweis in „Faust II" auf die Magna Peccatrix und die Maria Aegyptica sowie der Titel „Maria Magdalena" zu *Friedrich Hebbels* bürgerlichem Trauerspiel, das im 20. Jahrhundert etliche Nachahmungen erfuhr.

Als markantes Beispiel für dieses um die Jahrhundertwende häufig vertretene Motiv von Magdalena, der Sünderin und Büßerin, sei das Gedicht „Magdalena"[26] von *Agnes Miegel* gewählt, das in unbeschreiblicher Verkitschung das Bild der biblischen Frau entstellt. Hier werden die legendären Züge der Büßerin, der Maria von Ägypten und der Magdalena in der Höhle in Südfrankreich miteinander vermischt. Ein nicht zu identifizierendes lyrisches Ich redet eine Frau an, die mit allen Attributen einer barock bildkünstlerischen Dekoration ausgestattet ist: goldenes Haar, edler Schmuck, zarte Glieder, schöne Kleider/Gewänder, duftende Narde, weiches Bett. In jeder Strophe stellt der Sprecher der Büßenden – ist es die Heilige? eine Sünderin? eine Dirne? – ein anderes Attribut der Versuchung oder Verführung vor Augen und kontrastiert es mit dem eindringlichen Ruf zu totaler Umkehr, z.B.

---

[24] Maisch (Anm. 2), 53.
[25] Dass Maria aus Magdala auch eine Patronin des Dominikanerordens ist, dürfte nur wenigen bekannt sein. Vgl. dazu: Benedikta Hintersberger: Dominikanische Gestalten. In: Wort und Antwort 42/2001, H. 3, 136-138.
[26] Agnes Miegel: Magdalena (um 1900). In: Gesammelte Balladen. Düsseldorf 1953, 16f. Vgl. zu diesem Gedicht die Interpretation von *Georg Langenhorst* in: Gedichte zur Bibel. Texte – Interpretation – Methoden. Ein Werkbuch für Schule und Gemeinde. München 2001, 206-209.

Von den rosigen Zehen
Streife die goldenen Ringe ab,
Deine Purpursandalen
Wirf in den steinigen Bach hinab.
Büße, büße,
Goldhaarige Sünderin!
Deine verwöhnten Füße
Schreiten durch Dornen und Disteln hin.

Deine flutenden Haare
Drin die fiebernde Gier gewühlt,
Raufe sie, bis der Morgen
Deine brennende Schläfe kühlt.
Weine, weine,
Steigt der Tag aus des Ostens Tor,
Sieger im Flammenscheine,
Über deiner Buße empor.

Mit welcher Autorität das lyrische Ich hier auf Magdalena einredet, wer mit dem Namen möglicherweise konkret gemeint ist, bleibt offen. Die Beschwörungen: „Büße, büße" (1. Str.); „Schlage, schlage/... dir wund" (3. Str.); „Weine, weine" (4. Str.); „Senke, senke/Deine Stirne" (5. Str.) – lassen an Deutlichkeit nichts zu wünschen übrig. Erst die Zeile „Da sich deiner erbarmte ein Gott" in der fünften Strophe setzt dieser nahezu wollüstigen Peinigung ein Ende. Die beiden letzten Strophen schildern die Zeit der Buße und Entsagung dieser Frau in der Wüste, wo sie in einer „schirmenden Grotte" auf Erquickung durch „Labung" aus dem „Fels" „wartet" (7. Str.). Den „Fels" als Metapher für Christus zu deuten, dürfte im Rahmen dieses Gedichts eher verwegen sein, denn es zeugt an keiner Stelle sonst vom Geist des Evangeliums. Von der Frau, die nach ihrer Heilung durch Jesus (Lk 8, 1-3) diesem bis unters Kreuz gefolgt ist und der er als Auferstandener sich zuerst offenbart, wird kein Wort erwähnt. Ein biblischer Bezug ist also nicht vorhanden. Statt dessen baut die Autorin in balladeskem Ton und in üppigen Bildern ein Szenario von Sünde und Buße auf. Was mag die junge Agnes Miegel bewogen haben, diese Verse zu schreiben? Die Bußübungen, in sadistischer Übersteigerung vorgeschlagen, deuten mehr auf spätmittelalterliche und frühneuzeitliche Bußriten und Züchtigungen, wie sie aus Hexendarstellungen und Praktiken von Sektenanhängern bekannt sind, als auf geistige Erneuerung. Doch gerade wegen der literarischen „Vergewaltigung" dieser biblischen Frauengestalt musste der Text hier behandelt werden, haben doch Autorinnen wie Miegel durch ihr Balladenwerk in der ersten Hälfte unseres Jahrhunderts den Geschmack vieler Leser und Leserinnen beeinflusst.

Ein weiteres höchst theatralisches Beispiel „Die große Sünderin"[27] stammt von *Martin Simon*, einem eher unbekannten Autor, der im Rilke-Stil die Szene Lk 7,36-50 ausmalt.

> Sie schluchzte still, daß sie verloren ginge
> der frohen Botschaft, die sein Mund verkünde ...
> Sie glaubte nicht, daß sich aus solcher Sünde,
> aus solchem Herzen neue Reinheit ringe.
> Sie sei die Hure, schrie sie [...]

Magdalena ist zwar nicht genannt, doch deutet die geschilderte Zuwendung des „Er", Jesus, auf eine Art Dämonenaustreibung hin, wie sie Lk 8,2 von Maria von Magdala erzählt wird. Auch die letzten Worte des Gedichts verweisen auf die Heilige:

> [...]
> sah Er, wie innerlich aus ihrem Blick aufdrang,
> was sie empfangen und nun gehen hieß:
> der Gnade grenzenloser Überschwang...

Das Ganze ist als ungegliederter Textblock präsentiert, der zu zwei Dritteln aus einem indirekt wiedergegebenen leidenschaftlichen Monolog der Frau und zu einem Drittel aus der besänftigenden Schilderung eines teilnehmenden Beobachters besteht. Was den Herausgeber des Bands „Biblische Balladen" veranlasst haben könnte, diese barocke Szene für Leser von heute bereitzustellen, ist rätselhaft.

In diesen Zusammenhang ist das Gedicht „Maria von Magdala" des jüdischen Autors *Fritz Rosenthal*[28] einzuordnen, der wie viele andere Autoren Magdalena mit der Sünderin, die Jesus im Hause des Pharisäers die Füße wäscht, identifiziert. Der Titel deutet zwar auf die hier genannte Frau, sie wird aber nur aus der Außenansicht und aus der Wirkung auf den Gast beschrieben:

> Denn du bist vor allen Sünderinnen
> Deiner Demut halber groß.
> Wisse dies und trage es ganz innen
> In des Herzens urgeheimstem Schoß.

Der Gast, der ob seiner Ansprache an sie nur Jesus sein kann, ist hier die Zentralfigur. An Maria erfährt er den Zauber erotischer Anziehung:

> Lächelnd standen seine Füße
> In dem roten Meer aus Haar
> Und er spürte ihre ganze Süße
> Und er wurde anders, als er war.

---

[27] Martin Simon: Die große Sünderin. Zit. nach Biblische Balladen. Hg. von Gero von Kutzleb. Frankfurt a. M. 1985, 124. Das Gedicht „Die Sünderin" von *Gertrud Kolmar* weist erwartungsgemäß keinen Bezug zum Neuen Testament bzw. zu Magdalena auf.
[28] Fritz Rosenthal (Ben-Chorin): Maria von Magdala. In: Ders.: Das Mal der Sendung. Neue Folge Der Lieder des ewigen Brunnens. München 1935, 70.

Das Bild vom „roten Meer aus Haar", das sowohl in der ersten als auch in der letzten Strophe angeführt wird, verbunden mit „Lüste der Gefahr" (1. Str.) und „ihre ganze Süße" (letzte Str.), weisen eindeutig auf Jesus, dem durch Maria eine neue Erfahrung zuteil wird.[29]

Hermann Hakel hingegen nimmt in seinem Gedicht „Magdalena"[30] die Perspektive der Frau ein und schildert sie als die lebenslang Leidende, wie sie das Kreuz wie einen Pfahl umfasst und klagt, dass sie „den Einzigen" liebt, ja von ihm zur Liebe verführt wurde – „Verführer, er, der niemals wollt' verführen" –, aber nie von ihm ein Kind empfangen durfte:

> Ihr Kind! Sein Kind! Sie hatte nicht geboren ...
> Verloren sind, die einmal sich verloren!
> [...]
> Der Pfahl allein, sonst war ihr nichts geblieben.
> War er kein Mann, was ließ er sich dann lieben?

Wohl kaum ein Autor hat die Qual des Verzichts der Magdalena, vor allem auf ein Kind, so deutlich artikuliert wie Hakel, der als Autor jüdischer Herkunft diesen Mangel in Erinnerung an die alt-jüdische Geschichte auch besonders hervorhebt. Während die christlichen Autoren den Verzicht Magdalenas stets im Licht der Erfahrung mit dem Auferstandenen verklären, versieht Hakel diese mit einem Fragezeichen:

> Blühte die Gruft? Erstand er aus dem Grabe?
> War das der Duft des Öls, die Liebesgabe?

Bis in die fünfziger Jahre und darüber hinaus ist die Tradition der Heiligen als Fürsprecherin der Sünderinnen im Volksglauben lebendig, wie aus dem „Gebet einer Sünderin zur Heiligen Maria Magdalena"[31] von *Christine Busta* zu entnehmen ist:

> Sprich du für mich! Ich nahe mich den Reinen
> nicht gern. Sie sind so langsam im Verstehn.
> Was wissen die, wie nachts ein Kinderweinen
> mich aufschreckt beim Nachhausegehn.
>
> Die Menschen kennt man erst, wenn man mit ihnen
> geschlafen hat. Mich rührt's so kinderklein
> und hilflos an aus den entblößten Mienen:
> Verworfnes will oft nur geborgen sein.

---

[29] An dieser Stelle mag sich der Leser auch an die Passagen in *Nikos Kazantzakis* Roman „Die letzte Versuchung" erinnern; die Versuchung besteht zwar nicht in der Liebeshandlung mit Magdalena, sondern in der Absage an die Gehorsamstat des Sterbens für die Welt, stellt aber dennoch Jesu geheimste Wünsche dar.

[30] Hermann Hakel: Magdalena. In: Ders.: Die Bibel im deutschen Gedicht des 20. Jahrhunderts. Hg. von Julius Schwabe. Basel/Stuttgart 1958, 105.

[31] Christine Busta: Gebet einer Sünderin zur Heiligen Maria Magdalena. In: Dies.: Lampe und Delphin. Gedichte. Salzburg 1955, 18.

Sprich auch für sie! Mir ist nicht dran gelegen,
daß ich in einen fremden Himmel geh.
Schick, wenn ich sterbe, mich als linden Regen
zur Erde wieder und als kühlen Schnee.

Busta schreibt kein Gedicht über Maria Magdalena, sondern lässt ein lyrisches Ich sich an diese Heilige wenden in der Hoffnung, bei ihr Verständnis für seine seelische Not zu finden. Dass Busta bei „Kinderweinen" nicht allgemeines Kinderleid vielmehr Abtreibung oder Kindesmord im Sinn hat, geht aus der Überschrift mit den Stichworten „Sünderin" und „Maria Magdalena" hervor, die als Patronin der bekehrten Mädchen und als Zuflucht der Kindes-mörderinnen galt. Damit wird wiederum nur diese Tradition der Heiligen aktiviert und die ihrer Treue unter dem Kreuz sowie die ihrer Ostererfahrung unterschlagen.

Diese lyrischen Beispiele skizzieren das Bild von Maria von Magdala, das sich um die Jahrhundertwende bis in unsere Tage dem Leser und Zuschauer bietet. Doch wer glaubt, es hätte sich mit Bekanntwerden der kritischen Bibel-wissenschaft und dem Aufkommen einer feministischen Theologie gewandelt, sieht sich enttäuscht; im Gegenteil: die Tradition der „Magdalena Sünderin" (L. Faschinger) ist bis heute nicht abgebrochen, wie dies eine Anzahl von Romanen und Dramen belegt. Sie leitet sich seit *Friedrich Hebbels* „Maria Magdalena" (1844) über zahlreiche Darstellungen „gefallener Mädchen" in Volksstücken[32] und Romanen über *Ludwig Thomas* „Magdalena" (1912), *Ödön von Horváths* „Geschichten aus dem Wiener Wald" (1931), *Franz Xaver Kroetz'* „Maria Magdalena" (1980), *George Taboris* „Der Babylon Blues" (1991), *Peter Turrinis* „Kolportage Tod und Teufel" (1990) bis zu *Lilian Faschingers* Roman „Magdalena Sünderin" (1995), um nur die markantesten deutschsprachigen Beispiele zu nennen, bis in die unmittelbare Gegenwart[33]. Bei den genannten Stücken und Romanen handelt es sich jedoch – anders als in den legendären Werken – ausschließlich um Transfigurationen, das heißt, einzelne Züge der biblischen oder der legendären Gestalt werden in modernem Kostüm und Umfeld aktualisiert.

Das Volksstück von *Ludwig Thoma* „Magdalena"[34], ganz volksnah im Dialekt geschrieben, ist in dieser Reihe das mit dem tragischsten Verlauf.

Die Gütlerstochter Leni hatte Dorf und Elternhaus verlassen und wollte in der Stadt ihr Glück machen. Doch sie gerät auf Abwege, fällt einem Betrüger in die Hände, der sie nicht nur verführt, sondern sie auch – was für die Bauern-gesellschaft noch schlimmer ist – ihrer kleinen Barschaft beraubt. Danach kommt Leni immer mehr auf die schiefe Bahn, macht sich strafbar und wird

---

[32] Vgl. Volker Röhr: Der Magdalena-Typus im Wiener Volksstück Kaiserlicher Prägung. Diss. München 1994, und die dort besprochenen Stücke von *F. Hebbel, J. Nestroy, F. Kaiser, K. Gutzkow, L. Anzengruber, A. Schnitzler, L. Thoma, Ö. von Horváth, F. X. Kroetz.*
[33] Als besonders interessante Verarbeitungen der nicht deutschen Literatur sei zumindest „Magdalena" von *Jan Procházka* (1966) genannt.
[34] Ludwig Thoma: Magdalena. Ein Volksstück in drei Aufzügen. München 1912.

schließlich, da sie sich selbst aufgrund ihrer Beschränktheit nicht verteidigen kann und sich niemand ihrer annimmt, aus der Stadt gewiesen und von der Polizei zu den Eltern in ihr Dorf zurückgebracht.[35] Soweit die Vorgeschichte. Der erste Akt führt in diese Problematik ein. Es geht in den Dialogen zwischen den Eltern, dem traditionsverhafteten, sittenstrengen Vater, Thomas Mayr, und der frommen, um Barmherzigkeit für ihr Kind ringenden Mutter, Marianne, nur um das Thema: Sünde und Schuld, Vergebung und Strafe. Als dritte moralische Instanz kommt noch der Vertreter der Kirche, Köckenberger, hinzu, der sich jedoch durch kirchliche Phrasen aus der Verantwortung zieht und der schwerkranken Frau Marianne jeglichen Trost versagt. Höhepunkt des ersten Akts ist Lenis Heimkehr und ihr Gespräch mit der Mutter. In dieser Szene wird dem Zuschauer nahegebracht, wie Thoma diese Figur angelegt hat. Er will deren Beschränktheit und Stumpfsinn, die sie zu einem Spielball der treibenden Kräfte im Dorf machen, besonders betonen, wenn er laut Regieanweisung verlangt, dass sie bei der gütigen Zuwendung und der tiefen Traurigkeit der Mutter „stumpfsinnig zur Seite" (49) blickt. Leni schlittert im Lauf der Handlung immer tiefer in ihr Unglück hinein, das sie zu durchschauen nicht in der Lage ist. Sie weiß sich nicht mehr ins Dorfleben einzufinden, biedert sich an, ist begierig darauf, einen Mann zu haben (2. Akt), und fragt einen solchen, der in ihrer Kammer war, in ihrer Dummheit um „a paar Markln" (146), damit sie wieder weggehen kann. Das bringt die scheinheilige Bauerngesellschaft vollends gegen sie auf, so dass Leni, der Prostitution bezichtigt, wie eine Verbrecherin vorgeführt wird. Auf diese Szene, die an die Erzählung im Johannesevangelium von der Ehebrecherin (Joh 8, 1-11) erinnert, läuft das Drama hin. Doch Thomas Leni trifft auf keinen verständnisvollen, gerechten Richter wie Jesus in der biblischen Szene, sondern auf ihren sittenstrengen Vater, den die Dörfler die Schande der Tochter empfindlich spüren lassen, so dass dieser keinen Ausweg mehr sieht und die Tochter ersticht[36]. Wie schon Hebbel, so stellt auch Thoma nicht Leni als Sünderin Magdalena an den Pranger, sondern er attackiert eine Gesellschaft, hier die des katholischen Bayerns zu Beginn des Jahrhunderts, deren Religiosität zum Aberglauben ohne Gnade und Barmherzigkeit entartet ist, die den Sünder ausstößt und ihm keine Chance der Resozialisation gewährt. Das kommt in der Schlussszene, die sich unter Gedränge der Burschen, Lärm und Gekreische der Weiber (148-151) vollzieht, überdeutlich zum Ausdruck. Leni wird das Opfer einer sozialen Unmenschlichkeit[37]. Einzig die Mutter Marianne, in deren Namen zwei Heilige

---

[35] Vgl. Klappentext zum Hörspiel: Ludwig Thoma „Magdalena" vom Bayrischen Rundfunk. München (1951) 1992; außerdem L. Thomas Aufsatz „Bauernmoral". In: Ders.: Gesammelte Werke in sechs Bänden, Bd. I, 559-564; Bernhard Gajek: Nachwort zu „Magdalena". München 1985 (Serie Piper 428); Volker Röhr (Anm. 32), bes. 151-164.

[36] Damit greift *Thoma* ein Motiv der Vater-Tochter-Beziehung auf, wie es bei Livius (Virginia) und bei Lessing (Emilia) verarbeitet ist; die Väter bringen ihre Töchter eigenhändig um, um sie vor Schande zu bewahren.

[37] Vgl. Klappentext zur Hörspielfassung (Anm. 35).

genannt sind, Maria und Anna, die eine als Zuflucht der Sünder, die andere als mütterliche Fürsprecherin verehrt, wird nicht nur in ihrer kreatürlichen Mutterliebe gezeigt, sondern auch in ihrem Ringen um Gottes Barmherzigkeit (I, 4). Doch sie kann das Unheil nicht abwenden. Abgesehen davon, dass sie kurz nach Lenis Heimkehr stirbt, ist deren Schicksal von Anfang an besiegelt. Dem Zuschauer wird das symbolisch vor Augen geführt, wenn am Ende des ersten Akts Thomas Regieanweisungen verlangen, dass der Vater auf demselben Stuhl Platz nimmt, auf dem der unerbittliche Kirchenvertreter saß, und er nach dem Gebet den Wachsstock auslöschen soll (134f.). Unmittelbar darauf wird Leni mit Lärm und Gedränge heimgebracht, und das Drama nimmt seinen Lauf. – Außer dem Titel und der damit verbundenen Tradition der Sünderin und Büßerin erinnert im Stück selbst nichts an die biblische Figur.[38]

Ähnlich ist dies bei *Franz Xaver Kroetz* in seiner Komödie „Maria Magdalena – frei nach Friedrich Hebbel"[39]. Wie für Klara bei Hebbel ist es auch für Marie bei Kroetz eine „Schande", dass sie schwanger ist, denn weder der Vater des Kindes (Leo) noch der Geliebte (Peter) stehen zu ihr. Leo gibt vor, sie nicht heiraten zu können, weil ihr Bruder angeblich „ein Verbrecher is" (129) und er durch eine Frau mit einem unehelichen Kind (sein eigenes!) seine Berufskarriere gefährdet sieht, Peter, weil er kein Kind von einem anderen anerkennen will. Abtreibung ist für alle Beteiligten keine Frage der Moral, sondern nur des Geldes bzw. der überzogenen Zeit (6. Monat). Anders als bei Hebbel, in dessen Trauerspiel Meister Anton sich in seiner bürgerlichen Ehre tief verletzt sieht, wird hier die Schande nur mehr als ein „Blödsinn" (134), ein Betriebsunfall gewertet, wie dies aus dem Geplänkel ums Heiraten und ums ledige Kind hervorgeht. Dennoch steht auch die Marie bei Kroetz am Ende von allen verlassen, völlig allein da. Selbst ihr eigener Vater meint „Lieber halt ich mir einen Hund!/Das is ein Kind wo mich nix angeht" (144), und der Bruder verschwindet nach seiner Rehabilitation ohne sich um die Schwester zu kümmern nach München. Ihre Rede „Dann bring ich mich um" (145) ist weder ernst gemeint noch wird sie ernst genommen, so dass Marie am Ende nur ausrufen kann: „[...] die Komödie wachst mir über den Kopf./Ganz unbarmherzig." (146). Auch ihr Spiel mit dem Selbstmord, mit dem sie die Interesselosigkeit und Ignoranz der Männer ihrem Schicksal gegenüber durchbrechen will, scheitert; Vater, Bruder, Geliebter lassen sich beim Skatspiel nicht stören

---

[38] Eine weitere Variante dieses Magdalena-Typus findet sich in *Ödön von Horváths* Stück „Geschichten aus dem Wiener Wald" in der Figur der Marianne, einer mehrfach „verkauften Braut", die ohne Aussicht auf Erfolg gegen die verschiedenen Arten männlicher Arroganz, Heuchelei, Ichsucht und Gleichgültigkeit bei Vater, Beichtvater, Vater ihres Kindes, Bräutigam ankämpft. Sie bezahlt zwar nicht mit dem Leben, sondern mit dem sozialen Abstieg und damit vor dem Hintergrund der Gesellschaft im Wien der zwanziger Jahre einer langsamen physischen Vernichtung. Ödön von Horváth: Geschichten aus dem Wiener Wald. Volksstück in drei Teilen. (1931) In: Ders.: Gesammelte Werke als Taschenbuchausgabe. Frankfurt a. M. 1986, Bd. 4, 101-207; vgl. dazu Röhr (Anm. 32), bes. 172-174.
[39] Franz Xaver Kroetz: Maria Magdalena. Komödie in drei Akten frei nach Friedrich Hebbel. (1972) In: Ders.: Stücke in vier Bänden. Frankfurt a. M. 1989, Bd. 2, 197-256, hier zit. nach F. X. Kroetz: Oberösterreich. Frankfurt a. M. 1974 (es 707).

und haben nur abfällige Kommentare und Aufträge für sie „Mach kein Theater" – „Einhundertzwölf ist Feuerwehr" – „Hol ein Bier" (146f.), so dass sich Marie dem Rollenzwang fügt und mit einem „Ja" abgeht, um für die Männer Bier zu holen (147). Außer ironisch gemeinten Bibelzitaten („Verlorener Sohn", 95), Relikten der katholischen Sozialisation („Mir sind katholisch und ham getan was mir können.", 93; „Im Traum bin ich mitgegangen mit einer Fronleichnamsprozession", 121) und dem Bezug der Titelfigur auf die säkularisierte Tradition der Maria Magdalena enthält die Komödie keinen Hinweis auf die biblische Frauengestalt. Sie ist nicht mehr als eine bissige Parodie auf Hebbels Tragödie, die ihrerseits bereits säkularisiert war. Kroetz' Figuren sind jämmerliche Typen, primitiv, roh, egoistisch bis zur Karikatur, nur aufs Geld aus. Am deutlichsten ist die Umwandlung der Vater-Figur. Er ist nur mehr ein verantwortungsloser, egoistischer Trottel. Und Marie bekommt das, was sie verdient – Nichtachtung.[40] Vor dem Hintergrund der patriarchalischen Ordnung war eine Magdalena-Sünderin eine tragische Figur[41], hier ist sie eine dumme Gans, die sich von ihren Gefühlen und Begierden treiben lässt und die Verantwortung für ihr Leben nicht wahrnimmt.

3. Magdalena – Apostola apostolorum

Viel weniger spektakulär, aber auch im Allgemeinen literarisch weniger reizvoll sind die Werke, die sich eng an die biblischen Vorgaben halten und ausschließlich Magdalenas Heilung von sieben Dämonen, ihr treues Ausharren beim Kreuz, ihre angstvolle Suche nach dem Verstorbenen und ihre Begegnung mit dem Auferstandenen gestalten. Texte dazu sind entweder ganz alt, liegen also vor der Legendenbildung, oder neu, inspiriert von der feministischen Theologie. Dazwischen gibt es einige wenige, die sich an die biblische Überlieferung halten, nicht ohne die Vorstellungen einer reichen bildgestaltnerischen Tradition einzubeziehen.
Zu Beginn des 20. Jahrhunderts ist es *Rainer Maria Rilke*, den Magdalena zu Dichtung und Nachdichtung inspirierte. In den Jahren von 1912-1917 übertrug er Texte verschiedener Herkunft über die Liebe, darunter die Predigt eines russischen Mönchs, die ihm als französischer Sermon vorlag: „Die Liebe der Magdalena"[42]. In der ihm typischen Diktion gestaltet Rilke die verschiedenen Weisen der Liebe dieser Frau zu Jesus als dem Lebendigen, dem Toten und dem Auferstandenen. Wie die Vorlage hält er sich ganz an die biblische Überlieferung, zieht Parallelen zum Hohenlied und deutet feinsinnig Magdalenas

---

[40] Vgl. Jürgen Jacobs: Zur Nachgeschichte des Bürgerlichen Trauerspiels im 20. Jahrhundert. In: Hans-Dieter Irmscher/Werner Keller: Drama und Theater im 20. Jahrhundert. Festschrift für Walter Hinck. Göttingen 1983, 300f.

[41] Vgl. Röhr (Anm. 32), 184.

[42] Rainer Maria Rilke: Die Liebe der Magdalena. (1912) Ein französischer Sermon. Gezogen durch den Abbé Joseph Bonnet aus dem Manuskript Q I 14 der Kaiserlichen Bibliothek zu St. Petersburg. In: Ders.: Die drei Liebenden. Frankfurt (it 355) 1981, 7-31.

Tränen, ihr Haar und ihr ständiges Suchen nach dem Geliebten. Etwa fünf Jahre zuvor hatte er sich in dem Gedicht „Der Auferstandene"[43] bereits der Psyche dieser Liebenden zu nähern versucht:

> Er vermochte niemals bis zuletzt
> ihr zu weigern oder abzuneinen,
> daß sie ihrer Liebe sich berühme;
> und sie sank ans Kreuz in dem Kostüme
> eines Schmerzes, welches ganz besetzt
> war mit ihrer Liebe größten Steinen.

Ein verständnisvoller außen stehender Beobachter schildert einen fast theatralischen Gestus der Magdalena, wie ihn der Leser aus vielen bildlichen Darstellungen kennt: die große Liebende im kostbaren Gewand zu Füßen des Kreuzes und dieses – wie einen Geliebten – umfassend. In der zweiten Strophe folgt dann der Bibel gemäß die Beschreibung ihres Gangs zum Grab am Oster-morgen und ihr Erlebnis mit dem Auferstandenen.

> Aber da sie dann, um ihn zu salben,
> an das Grab kam, Tränen im Gesicht,
> war er auferstanden ihrethalben,
> daß er seliger ihr sage: Nicht –

Rilke wählt aus der Rede Jesu nach Johannes 20,11-18 nur das eine Wort „Nicht", also die Abwehr ihres Wunsches, ihn zu halten. Von Auftrag, Botschaft an die Brüder, ist nichts gesagt. Er lässt die Frau – ihr Name wird in dem ganzen Gedicht nicht genannt – sodann in „ihrer Höhle", die als die legendäre Höhle oder auch als das Innere des Menschen gedeutet werden kann, über die Vorgänge nachsinnen und zu einer Liebenden werden, „die sich nicht mehr zum Geliebten neigt", das heißt, ihn nicht mehr körperlich zu berühren trachtet, wie es ja nach der Tradition von dieser Frau wie von keiner Person aus Jesu Umfeld sonst erzählt wird.

> um aus ihr die Liebende zu formen
> die sich nicht mehr zum Geliebten neigt,
> weil sie, hingerissen von enormen
> Stürmen, seine Stimme übersteigt.

Es scheint Rilke also nicht um die Verkündigung der Botschaft von der Auferstehung zu gehen, sondern um die persönliche, leidenschaftliche Liebe der Magdalena zu dem sich ihr entziehenden Jesus. Von der großen biblischen Apostola ist hier nichts zu spüren.
Es gibt noch ein weiteres Gedicht von Rilke, das, obwohl mit „Pieta"[44] über-schrieben, nicht Maria, die Mutter Jesu meint, sondern eindeutig Maria von Magdala in den Mund gelegt ist:

---

[43] Rainer Maria Rilke: Der Auferstandene. (1908) In: Ders.: Werke. Kommentierte Ausgabe in vier Bänden. Hg. von Manfred Engel/Ulrich Fülleborn/Horst Nalewski/August Stahl. Frankfurt a. M. 1996, Bd. 1, 534.

So seh ich Jesus, deine Füße wieder,
die damals eines Jünglings Füße waren,
da ich sie bang entkleidete und wusch.

Auf diese Erinnerung an die tränenreiche „Fußwaschung" im Hause des Pharisäers Simon lässt Rilke die Frau sodann um die nie vollzogene Liebe klagen:

Nun bist du müde, und dein müder Mund
hat keine Lust zu meinem Munde –
O Jesus, Jesus, wann war unsre Stunde?
Wie gehn wir beide wunderlich zugrund.

Das Gedicht liegt ganz auf der Linie der legendär ausgeschmückten Liebesbeziehung zwischen Maria und Jesus, die nach dem Zeugnis der Bibel jedoch
nie zum Vollzug kam.

Ähnlich privat gestaltet auch *Josef Weinheber* in seinem Gedicht „Auferstehung" (1937)[45] Magdalenas Liebe zu Jesus. Über mehrere Strophen hinweg
ist ihr die Klage um den verlorenen Geliebten in den Mund gelegt:

Da ich dir einst die Füße wusch
mit meiner Tränen Quell,
rang wie ein Schwert dein Zauberblick
in meine wirre Seel.

Wie hat dein mildes Manneswort
Mir bitter wehgetan
„Wer ohne Sünde ist ..." Mir war,
Ich müßte sterben dran.

Weinheber greift die üblichen Metaphern und biblischen Erzählungen, die auf
Magdalena gemünzt werden, auf und formt daraus eine zum Teil simpel ge-
reimte, rührselige Geschichte von der dem Heiland nachweinenden Sünderin.
Ihre Klage mündet in den Erzählerbericht von der Auferstehung und
Magdalenas Begegnung mit dem Herrn:

Da ging die Sonne strahlend auf
über Jerusalem
Und mitten inne stand der Herr
im goldnen Diadem.

Sie hatte keine Träne, nur
die Augen schwanden ihr.
Und eine Stimme war und sprach,
ganz nah: „Ich bin bei dir."

---

[44] Rainer Maria Rilke: Pieta. (1906) In: Ders. (Anm. 43), Bd. 1, 460.
[45] Josef Weinheber: Auferstehung. In: Ders.: O Mensch, gib acht. (1937) Sämtliche Werke in
fünf Bänden. Hg. von Josef Nadler/Hedwig Weinheber. Salzburg 1954, Bd. 2, 285f.

Bis zum letzten Wort bleibt der Text im Privaten der Zweierbeziehung. Es fällt schwer, in diesem Liebesgedicht Magdalena als Prototyp der Seele, die ihren Bräutigam sucht, zu sehen; dafür sind die Aussagen über die Erweckung der Liebenden zu irdisch und das Wortfeld: Tränen, Schwert, Zauberblick, wirre Seel, verflucht, brennend, bitter wehgetan, sterben, zu direkt.

Auch *Rudolf Alexander Schröder* gelangt in dem Gedicht „Ostern"[46] nicht über eine versifizierende Bibelparaphrase hinaus:

> Es war die Zeit vor Morgengraun,
> Maria ging, das Grab zu schaun,
> Da war hinweg der Stein.
> Sie sieht`s und läuft, ob sie geschwind
> Den Petrus und Johannes find,
> Und meldet es den zwein.

Bereits die erste Strophe zeigt, dass es sich um schlichte Gebrauchslyrik handelt, die dem Bild der Magdalena nichts hinzufügt oder es in neuem Licht zeigt. Solch gut gemeinte Verse gibt es in der Folge noch etliche; sie werden hier jedoch nicht weiter beachtet.

Dagegen geht *Konrad Weiß*, der zu unrecht wenig bekannte katholische Dichter von hoher Bildkraft, höchst sensibel mit dem Stoff in „Lied Magdalenas"[47] um. In sieben, kunstvoll gereimten Strophen lässt er Magdalena ihr Leben und ihre Begegnung mit dem Herrn meditieren:

> Ringt mein Herz mit seinem Herrn,
> wie es immer schon getan,
> wandr' ich und auf alter Bahn
> fängt mein Sinn zu läuten an,
> Licht hat einen dunklen Kern
> und in Nächten wächst der Stern.
>
> Übung bringt des Herren Zucht
> wie der Sommer sein Gesetz;
> daß verletzt ich ihn verletzt,
> schlägt er meinen Gang ins Netz,
> wandernd halte ich die Frucht,
> denn der Herr ist auf der Flucht.
>
> Aus der Ohnmacht wird ein Recht,
> aus dem Licht ein Kern entleibt,
> fällig, wie die Blüte stäubt,
> kommt die Schwere, die betäubt,

---

[46] Rudolf Alexander Schröder: Ostern. In: Ders.: Die geistlichen Gedichte. Berlin/Frankfurt 1949, 170. Auch das „Osterspiel" von Rudolf Alexander Schröder (1938) bringt keine weiteren Aspekte zu dem Thema.
[47] Konrad Weiß: Lied Magdalenas. In: Ders.: Das Herz des Wortes. Gedichte, Erster Teil. München 1948, 241.

Wechsel geht durch mein Geschlecht
wie zur Ernte Magd und Knecht.

Schau ich in die Fülle dann,
was geblieben mir, verheißt
eine Glocke, die nicht speist,
hin und her ein dunkler Geist,
sieh ich bin in Weib und Mann,
daß die Quelle fließen kann.

Fort mit Ringen ohne Rat,
doch mit fast entschloßner Brust
sagend, auch die Himmelslust
wird in Trennung nur bewußt,
flecht ich mit Warum die Statt,
wo der Herr mich offen hat.

Wie verharr ich nur so bloß
irdisch, daß ein Wirbel raunt,
fast verführerisch gelaunt,
bleibe wach, die Seele staunt,
doch mein Stolz ist hoffnungslos
eingesenkt in meinen Schoß.

Wo der Sinn im Kern entzweit
mich beschläft, bin übermannt
ich der Kern nicht, doch das Band,
das den Herrn ins Dunkel spannt,
Blatt im dunklen Licht gefeit
ist der Sommer meine Zeit.

In schwer zu entschlüsselnden Bildern, vor allem im Spiel mit den Wortfeldern
´Licht` und ´Frucht`, umschreibt Magdalena ihre innere Wandlung: wie der
Herr sie fesselt und sie wiederum ihn halten will. Bereits die erste Strophe
bringt das Bild eines Ichs, das zwischen dem alten, dunklen Dasein und einem
neuen, lichten Leben schwankt und sich damit meditierend auseinandersetzt.
Magdalena spricht von dem mühsamen Prozeß der Umkehr, von „Zucht" und
„Recht", von „Trennung" und „Fülle" und immer wieder vom „Kern", dem
Zentrum von „Frucht" und „Licht" als Metapher für das Innerste in der Frau, in
das der Herr eingedrungen ist und das er freigelegt hat. Das Gedicht lebt von
Bildern der Gegensätze: „Licht hat einen dunklen Kern" (1. Str.); „daß verletzt
ich ihn verletz" (2. Str.); „Wechsel geht durch mein Geschlecht/wie zur Ernte
Magd und Knecht" (3. Str.) u.a. Magdalena spricht hier für Mann und Frau
gleichermaßen, also nach traditioneller Theologie für die Seele, die der Herr zu
sich selbst befreit und zur Reife führt. Die biblischen Metaphern von der
Heilung der Maria von Magdala von sieben Dämonen (Lk 8,2) und des end-

gültigen Glaubens an den Auferstandenen (Joh 20,11-18) sind hier gemäß des Geheimnischarakters dieser Ereignisse fast hermetisch chiffriert und dem unmittelbaren Zugang des Lesers/Hörers entzogen. Hätte Weiß seinem Gedicht nicht den Titel „Lied Magdalenas" gegeben, wäre eine Entschlüsselung kaum möglich.

Noch weniger hat der Leser bei den folgenden sieben Zeilen von *Friederike Mayröcker* „Eine Fußreise ohne Ende"[48] in der Hand:

> Eine Fußreise ohne Ende
> eine Pilgerfahrt auf den Knien
> alle Wege sind bestreut mit Dornen
> die Flußläufe die ich durchqueren muß
> habe ich selbst geweint
>
> aber deine flüsternde Stimme trägt dich fort
> und die beinah verwehte Fußspur deiner Liebe

„Fußreise", „Pilgerfahrt", „Wege" erinnern an die legendären Wege der Heiligen durch Galiläa und Judäa bis nach Frankreich, „Flußläufe" aus Tränen, „flüsternde Stimme", „Fußspur deiner Liebe" an ihre liebende Gefolgschaft. Lassen sich die ersten fünf Verse noch relativ sicher als Aussprüche eines pilgernden Ichs (Magdalenas?) deuten, so geben die freistehenden beiden letzten Zeilen Rätsel auf. Verschiedene Deutungsmöglichkeiten bieten sich an: Das Ich spricht sich aus Distanz selbst ermutigend an, den Weg der Liebe fortzusetzen, oder das Ich wendet sich an einen anderen, einen sich entfernenden Partner, der sich noch aus seinen Spuren erkennen lässt; schließlich ist auch eine weitere Stimme von außen denkbar, die dem Ich Mut zuspricht, auf die innere Stimme zu hören und den dornigen Weg weiterzugehen. In jedem Fall enthalten die Verse insgesamt etwas von der Glaubensbiographie eines modernen Menschen, der sich auf lebenslanger, beschwerlicher Pilgerschaft auf innere Eingebungen („flüsternde Stimme"; „verwehte Fußspur") verlassen muss.

Ganz nah an der biblischen Tradition bleibt *Paul Konrad Kurz* in seinen Gedichten um Maria Magdalena. Während ein frühes aus den sechziger Jahren „Maria von Magdala"[49] in mächtigen verfremdenden Metaphern Marias Lebensweg, ihre Ohnmacht im Kampf mit den Dämonen (1. Str.), ihre Heilung und Befreiung aus der „Zwingnis" durch Jesus (2. Str.) und ihre uneingeschränkte Gefolgschaft als Zeugin (3. Str.), nachzeichnet, reduziert der Autor später seine Sprachmittel auf knappe, litaneiartig reihende Darstellung[50]:

---

[48] Friederike Mayröcker: Eine Fußreise ohne Ende. In: Dies.: In langsamen Blitzen. Berlin 1974, 16.

[49] Paul Konrad Kurz: Maria von Magdala. In: Ders.: Gegen die Mauer. München 1966, 15.

[50] Paul Konrad Kurz: Osterpassion. Szenische Gedichte zu Kreuzweg und Auferstehung. Ostfildern 1995, 33.

Wir durften mit dir essen
Wir durften zu deinen Füßen sitzen
Wir durften dich salben
Wir hörten dich wir sahen dich
Wir waren entzückt
als deine Worte uns berührten

Das Gedicht ist mit „Die Marien" überschrieben und bezieht sich einmal auf die verschiedenen Frauen mit diesen Namen in den Passionsgedichten, zum anderen auf die verschiedenen Überlieferungen von Frauen im Neuen Testament mit dem Namen Maria, die in der Hagiographie unter „Maria Magdalena" subsumiert wurden. Das gesamte Werk „Osterpassion" ist getragen von der Intention, die Anteilnahme der Frauen an Jesu Lebens- und Leidensweg in ein positives Licht zu stellen.

Auch den zahlreichen Gedichten zu Frauen im Neuen Testament von *Christa Peikert-Flaspöhler* in ihrem Band „Niemals mehr wollen wir sprachlos sein"[51] ist literar-ästhetisch nur unter Vorbehalt zuzustimmen. Am besten gelungen, da sprachlich dicht und im Bildcharakter überzeugend, sind die Texte aus früheren Jahren „Maria aus Magdala" von 1988 (117f.) und „Maria von Magdala – unter dem Kreuz" von 1989 (132); die neueren verfallen, vielleicht unter dem Diktum des Titels, in apologetische Rhetorik, z.B. „Ja, ich liebe ihn" (119-131), „Apostolin Mirjam aus Magdala" (133-135) und „Das gerngespielte Männerspiel" (137-140), letzteres ist eine Auseinandersetzung mit dem traditionellen Magdalenen-Bild in lyrischer Prosa. Hier sei der erste Teil eines geglückten Gedichts „Maria von Magdala" (117) vorgestellt:

Mißtrauen
einzige Macht
im Gefängnis der Krankheit
einziges Schild
gegen Geißelhiebe
aus dem Mund der Gerechten

Brot warfen sie
vor meine Füße
wie einem Hund
der nicht springen kann
aber ich leckte
ihre Sandalen nicht
im verborgenen Winkel
wusch ich das Brot mit Tränen
ehe ich aß

---

[51] Peikert-Flaspöhler: Niemals mehr wollen wir sprachlos sein. Limburg 1993, 117-140.

Liebe aus deiner Hand
fand vom Scheitel bis in
die Zehenspitzen
und ich träumte
das neugeborene Kind

Nach bekanntem Muster ist der Text als Rollengedicht konzipiert. Magdalena lässt ihr Leben Revue passieren. Zwischen die Worte „Mißtrauen" und „Geheimnis" (II. Teil) spannt sie ihren Bericht. Gesundes Misstrauen, das ihrem ungebrochenen Stolz entspringt, hegt sie gegen die vermeintlich Gerechten, die ihre „Krankheit" schamlos ausnutzen und ihr den Lohn vor die Füße werfen. Sie lässt sich nicht in die Erniedrigung drängen, sondern bewahrt sich einen Rest Stolz und rettet ihre Würde. Das Brot, den Lohn der Schmach, wäscht sie mit Tränen heimlich rein. Sie begegnet einem Du – der bibelkundige Leser weiß, dass „deiner Hand" die des Herrn ist –, das sie heilt. Heilung und Heiligung durch Handauflegen ist eine uralte sakramentale Handlung, die den Betroffenen ganz durchdringt „vom Scheitel bis in/die Zehenspitzen", also Leib und Geist, Fühlen und Denken, Sehen und Gehen erfasst, so dass er neugeboren lebt. Für Magdalena ist das neue Leben wie ein Traum. Davon spricht sie im II. Teil des Gedichts, in dem sich die Bilder für erlöstes Dasein häufen: „Befreite", „Lebensströme", „Sonne kosten", „windbewegt". Über das Geheimnis ihrer Liebe zu Jesus und Jesu Liebe zu ihr spricht sie nicht. So lebensrettend es war, den „Gerechten" Mißtrauen entgegenzubringen, so fraglos wird sie das „Geheimnis" der Liebe hüten.

Auch *Ernst Eggimann* spricht in einem Abschnitt seiner „Jesus-Texte" (1972)[52] vom Geheimnis der Liebe zwischen Jesus und Maria Magdalena:

jesus
ich stelle mir vor
du hast maria magdalena
die schön war und
nach blüten duftete
geliebt

als du sie umarmtest
war ihre hingabe
so groß
wie deine göttliche liebe

ich stelle mir vor
diese nacht
außerhalb der geschichte
die alle moral überwand

---

[52] Ernst Eggimann: Jesus-Texte. In: Wem gehört die Erde, neue religiöse Gedichte. Hg. von Paul Konrad Kurz. Mainz 1984, 115-118, 118.

erlöse uns
jesus
von den christlichen sünden
mache uns frei

In der Aufbruchsstimmung der frühen siebziger Jahre wagte es Eggimann, dem
Leser die Liebe zwischen Maria Magdalena und Jesus als eine sinnliche und
geistige vor Augen zu führen, und glaubt, in einer solchen Umarmung hätte
sich menschliche und göttliche Liebe gepaart. Eine kühne Erlösungsperspek-
tive wird da aufgezeigt.
Als letzter erwähnenswerter lyrischer Text sei der von *Kurt Marti* besprochen:[53]

prophetin

einst hätte man dich
als visionärrin heilig gesprochen
oder als hexe
auf dürrem holzstoss verbrannt
(zwei seiten derselben medaille)

noch früher
finde ich dich
unter levantinischen frauen
die in jesu wanderkommune
die menschenfreundlichkeit gottes
zu leben versuchten

du: auf mittäglicher klippe
mit deinem wickelkleid spielend
im winde der weht
wie er will:
uns auszuwickeln
uns einzuwickeln
in gebet und gedicht
in glauben und liebe –

prophetin
einer magdalenischen zeit

Aus der Gruppe der genannten Frauen greift Marti – wie die letzte Zeile
bestätigt – Maria Magdalena heraus. In einer Art innerer Zwiesprache wendet

---

[53] Kurt Marti: prophetin. In: Ders.: gedichte am rand. Stuttgart 1984, 43. Die Titelformulierung
deutet darauf hin, dass es sich hier um Randbemerkungen, Kommentare, Meditationen,
Gedankenspiele eines Lesers zur Bibel handelt, so hier auf Lk 8,1-2. In der ersten Auflage
1964 war das Gedicht noch nicht vorhanden, es scheint also aufgrund der Anstöße einer feministisch orientierten Theologie entstanden zu sein.

sich ein lyrisches Ich an diese Frau und ruft sich ihre außerordentliche Wirkung und Biographie vor Augen. Da sich die Rolle dieser Frau als Apostola (vgl. Joh 20,14-18) jedoch bis heute noch nicht erfüllt hat, lautet der Titel „prophetin".

Im ersten Abschnitt erfolgt so etwas wie eine vorwegnehmende Zusammenfassung des Folgenden. Wer sich wie Maria von Magdala so dem stillen häuslichen Leben enthebt, dem begegnet die Öffentlichkeit („man") mit Bewunderung („visionärrin") oder Feindseligkeit („hexe"): Altar oder Scheiterhaufen. Die sprachliche Umwandlung von ´Visionärin` in „visionärrin" erinnert an eine Einschätzung von Heiligkeit, die Menschen mit solcher Lebensgestaltung oftmals in die Nähe der Narren, Spinner, Verrückten schiebt. Der Sprecher hier rückt die schizophrene Reaktion der Öffentlichkeit zwar ironisch von der Gegenwart ab, „einst", die abschließende Anrede „prophetin" aber besagt, dass die positive Einschätzung dieser Apostola noch aussteht.

Der zweite Abschnitt stellt die Beziehung zum Lukastext her. Bleibt diese Figur zunächst eingebunden in die Gruppe oder Beispiel für eine allgemeine außerordentliche Frau, Heilige oder „Hexe", so wird sie im dritten Abschnitt in ihrer Besonderheit hervorgehoben. Ihre exponierte Stellung findet sprechenden Ausdruck im Bild von der „mittäglichen klippe". Im Wort ´Mittag` schwingen Vorstellungen von Zenit des Tages, Wendepunkt vom Aufgang zum Untergang der Sonne, Stunde des vollen Lichts, Stunde der Entscheidung mit. Bei „klippe" assoziiert der Leser: Fels, umgeben von Wasser, Wellen und Wind; aber auch Sturm und Brandung, Ausgesetztsein und Einsamkeit, Abstand und Überschau. In dieser Position sieht der Sprecher diese Frau. Hier spricht er sie ausdrücklich mit „du" an, und der sich anschließende Doppelpunkt – Doppelpunkte und Gedankenstrich sind die einzigen Interpunktionszeichen in diesem Text – weist auf die hohe Bedeutung der folgenden Aussagen hin. Die mehr oder weniger manierierten Metaphern erinnern an die legendäre Verführungskunst und Schönheit dieser Frau, die sich nun aber in den Dienst der Verkündigung von Jesu Menschenfreundlichkeit stellt. Das folgende Bild vom „winde der weht/wie er will:" greift den Vers „der Geist weht, wo er will" (Joh 3,8) auf, und darf als göttliche Bestätigung des Wirkens dieser Frau verstanden werden. Der zweite Doppelpunkt lenkt die Aufmerksamkeit von der Frau auf den Inhalt ihrer vom Geist gewirkten Verkündigung: In einem reizvollen Wortspiel mit dem Verb ´wickeln` umschreibt der Autor das Evangelium von Leben und Liebe. Bei ´auswickeln` denkt der Leser an ´einen Inhalt freigeben`, ´einen Kern hervorholen`, ´Binden abnehmen` – Bilder wie ´der Schmetterling in der Puppe` oder ´der erweckte Lazarus` („Bindet ihn los!") drängen sich auf; ´einwickeln` hingegen meint das Gegenteil, nämlich ´heilende, schützende Binden umlegen`, ´den Kern hüten, pflegen, bewahren`, ´einen Gegenstand verbergen`, ´ihm eine schmuckvolle Hülle geben`. Die Bilder stehen hier für Starre und Belebung, Tod und Leben: „uns auszuwickeln" aus den Fesseln der Verhärtung, der Krankheit, des Todes und „uns einzuwickeln" in das Kleid der Beweglichkeit, der Gesundheit, des Lebens. Was an Maria Magdalena selbst geschah, ist ihre Prophetie auch für uns. Dazu wurde sie nach Joh 20,14-18 ausdrücklich berufen. Sie zeigt eine sanfte Macht der Verführung zu einem menschenfreundlichen, besonders frauenfreundlichen Gott und kündet ein neues Zeitalter „einer magdalenischen Zeit" an, in dem diese Züge Gottes im Mittelpunkt von Lehre und Predigt stehen. Die ausführliche Behandlung von Martis Gedicht legitimiert sich aus der neuen, wenn auch in manchem etwas gekünstelten Bildersprache, die der Autor wagt, und der Würde, die er Maria von Magdala zuspricht.

Es kommt nicht von ungefähr, dass in diesem Teil bisher ausschließlich Gedichte aufgeführt wurden. Wie bereits mehrfach betont, gibt es im deutschsprachigen Raum kaum Großformen über weibliche Gestalten des Neuen Testaments, die einem ästhetischen Anspruch genügen. So auch nicht zu „Magdalena – Apostola apostolorum". Weder das Opernlibretto „Jesu Hochzeit" von *Lotte Ingrisch*[54] noch die Passagen über Magdalena in *Gertrud Fusseneggers* Roman „Sie waren Zeitgenossen"[55] können die Lücke füllen. Letztere erschließt zwar geschickt Handlungen und Charaktere nur aus Zeugnissen Dritter, aus Briefen, Notizen, Gesprächsaufzeichnungen, Rechnungen u.a., bleibt also in Distanz zu den biblischen Personen, der Gestalt Marias von Magdala wird sie aber kaum gerecht. Die Autorin führt sie als junges Mädchen, Schwester von Marta und Lazarus, ein, lässt sie durch die unglückliche Liebe zu Aristobul, der Zentralfigur des Romans, zur Streunerin und Hure werden, die schließlich von „einem" – Jesus ist nicht genannt – gefunden und zu ihren Geschwistern zurückgeschickt wird. Die Erzählerin erspart dem Leser die direkte Begegnung von Maria und Jesus, die in fast allen Romanen ins Kitschig-Sentimentale abgleitet, wie die folgenden Beispiele zeigen.

Luise Rinsers Roman „Mirjam"[56] war in den achtziger Jahren ein vielgelesenes Buch, doch sind die Vorbehalte gegen den Roman tiefgreifender als sein Wert für die Rezeption der Maria von Magdala in der Moderne. Im Grunde schreibt Rinser einen Jesus-Roman und wählt als Spiegelfigur Maria aus Magdala, die sie wie die anderen Personen mit ihrem aramäischen Namen Mirjam nennt. Nach Rinser ist sie die wichtigste Gefolgsfrau Jesu, die mit den kostbaren Salben, aber nicht die Sünderin. Sie greift zwar manche legendären Faktoren auf, doch ist ihr Anliegen, Maria Magdalena ihre ursprüngliche Würde zurückzugeben, unverkennbar.

Mirjam lebt in einer Höhle in Südfrankreich und erzählt im Rückblick ihre Lebensgeschichte. Dabei versucht sie, das Geheimnis des Jeschua zu ergründen, gibt aus ihrer Sicht die biblische Geschichte wieder, kommentiert sie (dies vor allem in Gesprächen mit Jochanan) und setzt sich mit der Überlieferung auseinander, besonders mit der Tradition, die sich um ihre Person

---

[54] Lotte Ingrisch: Jesu Hochzeit. Mysterienoper in zwei Akten. Musik von Gottfried Einem. Berlin und Wiesbaden 1979. In diesem Zusammenhang sind außerdem erwähnenswert die nicht deutschsprachigen Werke: „Die letzte Versuchung" Roman von *Nikos Kazantzakis* (1955), Film von *Martin Scorsese* (1988), das Filmmusical „Jesus Christ Superstar" von *Norman Jeweson* (1972), der Film „Jesus von Montreal" von *Denys Arcand* (1989), die alle Maria von Magdala eine tragende Rolle zusprechen.

[55] Gertrud Fussenegger: Sie waren Zeitgenossen. Roman. Stuttgart 1983.

[56] Luise Rinser: Mirjam. Roman. Frankfurt 1983.

rankt. Was sie in Bezug auf die biblische Überlieferung um Jehuda sagt, gilt für ihren gesamten Bericht: „Dies [Jehudas Eifer] und vieles andere muß ich zurechtrücken, und ich kann es, denn ich bin das lebendige Gedächtnis. Nichts ging mir verloren, denn ich habe nichts als meine Erinnerungen." (67)

Rinser gestaltet Mirjam als eine wilde Makkabäerin, die seit einer flüchtigen Begegnung mit dem Knaben Jeschua (16f.) von diesem nicht mehr loskommt, als eine leidenschaftliche von Jugend an gegen die Zwänge des Frauseins im Judentum revoltierende Frau: Sie lernt die Thora wie ein Junge, weist die Freier ab, geht allein auf Wanderschaft, schließt sich der Jüngerschar an und wird von Jeschua nicht nur geduldet, sondern ausdrücklich mit dem von ihm überlieferten Wort zur Nachfolge „Komm" (53) gerufen. Er zieht sie in seine besondere Nähe und erklärt ihr seine Botschaft. Nicht Petrus, nicht Johannes, sondern Mirjam gibt er den Auftrag, die verängstigte Jüngerschar zusammenzuhalten. Wie ein „Hirtenhund" (244) soll sie wirken und Jesu Botschaft vom Friedensreich verkünden: „Dies ist ein Auftrag: Lebe die Einheit alles Lebendigen, lebe die Liebe" (215). Während er dies sagt, legt er ihr die Hände auf und weiht sie gleichsam zur Priesterin. Mehr oder weniger chronologisch lässt Rinser ihre Ich-Erzählerin die Ereignisse der Bibel nacherzählen. Mirjam weiß alles, sie ist überall dabei oder es wird ihr zugetragen (z.B. die Ereignisse auf Tabor, am Ölberg, im Abendmahlssaal) oder sie spricht mit Geheilten und Bekehrten. Aus der Jüngerschar spielen die Apostel Schimon, Jochanan, besonders aber Jehuda, der Freiheitskämpfer und Tatmensch, eine besondere Rolle. Mit Jochanan führt Mirjam endlose theologische Gespräche über Jesu Predigten und Taten, und mit Jehuda fühlt sie sich verwandt. Er liebt Mirjam und sie ihn. Nach der Katastrophe weint sie um ihn, nicht um Jeschua.

Der Roman endet nicht mit Ostern oder Pfingsten, sondern greift noch aus auf die Zeit der jungen Kirche und die Ereignisse um Paulus. Dieser wird von Mirjam (Rinser) als Feind der Frauen und Machtpolitiker darstellt (326ff., bes. 328), vor dem Mirjam mit anderen Frauen (Lazarus und Geschwistern) nach Provincia (Provence, Südfrankreich) flüchtet. Während sie dort ihr Leben Revue passieren lässt, setzt sie sich kritisch mit Pauli Bekehrung, seinen Predigten und der Kirchengründung auseinander. In einer Vision schaut sie voraus in das 3./4. Jahrhundert, sieht zwar die Sache Jeschua verraten, sich aber dennoch in ihrer Hoffnung auf das Friedenswerk bestärkt (330ff.).

Die Botschaft des Romans von Luise Rinser ist nicht die der Bibel. Jeschua ist zwar der große Andere, er ist von Geheimnis umgeben, spricht mystifizierende Sätze, aber seine Gottessohnschaft wird an keiner Stelle auch nur angedeutet. Seine Botschaft wird verkürzt auf die vom Friedensreich. Es ist viel von „Liebe" und „Frieden" die Rede, von „der großen Einheit alles Lebendigen", aber die zentralen Bereiche: Sünde, Umkehr, Erlösung, ewiges Leben sind ausgespart. Das Jesusbild ist auf das Irdische verkürzt, auf Gerechtigkeit und Freiheit. Sünde ist nur im Sinne von irdischer Ungerechtigkeit zu verstehen, nicht als geistiges Elend, als Hochmut Gott und den Menschen gegenüber. Das ist Luise Rinsers „Theologie". Unüberhörbar klingen hier das Gedankengut und die Parolen der Friedensbewegung der achtziger Jahre nach. Das Wort

„Schwerter zu Pflugscharen" wird mehrfach zitiert, und der Ausspruch „die Einheit alles Lebendigen" erinnert an Parolen der ökologischen Bewegung. Daneben ist die feministische Kritik an der biblischen und kirchlichen Tradition deutlich. Mirjam verkörpert das Aufbegehren gegen die Übermacht bzw. den Alleinanspruch der Männer.

Obwohl der Roman viel gelesen und als Programmschrift weitergereicht wurde, lässt er theologisch wie literarisch viele Wünsche offen:

Rinser verarbeitet die Bibel wie einen historischen Stoff ohne Rücksicht auf die Erkenntnisse der modernen Exegese. Weder die synoptische Tradition noch die Sonderstellung der johannäischen Schriften werden beachtet. Alle in der Bibel erzählten Geschichten werden historisiert oder rational erklärt, ihre Bildsprache bleibt unbeachtet. Dabei verwandelt Rinser die vieldeutige, spröde Diktion der Bibel in eine eindeutige, gefühlsgeladene Sprache, die alles einebnet und nichts mehr zu rätseln aufgibt, und erzählt den biblischen Stoff historisierend im Stil der historischen Romane des 19. und frühen 20. Jahrhunderts einfach nach. Nichts wird verfremdet, ironisiert, ins Symbolische gehoben, durch Metaphern angedeutet. Alles wird mit Worten so detailliert beschrieben, dass das Interesse des Lesers leicht erlahmt. Weisen die Figuren Mirjam und Jehuda noch markante Züge auf, so versagt die Gestaltungskraft bei Jeschua völlig. Seine Andersartigkeit, seine Sendung und seine Rätselhaftigkeit werden nur in gewählter Deklamation, mit vieldeutigen, ihm oft selbst in den Mund gelegten biblischen Sprüchen vorgetragen. Jesus als literarische Figur auftreten zu lassen, ist eben ein großes Wagnis und glückt nur selten. Das Geheimnis seines Wesens ist im Roman kaum zu fassen. Deshalb haben viele Autoren ihn auch nur im Spiegel anderer Figuren gestaltet oder Einzelzüge seines Wesens in neue Gestalten transfiguriert (z.B. *F. Dostojewski* in „Der Idiot"). Diejenigen, die es dennoch wagen, Jesus unmittelbar darzustellen, geraten meist in die Nähe des Kitsches oder der Peinlichkeit. So auch Luise Rinser (vgl. bes. 260ff.). Der Roman kann also trotz der löblichen Intention in Bezug die Apostola nicht als Musterbeispiel gelten.[57]

Interessanter hingegen ist das Werk der Schwedin *Marianne Fredriksson* „Maria Magdalena"[58]. Die Autorin versteht es, aus verschiedenen Perspektiven eine Lebensgeschichte der Maria zu entwerfen und gleichzeitig die Schilderung der politischen und religiösen Richtungskämpfe der jungen Kirche einzubauen. Der Roman ist wie der von *Rinser* nach dem Muster der erinnernden Rück-

---

[57] In den letzten Jahren sind verschiedene Bücher erschienen, die in apologetischer Weise die Rolle der Maria von Magdala als „verratene Päpstin" (so *Margret Arminger* in „Die verratene Päpstin", München 1957) oder einzelner Frauen der früh-christlichen Gemeinden als Priesterinnen (so *Barbara Wood* in „Die Prophetin", Boston/New York und Frankfurt 1995) zu verteidigen suchen. Der Roman der letztgenannten Autorin greift auf das bewährte, inzwischen triviale Kunstmittel des Fundes alter Schriftrollen zurück, um die rein männliche Nachfolge Jesu in der Kirche als Geschichtsfälschung zu entlarven und den alleinigen „Anspruch des katholischen Klerus auf das Priesteramt und das Papsttum" (92f.) in Frage zu stellen.
[58] Marianne Fredriksson: Maria Magdalena. Roman. Aus dem Schwedischen von Senta Kapoun. Frankfurt a. M. 1999. – Vgl. u.a. die Rezension von Anna Lesnik: Spuren weiblichen Christentums. In: Die Furche. 39/1999, 20.

blende verfasst. Auf Geheiß der Apostel Paulus und Simon Petrus soll Magdalena, die einst von den Männer-Aposteln zurückgewiesen worden war, ihre Lebensgeschichte und ihre Erfahrungen mit Jesus aufschreiben, um die zerstrittenen Gemeinden auf den Kern von Jesu Botschaft zu verpflichten. Doch aus den lebensvollen Einzelgeschichten eine Lehre zu machen, lehnt Magdalena mit Hinweis auf Jesu Gebot: „Macht keine Gebote aus dem, was ich euch gesagt habe. Schreibt keine Gesetze nieder, so wie die Schriftgelehrten es tun." (11) ab. Jesu Wirken und Lehren lässt sich nach der Erzählerin nicht in einer Kernaussage zusammenfassen. Sie erzählt einzelne Begebenheiten, z.B. eine Begegnung zwischen ihr und Maria, seiner Mutter, die ihren Sohn letztlich nicht verstanden hat, deutet auch ihre eigene umfassende Liebe zu Jesus an, wird aber von den Aposteln nicht verstanden. Diese apologetischen Passagen eines weiblichen Verständnisses von Christentum werden umrahmt und durchsetzt von der Lebensgeschichte Magdalenas in der frauenfeindlichen jüdischen Familie in Magdala, in der freundliche Atmosphäre des Bordells in Tiberias, in Marias Gefolgschaft bis zu Jesu Tod, der sie völlig aus der Bahn wirft, und in der Zuflucht, die sie danach im vornehmen Haus des gebildeten griechischen Offiziers Leonidas findet.

Ähnlich wie Rinser schildert die Autorin den Konflikt zwischen institutioneller männlicher Macht und emotionaler situationsgebundener Religiosität. Doch im Gegensatz zu Rinser ist die Struktur hier komplexer, die Distanz zum biblischen Geschehen erträglich und die Sprache, selbst in der Übersetzung, der zeitgenössischen Denk- und Sprachwelt angepasster. Die Schwäche des Romans liegt allerdings in der Redseligkeit der Verfasserin; der durchaus interessante Ansatz würde gewinnen, wenn nicht alles bis ins Letzte mit vielen Details erzählt würde. Der Leser möchte etwas mehr zu entschlüsseln haben.

Abschließend ist noch ein Buch zu erwähnen, das mit höchstem Anspruch: „Maria-Magdalena, eine der größten Frauen in der Geschichte der Menschheit", von *Walter Johann Cornelius*[59] präsentiert wird, aber in Inhalt, Stil und wissenschaftlicher Fundierung keiner Kritik standhält. Die Intention des Autors geht dahin:

> den hohen geistigen und charakterlichen Wert der einstigen treuen Wegbegleiterin Christi wieder an das Licht des Tages zu holen, den die Führer maskuliner Religionen, leider mit großem Erfolg, über viele Jahrhunderte hin in das Reich der Nacht verbannt hatten. (1)

Dagegen ist zunächst nichts einzuwenden; auch nichts gegen den Aufbau des Buches, der die Geschichte der Magdalena in einen bibeltheologischen, legendären und religionsphilosophischen Kontext einzubinden versucht. Doch werden alle dies bezüglichen Faktoren auf völlig unwissenschaftliche Weise eklektizistisch zusammengetragen und thesenartig ohne Quellenangaben behauptet. Besonders ärgerlich ist der Mangel an Sprachkompetenz des Autors,

---

[59] Walter Johann Cornelius: Maria–Magdalena, eine der größten Frauen in der Geschichte der Menschheit. Norderstedt ²2001.

dessen Stilbrüche mit dem Anspruch einer geistesgeschichtlichen Auseinandersetzung in keiner Weise zu vereinbaren sind.[60]

Cornelius trägt zusammen, was er in Bibel und Legende über Magdalena gelesen hat und erfindet eine Menge ungereimter Details hinzu, z.b. dass Magdalena eine „Kosmetikhändlerin" (23) war und mit Joseph von Arimathäa, Pilatus und Paulus verhandelte, um für Jesus und die Christus-Mission Positives zu erwirken, dass „die sexuelle Betätigung dieser späteren Jesus-Jüngerin gar nicht ihre Hauptbeschäftigung" (83) war und sie es nie zuließ, dass ihre Freier „zu sexuellen Aktivitäten übergingen, die ihr Schamgefühl, ihr Gewissen, und ihr hohes ästhetisches Niveau, als widernatürlich empfunden hätten" (21). Der Autor weiß alles, was Maria von Magdala gefühlt, gedacht, gesprochen, wie sie geliebt und gehandelt hat. So entwirft er z.b. eine Szene zwischen Jesus und Maria, die nach Inhalt und Stil an gefühlsselige Filme und Groschenromane erinnert: Maria möchte sich zur Auflösung ihres Hausstands für kurze Zeit von der Jüngerschar entfernen und sucht Jesus das mitzuteilen:

> Als sie vor ihm stand, wusste sie nicht wie sie anfangen sollte. Sie suchte angestrengt nach den richtigen Worten, fand sie aber nicht gleich. Da wurde sie vor Verlegenheit rot im Gesicht. „Aber Magdalenchen, was ist denn los mit dir, willst du es mir nicht verraten?", sprach der Messias beruhigend auf sie ein, während er ihr sanft über die blonden Haare strich. „Aber lass es nur! Du brauchst nichts zu sagen, meine kleine Engelin, denn ich weiß schon seit einigen Tagen, was dich bedrückt! [...] Die Tränen des Abschieds, die Maria-Magdalena schon die ganze Zeit in den Augen standen, konnte sie nicht mehr zurückhalten. Sie suchte nach ihrem Taschentuch und fand es nicht [...]. Da zog sie Jesus liebevoll lächelnd an seine Brust, strich ihr abermals liebevoll über die Haare, und sagte dabei: „Aber, aber, Magdalenchen, du bist noch gar nicht weg und weinst schon Heimwehtränen? Nun sei tapfer und tue, was du musst, und wisse, dass ich mit meinem Geiste immer bei dir sein werde, und dass dich unsere Vater-Mutter-Allmacht mit ihrer Liebe auf allen deinen Wegen begleiten wird!" (114f.)

Das Zitat sagt dem Leser alles über dieses in schlechtem Historienstil verfasste Machwerk, gegen das die Romane von *H. Courths-Mahler, R. Pilcher, Ch. Link* u.a. Klassiker sind. Kein triviales Klischee, das Cornelius in den wenigen Zeilen ausliege: Tränen des Abschieds, Suche nach dem Taschentuch, blondes Haar, liebevolle Berührung, verniedlichende Anrede! All das soll der authentischen Darstellung (nicht als Roman, denn eine Gattungsbezeichnung fehlt)

---

[60] So sagt er von den „Ultrafundamentalisten": „...denn für *so blöd hielten* sie den Rest der Welt nun auch wieder nicht, dass dieser es ihnen abgekauft hätte, alles Männliche wäre aus Gott heraus entstanden, und alles Weibliche durch Gott – aus dem Nichts!" (13) oder „Von da ab begann *das Gewissen* zu ahnen, dass es wohl *bald seinen Hut nehmen m*uss, um der *Gewissenlosigkeit Platz zu machen...*" (20) oder Magdalena stellt fest, wie sich ein Hoherpriester fühlt, „wenn er von einem `Zimmermann` durch *den rhetorischen Fleischwolf gedreht* wird" (127, Hervorhebungen v.d. Verfasserin).

Magdalenas dienen und ihre heilsgeschichtliche Stellung wissenschaftlich legitimieren. Doch sprechen die zitierten Passagen dagegen. Schlimmer noch: Hier wird mit pseudowissenschaftlichem Anspruch Maria von Magdala zu einer verkitschten Trivialroman-Figur degradiert und ihr ihre Würde als Apostola apostolorum wiederum – anders als in der Sünderin-Büßerin-Tradition – genommen.[61] Trotz dieser erheblichen Einwände musste das Buch hier ausführlich zur Sprache kommen, da es laut Impressum bereits in der zweiten Auflage verbreitet wird und Interessierte, vielleicht vom Titel fasziniert, es kaufen und die Aussagen als gesicherte Wahrheit zur Kenntnis nehmen.

4. Magdalena – Parodistin ihrer eigenen Wirkungsgeschichte

Was viele Adaptionen für den heutigen kritischen Leser so unerträglich macht, ist die Humorlosigkeit bzw. der Mangel an ironischer Distanz zu den Quellen. Das gilt nicht nur für die Rezeption der Geschichte von Maria von Magdala, sondern für alle Frauen. Das große Vorbild ist hier der Joseph-Roman von *Thomas Mann*, dessen Erzählkunst aber kaum mehr erreicht wurde. Dennoch lassen sich im Rahmen der Werke um Magdalena einige ausmachen, die ob der ironischen Brechung herkömmlicher Muster bemerkenswert sind.
Als erstes ist die Komödie „Ehen werden im Himmel geschlossen" von *Walter Hasenclever*[62] zu nennen. In einem witzigen Disput um Liebe und Ehe versammelt der Autor drei himmlische Gestalten: den lieben Gott, Sankt Petrus und die heilige Magdalena. Sie treffen sich im Salon der eleganten Heiligen und bemühen sich die Selbsttötungen von drei liebeskranken Menschen, Frau Renée, des älteren Mannes Felix und eines jüngeren Tonio, durch Neukonstellationen rückgängig zu machen; müssen aber nach zwei gescheiterten Versuchen, die wieder nur zum Tod der drei führen, aufgeben. Zentraler Gedanke des Werks ist die Verabschiedung vom Glauben an Gottes Allmacht und von der Erkenntnis der Unabänderlichkeit des Schicksals. Magdalena, die in Sachen Liebe als Kundige gilt, ist die geheime Hauptfigur, sie hat das erste und das letzte Wort. Petrus versucht zwar immer wieder, sie an ihre unrühmliche Vergangenheit zu erinnern, doch weiß sie gut zu antworten. Der liebe Gott, aufgemacht wie „ein alter englischer Lord", beklagt seine Unzulänglichkeit und will sich zur Ruhe setzen:

> DER LIEBE GOTT Ich habe es satt. Seit vielen tausend Jahren sitze ich
> auf diesem imaginären Thron, auf den mich ein allgemeines, mensch-

---

[61] Bei alledem nimmt es nicht Wunder, dass dieses Buch – das der Intention nach eine wichtige Aufgabe hätte erfüllen können – nicht in einem bekannten Verlag, sondern als „Book on demand" herausgegeben wird.
[62] Walter Hasenclever: Ehen werden im Himmel geschlossen. Komödie in vier Akten. In: Ders.: Sämtliche Werke. Stücke 1926–1931. Hg. von Annelie Zurhelle/Christoph Bauer. Mainz 1990, 205-256. – *Hasenclever* musste sich anlässlich der Aufführungen in Frankfurt und Wien zahlreichen Anklagen wegen „Gotteslästerung" stellen; in Wien kam es 1930 zum Prozess, vgl. Hasenclever, Anhang, 388.

liches Plebiszit erhoben hat. Man beschuldigt mich, das Weltall geschaffen zu haben, und macht mich für seine Schwächen und Unvollkommenheiten verantwortlich. Der Fall liegt umgekehrt. Die Menschen haben mich erschaffen. Unfähig, sich selbst zu regieren und ohne Illusionen zu leben, haben sie in mir ein höchstes Wesen verkörpert, das ihren Bedürfnissen entspricht. Lenchen, hör doch zu, wenn ich rede! (211)

Doch Magdalena kann sich mit der Machtlosigkeit ihres Herrn nicht abfinden und fleht inständig, den drei Verzweifelten noch eine Chance zu geben:

Hier sind drei Menschen am Leben gescheitert. Vielleicht waren die drei am falschen Platz. [...] Tu ein Wunder! [...] Sollen drei Menschen an dieser törichten Welt zugrunde gehen? Sollen drei Menschen sterben, die füreinander geschaffen sind? Drei Menschen, die alle Voraussetzungen haben, glücklich zu sein? Weshalb? Weil ein kleiner Fehler im Kosmos ihre Bahn durchkreuzte? [...] Die Tiere finden sich. Die Vögel rufen einander zu. Die Blumen streuen ihren Samen in den Wind und wachsen an ihrem Ort. Willst du den Menschen vorenthalten, was du allen Kreaturen gönnst? Großväterchen, das kann dein Ernst nicht sein. Sei gerecht! (215f.)

Der Herr gibt nach. Alle drei erhalten zweimal eine neue Chance, indem die Zuordnung des Paars und des Einzelliebhabers vertauscht wird. Aber sie vermögen es nicht, miteinander auszukommen, sondern werden immer wieder unglücklich und sterben. Selbst als Gott in Gestalt des Kommerzienrats mit Gefolge in der Stube der armen Leute erscheint, sind sie nicht gewillt, seine Hilfe anzunehmen. Auch Magdalena scheitert mit ihrem Vorschlag, Renée einen Modesalon einzurichten, um selbständig zu werden.

Der Reiz des Stückes liegt in der ironischen Brechung des traditionellen Musters von der Hoheit und Unnahbarkeit Gottes. Die Dialoge sind prägnant und geschliffen; sie zielen ohne Umschweif auf das Wesentliche. Die Figur der Magdalena, immer mit dem Attribut „heilige" versehen, erhält ihre Kontur aus den ihr im Lauf der Tradition angedichteten Lebensumständen, die als bekannt vorausgesetzt nur als Anspielungen zitiert werden.

Auch die beiden zeitgenössischen, für manchen Theaterskandal bekannten Autoren, *Peter Turrini* und *George Tabori*, distanzieren sich von der schlichten Nacherzählung der Legende und wählen den Namen „Magdalena", um kurz und prägnant die Erwartung der Zuschauer auf sündige Liebe und „Erlösung" zu lenken.

Peter Turrini weckt in seinem Theaterstück „Tod und Teufel. Eine Kolportage" (1990)[63] durch die Namenwahl und einige markante Szenen eine fast blasphemische Annäherung an die Konstellation zwischen Jesus und Maria Magdalena in der Bibel. Auf der Suche nach der Sünde trifft der Pfarrer

---

[63] Peter Turrini: Tod und Teufel. Eine Kolportage. Wien 1990, zit. nach dem Programmheft des Wiener Akademietheaters.

Christian Bley auf die Kassiererin Magda Schneider („eine Kreuzung zwischen Maria Magdalena und der Sissi-Mutter"[64]), die wegen angeblicher Veruntreuung von Kasseneinnahmen entlassen wurde. Durch eine einfache Rechnung weist ihr Bley nach, dass sie nichts unterschlagen hat, er „erlöst" sie also von dieser vermeintlichen Schuld. In einer höchst theatralischen Geste und mit dem Ruf: „Er ist ein Heiliger. Sie sind ein Heiliger" kniet sie nieder, küsst seine Füße und weint (31). Nach einigen Szenen exemplarischer Darstellung von Sünden, die – so Bley – niemand mehr ernst nimmt: Verführung hetero- und homosexueller Art, Mord, Rauschgiftgenuss, Waffengeschäfte, und weiteren Anspielungen auf biblisch-kirchliche Traditionen (wie Weihnachten und Ostern; Hoheslied; Judasverrat; Abendmahl) gipfelt dieser Bilderreigen vulgärobszöner Scheußlichkeiten in der Schlussinterpretation des Pfarrers über diese Welt, der die Sünde und damit die Vergebung abhanden gekommen sei, und in seiner Selbstdarstellung als „Jesus Christus":

> Die Sünde muss wieder benannt, die Vergebung muss wieder erfleht werden. Ich muss alle Sünden dieser Welt auf mich nehmen. Ich muss noch einmal den Weg des Kreuzes gehen. (77)

In einer zeichenhaften Handlung lässt er sich in der letzten Szene von Magda an den Schrank wie an ein Kreuz nageln, während sie nach dem Muster der Maria Magdalena unter dem Kreuz „zu seinen Füßen" (84) niedersinkt.

Es ist bedauerlich, dass Turrini das durchaus ernste Motiv vom „Verlust der Sünde" als „Kolportage" abgehandelt hat, und es ist ärgerlich, dass Maria von Magdala so trivial missbraucht wird.

Ähnlich ergeht es der Heiligen in *George Taboris* „Babylon Blues" (1990/91)[65]. Hier in Szene 12 „Der Bumerang" bietet der Autor eine allerdings ironisch witzige Persiflage auf die biblische Szene im Johannesevangelium: „Wer nicht gesündigt hat, der werfe den ersten Stein" (Joh 8,7). Durch die Namen der Personen: „Der Offizier, Vier Soldaten, Maria von Magdala" wird die Personalunion der Ehebrecherin mit Maria von Magdala hergestellt. Der Taborische Text besteht ausschließlich aus einer Szenenbeschreibung, die vom Regisseur spielerisch und dialogisch umzusetzen ist. Für diese Szene ist angegeben, dass „die rabenhaarige Mirjam von Magdala" beim Ehebruch „mit irgendeinem galiläischen Fischer" „in flagranti" ertappt worden sei, „festgenommen und zum Schädelberg gebracht worden ist, um dort gesteinigt zu werden" (27). Ein sadduzäischer Polizeitrupp postiert sich mit Steinen, um die mit verbundenen Augen und gefesselten Händen da stehende Frau hinzurichten, wird aber von ihrem Ruf: „Wer im Glashaus sitzt, sollte nicht mit Steinen werfen" und „Wer nicht gesündigt hat, der werfe den ersten Stein! (Sie kannte ihre Bibel.)" (27) an der Ausführung gehindert. Ja mehr noch: Als der Offizier ein zweites Mal zur Vollstreckung kommandiert: „Achtung! Fertig!

---

[64] Helmut Schödel: Der zertretene Himmel. In: Peter Turrini – Texte, Daten, Bilder. Hg. von Wolfgang Schuch/Klaus Siblewski. Frankfurt a. M. 1991, 163-168, 167.

[65] Georg Tabori: Der Babylon-Blues oder wie man glücklich wird, ohne sich zu verausgaben. (Wien 1991), zit. nach dem Bühnentextbuch im Manuskript, Berlin o. J., 27.

Los!" wenden sich die Männer ihm zu und steinigen ihn, glücklich, der Schrift „Gerechtigkeit getan zu haben" (27). Mirjam befreien sie und tragen sie im Triumph in die Büsche. Wie es der Zuschauer bei Tabori erwartet, stellt der Autor die gängige Version auf den Kopf („Der Bumerang"). Die Lösung entbehrt nicht des Witzes. Sie macht dem Zuschauer die Rollenzuweisung von Mann und Frau und deren unterschiedliche Behandlung, besonders in Fragen der Moral, deutlich. Hier wird auf vereinfachte Weise versucht, Magdalena aus der ihr von den Männern zudiktierten Rolle herauszuholen. Durch den Austausch der biblischen Personen (Jesus und die Schriftgelehrten und Pharisäer) in profane Soldaten mit ihrem Offizier wird der Szene jegliche Peinlichkeit genommen. Maria von Magdala steht in ihrer Rolle als Sünderin/Ehebrecherin für angeklagte Frauen aller Zeiten. Sie ist es, die ihre Verteidigung selbst in die Hand nimmt; bei Tabori erlöst sie sich also selbst. Die Szene macht zudem auf die Koppelung Ehebrecherin und Maria Magdalena, wie sie im Volksglauben gegenwärtig ist, aufmerksam, so dass sich der Weg, in ihrer Gestalt viele biblische Frauen um Jesus zu erfassen, als zutreffend erweist.

Als letztes größeres literarisches Werk mit satirischem Einschlag sei der Roman „Magdalena Sünderin" von *Lilian Faschinger*[66] aus dem Jahre 1995 vorgestellt. Es ist zwar weder ein ästhetisch herausragendes noch ein religiöses Buch, setzt sich aber auf höchst originelle Weise mit dem Mythos um Maria Magdalena auseinander, deren Legende von Anfang an durch den Titel präsent ist. Die Hauptfigur, Magdalena Leitner, eine junge Frau aus der österreichischen Provinz Kärnten (dem Herkunftsland der Autorin), hat am Pfingstsonntag einen katholischen Priester vom Altar weg entführt, um ihm ihre Lebensbeichte vorzutragen, denn eine „umfassende Konfession" (26) abzulegen, sei ihr seit Kindertagen nicht gelungen: Eltern, Lehrer, Dozenten, Priester seien entweder ausgewichen oder eingeschlafen, ungeduldig oder zudringlich geworden (22ff.):

> Es geht darum, daß Sie mir in Ruhe zuhören, daß Sie mir, der ununterbrochen ins Wort gefallen ist, nicht ins Wort fallen, der ununterbrochen das Wort abgeschnitten worden ist, nicht das Wort abschneiden. (21)

Die Frau will am Ende nur den einen Satz hören: „Ego te absolvo". Um ihr Ziel zu erreichen, fesselt sie den Priester an Händen und Füßen und knebelt ihn. Dann „beichtet" Magdalena ihre Lebens- und Männergeschichte. Ohne festen Wohnsitz hat sie sich mit Hilfe eines Motorrads in Europa herumgetrieben, sieben Affären mit Männern gehabt, derer sie sich, wenn sie ihr unlieb wurden, auf immer andere raffinierte Art entledigte. Die Zahl sieben ist sicherlich nicht ohne Hintersinn gewählt, ist sie doch eine Zahl sowohl der Fülle wie auch des Mangels, der Sünde wie auch der Erlösung. Hier fühlt sich der Leser zum einen an das Märchen „Blaubart" der Brüder Grimm und zahlreicher Nachgestalter erinnert, zum anderen an die Notiz im Lukasevangelium von der Befreiung

---

[66] Lilian Faschinger: Magdalena Sünderin. Roman. Köln 1995.

Marias aus Magdala von „sieben Dämonen" (Lk 8,2). Bei Faschinger kommt allerdings keine Autorität ins Spiel, die Magdalena Leitner erlöst, sondern sie befreit sich selbst von den untreuen, eifersüchtigen, sinnlich abgestumpften, gewalttätigen, blutsaugenden, perversen, amoralischen (sieben) Männern und sucht danach durch ihr Bekenntnis sich diese, ihre Selbsterlösung sanktionieren zu lassen.

Unterbrochen wird dieser lebensgeschichtliche Rückblick immer wieder durch Schilderungen der Erzählsituation und der sich anbahnenden Liebesgeschichte zwischen der Entführerin und ihrem Opfer: Nach und nach vollzieht sich die sexuelle Befreiung des gefesselten Priesters durch Magdalena, so dass für diesen aus der anfänglichen Notsituation ein begrüßenswerter, paradiesischer Zustand wird.

Künstlerisch geschickt ist zudem die Brechung der Erzählperspektive. Der Roman ist als Ich-Roman aus der Perspektive des Priesters konzipiert, und zwar so, dass auch seine eigene Geschichte zur Sprache kommt: Durch eine von Kind an streng katholische Erziehung, durch Konvikt und Priesterseminar noch verstärkt, war ihm eine freie, lustvolle Selbstentscheidung nie gestattet, zumal seine Schwester Maria wie ein Über-Ich seine Gedanken und Gefühle im Zaum hielt. Ein weiterer Kunstgriff liegt darin, dass der Erzähler als Geknebelter von Anfang bis zu seiner inneren Befreiung, von keinem eigenen Redebeitrag berichtet, sich also auch hier seine Unfreiheit in Sprachlosigkeit dokumentiert. Er erzählt kommentarlos Magdalenas Geschichten und schildert die Atmosphäre auf der Waldlichtung und sein zunehmendes Wohlgefühl. Durch diese doppelte Brechung entsteht eine große Distanz zwischen Magdalenas Erlebnissen, die sich zudem an zum Teil weit entfernten Orten Europas sowie unter phantastischen Umständen zugetragen haben, und der Rezeption durch den Leser.

Erzählsituation und Binnengeschichten der Magdalena lesen sich wie eine Aktualisierung der „Märchen aus 1001 Nacht". So wie Scheherazade Märchen erzählt, um ihr Leben zu retten und den König von seiner grausamen Absicht, die Frauen zu töten, abhält, so erzählt Magdalena einen Mordfall nach dem anderen, um durch das Ego-te-absolvo des Priesters ihre Bestätigung als freie Frau zu bekommen und den Priester von seiner „Frauenfeindlichkeit" zu erlösen. Dabei zieht sie alle Register weiblicher Verführungskunst: Sie lässt ihr Haar wehen, zeigt, sich befreiend aus der Motorradkluft, weibliche Reize und erzählt ihre Liebesaffären so, dass das, was sie als zu verabscheuende Sünde schildert, „Hochwürden" – wie sie ihn immer nennt – in Erregung versetzt (z.B. 243f.).

Zudem ist der Roman durchsetzt mit zahlreichen kritischen Anspielungen auf österreichische Verhältnisse in Gesellschaft, Politik und Kirche, vor allem aber mit Metaphern und biblischen Verweisen, die die Figur der Maria Magdalena dem Leser nahebringen:

> Sie stand da, blendend schön im weißen Festmantel der Unbeschuhten Karmeliterinnen, [den ihr eine Ex-Novizin geschenkt hat], und ich mußte unwillkürlich an das bezaubernde Gesicht ihrer unglücklichen

Namensvetterin Maria Magdalena auf dem Bild denken, auf dem die Sünderin sich in eine Grotte zurückgezogen hat, um Buße zu tun, und das sie in einen herrlichen roten Mantel gehüllt und mit entblößter rechter Schulter zeigt. Nein, Magdalena Leitner war noch schöner, schöner auch als die wunderbare Holzstatue Maria Magdalenas, auf der sie die Hände gefaltet, den Kopf geneigt und die Augen niedergeschlagen hat und nur mit ihrem langen Haar bekleidet ist, schöner als die von einem Italiener gemalte Maria Magdalena, deren linke Brust kaum von ihrem Haar und ihrer rechten Hand bedeckt ist, schöner als die Darstellung der mit ihrem Salbentöpfchen im Schoß einer imaginären Berglandschaft sitzenden Freundin Jesu, viel schöner als die sich ihrer Attraktivität sehr bewußte, ein prächtiges Kleid und wertvollen Schmuck tragende Maria Magdalena auf einem mittelalterlichen Gemälde, das ich mit meiner lieben Schwester Maria in einem deutschen Museum gesehen hatte, und sogar schöner als die Abbildung, die sie mit langem, offenem Haar zum auferstandenen Jesus aufblickend und in Gesellschaft zweier Engel zeigt. Ich konnte den Blick nicht von ihr abwenden, ich mußte jede Falte des Gewandes mit meinen Augen abtasten, das Schattenspiel der Linien und Flächen auf dem weißen Nonnenkleid voll und ganz in mich aufnehmen. Schlicht umrahmt vom Nonnenschleier wirkte ihr Gesicht ganz anders, es hatte jede grobe Sinnlichkeit eingebüßt und war von einer Unschuld, von einer spirituellen, fast verklärten Ernsthaftigkeit, die mir die Tränen in die Augen treten ließ. (178f.)

Dieses lange, die Kunstgeschichte durchstreifende Zitat, genau in der Mitte des Romans, wirft nicht nur ein Licht auf die erotisch-sinnliche künstlerische Gestaltung dieser Heiligen durch männliche Wunschbilder, es spiegelt in seiner Abfolge vom Bild der Sünderin in der Grotte bis zur Verherrlichung Magdalenas auch als Vorausdeutung die innere Wandlung des im doppelten Sinne gefesselten Priesters.

Eine weitere Parallele zu der biblischen Gestalt liegt in der Darstellung der beiden Frauen, die das Schicksal des priesterlichen Erzähler-Ichs bestimmen: seiner Schwester Maria und der Entführerin Magdalena. Die biblisch-legendäre Gestalt der Magdalena scheint hier gleichsam gespalten in zwei Frauen, die eine jeweils andere Seite verkörpern. In der Erinnerung des Ich-Erzählers wird bereits ziemlich am Anfang seines Abenteuers diese Parallelität hergestellt:

Im Unterschied zur Sünderin hatte sie den richtigen Weg gewählt, meine fünf Jahre ältere Schwester. Ich würde ihr nie vergessen, daß sie sich an einem entscheidenden Punkt ihres Lebens dazu entschlossen hatte, sich in meine Dienste und damit in die der Gläubigen und Gottes zu stellen. Als junges Mädchen war sie sehr schön gewesen, hatte rein oberflächlich gesehen sogar eine gewisse Ähnlichkeit mit der Sünderin gehabt, obwohl ihre Schönheit im Gegensatz zu jener natürlich ein Spiegelbild der Makellosigkeit ihrer Seele war. Ich erinnere mich, wie sie sich in unserem gemeinsamen Jugendschlafzimmer jeden Abend das lange Haar kämmte: In ihrem hochgeschlossenen weißen Batistnachthemd saß sie vor dem Spiegel, und das Licht der neben ihr auf der Kommode stehenden Lampe ließ die Konturen ihres jungen Körpers ein wenig durchscheinen. (12)

Zwischen diesen Frauen, die ein jeweils anderes Frauenbild verkörpern und ihn beide auf ihre Art fesseln, steht der Ich-Erzähler. Zum ersten Mal in seinem Leben erfährt er die Macht der Sinnlichkeit:

Ich hatte immer geahnt, daß Frauen, von meiner Schwester Maria abgesehen, mysteriöse und unergründliche, ja dämonische Geschöpfe sind, war ihnen, mit Ausnahme meiner Schwester Maria, ausgewichen, wo ich nur konnte, und nun bestätigte sich mein frühes intuitives Urteil auf das nachdrücklichste. [...] Die Frauen, meine Schwester ausgenommen, rissen einen mit sich in einen stinkenden Sumpf, in dem man versank, zwangen einen zu unnatürlichen Handlungen, die einem in der Erinnerung das Blut in die Wangen treiben, verwirrten einem den Geist mit ihrem doppelzüngigen Gerede, ihren hinterhältigen Einflüsterungen, saugten einen aus wie eine riesige Tarantel und ließen nichts zurück als eine leere, leichte Hülle. Die Frau, die vor mir saß und aß, war ein typisches Beispiel: schöne Form und teuflischer Inhalt. (33)

Dieses Zitat ist ein Spiegelbild des Kampfes, der sich in der Psyche des gefesselten Priesters abspielt. Wie in einer Litanei – kehrversartig wiederholt er „meine Schwester Maria ausgenommen" – beschwört er die bessere Hälfte der Magdalena oder was er für die bessere hält. Im Laufe der Erzählung jedoch gerät Maria, die Heilige, ihm immer mehr aus dem Blick und er in den Bann Magdalenas, der Sünderin. Ihr gibt er sich schließlich mit den wohligsten Gefühlen hin. Was der entführte Priester anfangs als höllische Marter empfindet, wandelt sich im Laufe der Romanhandlung langsam über den Genuss (z.B. 243f.) bis zur Ekstase (347). Bald darauf folgt die 'Vertreibung aus dem Paradies'[67] durch zwei Gendarme und seine Schwester Maria, die das Paar aufgestöbert haben. Während der Ich-Erzähler noch dem Traum vom Glück nachhängt, ruft ihn seine Schwester Maria mit seinem Namen „Christian" ins „ordentliche" Leben zurück: Ihm bleibt nur der Aufschrei „Magdalena" und die Erkenntnis des Verlustes: „Mit einem Male begriff ich, was ich verloren hatte" (351). Dann hilft ihm Maria, die „unordentlich auf dem Gras verstreuten Standeskleider" (352) wieder anzulegen, und führt ihn an seinen Platz in der Kirche zurück.

---

[67] Hier wird deutlich auf Adam und Eva im Paradies angespielt. Die Schilderung der Waldlichtung mit dem nahen Bach, des Lagerplatzes unter einer Robinie im hohen Frühsommergras, des Vogelgezwitschers und der Insekten schaffen einen Hauch von Paradiesesstimmung, die durch die Verführung durch Magdalena (als Eva) mit allen ihr zur Verfügung stehenden Mitteln, Apfelkuchen, Tomate (österr. Paradeiser), Haarpracht, Figur und schließlich Kirschen, die ob ihrer Farbe und mundgerechten Rundung in der Liebesliteratur vielfach als Liebessymbol zu finden sind, nichts an Deutlichkeit zu wünschen übrig lässt.

Trotz der interessanten Intention und der in vielem reizvollen literarischen Verwirklichung verfehlt der Roman sein Ziel als ernstzunehmender Beitrag zur Veränderung des Maria-Magdalena-Bildes. Da ist zunächst der Titel, der, reißerisch formuliert, das alte Klischee von der Sünderin festschreibt. Eine kleine Nuancierung, etwa durch ein Fragezeichen oder ein entlarvendes Zitat, hätte den ironisierenden Charakter des Buches eher deutlich gemacht. Des weiteren sind die ausschweifenden Darstellungen von Liebesleben und Mordgeschehen in ihrer Häufung ermüdend. Die Sieben mag zwar als symbolisches Maß Wert haben, doch schafft die Autorin durch die einzelnen Episoden keine sich aufbauende Spannung, sie verselbständigen sich vielmehr als Einzelgeschichten, was aber der Gewichtung der Darstellung der Erzählgegenwart zuwiderläuft. Der Roman ist eine nicht ganz geglückte Mischung von Geschichtensammlung und zusammenhängender Handlung. Bedauerlicherweise entarten die Personen des Romans, sei es in den Erzählungen Magdalenas, sei es in der Handlung des Ich-Erzählers zu Typen. Sie werden einseitig auf ihre sexuellen Neigungen, Verklemmungen, Abarten etc. festgelegt, und die Autorin arrangiert das Ganze so, als gäbe es außer der Sexualität keine andere Möglichkeit menschlichen Zusammenlebens. Das mag sich zwar vom Thema „Magdalena Sünderin" herleiten, ist jedoch einseitig und damit fragwürdig.[68]
Dennoch hat der Roman für die hier vorgenommene Untersuchung einen hohen Stellenwert. Der Ich-Erzähler, ein kirchlich gebundener Amtsträger, durchläuft nämlich in der Romanhandlung den ganzen Weg von der Verteufelung der Frau bis zu ihrer Verherrlichung. Das dürfte eine deutliche Anspielung auf die Rolle der Kirche sein, die an diesem Frauenbild eifrig mitgemalt hat. In diese Richtung zielt wohl auch Faschingers Intention: Sie will das einseitige Bild der Maria Magdalena ad absurdum führen und dadurch zerstören. Männer haben ihr biblisches Bild als Apostolin und Jüngerin zerstört und sich an ihrem legendären Vorleben geweidet und dieses derartig ausgestaltet, dass es in unserem Jahrhundert zum nahezu alles Beherrschenden wurde. Auf dieser Basis entwickelt die Autorin in Magdalena Leitner eine Frau, die zunächst durch sieben Männer auf eben eine solche Rolle festgelegt wird, die aber den Teufelskreis zerschlägt, indem sie sich diesen Schändern ihres Frauseins entzieht und sich selbst befreit. Eine zweite Intentionslinie betrifft Faschingers Kritik an der katholischen Sexualmoral, die sie im gefesselten Priester und seiner Bindung an die Schwester darstellt. Darüber hinaus erkennt man in dem Roman ein Plädoyer für die Befreiung der Frau aus der ihr von der Gesellschaft – z.B. in der Werbung – auferlegten sexistischen Rolle.
Die zitierten Theaterstücke wurden hier nur kurz behandelt, weil sie bereits mehrfach wissenschaftlich, auch unter dem Stichwort ʾMagdalenaˋ, untersucht

---

[68] Schließlich ist das Bild vom österreichischen Katholizismus, das Faschinger hier präsentiert, in vielem um 1995 nicht mehr zeitgemäß. Dass eine Frau mittleren Alters in etlichen Jahren und an vielen Orten auf keinen geduldig zuhörenden Lehrer oder Priester gestoßen wäre, nimmt man ihr nicht mehr ab. Auch wenn dies für die Gesamtintention eine untergeordnete Rolle spielt, ist es doch ärgerlich, denn bei einem rundherum gelungenen Roman müssen auch die Details stimmen. Hier würde der Untertitel „Ein Märchen" vielleicht manches auffangen.

worden sind. Zudem fügen sie dem volkstümlichen Maria-Magdalena-Bild der Sünderin und Büßerin nur unwesentliche Nuancen hinzu. Der Roman von Lilian Faschinger hingegen geht neue Wege. Er will mit dieser Tradition abrechnen, indem er die Sünderin als Männermörderin ad absurdum führt, den frommen keuschen Priester zur Sinnlichkeit „erlöst" und eine „emanzipierte" Magdalena vorführt, die ins Unwirkliche entschwindet, und all das in einer ironisch witzigen Diktion. Deshalb wurde der Besprechung dieses Romans hier unverhältnismäßig breiter Raum gewährt.

5. Schlussbemerkungen

Der Überblick über die Magdalena-Adaptionen in der Literatur des 20. Jahrhunderts führt zu einem bescheidenen Ergebnis. Zwar lassen sich deutschsprachige Werke in Fülle aufspüren, doch zeugt kein Werk von weltliterarischem Rang von einer ernsten Auseinandersetzung mit der großen Frauengestalt der Bibel. Die Texte sind entweder erbaulich kitschig oder obszön witzig oder tendenziös kämpferisch. Allenthalben in der Lyrik findet sich der eine oder andere gelungene Vers. Die literarisch am besten geglückten Texte sind gerade die, bei der die biblische Gestalt nur als Folie oder Reminiszenz fungiert. In den Werken zum Schwerpunkt „Magdalena Sünderin" wird sie als Symbolfigur der Sünde und Buße einfach vorausgesetzt, ein ausdrücklicher Bezug zur Bibel oder zur Legende erfolgt fast nie; mehr noch: sie ist nur noch der Typus des gefallenen Mädchens ohne die ihr in der Legende zugesprochenen Attribute der Schönheit, des Reichtums, der Selbständigkeit und der inneren Würde. Nichts wird mehr deutlich vom biblischen Bezug. Die dargestellten Magdalenen zeigen auch keine Reue, sie haben nur Angst vor den Folgen ihrer Taten, die die bäuerliche oder kleinbürgerliche Gesellschaft mit ihren starren Moralbegriffen erbarmungslos ahndet. Von Sünde vor Gott ist – abgesehen von der Bitte der Mutter in Thomas „Magdalena" – nicht mehr die Rede. Wollte man der Konzeption der hier vorgelegten Untersuchung „Biblische Frauengestalten" ganz streng nachgehen, gehörten diese Stücke nicht in den Zusammenhang, denn eine Magdalena dieser Art kennt die Bibel nicht. Doch geben sie ein sprechendes Bild davon, was diese biblische Frau alles „ertragen" muss.[69]

So zeigt sich an Maria von Magdala exemplarisch, wie Kirche und Gesellschaft durch die Jahrhunderte bis heute mit Frauen umgegangen sind. Die biblischen Aussagen über Jesu Umgang mit ihnen hatten kaum Konsequenzen für ihre rechtliche und kirchliche Stellung. Das galt zwar nicht für die Theorie, die stets auf die hohe Stellung der Jungfrau und Mutter nach dem Vorbild Marias, der Mutter Jesu, hinwies, wohl aber für die praktische Auswirkung. Dass sich

---

[69] Dass ein renommierter Jugend- und Schulbuchverlag ein Buch von *Joesi Prokopetz* mit dem reißerischen Titel „Und ewig lockt der Mann. Von Maria bis Magdalena", Wien: Jugend und Volk, 1993, herausgegeben hat, erhärtet einmal mehr dieses Urteil. Die Geschichten haben mit den biblischen Frauengestalten nichts zu tun.

hinter diesem Verhalten letztlich unterdrückte Wunschphantasien von Männern oder Ängste vor weiblicher Übermacht verbergen, wird in neueren Beiträgen vielfach behauptet, steht aber hier nicht zur Diskussion. In diesem Beitrag geht es um die Dokumentation des Vorhandenen.[70]

Abschließend sei auf ein Phänomen hingewiesen, das eine überzeugende Begründung für die hier vorgenommene Wertung liefert. Der Name „Magdalena" wurde zu Zeiten, als die Heiligenverehrung noch all bekannt war und in katholischen Gegenden Namenstag gefeiert wurde, sogar als Spottname gebraucht, das heißt, Trägerinnen des Namens wurden mit „Sünderin!" oder „Büßerin!" gehänselt. Ein sprechendes Beispiel für den Leidensdruck, dem Mädchen mit diesem Namen oft ausgesetzt waren, bietet *Max Mell* in seinem „Apostelspiel"[71]. Die kindlich naive Magdalena leidet unter dem Namen, mit dem sie und die Leute nur die Sünderin verbinden (vgl. 25, 38, 39f.). In der Begegnung mit den falschen „Aposteln" erweist sie sich als Gläubige und Liebende, so dass der eine, von ihr mit „Johannes" bezeichnete, aus seiner Verbrecherrolle herausfällt, von Raub und Brandstiftung bei den armen Leuten absieht und das Kind segnet. Dieses hat nur einen Wunsch: ausschließlich „Maria" zu heißen:

Johannes: Hast gehört? Sollst in die Küche gehn!
Wart. Komm her! Wie heißt du? Magdalen?
Von heut an nicht mehr von heut an
Ist dieser Name von dir getan.
Den Leuten sagst: du weißt schon. Ein Jünger –
Vielleicht gar Lieblings-, den Gottes Finger
Berührt hat – ja, berührt hat seine Kraft –
Des Allmächtigen! – hat's dir angeschafft.
Und hat dir erlaubt den andern Namen.
Maria, den du wolltest.

Amen. (47)

Einen solchen Wunsch braucht heute niemand mehr auszusprechen. Die Aufwertung der Maria von Magdala in Theologie und Pastoral ist erfolgt, auf eine überzeugende Adaption in der Literatur muss sie wie die anderen Frauen vor allem im Neuen Testament auf das neue Jahrtausend warten.

---

[70] Wie an anderer Stelle bereits bemerkt, ist die Lage der Frauen in anderen Religionsgemeinschaften, z.B. im Islam, noch eingeschränkter.

[71] Max Mell: Das Apostelspiel. Wiesbaden 1954. Ähnlich wie *Mell* spielt auch *Carl Zuckmayer* in seinem Roman „Salwàre oder die Magdalena von Bozen (Berlin 1935) mit den Namen. Die Wahl des Namens Magdalena für die beiden Hauptfiguren wurde sicherlich von Zuckmayer nicht ohne Hintersinn vorgenommen, zeigt er doch in jeder der beiden Frauen Züge, die die Leser traditionsgemäß mit der Heiligen in Verbindung bringen, z.B. in der Gräfin Magdalena die Nähe zum Dämonischen und Mystischen, in der Geliebten des Erzählers Mena (Magdalena Morandell) die verlassene Geliebte und uneheliche Mutter, die ihr Schicksal beweint.

Zweiter Teil: Tabellarischer Überblick

I. Anlage der Dokumentation

Die folgenden Tabellen bieten dem Leser eine Übersicht über die Quellen und die literarische Bearbeitung des jeweiligen Stoffes. Namenerklärung, Kurzcharakterisierung und Quellenangaben nach dem Alten oder Neuen Testament sollen einen ersten Einstieg in die Erforschung der Frauengestalt bieten. Die Reihenfolge der biblischen Frauennamen entspricht der im ersten Teil gewählten Ordnung nach Epochen bzw. den Gattungen der biblischen Bücher. Frauennamen, die weder im Bewusstsein selbst Bibel kundiger Leser vorhanden noch in der ästhetischen Literatur zu finden sind, werden mit wenigen Ausnahmen auch in der Tabelle nicht erwähnt.

Der Schwerpunkt liegt auf der chronologisch geordneten Auflistung der Titel vornehmlich aus dem deutschsprachigen Raum ab 1900 und einiger markanter Titel der ausländischen Literatur. In einigen begründeten Fällen werden auch Werke des ausgehenden 19. Jahrhunderts einbezogen, wenn – wie z.B. bei Delila, Salome oder Magdalena – ein epochal bedingter Höhepunkt in der Wirkungsgeschichte zu verzeichnen ist. Die Listen berücksichtigen vor allem Werke von Autoren, die öffentlich bekannt wurden, was keine Qualitätsaussage bedeutet. Nicht aufgeführt sind unveröffentlichte Laienspiele, didaktische Literatur, rein biblische Nacherzählungen oder apologetische Schriften über die Frauen der Bibel, wie sie in den letzten 20 Jahren zuhauf erschienen sind[1]. Hier geht es um die ästhetische fiktionale oder lyrische Literatur, die auf irgendeine Weise – sprachlich, formal oder inhaltlich – den biblischen Stoff ins Bewusstsein der Rezipienten des 20. Jahrhunderts transformiert hat, seien die Versuche nun geglückt oder nicht.

Im Mittelpunkt steht die jeweilige Frauengestalt. Das bedeutet, dass z.B. nicht alle Moses-, David-, Johannes-, Lazarus-, Paulus- oder Jesus-Romane bzw. -dramen notiert werden, um gegebenenfalls daraus einzelne Angaben über eine Frauengestalt zu ermitteln; denn in diesen Werken liegt das Erzählerinteresse zweifellos auf der männlichen Hauptfigur. Dennoch behält sich die Verfasserin vor, vereinzelt auf solche Darstellungen zurückzugreifen. Ähnlich verhält es sich mit Titeln zu „Maria, der Mutter Jesu"; alle (z.B. die Weihnachtsgeschichten) hier aufzuzählen würde den Rahmen sprengen, die Ausführungen jedoch nicht durch neue Aspekte bereichern.

Nicht immer erscheint der Bezug zur genannten Frauengestalt im Titel offenkundig, und zwar meistens dann, wenn es sich um Transfigurationen handelt.

---

[1] Eine Auswahl dieser Literatur findet sich im Literaturverzeichnis.

Andere, dem Titel nach biblische Adaptionen, z.B. „Judiths Liebe" von *Meir Shalev* u.a., erwiesen sich bei der Lektüre als nicht brauchbar und bleiben unberücksichtigt.

Das größte Problem stellt das der genauen Datierung dar. Als Ideal ist angestrebt, das Datum der Entstehung anzugeben, doch erwies sich das bei all den Titeln besonders der Gedichte als schier unmöglich. So wird denn in Zweifelsfällen der Hinweis „vor" vor die Jahreszahl der Publikation gesetzt[2].

Für die Erstellung der Tabelle dienten neben umfangreichen Eigenrecherchen der Verfasserin und ihr dankenswerterweise von vielen Zuträgern überlassenen Daten als Quellen die Handbücher und Lexika von *Sigrid* und *Horst Berg, Martin Bocian, Elisabeth Frenzel, Herbert Haag/Joe H. Kirchberger/Dorothee Sölle, Ingeborg Kruse, Karl-Josef Kuschel, Georg Langenhorst, Franz Link, Heinrich Schmidinger* samt der dort vertretenen Einzelautoren[3].

Ziel dieser tabellarischen Übersicht ist es, die verstreut erschienenen Einzelwerke zu sammeln, übersichtlich zu dokumentieren und junge Forscher und Forscherinnen zu ermutigen, sich mit dem einen oder anderen Typus intensiv zu befassen.

---

[2] Die Ermittlung der genauen Daten geht auch nach der Veröffentlichung weiter. Die Verfasserin ist für jeden Hinweis dankbar.

[3] Die genannten Werke werden hier vollständig angegeben und in der Tabelle nur abgekürzt: Die Bibel in der deutschsprachigen Literatur des 20. Jahrhunderts, 2 Bde. Hg. von Heinrich Schmidinger. Mainz 1999; Biblische Texte verfremdet 6: Frauen. Hg. von Sigrid und Horst Klaus Berg. München/Stuttgart 1987; Martin Bocian unter Mitarbeit von Ursula Kraut und Iris Lenz: Lexikon der biblischen Personen. Mit ihrem Fortleben in Judentum, Christentum, Islam, Dichtung, Musik und Kunst. Stuttgart 1989; Elisabeth Frenzel: Stoffe der Weltliteratur. Ein Lexikon dichtungsgeschichtlicher Längsschnitte. Stuttgart [8]1992; Herbert Haag/Joe H. Kirchberger/Dorothee Sölle: Große Frauen der Bibel in Bild und Text. Freiburg 1995; Ingeborg Kruse: Frauenkonkordanz zur Bibel. Stuttgart 2001; Karl-Josef Kuschel: Maria in der deutschen Literatur des 20. Jahrhunderts. In: Handbuch der Marienkunde. Hg. von Wolfgang Beinert/Heinrich Petri. Regensburg [2]1997, 215-269; Georg Langenhorst: Gedichte zur Bibel. Texte – Interpretationen – Methoden. Ein Werkbuch für Schule und Gemeinde. München 2001; Pnina Navè Levinson: Was wurde aus Saras Töchtern? Frauen im Judentum. Gütersloh [3]1993; Paradeigmata. Literarische Typologie des Alten Testaments, 2 Bde. Hg. von Franz Link. Berlin 1989.

II. Tabelle

Eva, die Mutter aller Lebendigen

Eva	AT/NT	Deutsche Literatur ab 1900	Ausländische Literatur ab 1900	Sekundärliteratur
Weibliches Abbild Gottes Nach Gen. 1,26 als ʾIscha` (= Männin) nach der Vertreibung aus dem Paradies von Adam als Eva (hebr. ʾHawwah`, viell. ʾLeben weckend` oder eine Bildung zum aram. ʾChiwja` = ʾSchlange`) angeredet Mutter aller Lebendigen	AT: Gen 1,26-28 Gen 2,18-25 Gen 3,1-24 Gen 3,20 Gen 4,1-2 Gen 4,25 Gen 5,2-4 Tob 8,6 Jes Sir 25,24 NT: 2. Kor 11,3 1. Tim 2,13-15	Maria Janitschek: Die neue Eva. R. (1902) Paul Heyse: Lilith. Dr. (1903) Else Lasker-Schüler: Evas Lied. Ged. (1905); Erkenntnis. Ged. (1905); Eva. Ged. (1905) Christian Morgenstern: Adam und Eva. Ged. (1906) Otto Borngräber: Die ersten Menschen. Dr. (1908) Rainer Maria Rilke: Eva. Ged. (1908) Siegfried Lipiner: Adam Dr. (1911) Richard Dehmel: Evas Klage. Ged. (1913) Josef Weinheber: Eva. Ged. (1914-21) Reinhard Johannes Sorge: Mystische Zwiesprache. Adam und Eva. (1914/1922) Arno Nadel: Adam. Dr. (1917); Der Sündenfall. Sieben bibl. Szenen. (1920)	Imre Madách: Die Tragödie des Menschen. Dr. (1861) August Strindberg: De creatione et sententia vera mundi. Dr. (1897) Marc Twain: Extracts from Adam's Diary (1904); Eve's Diary (1909) Charles Montagne Doughty: Adam Cast Forth. (1908) Charles Péguy: Ève. Epos. (1913) George Bernhard Shaw: Back to Methusalem. Dr. (1921) Michail A. Bulgakow: Adam und Eva. Dr. (1931)	Gertrude Miksch: Der Adam-und-Eva-Stoff in der deutschen Literatur. (Diss.) Wien 1954 Lutz Röhrich: Adam und Eva: Das erste Menschenpaar in Volkskunst und Volksdichtung. Stuttgart 1968 Paul Schwarz: Die neue Eva: Der Sündenfall in Volksglaube und Volkserzählung. Göppingen 1973

Eva, die Mutter aller Lebendigen

Eva	AT/NT	Deutsche Literatur ab 1900	Ausländische Literatur ab 1900	Sekundärliteratur
Urbild der dämonischen Verführerin Synonym für erotische weibliche Reize Gegenbild zu Maria und Maria von Magdala		Max Barthel: Eva. Ged. (1920) Hans Janowitz: Adam und Eva. Ged. (1921) Hanns Johst: Ave Eva. Erz. (1932) Franz Karl Ginzkey: Die Erschaffung der Eva. Ep. (1941) Max Rychner: Die Ersten. Fragment. Ball. (1949) Marie-Luise Kaschnitz: Adam und Eva. Erz. (1951) Johanna Braun: Eva und der neue Adam. R. (1961) Rose Ausländer: Eva. Ged. (1956); Daß jeder teilhabe. Ged. (1956); Vermittlung. Ged. (1956); Evalose Zeit. Ged. (1965); Mehr. Ged. (1966); Vergebung. Ged. (1977); Adam. Ged. (1978) Uriel Birnbaum: Die ersten Menschen. Bibl. Sonette (1957)	Thornton Wilder: By the Skin of our Teeth / Wir sind noch einmal davon gekommen Dr. (1942) Archibald Mac Leish: Songs for Eve. Ged. (1954) Arthur Miller: The Creation of the World. Dr. (1972) Marianne Fredriksson: Eva. R. (1980)	M. Steinhäuser: Die Adaption biblischer Stoffe als Chance und Problem aus theologischer Sicht, dargestellt an „Adam und Eva". Leipzig 1988 Lutz Röhrich: Adam und Eva in der Volksliteratur. In: Paradeigmata (Anm. 3), Bd. 1, 253-280 Joe H. Kirchberger: Eva und Lilit. In: Kirchberger (Anm. 3), 10-31 Ingrid G. Daemmrich: Enigmatic Bliss. The Paradise Motif in Literature. New York/Bern/Frankfurt/ Paris/Wien 1997

	Magda Motté: Daß ihre Zeichen bleiben. In: Schmidinger (Anm. 3), Bd. 2, 205-258
Dagmar Nick: Eva. Ged. (1969); Lilith, eine Metamorphose. Erz. (1992)	Franz W. Niehl: Adam und Eva und der Garten der Wonne. In: Schmidinger, (Anm. 3), Bd. 2, 53-63
Rudi Strahl: In Sachen Adam und Eva. Dr. (1969); Wie die ersten Menschen. Dr. (1971); Adam und Eva und kein Ende. Dr. (1973)	Georg Langenhorst: Urgeschichte(n): Adam und Eva. In: Langenhorst (Anm. 3), 47-53
Friedrich Dürrenmatt: Porträt eines Planeten. Dr. (1970)	
Peter Hacks: Adam und Eva. Kom. (1973)	
Wilhelm Willms: der kopf verfolgt das herz. Ged. (1974)	
Ernst Jandl: erschaffung der eva. Ged. (1985)	
Walter Helmut Fritz: Giselbertus von Autun, Eva. Ged. (1986)	
Christine Busta: Adam und Eva. Ged. (1989)	
Christa Peikert-Flaspöhler: Zu Genesis 3,16 – Fluch für Eva? Ged. (1989); Freispruch für Eva. Ged. (1992); Eva, Mutter aller Lebendigen. Ged. (1993)	
Drutmar Cremer: Adam und Eva. Ged. (1995); Halleluja. Ged. (1995)	
Ingeborg Kruse: Eva. Erz. (1999)	

Die Matriarchinnen

Milka	AT/NT	Deutsche Literatur ab 1900	Ausländische Literatur ab 1900	Sekundärliteratur
Stammmutter der Aramäer Tochter Harans und Schwester des Lot Frau von Abrahams Bruder Schwägerin Saras und Großmutter Rebekkas	AT: Gen 11,27-32 Gen 22,20-24 Gen 24,15	Ingeborg Kruse: Milka. Erz. (1986) Arnulf Zitelmann: Abram und Sarai. R. (1993)		

Sara	AT/NT	Deutsche Literatur ab 1900	Ausländische Literatur ab 1900	Sekundärliteratur
Hebr. ʾFürstinʾ, ʾHerrinʾ Ehefrau des Abrahams Mutter des Isaak	AT: Gen 11,29-31 Gen 12,10-20 Gen 16,1-16 Gen 17,15 Gen 17,16-21	Franz Werfel: Der Weg der Verheißung. Dr. (1935) Cécile Lauber: Hagar und Ismael. Dr. (1964) George Forestier: Abraham und Isaak. Ged. (1968)	Leszek Kolakowski: Sara – oder der Konflikt zwischen den Allgemeinen und dem Persönlichen in der Moral. Erz. (1963).	Joe H. Kirchberger: Sara und Hagar. In: Kirchberger (Anm. 3), 41-47

	AT/NT	Deutsche Literatur	Ausländische Literatur	Sekundärliteratur
Stammmutter des Volkes Israel Nach jüdischer Tradition von besonderer Schönheit und eine der sieben Prophetinnen	Gen 18,6-15 Gen 21,1-12 Gen 23,1-19 Gen 25,10 Gen 49,30f. Jes 51,2 NT: Röm 4,19 Röm 9,9 Gal 4,22-26 Hebr 11,11 Hebr 13,2 1. Petr 3,6	Franz Fühmann: Erzvater und Satan. Erz. (1968) Wilhelm Gössmann: Sara. Ged. (1981) Christa Peikert-Flaspöhler: Sara. Ged. (1981); Wir haben beide gelacht. Monolog (1993) Drutmar Cremer: Mit silbernen Muscheln. Ged. (1984); Geküßt mit Gottes Zeit. Ged. (1995) Arnulf Zitelmann: Abram und Sarai. R. (1993)	Sara Maitland: Daughter of Jerusalem. R. (1978); Mutter der Verheißung. Erz. (1989)	Magda Motté: Daß ihre Zeichen bleiben. In: Schmidinger (Anm. 3), Bd. 2, 205-258

Hagar	AT/NT	Deutsche Literatur ab 1900	Ausländische Literatur ab 1900	Sekundärliteratur
'Flucht' Ägypterin, nach jüdischer Tradition Tochter des Pharao	AT: Gen 16, 1-16 Gen 21,9-21 Gen 25, 12-18 Gen 28,9 Gen 36,2 Bar 3,23	Jakob Julius David: Hagars Sohn. Dr. (1891) Anton Franz Dietzenschmidt: Die Vertreibung der Hagar. Dr. (1915) Else Lasker-Schüler: Hagar und Ismael. Ged. (1919) Irene Forbes-Mosse: Hagars Klage. Ged. (vor 1930)	William George Hardy: Hagar. R. (1935) Paul Claudel: Hagar, ancilla Sarai, unde venis? Ged. (1947) Lewis Sowden: Hagar. Dr. (um 1966) Cothburn O'Neal: Hagar. R. (um 1964)	Magda Motté: Daß ihre Zeichen bleiben. In: Schmidinger (Anm. 3), Bd. 2, 205-258

Die Matriarchinnen

Hagar	AT/NT	Deutsche Literatur ab 1900	Ausländische Literatur ab 1900	Sekundärliteratur
Sklavin, Magd der Sara und Mutter des Ismael Ahnfrau der Ismaeliten → Araber	NT: Gal 4,22-31	Paul Keller: Der Sohn der Hagar. R. (1930) Fritz Rosenthal (Ben-Chorin): Legende um Hagar. Ged. (1934) Karl Wolfskehl: Abram. Dr.-Frag. (1935-38) Nelly Sachs: Aber deine Brunnen. Ged. (1949) Cécile Lauber: Hagar und Ismael. R. (1964) Peter Huchel: Am Jordan. Ged. (1972) Friedel Ramser-Plöger: Wie Hagar in der Wüste. Ged. (1985) Christa Peikert-Flaspöhler: Durch die Liebe wird alles neu. Monolog (1993)	Margaret Atwood: Der Report der Magd. R. (1985) James R. Shott: Hagar – geliebt und verstoßen. R. (1996)	

Frau des Lot	AT/NT	Deutsche Literatur ab 1900	Ausländische Literatur ab 1900	Sekundärliteratur
Namenlos zur Salzsäule erstarrt beim Anblick des Untergangs von Sodom und Gomorra	AT: Gen 19,1-17. 24-26 NT: Lk 17,32	Hermann Sudermann: Sodoms Ende. Dr. (1890) Franz Werfel: Nun ist in mir ein Tod. Ged. (1919) Erich Fried: Liebeslot; Salz der Welt. Ged. (1945-49); Beschwörung des Steins. Ged. (1950-63) Marie-Thérèse Kerschbaumer: wo ist dein kind, frau lot? Ged. (1965) Helga Schütz/Günter Egon: Lots Weib. Film-Szenarium. (1966) Peter Gan: Das Weib des Loth. Ged. (vor 1968) George Forestier: Lots Weib. Ged. (1968) Rose Ausländer: Salzsäule. Ged. (1976) Hildegard Jahn-Reinke: Lots Weib. Ged. (1983)	Robert E. Hille: Sodom. Dr. (1927) Jean Giraudoux: Sodome et Gomorrhe (1943/1944) Janice Farrar Thaddeus: Lot's Wife. Ged.-Slg. (1986) Tom Wakefield: Lot's Wife. Nov. (1989) Leszek Kolakowski: Lots Frau – oder die Reise der Vergangenheit. Erz. (1990)	

Die Matriarchinnen

Rebekka	AT/NT	Deutsche Literatur ab 1900	Ausländische Literatur ab 1900	Sekundärliteratur
'die Kuh` Tochter des Betuël in Haran im Stammbaum der Männer als Tochter hervorgehoben Frau des Isaak Mutter der Zwillinge Esau und Jakob	AT: Gen 22,23a Gen 24-27 Gen 49,31	Richard Beer-Hofmann: Jaákobs Traum. Dr. (1909-15/1918) Else Lasker-Schüler: Jakob und Esau. Ged. (1913) Thomas Mann: Josef und seine Brüder. Bd. 1. R. (1933) Uriel Birnbaum: Rebekka. Ged. (1956) George Forestier: Jakob und Esau. Ged. (1968) Barbara Bartos-Höppner: Rebecca. Erz. (1991) Drutmar Cremer: Gruß ins Abendrot. Ged. (1995)	Jean Cabriès: Saint Jacob. R. (1954) Itzik Manger: Rebekka. Ged. (vor 1969) Marc van Doren: Rebekah. Ged. (vor 1973)	Joe H. Kirchberger: Rebekka. Tochter des Betuël. In: Kirchberger (Anm. 3), 41-47 Magda Motté: Daß ihre Zeichen bleiben. In: Schmidinger (Anm. 3), Bd. 2, 205-258

Lea und Rahel	AT/NT	Deutsche Literatur ab 1900	Ausländische Literatur ab 1900	Sekundärliteratur
Töchter des Laban; Frauen des Jakob	AT: Gen 29,1-33 Gen 30,1-25	Jakob Julius David: Rachel. Ged. (1892)	Sara Maitland: Daughter of Jerusalem. R. (1978)	Joe H. Kirchberger: Rachel und Lea.

Lea:	Gen 30,22-25	Hugo Zuckermann: Einst ... Ged. (vor 1914)	In: Kirchberger (Anm. 3), 41-47
hebr. 'Kuh'	Gen 31,1-54	Max Barthel: Rahel. Ged. (um 1920)	Magda Motté: Daß ihre Zeichen bleiben. In: Schmidinger (Anm. 3), Bd. 2, 205-258
ältere der beiden Schwestern	Gen 35,16-20.24-25	Stefan Zweig: Rahel rechtet mit Gott. Leg. (1927)	
ungeliebte Frau des Jakob	Gen 49,3-4.8-15.22-27.31	Thomas Mann: Joseph und seine Brüder. Bd. 1. R. (1933)	
Mutter von sechs Söhnen und einer Tochter, darunter Juda, der Stammvater	Rut 4,11; 1 Sam 10,2 Jer 31,15	Fritz Rosenthal (Ben-Chorin): Rahels Stimme. Ged. (1934)	
	NT: Mt 2,18	Franz Werfel: Der Weg der Verheißung. Dr. (1935)	
		Ludwig Strauß: Gräber. Ged. (1935)	
Rahel:		Nelly Sachs: Jakob und Rahel. Ged. (1937)	
hebr. 'Mutterschaf'		Wilhelm Gössmann: Rahel. Ged. (1974)	
geliebte zweite Frau des Jakob		Johannes Kühn: Jakob diente um Rachel. Ged. 1989; Lea. Ged. (1990)	
Mutter von Josef und Benjamin		Robert Schneider: Rahel. Ged. (1996)	

Die Matriarchinnen

Dina	AT/NT	Deutsche Literatur ab 1900	Ausländische Literatur ab 1900	Sekundärliteratur
Dina wie Dan von dîn = richten, Recht schaffen Tochter Leas und Jakobs	AT: Gen 30,21 Gen 34,1-31	Thomas Mann: Joseph und seine Brüder. Bd. 1. R. (1933) Christa Peikert-Flaspöhler: Vergewaltigte muslemische Frau. Ged. (1993)		

Tamar	AT/NT	Deutsche Literatur ab 1900	Ausländische Literatur ab 1900	Sekundärliteratur
ʾPalmeʿ Schwiegertochter des Juda, Sohn des Jakob Frau des Er, dann des Onan (Schwager-Ehe) erstreitet ihr Recht auf Nachkommenschaft	AT: Gen 38, 1-30 Rut 4,12 1 Chron 2,4 NT: Mt 1,3	Gertrud Kolmar: Thamar und Juda. Ged. (1937) Thomas Mann: Josef und seine Brüder. Bd. 4. R. (1943) George Forestier: Juda und Tamar. Ged. (1968)	Robinson Jeffer: Tamar. Versepos (1924) Jehuda Amichai: Sechs Lieder für Thamar. Ged. (1955)	H. N. Carlebach: „Thamar" bei Thomas Mann und im jüdischen Schrifttum. In: Monatshefte f. deutschen Unterricht, dt. Sprache und Literatur. 39/1947, 237-247 Magda Motté: Daß ihre Zeichen bleiben. In:

Die Frau des Potifar	AT/NT	Deutsche Literatur ab 1900	Ausländische Literatur ab 1900	Sekundärliteratur
eine der vier Frauen im Stammbaum Jesu				Schmidinger (Anm. 3), Bd. 2, 205-258
namenlos leg.: Suleika (=Verführerin) Frau des Ägypters Potifars, Oberster der Leibwache des Pharao und Käufer des Josef Verführerin und Verleumderin des Leibeigenen Josef	AT: Gen 39,1-23	Hugo von Hofmannsthal/H. Graf Keßler: Josephs Legende. Pantomime (1914) Max Herrmann-Neiße: Joseph der Sieger. Dr. (1919) Emil Belzner: Die Hörner des Potifars. Epos (1924) Thomas Mann: Josef und seine Brüder. Bd. 3. R. (1936)		H. Priebatsch: Die Josephsgeschichte in der Weltliteratur. Eine legendengeschichtliche Studie. 1937 M. Nabholz-Oberlin: Der Josephroman in der deutschen Literatur von Grimmelshausen bis Thomas Mann. Diss. Basel 1950 H. Singer: Joseph in Ägypten. In: Euphorion 48/1954 Joe H. Kirchberger: Die Frau des Potifar. In: Kirchberger (Anm. 3), 98-103

Frauen zwischen Exodus und Landnahme

Zippora	AT/NT	Deutsche Literatur ab 1900	Ausländische Literatur ab 1900	Sekundärliteratur
'Vogel' od. 'Fingernagel' Tochter des Priesters Raguël (Jitro) von Midian Frau des Mose	AT: Ex 2,21-22 Ex 4,13-26 Ex 18,1-12 Num 12,1	Carl Hauptmann: Moses. Dr. (1906) Thomas Mann: Das Gesetz. Erz. (1944) Uriel Birnbaum: Der Herr der Welt. Ged. (1957); Moses und Zipporah. Ged. (1957)	Shalom Asch: Mose. R. (1951)	

Mirjam	AT/NT	Deutsche Literatur ab 1900	Ausländische Literatur ab 1900	Sekundärliteratur
hebr. 'Seherin', 'Herrin' auch: 'marim', 'Bittere' Schwester des Aaron und des Mose Anführerin der Frauen beim	AT: Ex 2,1-10 Ex 15,20-21 Num 12,1-16 Num 20,1 Num 21,17-18 Micha 6,4	Carl Hauptmann: Moses. Dr. (1906) Börries Freiherr von Münchhausen: Mose. Ged. (1924) Franz Werfel: Der Weg der Verheißung. Dr. (1935) Thomas Mann: Das Gesetz. Erz. (1944) Uriel Birnbaum: Das Buch Mirjam. Ged. (1957); Wie Mosis Schwester. Ged. (1957)		Georg Langenhorst: Frauen, die Geschichte(n) schrieben. In: Langenhorst (Anm. 3), 100-130

Siegeslied am Schilfmeer	Ingeborg Bachmann: Mirjam. Ged. (1957) Wolfgang Dietrich: Mirjam. Ged. (1985) Christa Peikert-Flaspöhler: Mirjams anderer Gesang. Ged. (1992) Drutmar Cremer: Ein Tanz voll Dank und Neubeginn. Ged. (1999)

Rahab	AT/NT	Deutsche Literatur ab 1900	Ausländische Literatur ab 1900	Sekundärliteratur
'Wild', 'Stürmisch' Dirne von Jericho Retterin der Kundschafter Frau eines Israeliten aus dem Stamme Juda eine der vier Frauen im Stammbaum Jesu	AT: Jos 2,1-24 Jos 6,17.22-25 NT: Mt 1,5 Hebr 11,31 Jak 2,25	Börries Freiherr von Münchhausen: Rahab, die Jerichonitin. Ged. (1898) Rudolf von Gottschall: Rahab. Dr. (1898) Wilhelm Willms: der fall rahab. Ged. (1982) Franz Fassbind: Eine Buhlerin namens Rahab. Ged. (1987) Eva Schirmer: Landesverrat oder Rettung? Erz. (1987)	Matityahu Shoham: Jericho. Dr. (1923) Frank G. Slaughter: The Scarlet Cord. R. (1956) Leszek Kolakowski: Rahab oder die wirkliche und die vermeintliche Einsamkeit. Erz. (1963) Shmuel Izban: Jericho. R. (1966)	Joe H. Kirchberger: Die Dirne Rahab. In: Kirchberger (Anm. 3), 104-113 Magda Motté: Daß ihre Zeichen bleiben. In: Schmidinger (Anm. 3), Bd. 2, 205-258

Frauen zwischen Exodus und Landnahme

Debora	AT/NT	Deutsche Literatur ab 1900	Ausländische Literatur ab 1900	Sekundärliteratur
hebr. 'Biene' Prophetin und Richterin 'Mutter in Israel' einzige Frau unter den zwölf Richtern ermutigte den Heerführer Barak zur Befreiung Israels ihr gewidmetes Lied einer der ältesten Texte im AT	AT: Ri 4, 1-24 Ri 4.5 Ri 5, 1-31	Franz Theodor Czokor: Sisera, der Kanaanite. Ged. (1926) Esther Raab: Ihr heiligen Großmütter. Ged. (um 1930) Gertrud Kolmar: Die Jüdin. Ged. (1938) Pnina Navè Levinson: Deboras Gesang. Ged. (1975) Dorothee Sölle: Bibelkunde. Ged. (1984) Ingeborg Kruse: Debora und Jaël. Erz. (1986) Drutmar Cremer: Im Feuermantel Königswürde. Ged. (1995)	Bernhard Canter: Debora. Dr. (1916) Ildebrando Pizetti: Debora e Jaele. Dr. (1922)	Joe H. Kirchberger: Die Richterin Debora. In: Kirchberger (Anm. 3), 114-121

Jaël	AT/NT	Deutsche Literatur ab 1900	Ausländische Literatur ab 1900	Sekundärliteratur
hebr. 'Antilope', 'Steinbock'	AT: Ri 4,17-24	Franz Theodor Csokor: Sisera, der Kanaanite. Ged. (1926)	Ildebrando Pizetti: Debora e Jaele. Dr. (1922)	

Nicht-Israelitin, die Frau des Keniters Heber tötet in ihrem Zelt den von Barak und Debora geschlagenen flüchtenden Feldherrn Sisera	Ri 5,1-31 Ps 83, 10-11	Uriel Birnbaum: Jaël. Ged. (1957) Dorothee Sölle: Bibelkunde. Ged. (1984) Ingeborg Kruse: Debora und Jaël. Erz. (1986)	Leszek Kolakowski: Jaël – oder die Irrwege des Heldentums. Erz. (1963) Sara Maitland: Daughter of Jerusalem. R. (1978)	

Tochter des Jiftach	AT/NT	Deutsche Literatur ab 1900	Ausländische Literatur ab 1900	Sekundärliteratur
namenloses Mädchen wird vom Vater aufgrund eines Gelübdes geopfert	AT: Ri 11,1-40	Franz Held: Jephtas Tochter. Epos. (1894) Hans Ludwig Held: Tamar. Dr. (1911) Richarda Huch: Jephtha. Ged. (1917) Richarda Huch: Jephthas Tochter. Ged. (1917) Hermann von Boetticher: Jeftah. Dr. (1919) Ferdinand Ruh: Jeftas Tochter. Dr. (1920) Ernst Lissauer: Das Weib des Jephta. Dr. (1928)	Shalom Asch: Jephtas Tochter. Jidd. Dr. (1915) E. Girardini: Jefté. Dr. (1929) E. L. Watson: A mighty man of valour. R. (1939) Amos Oz: Auf dieser bösen Erde. Erz. (1966)	Wilbur Owen Sypherd: Jephtah and his daughter. Univ. of Delaware Press, Newark, N.J. (1948) Tanja Kinkel: Naemi, Ester, Raquel und Ja'ala. Väter, Töchter, Machtmenschen und Judentum bei Lion Feuchtwanger u.a. Bonn 1998

Frauen zwischen Exodus und Landnahme

Tochter des Jiftach	AT/NT	Deutsche Literatur ab 1900	Ausländische Literatur ab 1900	Sekundärliteratur
		Lion Feuchtwanger: Jefta und seine Tochter. R. (1957) Gertrud von Le Fort: Die Tochter Jephthas. Erz. (1964) Dorothee Sölle: Richter 11, 30-40. Mit den Augen der Frauen gelesen. Ged. (1983)		Susanne Grillmayer-Bucher: Die Tochter Jiftachs. In: Schmidinger (Anm. 3), 138-141 Joe H. Kirchberger: Die Tochter des Jiftach. In: Kirchberger (Anm. 3), 128-133

Delila	AT/NT	Deutsche Literatur ab 1900	Ausländische Literatur ab 1900	Sekundärliteratur
hebr. 'Verführerin' oder 'Schwachmacherin', 'herabbaumelnde Locke' Philisterin, nach dem Kontext eine Prostituierte	AT: Ri 16,4-31 Spr 5,3-7	Paul Heyse: Simson. Dr. (1884) Clara Viebig: Kinder der Eifel. R. (1897) Marie Itzerott: Delila. Dr. (1899) Hermann Wette: Simson. Dr. (1904) Adolf Jacoby: Samson. Dr. (1907) Herbert Eulenberg: Simson. Dr. (1910) Eduard Eggert: Simson. Dr. (1910)	Eugene Moore: Delilah, a Tale of Old Times. Ged. (1889) Grace Constant Lounsbery: Delila. Dr. (1904) Henri Bernstein: Samson. Dr. (1907) Vladimir Jabotinsky: Simson. R. (vor 1920)	K. Gerlach: Der Simsonstoff im deutschen Drama. Berlin 1929 W. Tissot: Simson und Herkules in den Gestaltungen des Barock. Diss. Greifswald 1932

Geliebte des Richters Simson raubt ihm im Auftrag und gegen Bezahlung der Philister seine Kraft wider die Feinde	August Lembach: Samson. Dr. (1911) Frank Wedekind: Simson oder Scham und Eifersucht. Dr. (1913) Hermann Burte: Simson. Dr. (1917) Hermann Boßdorf: Simson und die Philister. Dr. (1920) Karl Röttger: Simson. Dr. (1921) Felix Salten: Simson. Das Schicksal eines Erwählten. R. (1928) Elias Canetti: Die Blendung. R. (1935); Die Hochzeit. R. (1964) Nelly Sachs: Simson fällt durch Jahrtausende. Dr. (1955) Uriel Birnbaum: Simson und Delila. Ged.-Zyklus (1957) Helga Schubert: Die Judasfrauen. Zehn Fallgeschichten weiblicher Denunziation im Dritten Reich. Erz. (1990) Johannes Kühn: Dalila. Ged. (2000)	Sara Maitland: Daughter of Jerusalem. R. (1978)	H. Krappe: Samson. In: Revue archéologique. 6. série, vol. 1,2,1933 Joe H. Kirchberger: Delilas und Simsons Geheimnis. In: Kirchberger (Anm. 3), 134-147 Susanne Gillmayr-Bucher: Simson. In: Schmidinger (Anm. 3), 141-150

Frauen rund um das Königtum

Noomi	AT/NT	Deutsche Literatur ab 1900	Ausländische Literatur ab 1900	Sekundärliteratur
'Liebliche` verlässt mit Mann und Söhnen wegen Hungersnot Betlehem und zieht nach Moab kehrt als Witwe mit ihrer Schwiegertochter Rut nach Betlehem zurück Urahne Davids	AT: Rut 1,1-22 Rut 2,1-23 Rut 3,1-4.12 Rut 4,14-17	Yvan Goll: Noemi. Ged.-Zyklus (1916) Lion Feuchtwanger: Jud Süß. R. (1925)		Tanja Kinkel: Naemi, Ester, Raquel und Ja'ala. Väter, Töchter, Machtmenschen und Judentum bei Lion Feuchtwanger u.a. Bonn 1998

Rut	AT/NT	Deutsche Literatur ab 1900	Ausländische Literatur ab 1900	Sekundärliteratur
'Freundin` Moabiterin Schwiegertochter von	AT Buch Rut	Rainer Maria Rilke: Und meine Seele ist ein Weib von dir. Ged. (1901) Otto Erich Hartleben: Das Buch Ruth. Ged.-Zyklus (1901)	Joseph Leiser: The Girl from Moab. Dr. (1922) Elma C. Levinger: Ruth of Moab. Einakter (1923)	Birgit Hartberger: Das biblische Ruth-Motiv in deutschen lyrischen Gedichten des 20. Jahrhunderts.

	NT: Mt 1,5	Richard Kralik: Die Ähren der Ruth. Dr. (1905)	Paul Saphire: Ruth. R. (1936)	Altenberge 1992
Noomi, der Frau des Judäers Elimech		Else Lasker-Schüler: Ruth. Ged. (1905); Boas Ged. (1913)	Grace Goldin: Come under the Wings. R. (1958)	Jürgen Ebach: Fremde in Moab – Fremde aus Moab. Das Buch Ruth als politische Literatur. In: Jürgen Ebach und Richard Faber (Hg.): Bibel und Literatur, Bd. 1. München 1995, 277-304
kehrt als Witwe mit dieser nach Bethlehem zurück		Franz Werfel: Ruts Worte. Ged. (1916-18); Der Weg der Verheißung. Dr. (1935)	Norman Gorwin: The Story of Ruth. R. (1959)	
Heirat mit Boas Stammmutter Davids		Gabriela Mistral: Ruth. Ged.-Zyklus (1923)	Leszek Kolakowski: Ruth – oder der Dialog zwischen Liebe und Brot. Erz. (1963)	Joe H. Kirchberger: Rut, die Moabiterin. In: Kirchberger (Anm. 3), 154-157
eine der vier Frauen aus dem Stammbaum Jesu		Richard Beer-Hofmann: Der junge David. Dr. (1933)	Frank Slaughter: Ruth. R. (1989)	
		Fritz Rosenthal (Ben-Chorin): Ruth. Ged. (1934); Ruths Schlaflied. Ged. (1934)		Magda Motté: Daß ihre Zeichen bleiben. In: Schmidinger (Anm. 3), 205-258
		Arthur Zanker: Meinem Kinde. Ged. (1935)		
		Nelly Sachs: Abendlieder der Ruth. Ged. (1937); Land Israel. Ged. (1949)		Irmtraud Fischer: Das Rutbuch und die Fragen von heute. In: Dies.: Rut. Freiburg 2001, 263-266
		Silja Walter: Das Mädchen Ruth. Spiel/ Ged. (1944)		
		Paul Celan: In Ägypten. Ged. (1952)		
		Uriel Birnbaum: Boas sieht Ruth. Ged. (1957)		
		Ernst Waldinger: Randzeichnung zum Buch Ruth. Ged. (vor 1958)		
		Leonhard Frank: Ruth. Dr. (1960)		

Frauen rund um das Königtum

Rut	AT/NT	Deutsche Literatur ab 1900	Ausländische Literatur ab 1900	Sekundärliteratur
		Rose Ausländer: Ruth. Ged. (1978); Der Flügelteppich. Ged. (1978) Christa Peikert-Flaspöhler: Rut. Ged. (1981) Drutmar Cremer: Lichtgehörn am Tor von morgen. Ged. (1984) Leopold Marx: Ruth. Ged. (1985) Eva Zeller: Das Rascheln der Seiten. Ged. (1992)		

Weise Frau von Endor	AT/NT	Deutsche Literatur ab 1900	Ausländische Literatur ab 1900	Sekundärliteratur
Hexe, Zauberin, Toten-beschwörerin von König Saul um Hilfe ersucht verhilft ihm zur	AT: 1 Sam 28,1-25	Börries Freiherr von Münchhausen: Die Hexe von En Dor. Ged. (1900) Karl Wolfskehl: Saul. Dr. (1905) Lion Feuchtwanger: Saul. Dr. (1905/06) Rainer Maria Rilke: Samuels Erscheinung vor Saul. Ged. (1907)	Shaul Tschernichowsky: At Endor. Ball. (1893) André Gide: Saul. Dr. (1903)	

		Erscheinung des Propheten Samuel	Fritz Rosenthal (Ben-Chorin): Schaul in En-Dor. Ged. (1934)		
			Nelly Sachs: Saul. Ged. (1949); Die Stunde zu Endor. Ged.-Zyklus (1957)		
			Max Zweig: Saul. Dr. (1951)		
			Uriel Birnbaum: Saul bei der Hexe von Endor. Ged. (1957)		
			Stefan Heym: Der König David Bericht. R. (1972)		

Michal	AT/NT	Deutsche Literatur ab 1900	Ausländische Literatur ab 1900	Sekundärliteratur
Tochter Sauls	AT:	Richard Beer-Hofmann: Der junge David. Dr. (1933)	David Pinski: King David and his Wives. Dramen-Serie (1923ff.)	Georg Langenhorst: Von heiligen Tänzern und Tempelbauern. Israels Könige. In: Schmidinger (Anm. 3), 151-176
1. Frau Davids, beschützt und rettet ihn vor den Nachstellungen ihres Vaters	1 Sam 18,2 1 Sam 6,16 1 Sam 14,49 1 Sam 18, 20.27-28	Hans Tramer: Michal. Liebe und Leid einer Königin. R. (1940)	Gladys Malvern: Saul's Daughter. R. (1956)	
erzürnt über Davids Auftritt bei Übertragung der Bundeslade	1 Sam 19,9-18 1 Sam 25,44 2 Sam 3,13-14 2 Sam 6,16.23	Louis de Wohl: König David. R. (1961) Stefan Heym: Der König David Bericht. R. (1972)	Frank G. Slaughter: Warrior and King/König David. R. (1962)	Magda Motté: Daß ihre Zeichen bleiben. In: Schmidinger (Anm. 3), 205-258
bleibt kinderlos	2 Sam 21,8	Grete Weil: Der Brautpreis. R. (1988)		

Frauen rund um das Königtum

Maacha	AT/NT	Deutsche Literatur ab 1900	Ausländische Literatur ab 1900	Sekundärliteratur
Eine der Frauen Davids, Mutter von Tamar und Abschalom	AT: 2 Sam 3,3; 1 Chr 3,2	Richard Beer-Hofmann: Der junge David. Dr. (1933) Grete Weil: Der Brautpreis. R. (1988)	David Pinski: King David and his Wives. Dramen-Serie (1923ff.)	Magda Motté: Daß ihre Zeichen bleiben. In: Schmidinger (Anm. 3), 205-258

Abigajil	AT/NT	Deutsche Literatur ab 1900	Ausländische Literatur ab 1900	Sekundärliteratur
hebr. 'Tor'; 'Freude des Vaters'; 'Triumph der Klugheit' Frau des Nabal nach Nabals Tod eine der Frauen Davids eine der vier schönsten Frauen (Sara, Rahab, Ester) der israel. Geschichte	AT: 1 Sam 25,1-42 1 Sam 27,3 1 Sam 30,5 2 Sam 3,2-3 1 Chr 2,16-17 1 Chr 3,1	Arnold Zweig: Abigail und Nabal. Dr. (1913) Else Lasker-Schüler: Abigail. Ged. (1923) Fritz Rosenthal (Ben-Chorin): Abigail. Ged. (1935) Stefan Heym: Der König David Bericht. R. (1972) Grete Weil: Der Brautpreis. R. (1988)	David Pinski: King David and his Wives. Dramen-Serie (1923ff.) Grace Jewett Austin: Abigail. Dr. (1924) Itzik Manger: Abigail. Ged. (1935) Mark van Doren: Abigail. Ged. (1946)	

Batseba	AT/NT	Deutsche Literatur ab 1900	Ausländische Literatur ab 1900	Sekundärliteratur
hebr. 'Tochter der Fülle'	AT: 2 Sam 11,1-27	Lion Feuchtwanger: Das Weib des Urias. Dr.-Fragm. (1905/06)	C. W. Winne: David and Bathshua. Dr. (1903)	M. Dannenberg: Die Verwendung des biblischen Stoffes von David und Bathseba im englischen Drama. Diss. Königsberg 1905
Frau des Hethiters Uria	2 Sam 12,1-25 1 Kön 1,11-31 1 Kön 2,13-27	Albert Geiger: Das Weib des Urias. Dr. (1908)	Stephen Phillips: The Sin of David. Dr. (1904)	Walter Dietrich: Gott, Macht und Liebe. Die neuen Romane über die Davidszeit. In: Reformatio 38/1989, 301-308
von David verführt	1 Chr 3,5 Hld 3,11	Maximilian Böttcher: David und Bathseba. Dr. (1913)	David Pinski: King David and his Wives. Dramen-Serie (1923ff.)	
Frau des David nach Urias Tod	Ps 51, 2	Viktor von Zapletal: David und Bathseba. Erz. (1923)	Frank Buchanan: Batscheba. Ged. (1930)	
Mutter des Salomo	NT: Mt 1,6	Hans Halden: Bathseba im Bade. Dr. (um 1930)	Mark van Doren: Batscheba. Ged. (1946)	Ilse Müller: Blickwechsel: Batseba und David in Romanen des 20. Jahrhunderts. In: Biblical Interpretation 6, 3/4, Leiden 1998
eine der vier Frauen aus dem Stammbaum Jesu		Franz Werfel: Der Weg der Verheißung. Dr. (1935)	Armand Payot: Bethsabée. Dr. (1950)	
		Uriel Birnbaum: Davids Schuld. Ged. (1957); Urija. Ged. (1957)	Moshe Shamir: David's Stranger/Des armen Mannes Lamm. R. (1956)	
		Louis de Wohl: König David. R. (1961)	Carlo Coccioli: Mémoirs du Roi David. (1976)	Joe H. Kirchberger: Batscheba, die schöne Frau des Urija. In: Kirchberger (Anm. 3), 189-193
		George Forestier: Der Urias Brief. Ged. (1968)	Joseph Heller: God Knows/Weiß Gott. R. (1984)	
		Stefan Heym: Der König David Bericht. R. (1972)	Torgny Lindgren: Bathseba. R. (1984)	
		Drutmar Cremer: Aus Urzeit – Erinnerung. Ged.; David und Batseba. Ged. (1984)		

295

Frauen rund um das Königtum

Batseba	AT/NT	Deutsche Literatur ab 1900	Ausländische Literatur ab 1900	Sekundärliteratur
		Grete Weil: Der Brautpreis. R. (1988) Christa Peikert-Flaspöhler: Batseba spricht. Ged. (1995) Inge Merkel: Sie kam zu König Salomo. R. (2001)		

Abischag	AT/NT	Deutsche Literatur ab 1900	Ausländische Literatur ab 1900	Sekundärliteratur
junge Frau aus Schunem Pflegerin des alten Königs David wegen ihrer Schönheit und Herkunft literarisch mit Schulammit des Hohenliedes in Verbindung gebracht	AT: 1 Kön 1, 1-4.15 1 Kön 2,17-25	Agnes Miegel: Abisag von Sunem. Ged. (1900) Rainer Maria Rilke: Abisag I und II. Ged. (1905/06) Franz Theodor Csokor: David und Abisag. Ged. (1912) Mirko Jelusich: Abisag von Sunem. Dr. (1915) Theodor Heinrich Mayer: David findet Abisag. R. (1925)	David Pinski: King David and his Wives. Dr.-Serie (1923ff.) Gladys Schmitt: David the King. R. (1946) André Spire: Abishag. Ged. (vor 1959) Ruth Whitman: Translating. Ged. (1980) Joseph Heller: God Knows/ Weiß Gott. R. (1984)	M. Baumgarten: Abishag. In: D. H. Hirsch/N. Ashkenasy (Hg.): Biblical Patterns in Modern Literature, Chico (California) 1984, 127-141 S. Liptzin: Abishag the Shunnammite. In: Biblical Themes in World Literature. Hoboken 1985, 170-179

Fritz Rosenthal (Ben-Chorin) : Abisag vor David. Ged. (1934)

Berthold Viertel: Abisag. Ged. (vor 1953)

Uriel Birnbaum: Abisag. Ged. (1957)

Tamar	AT/NT	Deutsche Literatur ab 1900	Ausländische Literatur ab 1900	Sekundärliteratur
'Palme' Tochter Davids, Halbschwester des Amnon und Schwester des Abschalom von Amnon begehrt und geschändet von Abschalom gerächt	AT: 2 Sam 13, 1-37 1 Chr 3,9	Lion Feuchtwanger: Jud Süß. R. (1925) Stefan Heym: Der König David Bericht. R. (1972) Franz Fühmann: Amnon und Tamar. Erz. (1982) Grete Weil: Der Brautpreis. R. (1988)	Robinson Jeffers: Tamar. Versepos (1924) William Faulkner: Absalom! Absalom! R. (1936) Dan Jacobson: The Rape of Tamar. Erz. (1970) Peter Shaffer: Yonodab – the Watcher. Dr. (1987)	Adolf Barth: Paradoxien der Moral und der Macht. Transformationen des Tamar-Stoffes". In: Paradeigmata (Anm. 3), Bd. 2, 737-757

Frauen rund um das Königtum

Königin von Saba	AT/NT	Deutsche Literatur ab 1900	Ausländische Literatur ab 1900	Sekundärliteratur
griech. Form des Namens eines südarabischen Reiches der Sabäer Besuch der Königin von Saba bei Salomo	AT: 1. Kön 10, 1-13 2 Chr 9,1-12 NT: Mt 12, 42 Lk 11, 31	Inge Merkel: Sie kam zu König Salomo. R. (2001)	Alexander Kuprin: Sulamith. R. (1908) Solomon Bloomgarden (Jehoasch): Die Königin von Saba. Epos. (um 1910) John Freeman: Salomon und Balkis. Epos (1926) Bertrand Russell: Alptraum der Königin von Saba. Erz. (1954)	

Frauen im Umkreis der Propheten

Isebel	AT/NT	Deutsche Literatur ab 1900	Ausländische Literatur ab 1900	Sekundärliteratur
hebr. ´sebul` ´Oberherrschaft` Frau des Königs Ahab Anhängerin des Baal-Kults Widersacherin des Propheten Elija enteignet Nabots Weinberg	AT: 1 Kön 16, 29 - 31 1 Kön 18, 4.13.19 1 Kön 19,1-2 1 Kön 21,1-29 2 Kön 9, 22.30-37 NT: Offb 2, 20	Martin Buber: Elia. Mysterienspiel (1963) Rolf Dermietzel: Jesebel und meine Väter. Ged. (1968) Franz Fühmann: Der Mund des Propheten. Erz. (1982) Alfred Salomon: Die Hunde sollen Isebel fressen. R. (1995)		Marianne Pitzen u.a.: Isebel – die Gegenspielerin des Propheten Elia. Bonn 1998

Susanna	AT/NT	Deutsche Literatur ab 1900	Ausländische Literatur ab 1900	Sekundärliteratur
hebr. ´Lilie`, ´Lotosblüte` gottesfürchtige und schöne Frau des Richters Jojakim im Exil	AT: Dan 13	Hugo Salus: Susanne im Bade. Dr. (1901) Hans Ludwig Wagner: Susanna. Dr. (1918) George Forestier: Susanna im Bad. Ged. (1968)	James Bridie: Susannah and the Elders. Dr. (1937) Marnix Gijsen: Das Buch von Joachim von Babylon und seiner berühmten Ehefrau Susanne. R. (1947)	A. von Weilen: Ein neues Susanna-Drama. In: Literarisches Echo 3/ 1900/01

Frauen im Umkreis der Propheten

Susanna	AT/NT	Deutsche Literatur ab 1900	Ausländische Literatur ab 1900	Sekundärliteratur
von zwei Ältesten des Ehebruchs bezichtigt durch den Propheten Daniel vor der Steinigung gerettet		Paul Engel/Herbert Rosendorfer: Daniel. Kom./Op. (1994)		W. Baumgartner: Susanna. Die Geschichte einer Legende. In: Archiv für Religions-wissenschaft 24/1926 Joe H. Kirchberger: Susanna. In: Kirchberger (Anm. 3), 239-243

Gomer	AT/NT	Deutsche Literatur ab 1900	Ausländische Literatur ab 1900	Sekundärliteratur
'Erfüllung' Kultdirne und Frau des Propheten Hosea Ihre Existenz – ein Gleichnis für Untreue und Heimkehr	AT: Hos 1,2-8 Hos 2,3.25	Silja Walter: Der Tanz des Gehorsams. Ged.-Zyklus (1970)	Norman Nicholson: A Match for the Devil. Dr. (1955) S. Ginsburg: Ahavat Hoseá. Ged. (1955) J. Kahn: Hoseá. Dr. (1956) Bernard Malamud: The Magic Barrel. Erz. (1958)	Peter Freese: Der Rabbi und die Sünderin. In: Die amerikanische Kurzgeschichte nach 1945. Frankfurt a. M. 1974, 216-223

Literarische Figuren und Sagengestalten

Sara	AT/NT	Deutsche Literatur ab 1900	Ausländische Literatur ab 1900	Sekundärliteratur
Tochter des Raguël von Dämon Aschmodai besessen durch den Engel Rafael geheilt Frau des jungen Tobias	AT: Tob 3,7-17 Tob 4,1-7.17 Tob 8,1-9,6 Tob 10, 1-11,19 Tob 14,12-15	Marie Luise Kaschnitz: Tobias oder Das Ende der Angst. Hörsp. (1962)	James Bridie: Tobias and the Angel. (1931) Paul Claudel: Le Livre de Tobie. Prosa (1935); L'Histoire de Tobie et de Sara. Dr. (1938/53) Sylvie Germain: Sara in der Nacht. R. (1998)	S. Liljeblad: Die Tobiasgeschichte und andere Märchen mit toten Helfern. Lund 1927 Erika Schuster: Tobias – Daniel – Jona. Nachexilische Gestalten. In: Schmidinger (Anm. 3), 281-302

Schulammit	AT/NT	Deutsche Literatur ab 1900	Ausländische Literatur ab 1900	Sekundärliteratur
ʾfriedfertigʿ Name der Geliebten im Hohenlied Chiffre in Liebeslyrik	AT: Hld 7,1	Else Lasker-Schüler: Sulamith. Ged. (1901) Hugo von Hofmannsthal: Canticum Canticorum. Ged. (1903) Josef Weinheber: Das Hohelied. Ged.-Zyklus (1913-16) Wieland Herzfelde: Sulamith. Ged. (1917)	Jean Giraudoux: Cantique des cantiques. Dr. (1938)	

Literarische Figuren und Sagengestalten

Schulammit	AT/NT	Deutsche Literatur ab 1900	Ausländische Literatur ab 1900	Sekundärliteratur
		Hugo Ball: Sulamith. Ged. (um 1917)		
		Paul Celan: Die Todesfuge. Ged. (1952)		
		Christa Peikert-Flaspöhler: Ein Hohes Lied. Ged.-Zyklus (1991)		

Die Frau des Ijob	AT/NT	Deutsche Literatur ab 1900	Ausländische Literatur ab 1900	Sekundärliteratur
namenlos	AT:	Alfred Polgar: Hiob. Nov. (1912)	Robert Frost: A Masque of Reason. Dr. (1945)	Georg Langenhorst: Hiob unser Zeitgenosse. Die literarische Hiob-Rezeption im 20. Jahrhundert als theologische Herausforderung. Mainz ²1995
Mutter von sieben Söhnen und drei Töchtern	Ijob 1,2; 2,9 Ijob 19,17 Ijob 42,12-15	Oskar Kokoschka: Hiob. Dr. (1917)	Harriette Arnow: The Dollmaker. R. (1954)	
		Josef Roth: Hiob. R. (1930)	Archibald MacLeish: J. B. / Spiel um Job. Dr. (1958)	
verbittert dem Glauben Ijobs gegenüber		Ernst Wiechert: Spiel vom deutschen Bettelmann (1932)	Muriel Spark: Hiob – das einzige Problem. R. (1984)	
		Theodor Haerten: Die Hochzeit von Dobesti. Dr. (1936)	Andrée Chedid: Die Frau des Ijob. Erz. (1995)	

Judit	AT/NT	Deutsche Literatur ab 1900	Ausländische Literatur ab 1900	Sekundärliteratur
'Jüdin` Witwe aus Juda Befreierin ihrer Heimatstadt Betulia dringt unter einer List ins Lager des Feindes ein und schlägt dem Heerführer Holofernes den Kopf ab	Buch Judith von Luther unter die Apokryphen gezählt	Anna Sartory: Judith, die Heldin von Bethulia. Dr. (1907) Bartholomäus Ponholzer: Judith, die Heldin von Israel. Dr. (1907) Georg Kaiser: Die jüdische Witwe. Kom. (1911) Rainer Maria Rilke: Judith. Ged. (1911) Rademachers Damenbühne: Judith. Dr. (1911-14) Bertolt Brecht: Die Bibel. Fragment (1914) Otto Burchard: Judith und Holofernes. Dr. (1915) Peter Dörfler: Judith Finsterwalderin. R. (1916) Catharina Gondlach: Judith. Erz. (1918) Sebastian Wieser: Judith. Dr. (1918) Eduard P. Danzky: Die neue Judith. R. (1919) Rosmarie Menschick: Judith. Dr. nur für weibliche Rollen (1921) Adolf Jacoby: Judith. Dr. (1924)	Thomas Bailey Aldrich: Judith and Holofernes. Epos. (1896); Judith of Bethulia. Dr. (1904) Sturge T. Moore: Judith. Dr. (1911) Lascelles Abercrombie: Emblems of Love. Ged. (1912) Arnold Bennett: Judith. Dr. (1919) Henri Bernstein: Judith. Dr. (1922) Nicholas Mosley: Judith. R. (1923) Joseph M. de Sagarra i Castelarnau: Judit. Dr. (1929) Jean Giraudoux: Judith. Dr. (1931/1951) Andrzej Stojowski: Judiths Triumph. Erz. (1973) David Lang: Judith. Marionettenspiel (1990)	Otto Baltzer: Judith in der deutschen Literatur. Berlin/Leipzig 1930 Helga Theresa Georgen,: Die Kopfjägerin Judith – Männerphantasie oder Emanzipations-modell? In: Bischoff, Cordula (Hg.): Frauen Kunst Geschichte. Zur Korrektur des herrschenden Blicks. Gießen 1984, 111-124 Jürgen Hein: Aktualisierung des Judith-Stoffes von Hebbel bis Brecht. In: Hebbel-Jahrbuch 1971/72, H. 1971, 63-94 Klaus Ley: Typologie und Bewußtseins-geschichte: „La Judith moderne" im historischen Roman bei

Literarische Figuren und Sagengestalten

Judit	AT/NT	Deutsche Literatur ab 1900	Ausländische Literatur ab 1900	Sekundärliteratur
		Max Krell: Judith in Saragossa. Erz. (1924)		Vigny, Mérimée, Balzac, Hugo und Flaubert. In: Paradeigmata (Anm. 3), Bd. 1, 293-410
		Arthur Honegger: Judith. Op. (1925)		
		Franz Theodor Csokor: Judith und Holofernes. Ged. (1926)		Franz Link: Erträge einer literarischen Typologie des Alten Testaments. In: Paradeigmata (Anm. 3), Bd. 2, 853-944, bes. 908ff.
		Fritz Rosenthal (Ben-Chorin): Judith. Ged. (1935)		
		Gertrud Kolmar: Judith. Ged. (1938)		
		Max Frisch: Als der Krieg zu Ende war. Dr. (1947/48)		Hellmann, Monika: Judit – eine Frau im Spannungsfeld von Autonomie und göttlicher Führung. Frankfurt a.M./Bern/New York/Paris 1992
		Gerhart Ellert: Ich, Judith, bekenne. R. (1952)		
		Dagmar Nick: Das Buch Holofernes. (1955); Judith. Ged. (1969)		Kreuzer, Helmut: Die Jungfrau in Waffen. Hebbels Judith und ihre Geschwister von
		Wilhelm Willms: der kopf verfolgt das herz. Ged. (1974)		
		Rolf Hochhuth: Judith. Dr. (1984)		
		Erich Fried: Judith. Ged. (1993)		
		Lioba Happel: Judith. Ged. (1995)		

Ester	AT/NT	Deutsche Literatur ab 1900	Ausländische Literatur ab 1900	Sekundärliteratur
		Burkhard Driest: Judit oder Der kurze Tag des Hasan Nergisz. Stück (1997) Norbert Johannimloh: Die zweite Judith. R. (2000)		Schiller bis Sartre. In: Ders.: Aufklärung über Literatur, Bd. 2. Heidelberg 1993
pers.: 'Stareh', 'Stern' akkad.: 'Ischtar' altind.: 'stri', 'junge Frau' jüd.: 'Hadassa', 'Myrthe' in der rabbin. Tradition: 'die Verborgene' Heldin des um 300-100 v.Chr. entst. Buches Ester	AT: Buch Ester	Franz Grillparzer: Esther. Unvoll. Dr. (1837) Georg Engel: Hadasa. Dr. (1891) Rainer Maria Rilke: Esther. Ged. (1908) Else Lasker-Schüler: Esther. Ged. (1913) Franz Werfel: Esther. Kaiserin von Persien. Fragm. (1914) Max Brod: Eine Königin Esther. Dr. (1918) W. Hartlieb: Esther. Dr. (1918) Felix Braun: Esther. Dr. (1925) Maria Poggel-Degenhardt: Königin Vasthi. R. (1927)	André Dumas/Charles Leconte: Esther. Dr. (1912) Paul Claudel: Tange sceptrum, Esther. Ged. (1947) Laszló Németh: Esther. R. (1966) J. Francis Hudson: Esther: der Stern von Persien. R. (1997)	Ludwig Geiger: Der Estherstoff in der neuen Literatur, Ost und West. In: Monatsschrift für mod. Judentum 1/1901, 27-34, und 2/1901, 101-110 Samuel Weissenberg: Das Purimspiel von Ahasverus und Esther. In: Mitteilungen der Gesellschaft für jüd. Volkskunde. 1/1904 Hans Mayer: Chronologisches Verzeichnis der Estherdramen, ihre dramaturgische Entwicklung und

Literarische Figuren und Sagengestalten

Ester	AT/NT	Deutsche Literatur ab 1900	Ausländische Literatur ab 1900	Sekundärliteratur
jüdische Frau des persischen Königs Artaxerxes		Fritz Rosenthal (Ben-Chorin): Esther vor dem König. Ged. (1934); Esther. Ged. (1935); Die Esther-Rolle. Ged. (1935)		ihre Bühnengeschichte von der Renaissance bis zur Gegenwart. Diss. Wien 1955
erwirkt Gnade für ihr Volk, Befreiung aus pers. Getto (Purimfest)		Gertrud Kolmar: Esther. Ged. (1937) Fritz Hochwälder: Esther. Dr. (1940) Lion Feuchtwanger: Ester. unvoll. R. (1942); Die Jüdin von Toledo. R. (1955)		Wulf-Otto Dreeßen: Die altjiddischen Estherdichtungen. In: Daphnis 6/1977, 27ff. Daxelmüller,
eine der sieben Prophetinnen in Israel		Uriel Birnbaum: Mordechai. Ged. (1957) Johannes Bobrowski: Eszther. Ged. (1967)		Christoph: Esther und die Ministerkrisen. Wandlungen des
nach jüd. Tradition eine der schönsten Frauen der Welt		Darius Milhaud: Esther in Carpentras. Op. (1971) Peter Hacks: Das Jahrmarktfest zu Plundersweilern. Kom. (1975) Elie Wiesel: Der Prozeß von Schamgorod. Dr. (1979) Otto F. Walter: Wie wird Beton zu Gras. R. (1979)		Esther-Stoffes in jü- dischen und jiddischen Purimspielen. In: Paradeigmata (Anm. 3), Bd. 1, 431-463 Joe H. Kirchberger: Ester – die Bitte einer Königin. In: Kirch- berger (Anm. 3), 220- 232

Drutmar Cremer: In Weltblut der Unschuld. Ged. (1983)	Georg Langenhorst: "Das aber war nicht Liebe". Esther im Spiegel moderner Literatur. In: Erbe und Auftrag 71/1995, 396-412
Manfred Caliebe: Hester. Eine poetische Paraphrase (1985)	
Bruno Apitz: Esther. Nov. (1988)	

Frauen des Neuen Testaments

Maria Mutter Jesu	AT/NT	Deutsche Literatur ab 1900	Ausländische Literatur ab 1900	Sekundärliteratur
griech./lat. Form des hebr. Mirjam 'Seherin', 'Herrin' in Evangelien unterschiedliche z.T. historisch unzutreffende Informationen über Maria vornehmlich in Kindheits- evangelien mit Namen genannt, sonst 'Mutter Jesu'	NT: Mt 1, 16 Mt 1,18-25 Mt 2,11.13- 15.19-21 Mk 3,33 Lk 1 Lk 2 Lk 11,27 Joh 2,1-5.12 Joh 19,25-27 Apg 1,14	Else Bernstein: Madonna. Nov. (1894); Mutter Maria. Dr. (1900) Oskar Panizza: Das Liebeskonzil. Dr. (1894) Hermann Hesse: Madonna. Ged. (1896); Maria; Marienlieder. Ged. (1898); Narziß und Goldmund. R. (1930) Rainer Maria Rilke: Alle in Einer. Nov. (1897); Verkündigung. Ged. (1902); Die Marien-Prozession. Ged. (1907); Magni- fikat. Ged. (1908); Marienleben. Ged. Zyklus (1912) Börries Freiherr von Münchhausen: Mutter Maria. Ged. (um 1900) Gertrud von Le Fort: Unsere liebe Frau vom Karneval. Leg. (1908/1975); Hymnen an die Kirche. (1924) Georg Trakl: Blutschuld. Ged. (1909) Peter Hille: Das Mysterium Jesu. (1911) Enrica Freiin von Handel-Manzetti: Jesse und Maria. R. (1911)	Paul Claudel: L'Annonce fait à Marie. Dr. (1912/1948); Maria am Mittag. Ged. (1922/1963) Thornton Wilder: Die Flucht nach Ägypten. Dreiminuten- spiel (1928) Shalom Asch: Mary. R. (1949) Jan Twardowski: Maria und ihre Anthologie Ged. (1970); Ich fliehe. Ged. (1970) Sara Maitland: Mutter der Freiheit. Erz. (1989) José Saramagos: O Evangelho segundo Jesu Cristo/Das Evangelium nach Jesus Christus. R. (1991)	Theodor Kampmann: Das marianische Motiv in der christlichen Gegenwartsdichtung. In: Theologie und Glaube 47/1957, 401-418 Maria in Dichtung und Deutung. Hg. von Otto Karrer, Zürich 1962 Hans Fromm: Art. Mariendichtung. In: Reallexikon der deutschen Literatur- geschichte. Hg. von Paul Merker/Wolfgang Stammler. 2. Auflage. Hg. von Wolfgang Kohlschmidt/Werner Mohr, Bern 1965, 271-291 Karl-Josef Kuschel: Maria in der deutschen

		Literatur des 20. Jahrhunderts. In: Kuschel (Anm. 3), 664-718
Else Lasker-Schüler: Marie von Nazareth. Ged. (1911)		
Alfred Döblin: Mariä Empfängnis. (1911); Die Flucht aus dem Himmel. (1920) Erz.		
Ernst Bertram: Ruhe auf der Flucht nach Ägypten. Ged. (1913)		
Lily Braun: Mutter Maria. Dr. (1913)		
Alfred Lichtenstein: Die fünf Marienlieder des Kuno Kohn. Ged. (1913)		
Reinhard Johannes Sorge: Mutter der Himmel. Gesänge. (1913/1917); Preis der Unbefleckten. Ged.-Zyklus (1914); Metanoeite. Drei Mysterien (1914/1915)		
Ernst Toller: Die Mauer der Erschossenen. Pietà. Ged. (1919)		
Bertolt Brecht: Maria. Ged. (1922); Weihnachtslegende. Ged. (1923); Die gute Nacht. Ged. (1926)		
Friedrich Schreyvogl: Das Mariazeller Muttergottesspiel. (1923); Die heilige Familie. Dr. (1933)		
Hanns Johst: Maria. Ged. (1924)		
Franz Werfel: Madonna mit den Krähen. Ged. (1927); Das Lied der Bernadette. R. (1941)		

Frauen des Neuen Testaments

Maria Mutter Jesu	AT/NT	Deutsche Literatur ab 1900	Ausländische Literatur ab 1900	Sekundärliteratur
		Ruth Schaumann: Der Rebenhag. Ged. (1927); Das Passional. Ged. (1950)		
		Konrad Weiß: Das Herz des Wortes. Ged.-Zyklus (1929)		
		Stefan George: Die Bücher der Hirten- und Preisgedichte. Buch der Sagen und Sänge und der Hängenden Gärten. Ged. (1930)		
		Albert Ehrenstein: Flucht nach Ägypten. Ged. (1931)		
		Leo Weismantel: Maria. R. (1933)		
		Leonhard Frank: Maria. Dr. (1939)		
		Reinhold Schneider: Stella Maris; An die Mutter des Herrn. Ged. (1937/1939); Mariensonette. Ged. (1942)		
		Silja Walter: Maria und der Gärtnersmann. Ged. (1944); Kleines Adventsspiel. (1950)		
		Herbert Eulenberg: Allmutter Maria. R. (1947)		
		Wolfgang Borchert: Die drei dunklen Könige. Erz. (1947)		

Paula Grogger: Der Antichrist und unsere liebe Frau. Leg. (1949)

Stefan Heym: Mary. Erz. (1954)

Heinrich Böll: Kerzen für Maria. Erz. (1950); Köln I. Ged. (1968); Gruppenbild mit Dame. R. (1971)

Felix Braun: Joseph und Maria. Dr. (1956)

Paul Konrad Kurz: Das Bündel Gottes. Ged. (1960); Mariens Sohn. Ged. (1984); Maria sprach. Ged. (1990); Maria. Ged. (1995); Er sieht seine Mutter. Ged. (1995); Maria Maria. Gespräche Gesänge Ged. (2002

Rudolf Hagelstange: Die Nacht Mariens. Ged. (1964)

Gertrud Fussenegger: Mondherrin mit dem Kind. Verkündigung. Ged. (1974)

Kurt Ihlenfeld: Danach. Ged. (1978)

Christine Brückner: Wo hast du deine Sprache verloren, Maria? Monolog (1983)

Kurt Marti: Und Maria trat... Ged.-Zyklus (1980); Deiner gedenke ich, Maria. Ged. (1987)

Christa Peikert-Flaspöhler: Schwarze Madonna Ged. (1977); Ave Maria junger

Frauen des Neuen Testaments

Maria Mutter Jesu	AT/NT	Deutsche Literatur ab 1900	Ausländische Literatur ab 1900	Sekundärliteratur
		Menschen. Ged. (1992); Ave, Mirjam; Magnifikat im 20. Jh. Ged. (1992); Maria, ich nenne dich Schwester. Ged. (1992)		
		Helma Cardauns: Marienklage.Ged. (1983)		
		Michael Bartoszek: stabat mater. Ged.-Zyklus. (1986)		
		Erika Wisselinck: Anna im goldenen Tor. Gegenlegende (1990)		
		Barbara Bartos-Höppner: Maria. Erz. (1991)		
		Andreas Erdmann: Schädelstätte oder Die Bekehrung der heiligen Maria. Dr. (2000)		

Herodias und Salome	AT/NT	Deutsche Literatur ab 1900	Ausländische Literatur ab 1900	Sekundärliteratur
Herodias:	NT:	Paul Heyse: Merlin. R. (1892)	Gustave Flaubert: Hérodias. Nov. (1877)	Gomerz Carillo: Salome. Leipzig 1906
Enkelin von Herodes d. Gr. und Tochter	Mt 14,3-12 Mk 6, 17-29 Lk 3,19-20 par	Eduard Eggert: Der letzte Prophet. Epos (1894)	Jules Laforgue: Moralités légendaires. Erz. (1887)	Reimarus Secundus: Geschichte der Salome

seines Sohns Aristobul	Joseph Lauff: Herodias. Epos. (1896)	Oskar Wilde: Salomé. Dr. (1893)	von Cato bis Oscar Wilde. Leipzig 1907-09
	Hermann Sudermann: Johannes. Dr. (1898)		Hugo Daffner: Salome. Ihre Gestalt in Kunst – Dichtung – Bildender Kunst und Musik. München 1912
1. Ehe mit Herodes Philippus; Tochter Salome	Richard Schaukal: Herodes und Salome. Ged. (1897); Herodias. Ged. (1904)	Jan Kasprowicz: Abendlied. Ged. (1905); Uczta Herodiady. Dr. (1905)	
2. Ehe mit dessen Bruder Herodes Antipas, von Joh. d. T. als gesetzwidrig gerügt	Karl Weiser: Jesus/Der Täufer. Dr. (1905)	Guillaume Apollinaire: Salomé. Ged. (1913)	Roland Schaffner: Die Salome-Dichtungen von Flaubert, Laforgue, Wilde und Mallarmé. Stilanalyse. Diss. Würzburg 1965
Anstifterin zum Mord an Joh.	Hans Ludwig Held: Salome. Ein Mysterium (1907)	Leszek Kolakowski: Salome – oder alle Menschen sind sterblich. Erz. (1963)	Lissy Winterhoff: Ihre Pracht muß ein Abgrund sein, ihre Lüste ein Ozean. Die jüdische Prinzessin Salome als Femme fatale auf der Bühne der Jahrhundertwende. Würzburg 1998
Salome	Franz Theodor Csokor: Marietta. Ball. (1912)		
Name legendär, Tochter der Herodias	Georg Britting: Salome. Ged. (1957)		Thomas Rohda: Mythos Salome. Vom Markusevangelium bis Djuna Barnes. Leipzig 2000
Tanz vor Herodes und seinen Gästen	Gertrud Fussenegger: Sie waren Zeitgenossen. R. (1983)		
fordert auf Anraten Herodias als Belohnung den Kopf des Joh.	Christa Peikert-Flaspöhler: Salome. Monolog (1993)		

Frauen des Neuen Testaments

Maria und Marta	AT/NT	Deutsche Literatur ab 1900	Ausländische Literatur ab 1900	Sekundärliteratur
Schwestern des Lazarus von Betanien *Maria:* 'Seherin'/'Herrin', aufmerksame Zuhörerin Jesu, salbt Jesu Füße *Marta:* 'Gebieterin', Messias-Bekenntnis bei Auferweckung des Lazarus	NT: Lk 10,38-42 Mt 26,6-13 Mk 14,3-9 11,2; 12,1-8 Joh 11,1-5. 19-44 Joh 12, 2	Ernst Bertram: Die Frau zu Bethanien. Ged. (1913) Kurt Wolff: Alles. Ged. (1980) Kurt Marti: salbung in bethanien. Ged. (1984) Christa Peikert-Flaspöhler: Marta von Betanien. Ged. (1993) Paul Konrad Kurz: Mirjam von Bethanien. Ged. (1999); Bethanien. Ged. (1999)	Henri Morienvals: La Légende de Sainte Marthe. (1924) Nikos Kazantzakis: Die letzte Versuchung. R. (1955) Sara Maitland: Marthas Liste. Erz. (1989)	

Tochter des Jairus	AT/NT	Deutsche Literatur ab 1900	Ausländische Literatur ab 1900	Sekundärliteratur
von Jesus vom Tod erweckt	NT: Lk 8,49-56	Enrica Freiin von Handel-Manzetti: Talitha. Dr. (1894) Felix Braun: Die Tochter des Jairus. Dr. (1944)		

Veronika	AT/NT	Deutsche Literatur ab 1900	Ausländische Literatur ab 1900	Sekundärliteratur
Name legendär von griech. 'Beronike', 'Siegbringerin' oder lat. vera icon', 'wahres Bild' der Legende nach eine der Frauen am Kreuzweg Jesu	NT: Lk 23, 27	Richard von Kralik: Veronika. Dr. (1899) Gertrud von Le Fort: Das Schweißtuch der Veronika. R. (1928/46) Felix Braun: Die Tochter des Jairus. Dr. (1944)		

Getrud Fussenegger: Thalita kumi. Ged. (1974)

Frauen des Neuen Testaments

Die Frau des Pilatus	AT/NT	Deutsche Literatur ab 1900	Ausländische Literatur ab 1900	Sekundärliteratur
namenlos leg. Name: ›Procula‹ warnt Pilatus vor ungerechter Verurteilung Jesu	NT: Mt 27, 19	Konrad Weiß: Claudia Procla. Ged. (Nachl. 1949) Gerhard Menzel: Kehr wieder Morgenröte. R. (1952) Gertrud von le Fort: Die Frau des Pilatus. Nov. (1955)	Sara Maitland: Claudia Procula schreibt einen Brief. Erz. (1989)	

Lydia	AT/NT	Deutsche Literatur ab 1900	Ausländische Literatur ab 1900	Sekundärliteratur
Purpurhändlerin in Mazedonien von Paulus bekehrt	NT: Apg 16, 14f.	Heinz Piontek: Lydia war ihr Name. Ged. (1980)		

Maria von Magdala

Maria von Magdala	AT/NT	Deutsche Literatur ab 1900	Ausländische Literatur ab 1900	Sekundärliteratur
Maria: 'Seherin`, `Herrin`	NT: Lk 8,1-3	Friedrich Hebbel: Maria Magdalena. Dr. (1844)	Maurice de Waleffe: La Madleine amoureuse. R. (1907)	Volker Röhr: Der Magdalena-Typus im Wiener Volksstück Kaiserlicher Prägung. (1994)
gr. Form von 'Mirjam`, 'Tropfen des Meeres`	Mk 15, 40-41.47 Mt 27, 55-56.61	Paul Heyse: Maria von Magdala. Dr. (1899) Agnes Miegel: Magdalena. Ged. (1901)	Maurice Maeterlinck: Marie Magdaleine. Dr. (1909) Renée Erdoes: Johannes der Jünger. Dr. (1911)	Joe H. Kirchberger: Maria von Magdala. In: Kirchberger (Anm. 3), 276-287
genannt nach Heimatort Magdala am See Genezareth in Galiläa	Joh 19,25 Mk 16,1-8 parr. Joh 20, 1-2. 11-18	Johannes Schlaf: Jesus und Mirjam. Erz. (1901) Dietrich Vorwerk: Maria Magdalena. Epos (1902) Georg Trakl: Maria Magdalena. Dialog (1906)	Robert La Villeherve: Poème en trois Journées. Ged. (1921) E. di Rienzi: La Magdaléenne. Dr. (1924)	Ingrid Maisch: Maria Magdalena. Zwischen Verachtung und Verehrung. Das Bild einer Frau im Spiegel der Jahrhunderte. Freiburg/Basel/Wien 1996
von Jesus von sieben Dämonen geheilt		Rainer Maria Rilke: Pieta. Ged. (1906); Der Auferstandene. Ged. (1908); Die Liebe der Magdalena. Sermon (1912)	Arturo Rossato: Maria de Magdala. Dr. (1924) Salvatore Favati: Maria Maddalena. Dr. (1936)	
eine der Frauen unter dem Kreuz		Dora Duncker: Maria Magdalena. R. (1909)	Paul Claudel: Ne timeas, Maria. Ged. (1947)	Magda Motté: Maria von Magdala und die anderen Frauen des Neuen Testaments. In: Schmidinger (Anm. 3), 454-491
von Jesus gesandte Botin der Auferstehung		Anna Freiin von Krane: Magna peccatrix. Die große Sünderin. R. (1908) Ludwig Thoma: Magdalena. Dr. (1912)	Ghino Fanti: Maria Maddalena. La Via della Luce. Dr. (1950) Nikos Kazantzakis: Die letzte Versuchung. R. (1955)	

Maria von Magdala

Maria von Magdala	AT/NT	Deutsche Literatur ab 1900	Ausländische Literatur ab 1900	Sekundärliteratur
		Ernst Bertram: Magdalena. Ged.; Die Frau zu Bethanien. Ged. (1913)	Boris L. Pasternak: Magdalena I/II. Ged. (1956); Doktor Živago. R. (1957)	Josef Dirnbeck: Des Meisters Herz-Dame zwischen Kitsch und Kirchenkritik. Maria Magdalena in neuer Literatur und Film. In: Bibel und Kirche 55/2000, 200–205
		Leo Weismantel: Mari Madlen. R. (1918)	Luis Maria Penny: Vida de la V. Madre Maria Magdalena de la Encarnación. R. (1961)	
		Walter Hasenclever: Ehen werden im Himmel geschlossen. Kom. (1928)	Jan Procházka: Magdalena. Erz. (1966)	
		Bartholomäus Ponholzer: Magdalena. Dr. (1928)		
		Konrad Weiß: Lied Magdalenas. Ged. (1929)	Geneviève Marie de Morville: Mirjam la Magdaléenne. Erz. (1970)	
		Robert Conrath: Magdalena. R. (1931)		
		Ödön von Horváth: Geschichten aus dem Wiener Wald. Dr. (1931)	Michèl Roberts: The Wilde Girl/Die Freundin des Herrn. R. (1984)	
		Carl Zuckmayer: Salwàre oder Die Magdalena von Bozen. R. (1935)	Stuart Jackman: Die Affäre Davidson. R. (1985)	
		Fritz Rosenthal (Ben-Chorin): Maria von Magdala. Ged. (1935)	Sara Maitland: Maria von Magdala. Erz. (1988)	
		Martin Simon: Die große Sünderin. Ged. (1936)	Barbara Wood: The Prophetess/ Die Prophetin. R. (1995)	
		Josef Weinheber: Auferstehung. Ged. (1937)		

Rudolf Alexander Schröder: Osterspiel (1937); Ostern. Ged. (1949)	Marianne Fredriksson: Maria Magdalena. R. (1997)
Max Mell: Das Apostelspiel. Dr. (1954)	
Christine Busta: Gebet einer Sünderin zur heiligen Maria Magdalena. Ged. (1955); Magdalena berichtet. Ged. (1989)	
Hermann Hakel: Magdalena. Ged. (1958)	
Paul Konrad Kurz: Maria von Magdala: Ged. (1966); Maria M. Ged. (1999)	
Ernst Eggimann: Jesus-Texte. Ged. (1972)	
Friederike Mayröcker: Eine Fußreise ohne Ende. Ged. (1974)	
Lotte Ingrisch: Jesu Hochzeit. Mysterienoper. (1979)	
Franz Xaver Kroetz: Maria Magdalena. Kom. (1980)	
Luise Rinser: Mirjam. R. (1983)	
Gertrud Fussenegger: Sie waren Zeitgenossen. R. (1983)	
Kurt Marti: prophetin. Ged. (1984)	
Peter Turrini: Tod und Teufel. Kolportage (1990)	
George Tabori: Der Babylon-Blues. Dr. (1991)	

Maria von Magdala

Maria von Magdala	AT/NT	Deutsche Literatur ab 1900	Ausländische Literatur ab 1900	Sekundärliteratur
		Christine Peikert-Flaspöhler: Maria aus Magdala. Ged. (1988); Maria von Magdala unter dem Kreuz. Ged. (1989); Apostolin Mirjam aus Magdala. Ged. (1993)		
		Lilian Faschinger: Magdalena Sünderin. R. (1995)		
		Christine Galli-Galliker/Andrea Koster-Stadler: Das Leben der Maria Magdalena. Erz. (1997)		
		Margret Arminger: Die verratene Päpstin. R. (1997)		
		Regina Berlinghof: Mirjam. Maria Magdalena und Jesu. R. (1997)		
		Walter Johann Cornelius: Maria-Magdalena – eine der größten Frauen in der Geschichte der Menschheit. (2001)		
		Maria Regina Pisa: Ich habe ihn geliebt. Die Autobiographie der Maria von Magdala. R. (2001)		

III. Auswertung: Viele Gestalten – viele Leerstellen

Die tabellarische Zusammenstellung literarischer Werke im 20. Jahrhundert mit Frauen aus dem Alten Testament als zentrale oder untergeordnete Gestalt – unabhängig von der literarischen Qualität – zeigt, welch minore Bedeutung diese Frauen im Bewusstsein der Autoren haben. Würde man solche Tabellen bezüglich der Männer anlegen, nähmen sie ein ganzes Buch ein. Das Ergebnis ist also bescheiden. In nur wenigen Romanen oder Dramen stehen **Frauennamen als Zentralvokabeln** im Titel, Untertitel oder beherrschen das Erzählgeschehen. Wenn Frauen eine Rolle spielen, so handelt es sich meist um die, die sich durch spektakuläre Taten einen Namen gemacht und das Interesse der Autoren geweckt haben wie Eva, Delila, Rut, Abischag, Batseba, Ester, Judit, Magdalena. Andere, an der Geschichte Israels unmittelbar beteiligte wie Sara, Hagar, Rebekka, Lea, Rahel, Mirjam werden – wenn überhaupt – vielfach erst an zweiter oder dritter Stelle genannt, und klugen, listenreichen Frauen wie Tamar, Rahab, Debora, Hanna, Michal, Abigajil wird in der Belletristik kaum Beachtung zuteil. Einzig die Geschichte um Rut wird durchgängig behandelt, da diese als nicht jüdische Ahnfrau Davids einen hohen Bekanntheitsgrad erreicht hat und die biblische Vorlage ein anrührendes Menschenschicksal schildert.

Noch bescheidener ist der Befund für das Neue Testament. Abgesehen von Maria von Magdala mit ihrer einmaligen Wirkungsgeschichte konnten die Titel leicht in einem Kapitel zusammengefasst werden. Selbst die zu Maria, der Mutter Jesu, sind hier unterzubringen. Obwohl die Liste eine beträchtliche Länge aufweist, bieten die ihr gewidmeten Texte für die hier gewählte Fragestellung wenig an Substanz, da sie fast ausnahmslos die dogmatisierte Heilige und nicht die lebendige Frau in den Blick nehmen. Wie bereits erwähnt, wurden die Gesamtdarstellungen zum Leben Jesu, Johannes`, Judas`, Lazarus`, Paulus` bis auf wenige Ausnahmen nicht aufgeführt, da die Frauen dort nur in dienender Funktion und nicht in ihrem Eigenwert behandelt werden. Solche Werke einzubeziehen ist Spezialuntersuchungen vorbehalten.

Unter den **Autoren** von deutschsprachigen Werken mit biblischen Frauen als Zentral- oder Nebengestalten sind anteilsmäßig genau so viele Männer vertreten wie Frauen. Allerdings stammen nur vereinzelte Romane und Dramen von Autorinnen. Ihr Ausdrucksfeld liegt vor allem in der Lyrik und in der Kurzprosa. Das hat sich bis zur Stunde kaum geändert und liegt nicht zuletzt daran, dass bis in die Mitte des 20. Jahrhunderts Frauen als Autorinnen absolut unterrepräsentiert und diejenigen, die alttestamentliche Stoffe aufgriffen, mit Ausnahme von *A. Miegel*, Jüdinnen waren. Hier ist allerdings bemerkenswert, dass bei *E. Lasker-Schüler* und *G. Kolmar* etwa ebenso viele Gedichte männlichen wie weiblichen Gestalten gewidmet sind. Das Geschlecht scheint bei der Stoffwahl keine Rolle zu spielen, sondern nur die Symbolkraft der Figur innerhalb des jüdischen Schicksals- und Leidenswegs.

Zwei nicht jüdische deutsche Autorinnen seien hier erwähnt, die biblische Stoffe verarbeiteten und bemerkenswerte Interpretationen lieferten: *M. L. Kaschnitz* mit der Kurzgeschichte „Adam und Eva" (1952) und den Hörspielen „Der Zöllner Matthäus" und „Tobias oder Das Ende der Angst" (1962) sowie *G. von Le Fort* mit der Erzählung „Die Tochter Jephthas" (1964). Dass in der Blütezeit der christlichen Literatur im vergangenen Jahrhundert nur einzelne der bekannten Autoren (*P. Claudel*) und Autorinnen (*G. von Le Fort*) auf biblische Stoffe zurückgriffen, ist nur schwer zu erklären. Es mag zum einen daran liegen, dass die Geschichten des Alten Testaments als zu dunkel und vielfach unsittlich galten, zum anderen an der Scheu gläubiger Autoren in das inspirierte Wort Gottes literarisch einzugreifen, es sei denn in absolut bestätigender oder in hymnischer Weise, wie Texte zu Maria zeigen. Erst in der jüngsten Vergangenheit haben sich zahlreiche Autorinnen verschiedenster Glaubensrichtungen und mit unterschiedlichen Intentionen in Großformen mit biblischen Frauengestalten beschäftigt, z.B. *L. Rinser, M. Fredriksson, S. Germain, L. Faschinger.*

Des weiteren zeigt der Überblick **drei Produktionsphasen**: Ende des 19., Anfang des 20. Jahrhunderts kam ein starkes Interesse an biblischen Frauengestalten auf, vornehmlich an solchen, die sich aufgrund ihrer spektakulären Lebensgeschichte, wie die von Delila, Judit, Salome, Magdalena, zum Typus der Femme fatale, der Männer verderbenden Verführerin, entwickeln ließen[1]. Daneben gewannen auch die weiblichen Gegenbilder bis in die dreißiger Jahre hinein an Bedeutung, z.B. Maria als zarte Jungfrau, als Femme fragile[2], und Fürsprecherin sowie Magdalena als reuige Sünderin. So sind zu Beginn des 20. Jahrhunderts bis etwa 1920-25 eine Fülle von Bibeldramen oder Bibelromanen, und zwar von Schriftstellern jeglicher Geistes- und Glaubenshaltung, von gläubigen Juden und Christen, von Agnostikern, Positivisten, Marxisten, Existentialisten zu verzeichnen. Ein zweiter Höhepunkt entwickelte sich aufgrund der seit Beginn des Jahrhunderts jüdischen Mitbürgern entgegengebrachten Feindseligkeiten bis zur offenen Verfolgung im Nationalsozialismus. Autorinnen und Autoren jüdischer Herkunft suchten und entdeckten mehr oder weniger freiwillig ihre Identität, was sich in der vermehrten Wahl biblischer Stoffe niederschlägt. *R. Beer-Hofmanns* großangelegtes dramatisches Hauptwerk „Historie von König David" (1906-1936), *St. Zweigs* Legende „Rahel rechtet mit Gott" (1927) und *F. Werfels* Bibelspiel „Der Weg der Verheißung" (1934-36) geben dafür ebenso Zeugnis wie *E. Lasker-Schülers* Gedichtzyklus „Hebräische Balladen" (1913), *N. Sachs*` Gedichtzyklen „Die Muschel saust" und „Land Israel" (1949) oder die unveröffentlichten Bibel-Gedichte *G. Kolmars* (1937). Der dritte Schwerpunkt literarischer Arbeiten zu biblischen Frauen liegt im letzten Quartal des vergangenen Jahrhunderts. Infolge der

---

[1] Vgl. dazu u.a. Lissy Winterhoff: Ihre Pracht muß ein Abgrund sein, ihre Lüste ein Ozean. Die jüdische Prinzessin Salome als Femme fatale auf der Bühne der Jahrhundertwende. Würzburg 1998.

[2] Vgl. Karl-Josef Kuschel: Maria in der deutschen Literatur des 20. Jahrhunderts. In: Handbuch der Marienkunde. Hg. von Wolfgang Beinert/Heinrich Petri. Regensburg ²1997, 215-269.

populär gewordenen Erkenntnisse der Bibelwissenschaft, den Emanzipationsbestrebungen der Frauen, die sich in feministischen Beiträgen zur Theologie niederschlug, und des neuen Geistes, den das Konzil verbreitete, bearbeiteten viele Autoren und besonders Autorinnen traditionelle biblische Stoffe neu, kämmten sie gegen den Strich und suchten auf den verborgenen Kern zu kommen oder durch Transfiguration zu provozieren. *Ch. Busta, D. Cremer, I. Drewitz, G. Fussenegger, P.K. Kurz, K. Marti, Ch. Peikert-Flaspöhler, L. Rinser, D. Sölle, E. Zeller* u.a. erprobten in zahlreichen Werken besonders zu biblischen Frauengestalten eine neue Sprache und eine neue Sicht. Andere Autoren, vornehmlich aus der DDR, z.B. *F. Fühmann, P. Hacks, St. Heym,* nutzten die biblischen Stoffe, um ihre Zeit- und Staatskritik zu chiffrieren.

Doch abgesehen von *L. Rinsers* „Mirjam", *G. Weils* „Der Brautpreis" und *R. Hochhuths* „Judith" stehen der große Roman und das überzeugende Drama über eine biblische Frauengestalt noch aus. Es fehlen aufs Ganze gesehen zum Beispiel ein Sara- oder Mirjamroman, ein Rebekka- oder Frau-Ijob-Drama, eine Rahab-Komödie. Markante Frauengestalten wie Mirjam, Debora, Elisabet oder Marta kommen, wenn überhaupt, nur in vereinzelten Gedichten, doch als Zentralfiguren in Großformen nicht vor, ganz zu schweigen von den namenlosen Frauen wie die des Lot, des Ijob, die Samariterin am Brunnen, die blutflüssige Frau u.a., denen bereits die biblischen Redaktoren ein Eigenleben versagten. Das gilt sogar für Maria, die Mutter Jesu, die abgesehen von den Angaben im Sondergut der Kinheitsevangelien und einer Erwähnung in der Apostelgeschichte nur als Funktionsträgerin beachtet wird. Das menschliche Schicksal dieser jüdischen Frau scheint kaum einen Autor zu interessieren.

Was die Zurücksetzung oder Nichtbeachtung einflussreicher Frauen anlangt, so ist sie kulturpolitisch durch die **androzentrische Weltsicht** der biblischen Redaktoren und der patriarchalischen Tradition im Judentum und im Christentum zu erklären. Wenn z.B. bei Jesus Sirach (44. Kap.) im Anschluss an das „Lob des Schöpfers" das der „Väter Israels" angestimmt wird und die wichtigsten mit Namen genannt werden, aber *keine* Frau erwähnt wird, so lässt sich dies historisch erklären; bei *Rolf-Dieter Hansmann* in seinem 1990 veröffentlichten Text „Seid Gottes Nachfolger als geliebte Kinder"[3] überwiegt das Ärgernis: Er stellt achtzehn Gestalten des Alten und des Neuen Testaments heraus, darunter auch namenlose wie den Samariter, den Schächer, den Vater des kranken Kindes – aber nicht eine einzige Frau. Sind nach Pfarrer Hansmann Frauen nicht „Gottes Nachfolger als die geliebten Kinder"? Was mag im Geist eines solchen Autors am Ende des 20. Jahrhunderts vorgehen?

Dabei sind es die Frauen, die den Kindersegen einbringen, den Söhnen vielfach die Namen geben (Hagar, Lea), die Erstgeburtsrechte steuern (Sara, Rebekka), durch Ausdauer und List die Verheißung Gottes auf sich ziehen (Tamar,

---

[3] Rolf-Dieter Hansmann: Seid Gottes Nachfolger als geliebte Kinder (Eph 5,1). In: Türklinken zum Leben. Vorstellungen. Hg. von Elisabeth Antkowiak/Jürgen Israel. Leipzig 1990, 218ff. – Frauen sind auch im weiteren Kontext nicht gemeint, es ist nur von „Jüngern" oder „Freunden des Gichtbrüchigen" die Rede.

Rahab, Rut), dem König David über alle Sünde und Todesgefahr hinweg zu einer segensreichen Herrschaft verhelfen (Michal, Abigajil, Batseba), durch eine selbst verantwortete, freie Tat ihr eigenes und das Schicksal ihres Volkes bestimmen (Rut, Ester, Judit), durch ein entscheidendes Bekenntnis Jesus als Messias bestätigen (Witwe Hanna, Marta), als Verkünderin der Auferstehung von Jesus selbst beauftragt (Maria von Magdala) werden.

Es ist daher nicht verwunderlich, dass besonders Frauen heute die Rechte der bisher zurückgesetzten Personen einklagen und sich vor allem für die stark machen, die als namenlose Objekte behandelt (Tochter des Jiftach, Frau des Ijob) oder als „Sünderinnen" missdeutet (Eva, Maria von Magdala) wurden. Die biblischen Redaktoren des Alten Testaments und der Verfasser des Matthäus-Evangeliums nahmen keinen Anstoß am vermeintlich unehrenhaften Vorleben der „Sünderinnen"; letzterer nahm z.B. eine Dirne wie Rahab und eine Ehebrecherin wie Batseba in den Stammbaum Jesu (Mt 1) auf.[4]

Die hier geschilderte Situation hat mehrere Gründe: Zum einen liegt sie bereits in der **Aussageabsicht der biblischen Redaktoren**, die das Einzelgeschehen und das Einzelschicksal ganz der Heilsgeschichte unterordneten. Männer wie Frauen sind nur Funktionsträger, um Gottes Heilswillen an seinem Volk zu bekunden. Hinzu kommt, dass mit fortschreitender Patriarchalisierung, Frauen mehr und mehr in den Hintergrund treten und nur noch als Anhängsel der Männer genannt werden (s.o. Frau des Ijob). Obwohl Jesus der Ungleichbehandlung entgegentritt – die nicht zu verheimlichenden Ostererfahrungen der Frauen sprechen eine deutliche Sprache –, folgen die nachfolgenden Gemeindeleiter seinem Beispiel nicht, sondern festigen die männliche Vorrangstellung. Zum anderen sehen sich viele Schriftsteller, wie bereits gesagt, an den Wortlaut der Bibel und dessen Auslegung gewissenhaft gebunden und wagen es kaum, besonders bei Texten des Neuen Testaments, darüber hinauszugehen. Im Nachwort zu seinem Roman „Jefta und seine Tochter" geht *L. Feuchtwanger* auf diese Frage ein und nennt zwei Problemfelder: die Gefahr, durch sein Werk missdeutet zu werden, da er sich anmaßt, „Gottes Wort" zu verändern, und die Schwierigkeit, dem Leser des 20. Jahrhunderts die Gottesvorstellung eines Menschen zum Beispiel zur Zeit der Richter, hier Jiftachs und seiner Tochter Ja`ala, nahe zu bringen. Lesern heute dies in einem theoretischen Essay zu erläutern, sei nicht schwer, meint Feuchtwanger, aber er müsse im dichterischen Werk erreichen,

> daß der Leser die Göttervorstellungen dieser frühen Zeit nicht nur mit dem Hirn begreift, sondern sie teilt und mitspürt. Der Leser soll sich

---

[4] Die exegetischen Begründungen dafür, warum *Matthäus* ausgerechnet die vier Frauen Tamar, Rahab, Rut und die Frau des Hetiters Uria [Batseba] in seine Genealogie aufgenommen hat, sind vielfältig. Am meisten überzeugt, dass durch diese Frauen, die als Nicht-Jüdinnen in den Stamm Juda einheirateten, die Universalität des Heilsgeschehens betont werden soll. Vgl. u.a. Renate Jost: Freundin in der Fremde. Rut und Noomi. Stuttgart 1992, 85; Erich Zenger: Das Buch Ruth (ZBK 8), Zürich 1986, 116f. Dass diese Frauen als „Sünderinnen" sozusagen von Gott „begnadigt" werden, ist wohl kaum der Grund, da sie nach jüdischer Auffassung nicht als solche galten. Vgl. Renate Jost: Freundin in der Fremde. Stuttgart 1992.

verwandeln in einen Mann der Bronzezeit. Soll sich einfühlen in Jefta. Soll unbefangen vom Wissen der eigenen Zeit, den Gott des Jiftach sehen, den anderen der Ja`ala, den anderen des Abijam, der Ketura, des Elead.[5]

Zur Überwindung dieser Probleme müssten die Autoren und Autorinnen über eine besondere dichterische Potenz verfügen wie *Thomas Mann* oder *Stefan Heym*, wie *Else Lasker-Schüler* oder *Gertrud Kolmar*, um im Schicksal einer biblischen Frauengestalt einen dramatischen Kern, eine romanhafte Lebensgeschichte, unausgesprochene Hoffnungen, Sehnsüchte und Widersprüche der Psyche zu entdecken. Besonders in letzterem liegen ungeahnte Möglichkeiten.

In solchem Anspruch mag auch begründet liegen, warum nur wenige Werke mit biblischen Stoffen zur epochemachenden „großen" Literatur gehören, sondern höchstens **Achtungserfolge** erzielen. Sie sind in der Regel den biblischen Grundmustern zu sehr inhaltlich verhaftet und paraphrasieren nur. Eine überraschende Wendung oder eine verblüffende Lösung wagen die meisten Autoren nicht zu erfinden. Es fehlt ihnen an Souveränität im Umgang mit der Vorlage, an neuen Einfällen und vor allem an ironischer Distanz zum Stoff. Das liegt insbesondere daran, dass die meisten tendenziös eine religiöse Intention verfolgen, sei es im Sinne der Bibel, sei es in kritischer Gegenreaktion. Doch hat die gute Meinung dem Kunstwerk meistens geschadet. Einzig die Transfiguration, das heißt die Übertragung einzelner Konstellationen, Züge und Motive von Handlungen und Figuren in einen anderen Zeitraum und in ein anderes Umfeld, ist dazu angetan, einen künstlerischen Einfall überzeugend zu verwirklichen. Doch auch dies scheint ungeheuer schwierig zu sein, wie die wenigen Versuche zum Beispiel von *R. Hochhuth* „Judith", *O. F. Walter* „Wie wird Beton zu Gras" (Ester), *G. Weil* „Der Brautpreis" (Michal), *J. Procházka* „Magdalena" zeigen.

Diese Einschränkung gilt weniger für die Lyrik. Da die Bibel über Gedanken und Gefühle ihrer Personen fast nie Auskunft gibt, ist hier der Spielraum für den Autor oder die Autorin erheblich größer, die jeweilige Figur psychologisch auszuloten und eine mögliche Innenschau in angemessener poetischer Sprache zu gestalten. Dazu gehört auch der neue freiere Umgang mit der biblischen Vorlage. Modernen Lyrikern und Lyrikerinnen sind in den letzten Jahren vereinzelt überzeugende Strophen über Frauen der Bibel gelungen.

Was für Bibel und Theologie sowie für die literarische Adaption gilt, wird durch die bescheidenen **Forschungsaktivitäten** bestätigt. Nur wenige der literarischen Werke zu biblischen Frauen (Rut, Ester, Judit, Maria, Salome, Magdalena) wurden von der Literaturwissenschaft beachtet und in Aufsätzen, Dissertationen oder Monographien bearbeitet (s. Tabelle). Wie die Wissenschaft bisher mit Stoffen und Motiven zu biblischen Frauen umging, zeigt sich beispielsweise in dem 1989 erschienenen „Lexikon der biblischen Personen" von *Martin Bocian*: Die Artikel zu Frauen – wenn diese überhaupt genannt

---

[5] Lion Feuchtwanger: Nachwort zu „Jefta und seine Tochter". Roman (1957). Berlin 1996, 266.

werden – sind nur unzureichend bearbeitet, obwohl zwei Frauen als Mitherausgeberinnen zeichnen. Einige Namen fehlen ganz, z.B. Rahab, Noomi, Sara (Frau des Tobias), Schulammit, Gomer. Andere werden nur in den Artikeln der entsprechenden Männer behandelt, z.B. Mirjam, s. Schwester des Aaron und des Mose; Michal, s. Tochter des Saul und Frau Davids; Ziporra, s. Frau des Mose. Oft fehlen die Angaben zu „Nachleben in der Literatur", z.B. bei Rut, oder es wird auf die Artikel der Männer verwiesen, z.B. Sara, s. Abraham; Rebekka, s. Isaak; Rahel, s. Jakob. Zudem ist die Berücksichtigung der neueren Literatur unzureichend. Das meiste ist aus *Elisabeth Frenzel* „Stoffe der Weltliteratur" übernommen; die Angaben enden fast ausnahmslos mit Publikationen um 1950-60 (Ausnahme: *St. Heym* „Der König David Bericht"; *L. Rinser* „Mirjam").

Wenn der Befund in einem solchen Speziallexikon schon so mager ausfällt, was ist dann von allgemeinen Handbüchern zu erwarten! In dem von *Horst S.* und *Ingrid G. Daemmrich* „Themen und Motive in der Literatur"[6] zum Beispiel sind neben mehr als zwanzig Artikeln zu antiken Sagenfiguren nur vier zu biblischen Gestalten (Abraham, Christus, David, Ijob) zu finden, darunter keine einzige Frau. Unter „Femme fatale" wird zwar ein Titel „Herodias" erwähnt, unter Figurenkonstellation „Judith und Holofernes, unter „Paradies" „Ève" von *Ch. Péguy*. Das ist alles.

So ergibt sich aufs ganze gesehen bei der Zusammenstellung literarischer Werke zu biblischen Frauen eine **Dokumentation von vielen Leerstellen**. Dabei enthält die Bibel großartige Stoffe, die sich uneingeschränkt auch auf unsere Zeit übertragen lassen, wie an einzelnen Beispielen (s. Dina, Zippora, Susanna, Frau des Ijob u.a.) gezeigt wurde.

---

[6] Horst S. und Ingrid G. Daemmrich: Themen und Motive in der Literatur. Tübingen und Basel ²1995.

Schlussbetrachtung:
„Die Sehnsucht der Erde greift nach euch"

Nelly Sachs, die viele männliche Helden der biblischen Überlieferung, z.B. Abraham, Jakob, Daniel, Saul, Ijob, als Prototypen für das jüdische Volk wählte, hat in keinem Gedicht eine einzelne Frauengestalt in den Mittelpunkt gestellt.[1] Aber sie hat 1949 kurz nach dem Krieg in einem programmatischen Text die „Frauen und Mädchen Israels"[2] als Hoffnungsträgerinnen einer neuen Zeit beschworen.

Frauen und Mädchen Israels,
das mit dem Schlafstrauch besäte Land
ist aufgebrochen an euren Träumen –

In der Küche backt ihr Kuchen der Sara
denn immer wartet ein anderes draußen! –
Wiegt, was die Gründe vorgewogen haben

mischt, was von Gestirnen gemischt wurde
und was der Landmann ans Ende brachte.
Die Sehnsucht der Erde greift nach euch

mit dem Duft des geöffneten Gewürzschreines.
Die Dudaimbeere im Weizenfeld, die, seit Ruben
sie fand, ins Unsichtbare gewachsen war,

rötet sich wieder an eurer Liebe.

Aber die Wüste, die große Wegwende zur Ewigkeit hin,
die mit ihrem Sande schon die Stundenuhr
der Mondzeit zu füllen begonnen hatte,

atmet über den verschütteten Fußspuren
der Gottgänger, und ihre verdorrten Quelladern
füllen sich mit Fruchtbarkeit –

denn euer Schatten, Frauen und Mädchen Israels,
strich über ihr brennendes Goldtopasgesicht
mit dem Frauensegen –

---

[1] Ihre Rut-Gedichte hat sie selbst nie veröffentlicht.
[2] Nelly Sachs: Frauen und Mädchen Israels. In: Dies.: Land Israel. 1949. In: Fahrt ins Staublose. Gedichte. Frankfurt a. M. 1961, 130.

Die aus der biblischen Tradition zu erschließenden Metaphern dieses Gedichts umschreiben alle die zentrale Aufgabe der Frauen: fruchtbar zu sein, sei es, dass an den Besuch der drei Männer bei Abraham und Sara oder an den Handel der Schwestern Lea und Rahel mit der Alraune („Dudaimbeere im Weizenfeld") um die Gunst Jakobs erinnert, sei es, dass der „Frauensegen" im Bild der sich füllenden „Mondzeit" (Zyklus) und den „Quelladern" (Wasser als weibliches Symbol) beschworen wird. Das Gedicht verweist in eine hoffnungsvolle Zukunft, zu der die Frauen und Mädchen einen gewichtigen, ja den entscheidenden Beitrag zu leisten haben.

Was hier jedoch ganz im Sinne des israelitischen Ideals mit „Frauensegen" gemeint ist, kann auch auf geistige Fruchtbarkeit übertragen werden, die den Frauen Gelegenheit gibt, sich aktiv in die Gestaltung der jüdisch-christlichen Religionsgemeinschaften und der Gesellschaft allgemein einzubringen. Das weibliche, das mütterliche Prinzip – gleich ob es von Frauen oder Männern vertreten wird – könnte im Sinne z.B. einer Eva (*M. L. Kaschnitz*), einer Zippora (*U. Birnbaum*), einer Frau des Ijob (*A. Chedid*), einer Manuela-Judit (*M. Krell*), einer Magdalena (*M. Fredrikson*) einen besänftigenden Einfluss auf männlichen Fanatismus und Machtanspruch ausüben.

Wenn man die Entwicklung der Adaptionen im 20. Jahrhundert betrachtet, so ist eine positive Tendenz von der Zurücksetzung und Geringschätzung der Frau zur vollen Anerkennung ihrer gleichwertigen Würde und Leistungskraft durchaus angebahnt, wenn auch die „prophetin einer magdalenischen zeit" (*K. Marti*) noch nicht voll zum Zuge kommt.

Anhang

Im Literaturverzeichnis „Quellen" werden nur Sammel- und Gedichtbände aufgelistet, denen Kurztexte entnommen sind. Alle anderen Titel sind aufgrund der in der Tabelle notierten Angaben auffindbar.

I. Quellen

Adam, Gottfried/Berger-Kapp, A.: Für das Leben lernen mit Geschichten aus dem Alten Testament: Aaron, David und Goliath, Hanna, Isebel u.a. Gütersloh 1995

Amichai, Jehuda: Wie schön sind deine Zelte, Jakob. Gedichte. Aus dem Hebräischen von Alisa Stadler. München/Zürich 1988

Ausländer, Rose: Gesammelte Werke in acht Bänden. Bd. 4: Gedichte und Prosa. Hg. von V. H. Braun. Frankfurt 1985

Bachmann, Ingeborg: Sämtliche Gedichte. München/Zürich 1983

Barthel, Max: Arbeiterseele. Gedichte. Jena 1920

Bertram, Ernst: Gedichte. Leipzig 1920

Biblische Balladen. Gedichte zu Geschichten aus dem Alten und Neuen Testament. Hg. von G. Kutzleb. Frankfurt a. M. 1985

Biblische Texte spannend ausgelegt. Hg. von G. Miller/F. W. Niehl. München 1996

Biblische Texte verfremdet 6: Frauen. Hg. von S. und H. K. Berg. München/Stuttgart 1987

Bin Gorion, Micha Josef: Der Born Judas. Legenden, Märchen und Erzählungen. Frankfurt 1959

Birnbaum, Uriel: Eine Auswahl. Gedichte. Amsterdam 1957

Birnbaum, Uriel: Die ersten Menschen. Biblische Sonette. Wassenaar (Holland) 1967

Böll, Heinrich: Werke. Bd. 6. Hg. von B. Balzer. Köln 1978

Brecht, Bertolt: Gesammelte Werke in 20 Bänden. Gedichte 1-3. Frankfurt 1967

Busta, Christine: Der Himmel im Kastanienbaum. Gedichte. Hg. von F. P. Künzel. Salzburg 1989

Busta, Christine: Lampe und Delphin. Gedichte. Salzburg 1955

Celan, Paul: Mohn und Gedächtnis. Gedichte. Stuttgart 1952

Csokor, Franz Theodor: Der Dolch und die Wunde. Gedichte. Wien 1918

Csokor, Franz Theodor: Ewiger Aufbruch. Gesammelte Balladen. Leipzig 1926

Csokor, Franz Theodor: Die Gewalten. Balladen. Berlin 1912.

Cremer, Drutmar: Dein Atemzug holt Zeiten heim. Limburg 1984

Cremer, Drutmar: Im Morgenrot singst du das neue Lied. Mainz 1995

Cremer, Drutmar: Mit Feuerhand erwählt bei Nacht. Mainz 1999

Die Bibel im deutschen Gedicht des 20. Jahrhunderts. Hg. von J. Schwabe. Basel/Stuttgart 1958

Die Bibel in deutschen Gedichten. Hg. von H. Hakel. München 1968

Forestier, George (Karl Erich Krämer): Biblische Gedichte. München/Esslingen 1968

Fried, Erich: Gesammelte Werke. Gedichte 1. Hg. von V. Kauhoreit/K. Wagenbach. Berlin 1993

Fühmann, Franz: Der Mund des Propheten. Späte Erzählungen. Berlin 1991

Fühmann, Franz: Die Schatten. Hamburg 1986
Ginzkey, Franz Karl: Erschaffung der Eva. Ein epischer Gesang. Berlin/Wien/Leipzig 1944
Goll, Yvan: Dichtungen, Lyrik, Prosa, Drama. Hg. von C. Goll. Darmstadt 1960
Hartleben, Otto Erich: Ausgewählte Werke. Bd. 1: Gedichte. Berlin 1901
Heller kann kein Himmel sein. Ausgewählte Gedichte aus dem Wettbewerb Christliche Literatur. Lyrik 1983. Graz 1984
Hiobs Schrei in der Gegenwart. Ein literarisches Lesebuch zur Frage nach Gott im Leid. Hg. von G. Langenhorst. Mainz 1995
Hoffmannsthal, Hugo von: Gedichte und lyrische Dramen. Frankfurt a. M. 1970
Huch, Ricarda: Gesammelte Werke. Bd. 5: Gedichte, Dramen, Reden, Aufsätze und andere Schriften. Köln/Berlin
Huchel, Peter: Gezählte Tage. Gedichte. Frankfurt a. M. 1972
Judith – Frauen in Geschichten der Weltliteratur. Hg. von G. Zschocke. Berlin 1990
*Kerschbaumer, Marie-*Thérèse: bilder immermehr. gedichte. Salzburg 1997
Kolakowski, Leszek: Der Himmelsschlüssel. Erbauliche Geschichten. Erweiterte Neuausgabe. Aus dem Polnischen von F. Griese. München *1992*
Kolmar, Gertrud: Das lyrische Werk. München 1960
Kruse, Ingeborg: Mädchen, wach auf! Frauengeschichten aus dem Neuen Testament. Stuttgart 1989
Kruse, Ingeborg: Und Priska ließ sich nicht beirren. Frauengeschichten aus dem frühen Christentum. Gütersloh 1994
Kruse, Ingeborg: Unter dem Schleier ein Lachen. Die schönsten Frauengeschichten der Bibel. Stuttgart 1999
Kühn, Johannes: Ich Winkelgast. Gedichte. München/Wien 1989 .
Kühn, Johannes: Mit den Raben am Tisch. München/Wien 2000
Kurz, Paul Konrad: Gegen die Mauer. München 1966
Kurz, Paul Konrad: Jeschua Jeschua. Gespräche Psalmen. Zürich/Düsseldorf 1999
Kurz, Paul Konrad: Maria Maria. Gespräche Gesänge. Kevelar 2002
Kurz, Paul Konrad: Osterpassion. Szenische Gedichte zu Kreuzweg und Auferstehung. Ostfildern 1995
Lasker-Schüler, Else: Sämtliche Gedichte. Hg. von F. Kemp. München 1966
Legenda aurea des Jacobus de Voragine. Aus dem Lateinischen übersetzt von R. Benz. Heidelberg o.J. [1925]
Leichtes Lob. Hg. von E. Antkowiak. Leipzig 1985
Maitland, Sara: Ich und mein Engel. Aus dem Englischen von A. Brunner. Würzburg 1998
Mann, Thomas: Gesammelte Werke in zwölf Bänden. Frankfurt a. M. 1967
Maria. Die irdische Frau. Hg. von K. Geiseler. Graz 2001
Maria. Ein Lesebuch über die Gottesmutter. Hg. von W. E. Seitz. Kevelaer 2001
Maria Magdalena. Die heilige Sünderin. Ein Lesebuch. Hg. von H. G. Held. Frankfurt a. M./Berlin 1989
Marti, Kurt: abendland. Gedichte. Darmstadt 1981
Marti, Kurt: gedichte am rand. Stuttgart 1984
Mayröcker, Friederike: In langsamen Blitzen. Berlin 1974
Meehan, Bridget Mary: Leben mit Frauen der Bibel. Aus dem Englischen von C. Busch. Freiburg 2000
Miegel, Agnes: Gesammelte Balladen. Düsseldorf 1953
Münchhausen, Börries Freiherr von: Juda. Gesänge. Berlin o. J. [1900]

Münchhausen, Börries Freiherr von: dasDie Balladen und ritterlichen Lieder. Berlin 1910

Navè Levinson, Pnina: Esther erhebt ihre Stimme. Jüdische Frauen beten. Gütersloh ³1993

Neunundneunzig und einmal Zuflucht. Hg. von K.-H. Brokerhoff. Annweiler 1985

Nick, Dagmar: Zeugnis und Zeichen. Gedichte. München 1969

Nigg, Walter: Buch der Büßer. Neun Lebensbilder. Olten/Freiburg 1970

Peikert-Flaspöhler, Christa: Füße hast du und Flügel. Limburg 1981

Peikert-Flaspöhler, Christa: Heute singe ich ein anderes Lied. Luzern/Stuttgart 1992

Peikert-Flaspöhler, Christa: Niemals mehr wollen wir sprachlos sein. Frauen der Bibel – Frauen heute. Limburg 1993

Perschke, Heinz: Balladen zur Bibel. Göttingen 1993

Rilke, Rainer Maria: Die drei Liebenden. Frankfurt 1979

Rilke, Rainer Maria: Kommentierte Ausgabe in vier Bänden. Hg. von M. Engel/W. Fülleborn/H. Nalewski/A. Stahl. Frankfurt a. M. 1996

Rosenthal, Fritz (Ben-Chorin): Die Lieder des ewigen Brunnens. Wien/Leipzig 1934

Rosenthal, Fritz (Ben-Chorin): Das Mal der Sendung. Neue Folge Der Lieder des ewigen Brunnens. München 1935

Sachs, Nelly: Fahrt ins Staublose. Gedichte. Frankfurt a. M. 1961

Sachs, Nelly: Frühe Gedichte und Prosa der Nelly Sachs. Hg. von R. Dinesen. Stuttgart 1987

Die Sagen der Juden. Hg. von M. J. Bin Gorion. Frankfurt 1976

Schaukal, Richard: Ausgewählte Gedichte. Frankfurt/Leipzig 1904

Schröder, Rudolf Alexander: Die geistlichen Gedichte. Berlin 1949

Spaemann, Heinrich: Drei Marien. Die Gestalt des Glaubens. Freiburg/Basel/Wien 1985

Strauß, Ludwig: Land Israel. Gedichte. Aachen 2002

Trakl, Georg: Dichtung und Briefe. Histor.-krit. Ausgabe. Bd. 1. Hg. von W. Killy/H. Szklenat. Salzburg 1969

Türklinken zum Leben. Vorstellungen. Hg. von E. Antkowiak/J. Israel. Leipzig 1990

Twardowski, Jan: Ich bitte um Prosa. Langzeilen. Aus dem Polnischen von A. Loepfe. Einsiedeln ²1974

Und Maria trat aus ihren Bildern. Literarische Texte. Hg. und erläutert von K.-J. Kuschel. Freiburg/Basel/Wien 1990

Von Batseba – und andere Geschichten. Biblische Texte spannend ausgelegt. Hg. von G. Miller/F. W. Niehl. München 1996

Walter, Silja: Gesamtausgabe. Hg. von U. Wolitz. Freiburg/Schweiz 1999

Weinheber, Josef: Sämtliche Werke in 7 Bänden. Hg. von J. Nadler/H. Weinheber, neuhg. von F. Jenaczek. Salzburg 1990

Weiß, Konrad: Gedichte. Erster Teil. München 1948

Wem gehört die Erde. Neue religiöse Gedichte. Hg. von P. K. Kurz. Mainz 1984

Werfel, Franz: Gesammelte Werke. Hg. von A. D. Klarmann, Frankfurt a. M. 1959

Willms, Wilhelm: roter faden glück. lichtblicke. Kevelar ⁴1982

Zanker, Arthur: Die Ernte mit den vier Geräten. Wien 1935

Zanker, Arthur: Es duftet noch der Weichselstock. Wien 1957

II. Sekundärliteratur (Auswahl)

Ben-Chorin, Schalom: Mutter Mirjam. Maria in jüdischer Sicht. München 1971

Die Bibel in der deutschsprachigen Literatur des 20. Jahrhunderts. Hg. von
H. Schmidinger. 2 Bde. Mainz 1999

Bibel und Literatur. Hg. von J. Ebach/R. Faber. München 1995

Bocian, Martin unter Mitarbeit von Ursula Kraut und Iris Lenz: Lexikon der
biblischen Personen. Mit ihrem Fortleben in Judentum, Christentum, Islam,
Dichtung, Musik und Kunst. Stuttgart 1989

Brakeman, Lyn: Frauen in der Bibel und der Welt negativer Gefühle. Würzburg 2001

Büttner, Gerhard/Maier, Joachim: Maria aus Magdala, Ester, Debora. Stuttgart 1994

Cornelius, Walter-Johann: Maria Magdalena. Eine der größten Frauen in der
Geschichte der Menschheit. Norderstaedt 2001

Craig-Faxon, Alicia: Frauen im Neuen Testament. Vom Umgang Jesu mit den Frauen.
München 1979

Daemmrich, Horst S. und Ingrid G.: Themen und Motive in der Literatur.
Tübingen/Basel ²1995

Dirnbeck, Josef: Des Meisters Herz-Dame zwischen Kitsch und Kirchenkritik. Maria
Magdalena in neuer Literatur und Film. In: Bibel und Kirche 55/2000, 200-205

Eva – Gottes Meisterwerk. Hg. von E. Gössmann. München ²2000

Fin de siècle. Zu Literatur und Kunst der Jahrhundertwende. Hg. von R. Bauer u.a.
Frankfurt 1977

Fischer, Irmtraud: Gottesstreiterinnen. Biblische Erzählungen über die Anfänge
Israels. Stuttgart/Berlin/Köln 1995

Fischer, Irmtraud: Rut. Freiburg 2001

Frauen lesen die Bibel. In: Bibel und Kirche 4/1984

Frenzel, Elisabeth: Motive der Weltliteratur. Ein Lexikon dichtungs-geschichtlicher
Längsschnitte. Stuttgart ³1988

Frenzel, Elisabeth: Stoffe der Weltliteratur. Ein Lexikon dichtungs-geschichtlicher
Längsschnitte. Stuttgart ⁸1992

Gertner, Meir: Biblische Spiegelbilder. In: [Else] Lasker-Schüler. Ein Buch zum 100.
Geburtstag der Dichterin. Hg. von M. Schmid. Wuppertal 1969

Graul, Elisabeth: Shalom für Magdalena. München 2000

Grimm, Gunter E./Bayerdörfer, Hans-Peter: Im Zeichen Hiobs. Jüdische Schriftsteller
und deutsche Literatur im 20. Jahrhundert. Königstein/Ts. 1984

Haag, Herbert/Kirchberger, Joe H./Sölle, Dorothee: Große Frauen der Bibel in Bild
und Text. Freiburg 1995

Hansel, Hans: Zur Geschichte der Magdalenenverehrung in Deutschland. In:
Forschungen und Fortschritte 10 (1936)

Hansel, Hans: Die Maria-Magdalena-Legende. Eine Quellenuntersuchung. Bottrop
i.W. 1937

Hartenstein, Judith: Maria Magdalena in apokryphen Evangelien. In: Bibel und
Kirche 55/2000, 188-192

Haskins, Susan: Die Jüngerin. Maria Magdalena und die Unterdrückung der Frau in
der Kirche. Bergisch Gladbach 1994

Hatz, Mechtilde: Frauengestalten des Alten Testaments in der bildenden Kunst von
1850-1918. Eva, Dalila, Judith, Salome. Diss. Heidelberg 1972

Hauss, Friedrich: Biblische Gestalten. Die Menschen der Bibel als Zeugen Gottes. Eine Konkordanz von Friedrich Hauss. Neuhausen-Stuttgart ⁴1986

Heller kann kein Himmel sein. Ausgewählte Gedichte aus dem Wettbewerb für Christliche Literatur. Lyrik 1983. Graz 1984

Hengel, Martin: Maria Magdalena und die Frauen als Zeugen. In: Abraham unser Vater. Hg. von O. Betz/M. Hengel/P. Schmidt. Leiden/Köln 1963

Hintersberger, Benedikta: Maria aus Magdala. Patronin des Dominikanerordens. In: Wort und Antwort 4/2001, H. 3, 136-138

Jasper, D.: Die Bibel in Kunst und Literatur. Das Beispiel Maria Magdalena. In: Concilium 31/1 (1995), 33-42

Jost, Renate: Freundin in der Fremde. Rut und Noomi. Stuttgart 1992

Karssen, Gien: Frauen der Bibel. Neuhausen-Stuttgart ⁶1991

Kinkel, Tanja: Naëmi, Ester, Raquel und Ja'ala: Väter, Töchter, Machtmenschen und Judentum bei Lion Feuchtwanger. Bonn 1998

Krobb, Florian: Die schöne Jüdin. Jüdische Frauengestalten in der deutschsprachigen Erzählliteratur vom 17. Jahrhundert bis zum Ersten Weltkrieg. Tübingen 1993

Kruse, Ingeborg: Frauenkonkordanz zur Bibel. Stuttgart 2001

Kuschel, Karl-Josef: Jesus in der deutschsprachigen Gegenwartsliteratur. Zürich/Köln/Gütersloh 1978

Kuschel, Karl-Josef: Maria in der deutschen Literatur des 20. Jahrhunderts. In: Handbuch der Marienkunde. Bd. 2. Hg. von W. Beinert/H. Petri. Regensburg ²1997

Kuschel, Karl-Josef: „Vielleicht hält Gott sich einige Dichter ..." Literarisch-theologische Porträts. Mainz 1991

Langenhorst, Georg: „Das aber war nicht Liebe" – Esther im Spiegel moderner Literatur. In: Erbe und Auftrag 71/1995, 396-412

Langenhorst, Georg: Gedichte zur Bibel. Texte – Interpretationen – Methoden. Ein Werkbuch für Schule und Gemeinde. München 2001

Langenhorst, Georg: Hiob unser Zeitgenosse. Die literarische Hiob-Rezeption im 20. Jahrhundert als theologische Herausforderung. Mainz 1994

Langer, Heidemarie/Leistner, Herta: Mit Mirjam durch das Schilfmeer. Stuttgart 1982

Maisch, Ingrid: Maria Magdalena. Zwischen Verehrung und Verachtung. Das Bild einer Frau im Spiegel der Jahrhunderte. Freiburg/Basel/Wien 1996

Marjanen, Antti: The Woman Jesus Loved. Mary Magdalene in the Nag Hammadi Library and Related Documents. Leiden (The Netherlands) 1996

Mayer-de Pay, Annemarie: Wortgeschehen. Geschichten der Bibel als literarische Kunstwerke. Tübingen 1999

Melzer-Keller, Helga: Frauen in der Apostelgeschichte. In: Bibel und Kirche 2/2000, 87-91

Melzer-Keller, Helga: Maria Magdalena neu entdecken. In: Geist und Leben 2/99

Meyer-Wilmes, Hedwig: Eva – Eine Collage aus Männerphantasien und Frauenträumen. In: Zwischen Ohnmacht und Befreiung. Biblische Frauengestalten. Hg. von K. Walter. Freiburg 1988, 12-22

Modersohn, Ernst: Die Frauen des Alten Testaments. Neuhausen-Stuttgart 1995

Moltmann-Wedel, Elisabeth: Ein eigener Mensch werden. Frauen um Jesus. Gütersloh ³1982

Motté, Magda: Auf der Suche nach dem verlorenen Gott. Religion in der Literatur der Gegenwart. Mainz 1997

Motté, Magda: Daß ihre Zeichen bleiben. Frauen des Alten Testaments. In: Die Bibel in der deutschsprachigen Literatur des 20. Jahrhunderts. 2 Bde. Hg. von H. Schmidinger. Mainz 1999, Bd. 2, 205-258

Motté, Magda: Maria von Magdala und die anderen Frauen des Neuen Testaments. In: Die Bibel in der deutschsprachigen Literatur des 20. Jahrhunderts. 2 Bde. Hg. von H. Schmidinger. Mainz 1999, Bd. 2, 254-491

Mühlberger, Sigrid/Schmid, Margarete: Gegenwart des Wortes. Biblische Themen in moderner Literatur. Wien/München 1986

Navè Levinson, Pnina: Was wurde aus Saras Töchtern? Frauen im Judentum. Gütersloh ³1993

Neutestamentliche Apokryphen in deutscher Übersetzung. Hg. von W. Schneemelcher. Bd. I: Evangelien. Tübingen ⁵1987

Paradeigmata. Literarische Typologie des Alten Testaments. 2 Bde. Hg. von F. Link. Berlin 1989

Richter-Reimer, Ivoni: Frauen in der Apostelgeschichte des Lukas. Gütersloh 1992

Ruckstuhl, Eugen: Jesus, Freund und Anwalt der Frauen. Stuttgart 1996

Saunders, Ross: Frauen im Neuen Testament. Zwischen Glaube und Auflehnung. Darmstadt 1999

Saxer, Victor/Liebl, Ulrike: Art. Maria Magdalena. In: Lexikon des Mittelalters, Bd. VI. Hg. von Norbert Angermann u.a. München 1993

Scholl, D.: Biblische Frauengestalten in Kunst und Literatur der Jahrhundertwende. In: Bilderwelten als Vergegenwärtigung und Verrätselung der Welt. Hg. von V. Knapp/H. Kiesel/K. Lubbers. Berlin 1997, 157-193

Schottroff, Luise: Maria Magdalena. In: Befreiungserfahrungen. Studien zur Sozialgeschichte des Neuen Testaments. München 1990, 142-144

Schüngel-Straumann, Helen: Die Frau am Anfang. Eva und die Folgen. Freiburg 1989

Schüngel-Straumann, Helen: Frauen im Alten Testament. In: Der evangelische Erzieher 34/1982, 496-506

Schüngel-Straumann, Helen: Maria von Magdala. Apostolin und erste Verkünderin der Osterbotschaft. In: Maria Magdalena – Zu einem Bild der Frau in der christlichen Verkündigung. Hg. von D. Bader. München/Zürich 1990

Susman, Margarete: Deutung biblischer Gestalten. Stuttgart/Konstanz 1955

Thekla – Die Apostolin. Ein apokrypher Text neu entdeckt. Hg. von A. Jensen. Freiburg 1995

Torjesen, Karen Jo: Als Frauen noch Priesterinnen waren. Aus dem Amerikanischen von E. Brock. Frankfurt ²1995

Und sie tanzten aus der Reihe. Frauen im Alten Testament. Hg. von A. Meissner. Stuttgart 1992

Vinçon, Herbert: Spuren des Wortes. Biblische Stoffe in der Literatur. Materialien für Predigt, Religionsunterricht und Erwachsenenbildung, Bd. 3. Stuttgart 1988-1990

Weigel, Sigrid: Die verborgene Frau. Sechs Beiträge zu einer feministischen Literaturwissenschaft. Literatur im historischen Prozeß. Folge 6. Berlin 1983

Wilhelm, Friedrich: Deutsche Legenden und Legendare. Texte und Untersuchungen zu ihrer Geschichte im Mittelalter. Leipzig 1907

Wind, Renate: Maria aus Nazareth, aus Bethanien, aus Magdala. Drei Frauengeschichten. Gütersloh ²1996

Ziolkowski, Theodore: Fictional Transfigurations of Jesus. Princton 1972

Zwischen Ohnmacht und Befreiung. Biblische Frauengestalten. Hg. von K. Walter. Freiburg 1988

III. Namenregister biblischer Frauen

Hier sind nur die in den Ausführungen namentlich genannten Frauen samt ihrer literarischen Pendants aufgelistet.

IV. Autorenregister